譯註 禮記集說大全
樂記 ❷

編　陳澔(元)

附　正義·訓纂·集解

譯註 禮記集說大全
樂記 ❷

編　陳澔(元)

附　正義·訓纂·集解

鄭秉燮 譯

역자서문

『예기』「악기(樂記)」편은 「대학(大學)」과 「중용(中庸)」편을 제외하고, 『예기』 내에서 가장 유명한 편이며, 자주 인용되는 문헌이다. 그 이유는 예(禮)와 악(樂)의 상보관계 및 악(樂)에 대한 이론을 기록한 문헌이 많지 않기 때문이다. 「악기」편의 내용이 『순자』「악론(樂論)」편의 기록을 차용하고 있지만, 악(樂)의 기록들을 수록한 문헌 중 가장 오래되고 분량이 많은 편은 「악기」이다. 따라서 예악을 중시했던 고대 동양사회에서 「악기」편이 가지는 위상은 대단했다.

그러나 「악기」편의 내용을 자세히 살펴보면, 악(樂)의 이론을 체계적으로 기술한 문헌은 아니다. 일반적으로 「악기」편은 고대 『예경(禮經)』 중 악(樂)과 관련된 편들을 편집하여 하나의 문헌으로 만든 것이며, 총 11개 편의 내용이 포함되어 있다고 논의된다. 실제로 각 내용들을 구분해보면, 11개 편의 구분에 따라 다루고 있는 내용이 구분되며, 기술방식에 있어서도 서로 차이를 보이는 부분이 많다. 그러나 중복되는 내용이 다수 존재하며, 현재로서는 「악기」편집 이전 각 기록들의 전모를 확인할 방법이 없기 때문에 정확한 고증은 할 수 없다.

「악기」편의 주된 내용은 인간의 성정(性情)과 예악의 관계를 해석하는 것이다. 즉 예악은 단순히 인위적인 제도가 아니며, 인간의 성정에 따라 만들어진 제도이다. 따라서 예악의 작용은 인간의 성정에 영향을 미치게 되므로, 이러한 예악의 교화에 따라 인간을 선한 쪽으로 인도해야 한다고 주장한다. 이것은 전국시대를 거치며 형성된 전국말기와 전한초기의 유가 성정론(性情論)을 나타낸다. 따라서 선진유가 이후의 유가 성정론을 연구하는데 있어서 「악기」편은 귀중한 자료를 제공해준다.

「악기」편의 번역으로 또 한 권의 책이 세상에 나오게 되었다. 조금 더 부지런하고 조금 더 실력이 있었다면 보다 완벽한 번역을 할 수 있지 않았을까, 이런 고민이 항상 든다. 하루 16시간 정도 매일 책상 앞에 앉아 있지만, 영민하지 못한 관계로, 실력이 늘 기미가 보이지 않는다. 본 역서에 나오는 오역은 전적으로 역자의 실력이 부족하기 때문이니, 혹여 역자의 부족함에 일갈을 해주실 분들이 있다면, bbaja@nate.com 으로 연락을 주시거나 출판사에 제 연락처를 문의하셔서 가르침을 주신다면, 부족한 실력이지만 가르침을 받도록 최선을 다할 것이다.

역자는 성균관 대학교에서 유교철학(儒教哲學)을 전공했으며, 예악학(禮樂學) 전공으로 박사논문을 작성했다. 이 자리를 통해, 대학원에 진학하여 경학사상(經學思想)을 전공할 수 있도록 지도해주신 서경요 선생님과 논문을 지도해주신 오석원 선생님, 이기동 선생님, 이상은 선생님, 조남욱 선생님께 감사를 드린다. 또 경서연구회(經書硏究會)를 만들어 후배들에게 경전에 대한 이해를 넓혀주신 임옥균 선생님, 경서연구회 역대 회장님인 김동민, 원용준, 김종석, 길훈섭 선배님께도 감사를 드리고, 함께 경서연구회를 하고 있는 김회숙, 손정민, 김동숙, 김아랑, 임용균 회원님께도 감사를 드린다. 끝으로 「악기」편을 출판할 수 있도록 허락해주신 학고방의 하운근 사장님께도 감사를 전한다.

일러두기 ⋙

1. 본 책은 역주서(譯註書)로써, 『예기집설대전(禮記集說大全)』의 「악기(樂記)」편을 완역하고, 자세한 주석을 첨부했다. 송대(宋代) 이전의 주석을 포함하고자 하여, 『예기정의(禮記正義)』를 함께 수록하였다. 그리고 송대 이후의 주석인 청대(淸代)의 주석을 포함하고자 하여 『예기훈찬(禮記訓纂)』과 『예기집해(禮記集解)』를 함께 수록하였다.

2. 『예기』 경문(經文)의 경우, 의역으로만 번역하면 문장을 번역한 방식을 확인하기 어렵고, 보충 설명 없이 직역으로만 번역하면 내용을 이해하기 힘들다. 따라서 경문에 한하여 직역과 의역을 함께 수록하였다. 나머지 주석들에 대해서는 의역을 위주로 번역하였다.

3. 『예기』 경문에 대한 해석은 진호의 『예기집설』 주석에 근거하였다. 경문 해석에 있어서, 『예기정의』, 『예기훈찬』, 『예기집해』마다 이견(異見)이 많다. 『예기집섭대전』의 소주(小註) 또한 진호의 주장과 이견을 보이는 곳이 있고, 소주 사이에도 이견이 많다. 따라서 『예기』 경문 해석의 표준은 진호의 『예기집설』 주석에 근거했으며, 진호가 설명하지 않은 부분들은 『대전』의 소주를 참고하였다. 또한 경문 해석에 있어서 『예기정의』, 『예기훈찬』, 『예기집해』에 나타나는 이견들은 특별한 경우를 제외하고는 각각의 문장을 읽어보면, 경문에 대한 이견을 알 수 있기 때문에, 이러한 경우에는 주석처리를 하지 않았다.

4. 본 역서가 저본으로 삼은 책은 다음과 같다.
- 『禮記』, 서울 : 保景文化社, 초판 1984 (5판 1995)
- 『禮記正義』 1~4(전4권, 『十三經注疏 整理本』 12~15), 北京 : 北京大學出版社, 초판 2000
- 朱彬 撰, 『禮記訓纂』 上 · 下(전2권), 北京 : 中華書局, 초판 1996 (2쇄 1998)
- 孫希旦 撰, 『禮記集解』 上 · 中 · 下(전3권), 北京 : 中華書局, 초판 1989 (4쇄 2007)

5. 본 책은 『예기』의 경문, 진호의 『집설』, 호광 등이 찬정한 『대전』의 세주, 정현의 주, 육덕명의 『경전석문』, 공영달의 소, 주빈(朱彬)의 『훈찬』, 손희단(孫希旦)의 『집해』 순으로 번역하였다.

6. 본래 『예기』「악기」편은 목차가 없으며, 내용 구분에 있어서도 학자들마다 의견차이가 있다. 또한 내용의 연관성으로 인하여, 장과 절을 나누기가 애매한 부분이 많다. 본 책의 목차는 역자가 임의대로 나눈 것이며, 세세하게 분절하여, 독자들이 관련내용들을 찾아보기 쉽게 하였다.

7. 본 책의 뒷부분에는 《樂記 人名 및 用語 辭典》을 수록하였다. 본문에 처음으로 등장하는 용어 및 인명에 대해서는 주석처리를 하였다. 이후에 같은 용어가 등장할 때마다 동일한 주석처리를 할 수 없어서, 뒷부분에 사전으로 수록한 것이다. 가나다순으로 기록하여, 번역문을 읽는 도중 앞부분에서 설명했던 고유명사나 인명 등에 대해서 쉽게 찾아볼 수 있도록 하였다.

【455a】

凡音之起, 由人心生也, 人心之動, 物使之然也.

【455a】 등과 같이 【 】 안에 숫자가 기입되어 있는 것은 『예기』의 '경문'을 뜻한다. '455'는 보경문화사(保景文化社)판본의 페이지를 말한다. 'a'는 a단에 기록되어 있다는 표시이다. 밑의 그림은 보경문화사판본의 한 페이지 단락을 구분한 표시이다.

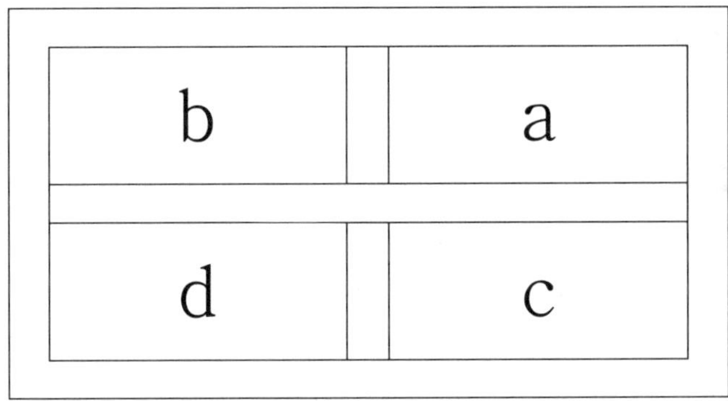

◆ **集說** 凡樂音之初起, 皆由人心之感於物而生.

"**集說**"로 표시된 것은 진호(陳澔)의 『예기집설(禮記集說)』 주석을 뜻한다.

◆ **大全** 延平黃氏曰: 樂之實, 本於性, 根於心.

"**大全**"으로 표시된 것은 호광(胡廣) 등이 찬정(撰定)한 『예기집설대전』의 세주(細註)를 뜻한다.

◆ **鄭注** 宮·商·角·徵·羽雜比曰音, 單出曰聲.

"鄭注"로 표시된 것은 『예기정의(禮記正義)』에 수록된 정현(鄭玄)의 주(注)를 뜻한다.

◆ 釋文 徵, 張里反, 後放此. 比, 毗志反, 下文同.

"釋文"으로 표시된 것은 『예기정의』에 수록된 육덕명(陸德明)의 『경전석문(經典釋文)』을 뜻한다. 『경전석문』의 내용은 글자들의 음을 설명하고, 간략한 풀이를 한 것인데, 육덕명 당시의 음가로 기록이 되었기 때문에, 현재의 음과는 맞지 않는 부분이 많다. 단순히 참고만 하기 바란다.

◆ 孔疏 ●"凡音"至"之樂". ○正義曰: 此一節論樂本之事, 章句既多, 各隨文解之.

"孔疏"로 표시된 것은 『예기정의』에 수록된 공영달(孔穎達)의 소(疏)를 뜻한다. 공영달의 주석은 경문과 정현의 주에 대해서 세분화하여 기록되어 있다. 따라서 '●'으로 표시된 부분은 공영달이 경문에 대해 주석을 한 부분이고, '◎'으로 표시된 부분은 정현의 주에 대해 주석을 한 부분이다. 한편 '○'으로 표시된 부분은 공영달의 주석 부분이다.

◆ 訓纂 王注: 物, 事也. 謂哀樂·喜怒·和敬之事, 感人而動, 見於聲.

"訓纂"으로 표시된 것은 『예기훈찬(禮記訓纂)』에 수록된 주석이다. 『예기훈찬』 또한 기존 주석들을 종합한 책이므로, 『예기집설대전』 및 『예기정의』와 중복되는 부분은 생략하였다.

◆ 集解 愚謂: 此言樂之所由起也.

"集解"로 표시된 것은 『예기집해(禮記集解)』에 수록된 주석이다. 『예기집해』 또한 기존 주석들을 종합한 책이므로, 『예기집설대전』 및 『예기정의』와 중복되는 부분은 생략하였다.

◆ 원문 및 번역문 중 '▼'로 표시된 부분은 한글로 표기할 수 없는 한자를 기록한 부분이다. 예를 들어 '▼(冏/皿)'의 경우 맹(盟)자의 이체자인데, '明'자 대신 '冏'자가 들어간 한자를 프로그램상 삽입할 수가 없어서, '▼(冏/皿)'으로 표시한 것이다. 즉 '▼(A/B)'의 형식으로 기록된 경우, A에 해당하는 글자가 한 글자의 상단 부분에 해당하고, B에 해당하는 글자가 한 글자의 하단 부분에 해당한다는 표시이다. 또한 '▼(A+B)'의 형식으로 기록된 경우, A에 해당하는 글자가 한 글자의 좌측 부분에 해당하고, B에 해당하는 글자가 한 글자의 우측 부분에 해당한다는 표시이다. 또한 '▼((A-B)/C)'의 형식으로 기록된 경우, A에 해당하는 글자에서 B 부분을 뺀 글자가 한 글자의 상단 부분에 해당하고, C에 해당하는 글자가 한 글자의 하단 부분에 해당한다는 표시이다.

1권 목차

그림목차

경문목차

2권 목차

그림목차

경문목차

제7편

악정(樂情)

• 제 39 절 •

악(樂)과 정(情), 예(禮)와 리(理)

【476a】

樂也者, 情之不可變者也. 禮也者, 理之不可易者也. 樂統同, 禮辨異. 禮樂之說, 管乎人情矣.

직역 樂이라는 者는 情의 變이 不可한 者이다. 禮라는 者는 理의 易이 不可한 者이다. 樂은 同을 統하고, 禮는 異를 辨한다. 禮樂의 說은 人情을 管한다.

의역 악(樂)은 정감 중 변할 수 없는 것을 나타낸다. 예(禮)는 이치상 바뀔 수 없는 것을 나타낸다. 악(樂)은 같음을 통솔하고 예(禮)는 다름을 변별한다. 예악에 대한 해설은 사람의 정감을 통괄한다.

集說 劉氏曰: 人情感物無常, 固多變. 然旣發於聲音而爲樂, 則其哀樂一定而不可變矣. 事理隨時有異, 固多易也. 然旣著之節文而爲禮, 則其威儀一定而不可易矣. 惟其不可變, 故使人佚能思初, 安能惟始, 和順道德而純然罔間, 所謂統同也. 惟其不可易, 故使人親疎有序, 貴賤有等, 謹審節文而截然不亂, 所謂辨異也. 此禮樂之說, 所以管攝乎人情也.

번역 유씨가 말하길, 사람의 정감이 외부 대상을 느낄 때에는 항상됨이 없어서 진실로 변화가 많다. 그러나 이미 소리[聲]와 음(音)을 통해 나타나서 악(樂)이 되었다면, 슬픔과 즐거움은 일정하여 변할 수 없다. 사물의 이치는 때에 따라 차이가 생겨서 진실로 바뀜이 많다. 그러나 이미 형식을 통해 드러나서 예(禮)가 되었다면, 위엄에 따른 격식은 일정하여 바뀔 수 없다. 오직 변할 수 없는 것이기 때문에 사람들로 하여금 편안하게 시초를 생각하도록 할 수 있고 도덕에 조화롭고 순종하게 해서 순일하여 틈이 없도록 하니, 이것이 "같음을 통솔한다."는 뜻이다. 오직 바뀔 수 없는 것이기 때문에 사람들로 하여금 친소관계에 질서가 생기게 하고 귀천에 등급이 생기도록 하여 격식을 조심스레 살피고 확연하게 따라서 문란하게 하지 않으니, 이것이 "차이를 변별한다."는 뜻이다. 이러한 예악에 대한 해설은 사람의 정감을 관할하고 통괄하는 것이다.

大全 慶源輔氏曰: 情之極, 然後形之聲音, 播之金石而爲樂, 故曰樂也者情之不可變者也. 尊卑上下之理, 截然不可亂, 聖人則因而制爲之禮, 故曰禮也者理之不可易者也. 樂者, 天地之和, 故統同, 禮者, 天地之序, 故辨異. 禮之說, 不外乎辨異, 樂之說不外乎統同.

번역 경원보씨가 말하길, 정감이 지극해진 뒤에야 소리[聲]와 음(音)을 통해 형상화되고, 그것을 쇠나 돌로 만든 악기로 연주하여 악(樂)이 된다. 그렇기 때문에 "악(樂)은 정감 중 변할 수 없는 것이다."라고 말한 것이다. 존비 및 상하에 대한 이치는 확연하여 문란하게 할 수 없으니, 성인은 그에 따라서 예(禮)를 제정했다. 그렇기 때문에 "예(禮)는 이치 중 바뀔 수 없는 것이다."라고 말한 것이다. 악(樂)은 천지의 조화로움에 해당하기 때문에 같음을 통솔한다. 예(禮)는 천지의 질서에 해당하기 때문에 다름을 변별한다.[1] 예(禮)에 대한 해설은 차이를 변별하는 것에서 벗어나지 않고, 악(樂)에 대한 해설은 같음을 통솔하는 것에서 벗어나지 않는다.

鄭注 理, 猶事也. 統同, 同和合也. 辨異, 異尊卑也. 管, 猶包也.

번역 '이(理)'자는 사안[事]을 뜻한다. '통동(統同)'은 화합함을 동일하게 한다는 뜻이다. '변리(辨異)'는 신분에 차이를 둔다는 뜻이다. '관(管)'자는

---

1) 『예기』「악기」【463b~c】: <u>樂者天地之和也. 禮者天地之序也.</u> 和故百物皆化, 序故群物皆別. 樂由天作, 禮以地制. 過制則亂, 過作則暴. 明於天地, 然後能興禮樂也.

"포괄한다[包]."는 뜻이다.

孔疏 ●"樂也"至"情矣". ○正義曰: 皇氏云"自此以下名爲樂情", 各隨文解之.

번역 ●經文: "樂也"~"情矣". ○황간은 "이곳 문장으로부터 그 이하의 내용은 「악정(樂情)」편이라고 부른다."라고 했는데, 각각의 문장에 따라서 풀이하겠다.

孔疏 ●"樂也者, 情之不可變者也", 樂出於心, 聽之則歡悅, 是情之不可變也.

번역 ●經文: "樂也者, 情之不可變者也". ○악(樂)은 마음에서 도출되었으니, 그것을 듣게 되면 기뻐하게 된다. 이것은 정감 중 변할 수 없는 것에 해당한다.

孔疏 ●"禮也者, 理之不可易者也", 禮見於貌, 行之則恭敬理事也, 言事之不可改易也. 樂出於心, 故云"情", 禮在於貌, 故云"理"也, 變易換文也.

번역 ●經文: "禮也者, 理之不可易者也". ○예(禮)는 모습을 통해서 나타나니, 그것을 시행하게 되면 공손하고 공경스러운 사안이 되니, 이것은 사안 중 바뀔 수 없는 것에 해당한다. 악(樂)은 마음에서 도출되기 때문에 '정(情)'이라고 말했고, 예(禮)는 모습을 통해 나타나기 때문에 '이(理)'라고 했으며, '변(變)'자와 '역(易)'자는 호환이 되는 글자이다.

孔疏 ●"樂統同"者, 統, 領也. 言樂主相親, 是主領其同.

번역 ●經文: "樂統同". ○'통(統)'자는 "다스리다[領]."는 뜻이다. 즉 악(樂)은 서로 친애함을 위주로 하니, 이것은 같음을 주관하고 다스린다는 뜻이다.

孔疏 ●"禮辨異"者, 辨, 別也. 禮殊別貴賤, 是分別其異也.

번역 ●經文: "禮辨異". ○'변(辨)'자는 "구별하다[別]."는 뜻이다. 예(禮)는 신분의 귀천을 구별하니, 이것은 다름을 분별한다는 뜻이다.

孔疏 ●"禮樂之說, 管乎人情矣"者, 言禮樂所說義理, 包管於人情. 樂主和同, 則遠近皆合. 禮主恭敬, 則貴賤有序. 人情所懷, 不過於此, 是管人情也.

번역 ●經文: "禮樂之說, 管乎人情矣". ○예악에서 말하고 있는 의미와 이치는 사람의 정감을 포괄한다. 악(樂)은 조화와 같아짐을 위주로 하니, 멀리 있는 자와 가까이 있는 자가 모두 화합하게 된다. 예(禮)는 공경함을 위주로 하니, 신분의 귀천에 질서가 생긴다. 사람의 정감이 품고 있는 것은 여기에서 벗어나지 않는다. 이것이 인정을 포괄한다는 뜻이다.

集解 愚謂: 樂由中出, 而本乎中節之情, 故曰"情之不可變", 若其可變, 則非情之和而不足以爲樂矣. 禮由外作, 而合乎萬事之理, 故曰"理之不可易", 若其可易, 則非理之當而不足以爲禮矣. 情欲其無所乖戾, 故統同; 理貴乎有所分別, 故辨異. 人情萬變不窮, 然有禮樂以統同辨異, 則懽然有恩以相愛, 粲然有文以相別, 天下之人情皆管攝於是而不能外也.

번역 내가 생각하기에, 악(樂)은 마음에서 도출되고 절도에 맞는 정감에 근본을 둔다. 그렇기 때문에 "정감 중 변할 수 없는 것이다."라고 말했으니, 만약 변할 수 있는 것이라면 조화로운 정감이 아니고 또 악(樂)을 이룰 수 없다. 예(禮)는 외부로부터 만들어지고 모든 사안의 이치에 합치된다. 그렇기 때문에 "이치 중 바뀔 수 없는 것이다."라고 말했으니, 만약 바뀔 수 있는 것이라면 이치상 마땅한 것이 아니고 또 예(禮)를 이룰 수 없다. 정감은 어그러짐이 없기를 바라기 때문에 같음을 통솔하게 된다. 이치는 구별됨이 있는 것을 존귀하게 여기기 때문에 다름을 변별한다. 사람의 정감은 변화가 무궁하다. 그러나 예악을 두어서 같음을 통솔하고 다름을 변별한다면, 기꺼이 은정을 두어 서로 친애하게 되고 명확한 격식을 두어서 서로 구별하게 되니, 천하의 인정은 모두 여기에 포함되며 벗어날 수 없다.

集解 右第一章, 言禮樂可以治人情也.

번역 여기까지는 제 1장으로, 예악이 사람의 정감을 다스릴 수 있음을 뜻한다.

• 제 40 절 •

악(樂)의 정(情)과 예(禮)의 경(經)

【476b~c

窮本知變, 樂之情也. 著誠去僞, 禮之經也. 禮樂偩天地之情, 達神明之德, 降興上下之神, 而凝是精粗之體, 領父子君臣之節.

직역 本을 窮하고 變를 知함은 樂의 情이다. 誠을 著하고 僞를 去함은 禮의 經이다. 禮樂은 天地의 情에 偩하고, 神明의 德에 達하며, 上下의 神을 降興하고, 이 精粗의 體를 凝하며, 父子君臣의 節을 領한다.

의역 근본을 지극히 하고 변화를 아는 것은 악(樂)의 정감에 해당한다. 진실됨을 드러내고 거짓됨을 제거하는 것은 예(禮)의 기준에 해당한다. 예악은 천지의 정감에 따르고, 신명의 덕을 두루 통하게 하며, 상하의 신들이 오게끔 하고, 정밀하고 거친 본체를 응축하며, 부자 및 군신관계의 법도를 다스린다.

集說 朱子曰: 偩, 依象也.

번역 주자가 말하길, '부(偩)'자는 의거하고 나타낸다는 의미이다.

集說 劉氏曰: 人情理同而氣異, 同則本一, 異則變多. 樂以統同, 故可使人窮其本之同, 而知其變之異. 人情理微而欲危, 微則誠隱, 危則僞生. 禮以辨異, 故可使人去其欲之僞, 而著其理之誠也. 窮本知變者, 感通之自然, 故曰情. 著誠去僞者, 修爲之當然, 故曰經.

번역 유씨가 말하길, 사람의 정감과 이치는 동일하지만 기운이 다르니,

동일하다면 근본이 같고 다르다면 변화가 다양하다. 악(樂)은 같음을 통솔하기 때문에 사람들로 하여금 근본의 같음을 지극히 하고 변화의 차이를 알게끔 한다. 사람의 정감과 이치는 은미하지만 욕구는 위태로우니, 은미하다면 진실됨이 은은하게 드러나고 위태롭다면 거짓됨이 발생한다. 예(禮)는 차이를 변별하기 때문에 사람들로 하여금 욕구의 거짓됨을 제거하고 이치의 진실됨을 드러내게 한다. "근본을 다하고 변화를 안다."는 말은 느껴서 통하는 것의 자연스러움이기 때문에 '정(情)'이라고 말했다. "진실됨을 드러내고 거짓됨을 제거한다."는 말은 수양의 당연함에 해당하기 때문에 '경(經)'이라고 말했다.

集說 愚謂: 禮樂之作, 道與器未始相離, 故曰凝是精粗之體也.

번역 내가 생각하기에, 예악의 작용에 있어서 도(道)와 기(器)는 처음부터 떨어진 적이 없다. 그렇기 때문에 "정밀하고 거친 본체를 응축한다."고 말했다.

大全 長樂陳氏曰: 天地先禮樂而形, 禮樂後天地而作, 故天地陰陽之情, 禮樂得以偵而出之也. 蓋天地之道, 其明爲禮樂, 其幽爲神明, 其位爲上下, 其物爲精粗, 內之爲父子, 外之爲君臣. 先王原天地之序以制禮, 道天地之和以作樂. 偵天地之情於後, 而使幽者闡, 達神明之德於外, 而使顯者微. 神之在上而不可知也, 則降而下之, 在下而不可知也, 則興而上之. 夫然後陰陽交通, 而物體之精粗有所凝矣. 父父子子君君臣臣, 而人倫之大節有所領矣.

번역 장락진씨가 말하길, 천지는 예악보다 앞서서 드러나고 예악은 천지보다 뒤에 만들었기 때문에, 천지와 음양의 정은 예악이 그것을 따라서 나올 수 있다. 무릇 천지의 도 중 밝은 것은 예악이 되고 그윽한 것은 신명이 되며 지위는 상하가 되고 대상은 정밀하고 거친 것이 되며 내적으로는 부자관계가 되고 외적으로는 군신관계가 된다. 선왕은 천지의 질서에 근원하여 예(禮)를 제정했고 천지의 조화로움을 이끌어서 악(樂)을 만들었다.

그 뒤에 천지의 정에 의지하여 그윽한 것을 밝아지도록 했고 외적으로 신명의 덕을 두루 통하게 하여 드러나는 것을 은미하게 했다. 신명 중 위에 있어서 알 수 없는 것은 내려와 밑에 있게 했고 아래에 있어서 알 수 없는 것은 흥기하여 위에 있게 했다. 그런 뒤에야 음양이 서로 통하고 만물의 본체 중 정밀하고 거친 것들에 뭉침이 생기게 되었다. 부모가 부모답고 자식이 자식다우며 군주가 군주답고 신하가 신하다운 뒤에 인륜의 큰 도리에 통솔됨이 생긴다.

鄭注 偩, 猶依象也. 降, 下也. 興, 猶出也. 凝, 猶成也. 精粗, 謂萬物大小也. 領, 猶理治也.

번역 '부(偩)'자는 의거하고 나타낸다는 뜻이다. '강(降)'자는 "내린다[下]."는 뜻이다. '흥(興)'자는 "나타난다[出]."는 뜻이다. '정조(精粗)'는 만물의 크고 작음을 뜻한다. '영(領)'자는 다스린다는 뜻이다.

釋文 去, 起呂反. 偩音負. 粗, 七奴反.

번역 '去'자는 '起(기)'자와 '呂(려)'자의 반절음이다. '偩'자의 음은 '負(부)'이다. '粗'자는 '七(칠)'자와 '奴(노)'자의 반절음이다.

孔疏 ●"窮本"至"之節". ○正義曰: 此一節更廣明禮樂之義, 言父子君臣之節.

번역 ●經文: "窮本"~"之節". ○이곳 문단은 재차 예악의 뜻을 폭넓게 설명하고 있으니, 부자와 군신관계에서의 법도를 의미한다.

孔疏 ●"窮本知變, 樂之情也"者, 以樂本出於人心, 心哀則哀, 心樂則樂, 是可以原窮極本也. 若心惡不可變惡爲善, 是知變也, 則上文云"唯樂不可以爲僞", 是也. 此言窮人根本, 知內外改變, 唯樂能然, 故云"樂之情也".

번역 ●經文: "窮本知變, 樂之情也". ○악(樂)은 본래 사람의 마음에서 도출되니, 마음이 슬프다면 음악도 슬프고 마음이 즐겁다면 음악도 즐겁다. 이것이 근본을 지극히 할 수 있는 이유이다. 만약 마음이 악한데 악함을 변화시켜 선하게 할 수 없는 것이 바로 변화를 안다는 뜻이니, 앞 문장에서 "오직 악(樂)만은 거짓으로 할 수 없다."[1]고 한 뜻에 해당한다. 이곳 문장은 사람이 근본을 지극히 하여 내외의 고침과 변화를 아는 것은 오직 악(樂)만이 이처럼 할 수 있음을 뜻한다. 그렇기 때문에 "악(樂)의 실정이다."라고 했다.

孔疏 ●"著誠去僞, 禮之經也"者, 誠, 謂誠信也. 僞, 謂虛詐也. 經, 常也. 言顯著誠信, 退去詐僞, 是禮之常也. 若人內心虛詐, 則外貌放狠, 唯禮知之, 故云"禮之經也".

번역 ●經文: "著誠去僞, 禮之經也". ○'성(誠)'자는 진실됨을 뜻한다. '위(僞)'자는 거짓됨을 뜻한다. '경(經)'자는 항상됨[常]을 뜻한다. 즉 진실됨을 드러내고 거짓됨을 제거하는 것이 예(禮)의 항상된 법도라는 의미이다. 만약 사람이 마음으로 거짓됨을 품게 된다면 겉모습이 방자하고 사납게 되니, 오직 예(禮)라야만 그것을 알 수 있다. 그렇기 때문에 "예(禮)의 항상된 법칙이다."라고 말했다.

孔疏 ●"禮樂偩天地之情"者, 負, 猶依象也. 禮出於地, 尊卑有序, 是負依地之情也. 樂出於天, 遠近和合, 是負依天之情也.

번역 ●經文: "禮樂偩天地之情". ○'부(負)'자는 의거하고 나타낸다는 뜻이다. 예(禮)는 땅에서 도출되고 신분의 차이에 질서가 있으니, 이것은 땅의 실정에 의거해서 따랐다는 의미이다. 악(樂)은 하늘에서 도출되고 멀

---

1) 『예기』「악기」【473d~474a】: 德者, 性之端也. 樂者, 德之華也. 金石絲竹, 樂之器也. 詩, 言其志也. 歌, 咏其聲也. 舞, 動其容也. 三者本於心, 然後樂器從之. 是故情深而文明, 氣盛而化神, 和順積中而英華發外, 惟樂不可以爲僞.

고 가까운 자들이 화합하니, 이것은 하늘의 실정에 의거해서 따랐다는 의미이다.

孔疏 ●"達神明之德"者, 禮樂出於人, 心與神明和會, 故云"達神明之德".

번역 ●經文: "達神明之德". ○예악은 사람에게서 도출되었고 마음과 신명이 서로 화합하기 때문에 "신명의 덕에 두루 통한다."고 말했다.

孔疏 ●"降興上下之神"者, 興, 猶出也. 禮樂旣與天地相合, 用之以祭, 故能降出上下之神, 謂降上而出下也.

번역 ●經文: "降興上下之神". ○'흥(興)'자는 "나타나다[出]."는 뜻이다. 예악은 이미 천지와 서로 합치되니, 그것을 사용해서 제사를 지내기 때문에 천지의 신들을 찾아오게끔 할 수 있다. 이것은 하늘의 신들은 내려오게 하고, 땅의 신들은 나오게끔 한다는 뜻이다.

孔疏 ●"而凝是精粗之體"者, 凝, 猶成也. 是, 謂正也. 精粗, 謂萬物大小也. 言禮樂之能成就正其萬物大小之形體也.

번역 ●經文: "而凝是精粗之體". ○'응(凝)'자는 "이루다[成]."는 뜻이다. '시(是)'자는 "바르게 하다[正]."는 뜻이다. '정조(精粗)'는 만물의 크고 작음을 뜻한다. 즉 예악은 만물의 크고 작은 각각의 형체들을 이루고 바르게 할 수 있다는 뜻이다.

孔疏 ●"領父子君臣之節"者, 領, 猶理治也. 言禮樂理治父子君臣之限節. 而樂主於和, 聽之則上下相親. 又宮爲君, 商爲臣, 是樂能領父子君臣也. 禮定貴賤長幼, 是禮能領父子君臣也.

번역 ●經文: "領父子君臣之節". ○'영(領)'자는 다스린다는 뜻이다. 즉 예악은 부자 및 군신관계의 법도를 다스린다는 뜻이다. 그런데 악(樂)은 조화로움을 위주로 하니, 그것을 듣게 된다면 상하관계가 서로 친근하게 된다. 또 궁(宮)음은 군주를 상징하고 상(商)음은 신하를 상징하니, 이것은 악(樂)이 부자 및 군신관계를 다스릴 수 있음을 뜻한다. 예(禮)는 귀천 및 장유관계를 확정하니, 이것은 예(禮)가 부자 및 군신관계를 다스릴 수 있음을 뜻한다.

訓纂 王氏懋竑曰: 樂之本在於人心, 而發之聲音, 有淸濁高下之變, 故窮本知變, 爲樂之情. 禮之恭敬退讓, 一本於誠心, 故著誠去僞, 爲禮之經. 禮者天地之序, 樂者天地之和, 故偵天地之情. 明則有禮樂, 幽則有鬼神, 故禮樂達神明之德. 精者, 至理妙用, 粗者, 繁文末節. 精粗本無二致, 故凝是精粗之體. 君臣父子, 尊卑秩然, 而合敬同愛, 無不洽和, 故領父子君臣之節.

번역 왕무횡이 말하길, 악(樂)은 사람의 마음에 근본을 두고 있고, 소리[聲]와 음(音)을 통해서 나타나면 맑고 탁함 및 높고 낮음의 변화가 생긴다. 그렇기 때문에 근본을 지극히 하고 변화를 아는 것이 악(樂)의 실정이 된다. 예(禮)의 공경하며 낮추고 겸손히 하는 것은 모두 진실된 마음에 근본을 두고 있다. 그렇기 때문에 진실됨을 드러내고 거짓됨을 제거하는 것이 예(禮)의 기준이 된다. 예(禮)는 천지의 질서이고 악(樂)은 천지의 조화로움이다. 그렇기 때문에 천지의 실정에 따른다. 밝은 인간 세상에는 예악이 있고 그윽한 저 세상에는 귀신이 있다. 그렇기 때문에 예악은 신명의 덕에 두루 통한다. '정(精)'은 지극한 이치의 오묘한 작용이며 '조(粗)'는 복잡한 형식의 말단 제도를 의미한다. 정(精)과 조(粗)는 본래부터 별개의 것이 아니다. 그렇기 때문에 정조(精粗)의 본체를 합친다. 군신 및 부자관계에서는 신분의 차이가 질서정연하고 공경과 사랑을 함께 하여 화합되지 않음이 없다. 그렇기 때문에 부자 및 군신관계의 법도를 다스린다.

集解 愚謂: 窮, 極也. 本, 謂樂本心而起也. 變, 卽後篇所謂"聲音動靜, 性術之變"也. 極其和順之本於心, 而知其發爲聲音動靜之變, 則情之發皆中節而無不和, 故爲樂之情. 禮以忠信爲本, 著誠去僞則本立, 而其文由之而出, 故爲禮之經. 天地之情, 以其發見者言. 偩天地之情者, 言依象天地之情, 同和同節, 而與天地同其用也. 神明之德, 以其存主者言. 達神明之德, 言通於神明之德, 必易必簡, 而與天地同其體也. 降興上下之神, 言禮樂用之祭祀, 可以感格鬼神, 若周禮言"天神皆降, 地祇皆出", 是也. 凝, 如中庸"至道不凝"之凝. 精者, 形而上之道; 粗者, 形而下之器. 禮樂者, 道與器合, 而精粗之體皆凝聚於是也. 領, 猶統會也. 言君臣父子之節皆統會於禮樂之中也.

번역 내가 생각하기에, '궁(窮)'자는 "지극히 한다[極]."는 뜻이다. '본(本)'자는 악(樂)이 마음에 근본을 해서 일어난다는 뜻이다. '변(變)'자는 다음 편에서 말한 "소리[聲]와 음(音) 및 움직이거나 가만히 있는 것은 성정의 변화이다."[2]는 뜻에 해당한다. 마음에 근본을 두고 있는 조화와 순종을 지극히 하고 발생하여 나타난 소리와 음 및 움직임과 고요함의 변화를 안다면, 나타나는 정감이 모두 절도에 맞고 조화롭지 않음이 없다. 그렇기 때문에 악(樂)의 실정이 된다. 예(禮)가 충심과 신의를 근본으로 삼고 진실됨을 드러내고 거짓됨을 제거한다면 근본이 확립되며, 그에 따른 형식도 여기로부터 도출된다. 그렇기 때문에 예(禮)의 기준이 된다. 천지의 실정은 나타나는 것을 기준으로 한 말이다. 천지의 정감에 따른다는 말은 천지의 정감을 따르고 나타내며 조화로움과 법도를 함께 하고 천지와 그 작용을 함께 한다는 뜻이다. 신명의 덕은 보존되고 주관하는 것을 기준으로 한 말이다. 신명의 덕에 두루 통한다는 말은 신명의 덕에 소통하여 반드시 간이하게 되고 천지와 더불어 그 본체를 함께 한다는 뜻이다. 상하의 신들을 오게끔 한다는 말은 예악을 사용하여 제사를 지내면 귀신이 찾아오게끔 할 수 있다는 뜻으로, 마치 『주례』에서 "천신이 모두 내려오고 지기가 모두 나타난다."[3]고 한 말에 해당한다. '응(凝)'자는 『중용』에서 "지극한 도는 모

2) 『예기』「악기」【487b~c】: 夫樂者樂也, 人情之所不能免也. 樂必發於聲音, 形於動靜, 人之道也. 聲音動靜, 性術之變盡於此矣. 故人不耐無樂, 樂不耐無形. 形而不爲道, 不耐無亂. 先王恥其亂, 故制雅頌之聲以道之, 使其聲足樂而不流, 使其文足論而不息, 使其曲直繁瘠廉肉節奏, 足以感動人之善心而已矣, 不使放心邪氣得接焉. 是先王立樂之方也.

3) 『주례』「춘관(春官)·대사악(大司樂)」: 若樂六變, 則天神皆降, 可得而禮矣.

이지 않는다."[4]고 했을 때의 '응(凝)'자와 같다. '정(精)'자는 형이상의 도(道)를 뜻한다. '조(粗)'자는 형이하의 기(器)를 뜻한다. 예악은 도와 기가 합하여, 정밀하고 거친 본체가 모두 여기에서 응축하여 모인다. '영(領)'자는 통솔하고 모은다는 뜻이다. 즉 군신과 부자관계에서의 법도는 모두 예악 안에 통솔되고 포함된다는 의미이다.

集解 朱子曰: 禮之誠, 便是樂之本; 樂之本, 便是禮之誠. 若細分之, 則樂只是一箇周流底物, 禮則兩箇相對, 著誠與去僞也. 禮則相刑相剋, 以此剋彼; 樂則相生相長, 其變無窮. 樂如晝夜之循環, 陰陽之闔闢, 周流貫通, 而禮則有向背明暗, 所以樂記內外·同異只管相對說.

번역 주자가 말하길, 예(禮)의 진실됨은 곧 악(樂)의 근본이 되고 악(樂)의 근본은 곧 예(禮)의 진실됨이 된다. 만약 세분하여 말하게 된다면, 악(樂)은 단지 하나의 두루 흐르는 대상에 해당하고, 예(禮)는 두 가지가 서로 마주하는 것이니, 진실을 드러내는 것과 거짓을 제거함에 해당한다. 예(禮)는 상대에 대해 벌을 가하고 상대를 이기니 이것이 저것을 이기는 것이며, 악(樂)은 서로를 생장시켜서 변화에 끝이 없다. 악(樂)은 마치 낮과 밤이 순환하고 음양이 열리고 닫히며 두루 흘러서 통함과 같고, 예(禮)는 향하고 등지며 밝고 어둠의 차이가 있으니, 「악기」에서 말하고 있는 안과 밖, 같고 다름은 단지 서로 상대가 되도록 말을 한 것일 뿐이다.

...... 若樂八變, 則地示皆出, 可得而禮矣.

4) 『중용』「27장」: 故曰, 苟不至德, 至道不凝焉.

• 제 41 절 •

만물의 생장과 예악의 도

【476d】

是故大人擧禮樂, 則天地將爲昭焉. 天地訢合, 陰陽相得, 煦嫗覆育萬物, 然後草木茂, 區萌達, 羽翼奮, 角觡生, 蟄蟲昭蘇, 羽者嫗伏, 毛者孕鬻, 胎生者不殰, 而卵生者不殈, 則樂之道歸焉耳.

직역 是故로 大人이 禮樂을 擧하면, 天地는 將히 昭가 爲한다. 天地가 訢合하고, 陰陽이 相得하여, 萬物을 煦嫗하고 覆育하니, 然後에야 草木이 茂하고, 區萌이 達하며, 羽翼이 奮하고, 角觡이 生하며, 蟄蟲이 昭蘇하고, 羽者가 嫗伏하며, 毛者가 孕鬻하고, 胎生者가 不殰하며, 卵生者가 不殈하니, 樂의 道가 歸한다.

의역 이러한 까닭으로 대인이 예악을 제정하면, 천지의 화육하는 도리가 밝게 드러난다. 천지가 교감하고, 음양이 서로를 얻어서, 만물을 따뜻하게 덮어주고 품어서 길러주니, 그런 뒤에야 초목이 무성하게 자라나고, 싹들이 돋아나며, 날개를 가진 짐승들이 날개를 퍼덕이고, 뿔을 가진 짐승들이 생장하며, 칩거했던 곤충들이 다시 나타나고, 날개를 가진 짐승들은 새끼를 품고, 털을 가진 짐승들은 잉태를 하여 자식을 낳으며, 잉태하여 낳는 것들은 뱃속에서 죽지 않고, 알로 태어나는 것들은 알이 깨지지 않으니, 악(樂)의 도로 귀결될 따름이다.

集說 大人擧禮樂, 言聖人在天子之位而制禮作樂也. 天地將爲昭焉, 言將以禮樂而昭宣天地化育之道也. 訢, 與欣同. 訢合, 和氣之交感, 卽陰陽相得之妙也. 天以氣煦之, 地以形嫗之, 天煦覆而地嫗育, 是煦嫗覆育萬物也. 屈生曰勾, 謂勾曲而生者也. 角之無鰓者曰觡. 鰓, 謂角外皮之滑澤者. 蟄藏之蟲初出, 如暗而得明, 如死而更生, 故曰昭蘇也. 嫗伏, 體伏而生子也. 孕鬻, 妊孕而育子也. 殰, 未及生而胎敗也. 殈, 裂也. 凡物皆得自生自育而無所害者, 是皆歸於聖人禮樂參贊之道耳.

번역 "대인이 예악을 거(擧)한다."는 말은 성인이 천자의 지위에 올라서 예악을 제정한다는 뜻이다. "천지가 장차 밝아진다."는 말은 예악으로써 천지의 화육하는 도를 드러낸다는 뜻이다. '흔(訢)'자는 흔(欣)자와 같다. '흔합(訢合)'은 조화로운 기운이 교감하니 음양이 서로를 얻는 오묘함에 해당한다. 하늘은 기운을 통해 따뜻하게 해주고 땅은 형체를 통해 품어주니, 하늘이 따뜻하게 덮어주고 땅이 품어서 길러줌이 곧 "만물을 따뜻하게 해주고 품어주며 덮어주고 길러준다."는 뜻이다. 굽어서 자라나는 것을 '구(勾)'라고 부르니 굽이굽이 자라나는 것을 뜻한다. 뿔 중 윤택이 나지 않는 것을 '격(觡)'이라고 부른다. '새(觬)'는 뿔의 표피에 윤택이 나는 것을 뜻한다. 칩거했던 곤충이 처음 나타날 때에는 마치 어두웠다가 밝아지고 죽었다가 다시 살아나는 것과 같기 때문에 "밝아지고 되살아난다."고 말했다. '구복(嫗伏)'은 몸을 숙여 자식을 낳는다는 뜻이다. '잉육(孕鬻)'은 잉태를 하고 자식을 기른다는 뜻이다. '독(殰)'자는 아직 태어나기도 전에 잉태의 상태에서 죽는 것을 뜻한다. '혁(殈)'자는 "알이 깨지다[裂]."는 뜻이다. 만물이 모두 스스로 생겨나고 스스로 자라나며 해로움이 없게 되는 것은 모두 성인이 예악을 통해 천지의 화육하는 작용에 참여하는 도로 귀결될 따름이다.

大全 馬氏曰: 禮樂偩天地之情, 故大人擧禮樂, 則天地之情可知. 自天地訢合, 以至於不殰不殈, 此皆天地將爲昭焉之事也. 天地訢合, 陰陽相得, 煦嫗覆育萬物, 此言其氣之和也. 自草木茂, 以至卵生不殈, 此言其氣之和而物不失其性也. 夫天地生物之功, 至於如此之妙者, 皆起於樂也, 故曰樂之道歸焉耳. 蓋樂所以和人心, 心和則聲和, 聲和則天地之和無不應. 言樂則禮可知矣.

번역 마씨가 말하길, 예악은 천지의 실정에 따르기 때문에 대인이 예악을 시행하면 천지의 실정을 알 수 있다. "천지가 교감한다."라는 구문부터 "뱃속에서 죽지 않고 알이 깨지지 않는다."는 구문까지는 모두 천지가 밝게 드러나는 일을 나타내고 있다. "천지가 교감하고, 음양이 서로를 얻어서, 만물을 따뜻하게 덮어주고 품어서 길러준다."는 말은 기운의 조화로움을 뜻한다. "초목이 무성해진다."는 구문부터 "알로 태어나는 것들은 알이 깨지지 않는다."는 구문까지는 기운이 조화로워서 만물이 본성을 잃지 않는다는 뜻이다. 천지가 만물을 낳는 공덕이 이와 같이 오묘한 경지에 이르는 것은 모두 악(樂)으로부터 비롯된다. 그렇기 때문에 "악(樂)의 도로 귀결된다."라고 말한 것이다. 무릇 악(樂)은 사람의 마음을 조화롭게 하고, 사람의 마음이 조화롭다면 소리가 조화롭게 되며, 소리가 조화로우면 천지의 조화로움에 호응하지 않는 것이 없다. 악(樂)이라고 말했다면 예(禮) 또한 포함된다는 사실을 알 수 있다.

鄭注 言天地將爲之昭焉, 明也. 訢讀爲熹, 熹, 猶蒸也. 氣曰煦, 體曰嫗. 屈生曰區, 無腮曰觡. 昭, 曉也. 蟄蟲以發出爲曉, 更息曰蘇. 孕, 任也. 鬻, 生也. 內敗曰殰. 殈, 裂也, 今齊人語有"殈"者.

번역 천지가 장차 예악으로 인해 밝아진다는 뜻이니, 밝게 된다는 의미이다. '흔(訢)'자는 '희(熹)'자로 풀이하니, '희(熹)'자는 "김이 올라온다[蒸]."는 뜻이다. 기운에 대해서는 "따뜻하게 한다[煦]."고 했고 본체에 대해서는 "품어준다[嫗]."고 했다. 굽어져 생겨나는 것을 '구(區)'라고 부르며, 뿔에 윤택이 없는 것을 '격(觡)'이라고 부른다. '소(昭)'자는 "환해진다[曉]."는 뜻이다. 칩거해 있던 곤충이 밖으로 나오는 것이 '효(曉)'이다. 다시 살아나는 것이 '소(蘇)'이다. '잉(孕)'자는 "잉태하다[任]."는 뜻이다. '육(鬻)'자는 "낳다[生]."는 뜻이다. 뱃속에서 죽은 것은 '독(殰)'이라고 부른다. '혁(殈)'자는 "알이 깨지다[裂]."는 뜻인데, 현재 제(齊)나라 지역 사람들이 쓰는 말 중에는 '혁(殈)'이라는 것이 있다.

釋文 訢, 依注音熹, 許其反, 一讀依字音欣. 煦, 許具反, 徐況甫反. 嫗, 於具反, 徐於甫反, 下及注同. 區, 依注音句, 古侯反, 徐丘于反, 一音烏侯反. 萌, 莫耕反. 奮, 方問反. 觡, 古伯反. 蟄, 直力反. 伏, 扶又反. 孕, 以證反. 鬻音育, 生也, 徐又扶袁反. 胎, 他才反. 殰音獨, 鄭云: "內敗曰殰." 按謂懷任不成也. 字林云: "胎敗." 卵, 力管反. 殈, 呼闃反, 范音溢, 徐況逼反, 一音況狄反. 卵拆不成曰殈, 猶裂也. 蒸, 之膺反. 鰓, 息才反. 內, 乃對反, 或作骨肉之字者, 誤.

번역 '訢'자는 정현의 주에 따르면 그 음은 '熹'이니, '許(허)'자와 '其(기)'자의 반절음이고, 다른 음은 글자에 따라 '欣(흔)'이라고 읽는다. '煦'자는 '許(허)'자와 '具(구)'자의 반절음이며, 서음(徐音)은 '況(황)'자와 '甫(보)'자의 반절음이다. '嫗'자는 '於(어)'자와 '具(구)'자의 반절음이고, 서음은 '於(어)'자와 '甫(보)'자의 반절음이며, 아래문장 및 정현의 주에 나오는 글자도 그 음이 이와 같다. '區'자는 정현의 주에 따르면 그 음이 '句'이니, '古(고)'자와 '侯(후)'자의 반절음이고, 서음은 '丘(구)'자와 '于(우)'자의 반절음이며, 다른 음은 '烏(오)'자와 '侯(후)'자의 반절음이다. '萌'자는 '莫(막)'자와 '耕(경)'자의 반절음이다. '奮'자는 '方(방)'자와 '問(문)'자의 반절음이다. '觡'자는 '古(고)'자와 '伯(백)'자의 반절음이다. '蟄'자는 '直(직)'자와 '力(력)'자의 반절음이다. '伏'자는 '扶(부)'자와 '又(우)'자의 반절음이다. '孕'자는 '以(이)'자와 '證(증)'자의 반절음이다. '鬻'자의 음은 '育(육)'이며, 낳다는 의미이며, 서음은 또한 '扶(부)'자와 '袁(원)'자의 반절음이 된다. '胎'자는 '他(타)'자와 '才(재)'자의 반절음이다. '殰'자의 음은 '獨(독)'이며, 정현은 "뱃속에서 죽은 것을 '殰'라고 부른다."고 했다. 내가 생각하기에 회임을 했지만 끝내 낳지 못한 것을 뜻한다. 『자림』[1]에서는 "뱃속에 있는 것이 죽다."라고 했다. '卵'자는 '力(력)'자와 '管(관)'자의 반절음이다. '殈'자는 '呼(호)'자와 '闃(격)'자의 반절음이며, '范'자의 음은 '溢(일)'이고, 서음은 '況(황)'자와 '逼(핍)'자의 반절음이 되고, 다른 음은 '況(황)'자와 '狄(적)'자의 반절음

1) 『자림(字林)』은 고대의 자서(字書)이다. 진(晉)나라 때 학자인 여침(呂忱)이 지었다. 원본은 일실되어 전해지지 않고, 다른 문헌들 속에 일부 기록들만 남아 있다.

이다. 알이 깨져서 부화하지 못한 것을 '殈'이라고 부르니, "깨지다."는 뜻과 같다. '蒸'자는 '之(지)'자와 '膺(응)'자의 반절음이다. '䚡'자는 '息(식)'자와 '才(재)'자의 반절음이다. '內'자는 '乃(내)'자와 '對(대)'자의 반절음이며, 간혹 '骨'자와 '肉'자를 부수로 기록하기도 하는데 이것은 잘못된 글자이다.

孔疏 ●"是故"至"焉耳". ○正義曰: 此一節論大人擧用禮樂, 則天地協和而生養萬物, 爲之昭著之事, 則下文"天地訢合"以下是也. 但此經禮樂並論, 其天地訢合, 唯論樂之所感, 不論禮之功用也. 記者主在於樂, 故特美樂功. 樂功旣爾, 禮亦同也.

번역 ●經文: "是故"～"焉耳". ○이곳 문단은 대인이 예악을 시행하면 천지가 화합하여 만물을 낳고 기르니, 이것이 밝게 드러내는 사안임을 논의하고 있고, 아래문장의 "천지가 교감한다."는 구문으로부터 그 이하의 구문이 그 내용에 해당한다. 다만 이곳 경문에서는 예악을 함께 논의하고 있는데, 천지가 교감한다는 등의 구문에서는 오직 악(樂)이 느끼는 것에 대해서만 논의하고, 예(禮)의 활용에 대해서는 논의하지 않았다. 『예기』를 기록한 자는 악(樂)에 주안점을 두었기 때문에 특별히 악(樂)의 공덕을 아름답게 나타낸 것이다. 악(樂)의 공덕이 이미 이와 같으니 예(禮) 또한 이와 동일하다.

孔疏 ●"天地訢合"者, 訢, 猶熹也, 熹, 謂蒸動, 言樂感動天地之氣, 是使二氣蒸動, 則天氣下降, 地氣上騰.

번역 ●經文: "天地訢合". ○'흔(訢)'자는 '희(熹)'자와 같으니, '희(熹)'자는 김이 올라와서 움직인다는 뜻으로, 악(樂)이 천지의 기운에 감동하여, 두 기운으로 하여금 김을 올리며 움직이도록 만드니, 하늘의 기운은 밑으로 내려오고 땅의 기운은 위로 상승하는 것이다.

孔疏 ●"陰陽相得"者, 言體謂之天地, 言氣謂之陰陽. 天地動作, 則是陰陽相得也.

번역 ●經文: "陰陽相得". ○본체를 말한다면 '천지(天地)'라고 부르며, 기운을 말한다면 '음양(陰陽)'이라고 부른다. 천지가 움직이는 것이 바로 음양이 서로 얻는 것이다.

孔疏 ●"煦嫗覆育萬物"者, 天以氣煦之, 地以形嫗之, 是天煦覆而地嫗育, 故言"煦嫗覆育萬物"也.

번역 ●經文: "煦嫗覆育萬物". ○하늘은 기운을 통해서 따뜻하게 해주고 땅은 형체를 통해서 품어주니, 이것이 하늘은 따뜻하게 덮어주고 땅은 품어서 길러준다는 뜻이다. 그렇기 때문에 "만물을 따뜻하게 해주고 품어주며 덮어주고 길러준다."고 했다.

孔疏 ●"然後草木茂"者, 草木據其成體, 故云"茂".

번역 ●經文: "然後草木茂". ○초목은 완성된 몸체에 기준을 둔 것이다. 그렇기 때문에 "무성해진다[茂]."고 했다.

孔疏 ●"區萌達"者, 據其新生, 故云"達"也.

번역 ●經文: "區萌達". ○새로 생겨난 것에 기준을 두었기 때문에 "나온다[達]."고 했다.

孔疏 ●"羽翼奮"者, 謂飛鳥之屬, 皆得奮動也.

번역 ●經文: "羽翼奮". ○날아다니는 새의 부류를 뜻하니, 이 모두가 날개를 떨쳐 움직이게 된다.

孔疏 ●"角觡生"者, 謂走獸之屬, 悉皆生養也.

번역 ●經文: "角觡生". ○땅 위에서 움직이는 짐승의 부류를 뜻하니,

이 모두가 태어나고 자라난다는 의미이다.

孔疏 ●"蟄蟲昭蘇"者, 昭, 曉也. 蘇, 息也. 言蟄伏之蟲, 皆得昭曉蘇息也.

번역 ●經文: "蟄蟲昭蘇". ○'소(昭)'자는 "환해진다[曉]."는 뜻이다. '소(蘇)'자는 "살아난다[息]."는 뜻이다. 즉 칩거해 있던 곤충들이 모두 빛을 받아 환해지고 다시 자라난다는 뜻이다.

孔疏 ●"羽者嫗伏"者, 謂飛鳥之屬, 皆得體伏而生子也.

번역 ●經文: "羽者嫗伏". ○날아다니는 새의 부류를 뜻하니, 이 모두가 몸을 웅크려 자식을 낳게 된다는 의미이다.

孔疏 ●"毛者孕鬻"者, 言走獸之屬, 以氣孕鬻而繁息也.

번역 ●經文: "毛者孕鬻". ○땅 위에서 움직이는 짐승의 부류를 뜻하니, 이들은 기운을 통해 자식을 잉태해서 낳고 번식하게 된다는 의미이다.

孔疏 ●"胎生者不殰"者, 謂不有殰敗也.

번역 ●經文: "胎生者不殰". ○뱃속에서 죽는 경우가 없다는 뜻이다.

孔疏 ●"卵生者不殈"者, 言不有殈裂也.

번역 ●經文: "卵生者不殈". ○알이 깨져서 죽는 경우가 없다는 뜻이다.

孔疏 ●"則樂之道歸焉耳"者, 言所以致此在上諸物各順其性, 由此樂道使然, 故云"樂之道歸焉耳", 謂歸功於樂也. 樂道所以然者, 樂之根本由人心而生, 人心調和則樂音純善. 協律呂之體, 調陰陽之氣, 二氣旣調, 故萬物得所也.

번역 ●經文: "則樂之道歸焉耳". ○앞서 언급한 여러 사물들이 각각 그 본성에 따르는 것은 이러한 악(樂)의 도에 따라서 그처럼 되었음을 뜻한다. 그렇기 때문에 "악(樂)의 도로 귀결된다."고 말했으니, 그 공덕을 악(樂)으로 귀결시킨다는 의미이다. 악(樂)의 도가 이와 같은 이유는 악(樂)의 근본은 사람의 마음으로부터 생겨나서, 사람의 마음이 조화롭다면 악(樂)과 음(音)도 순일하고 선하다. 율려(律呂)의 본체를 화합시키고 음양의 기운을 조화롭게 하니, 두 기운이 이미 조화롭게 되었기 때문에 만물이 제자리를 얻게 된다.

孔疏 ◎注"訢讀"至"裂也". ○正義曰: 訢·熹, 聲相近, 故讀爲熹. 熹, 天地氣, 故云"熹, 猶蒸也", 言天地氣之蒸動, 猶若人之喜也. 云"氣曰煦"者, 謂天體無形, 而降其氣以養物, 故云"氣曰煦"也. 云"體曰嫗"者, 言地體有形, 故云"體曰嫗"也. 此對文爾, 其實地氣矣. 云"屈生曰區"者, 謂鉤曲而生, 出菽豆是也. 云"無䚡曰觡"者, 䚡, 謂角外皮滑澤者, 鹿角之屬是也. 云"蟄蟲以發出爲曉, 更息曰蘇"者, 言蟄蟲之類, 皆埋藏其體近於死, 今復得活, 似暗而遇曉, 死而更息也. 云"內敗曰殰"者, 以經云"胎生", 懷胎在內, 故云"內敗"也, "殰"也. 云"殈裂也"者, 卵體多裂, 又齊語稱裂爲殈, 故以殈爲裂也.

번역 ◎鄭注: "訢讀"~"裂也". ○'흔(訢)'자와 '희(熹)'자는 소리가 서로 비슷하기 때문에 '희(熹)'자로 해석한다. '희(熹)'자는 천지의 기운을 뜻한다. 그렇기 때문에 "'희(熹)'자는 '김이 올라온다[蒸].'는 뜻이다."라고 말한 것이니, 천지의 기운이 김이 오르듯 움직이는 것은 사람이 기뻐하는 모양과 같다는 의미이다. 정현이 "기운에 대해서는 '따뜻하게 한다[煦].'고 했다."고 했는데, 하늘의 본체는 형체가 없고, 그 기운을 내려 보내서 만물을 양육한다. 그렇기 때문에 "기운에 대해서는 '따뜻하게 한다[煦].'고 했다."고 말했다. 정현이 "본체에 대해서는 '품어주다[嫗].'고 했다."고 했는데, 땅의 본체는 형체가 있기 때문에, "본체에 대해서는 '품어주다[嫗].'고 했다."고 했다. 이 내용은 서로 대비해서 문장을 기록했을 따름이니, 실제로는 땅도 기운에 해당한다. 정현이 "굽어져 생겨나는 것을 '구(區)'라고 부른다."고 했는데, 굽이굽이 생겨난다는 뜻으로, 땅을 뚫고 나오는 콩의 싹 등이 여기에 해당한다. 정현이 "뿔에 윤택이 없는 것을 '격(觡)'이라고 부른다."라고 했는데, '새(鰓)'는 뿔의 표피에 윤택이 나는 것을 뜻하니, 사슴의 뿔 등이 여기에 해당한다. 정현이 "칩거해 있던 곤충이 밖으로 나오는 것이 '효(曉)'이며 다시 살아나는 것이 '소(蘇)'이다."라고 했는데, 칩거해 있던 곤충의 부류들은 모두 그 몸체를 숨겨서 거의 죽음에 가깝게 되는데 현재 다시 살아나니, 마치 어두웠다가 밝아지게 되며 죽었다가 다시 살아나는 것과 같다. 정현이 "뱃속에서 죽은 것은 '독(殰)'이라고 부른다."라고 했는데, 경문에서는 '태생(胎生)'이라고 했으니, 이것은 뱃속에 잉태를 하고 있다는 뜻이다. 그렇기 때문에 "뱃속에서 죽는다."라고 말한 것이니, 이것은 곧 '독(殰)'을 의미한다. 정현이 "'혁(殈)'자는 '알이 깨지다[裂].'는 뜻이다."라고 했는데, 알 자체는 대체로 갈라지기 쉽고, 또 제(齊)나라 지역의 말에서는 갈라지는 것을 '혁(殈)'이라고 부른다. 그렇기 때문에 '혁(殈)'자를 '열(裂)'자의 뜻으로 풀이했다.

訓纂 說文: 殰, 胎敗也.

번역 『설문』에서 말하길, '독(殰)'자는 태아 때 죽은 것이다.

訓纂 高注淮南原道訓, "角, 鹿角也. 觡, 麋角也. 觡, 讀曰格." 又"獸胎不贕", 高注, "胎不成獸曰贕." 又注: "嫗伏, 以氣剖卵也. 孕者, 懷胎育生也."

번역 『회남자』「원도훈(原道訓)」편에 대한 고유[2]의 주에서는 "'각(角)'자는 사슴의 뿔이다. '격(觡)'자는 큰 사슴의 뿔이다. '격(觡)'자는 '격(格)'자로 읽는다."라고 했다. 또 "짐승이 잉태를 했는데, 독(贕)하지 않는다."라는 문장에 대해, 고유의 주에서는 "잉태를 했지만 짐승으로 태어나지 못한 것을 '독(贕)'이라고 부른다."라고 했다. 또 고유의 주에서는 "'구복(嫗伏)'은 기운을 통해 알을 부화시키는 것이다. '잉(孕)'자는 잉태를 하여 낳고 기른

2) 고유(高誘, ?~?) : 후한(後漢) 때의 경학자(經學者)이다. 어려서부터 노식(盧植)에게서 수학하였다고 전해진다.

다는 뜻이다."라고 했다.

訓纂 段氏玉裁曰: 郭氏山海經傳曰, "麋鹿角曰觡."

번역 단옥재가 말하길, 곽박의 『산해경전』에서는 "큰 사슴과 사슴의 뿔을 '격(觡)'이라고 부른다."라고 했다.

集解 愚謂: 二氣絪緼而發育萬物者, 固造化自然之功用, 然非聖人作樂以感召其和氣, 則天地之氣且不免於乖沴, 而萬物有不得遂其生矣, 故以此爲樂之道歸焉. 此聖人致中和而位天育物之效也.

번역 내가 생각하기에, 두 기운이 교감하고 작용해서 만물을 발생시키고 기르는 것은 진실로 조화로운 자연의 작용이다. 그러나 성인이 악(樂)을 만들어서 그 조화로운 기운을 느껴서 불러오지 않는다면, 천지의 기운은 또한 어그러짐을 면하지 못하고 만물도 결국 제대로 된 생장을 얻지 못한다. 그렇기 때문에 이것을 악(樂)의 도로 귀결된다고 여겼다. 이것은 성인이 중화(中和)를 이루어 천지가 제자리를 잡도록 하고 만물을 생육하는 공효에 해당한다.[3]

集解 右第二章, 言禮樂之功, 非徒可以治人情, 而可以徧及乎天地之間也.

번역 여기까지는 제 2장으로, 예악의 공덕은 단지 사람의 정감을 다스리는 것뿐만 아니라 천지 사이에 두루 미칠 수 있음을 뜻한다.

---

3) 『중용』「1장」: 致中和, 天地位焉, 萬物育焉.

• 제 42 절 •

예악의 본말(本末)

【477b~c】

樂者, 非謂黃鍾大呂弦歌干揚也, 樂之末節也, 故童者舞之. 鋪筵席, 陳尊俎, 列籩豆, 以升降爲禮者, 禮之末節也, 故有司掌之. 樂師辨乎聲詩, 故北面而弦; 宗祝辨乎宗廟之禮, 故後尸; 商祝辨乎喪禮, 故後主人. 是故德成而上, 藝成而下, 行成而先, 事成而後. 是故先王有上有下, 有先有後, 然後可以有制於天下也.

직역 樂者는 黃鍾 · 大呂 · 弦歌 · 干揚을 謂함이 非이니, 樂의 末節이라, 故로 童者도 舞라. 筵席을 鋪하고, 尊俎를 陳하며, 籩豆를 列하며, 升降으로 禮를 爲한 者는 禮의 末節이라, 故로 有司가 掌이라. 樂師는 聲詩를 辨하니, 故로 北面하고 弦하며; 宗祝은 宗廟의 禮를 辨하니, 故로 尸를 後하고; 商祝은 喪禮를 辨하니, 故로 主人을 後라. 是故로 德이 成하여 上하고, 藝가 成하여 下하며, 行이 成하여 先하고, 事가 成하여 後라. 是故로 先王은 上이 有하고 下가 有하며, 先이 有하고 後가 有하니, 然後에야 可히 天下에 制가 有라.

의역 악(樂)의 본질은 황종(黃鍾) · 대려(大呂)와 같음 음들을 뜻하지 않고, 현악기를 연주하거나 노래를 부르는 등의 기예를 뜻하지 않으며, 방패나 도끼 등의 기물들을 뜻하는 것이 아니니, 이러한 것들은 악(樂) 중에서도 말단에 해당한다. 그렇기 때문에 어린아이들도 그것을 익혀서 춤을 추는 것이다. 자리를 깔고, 술동이나 도마를 진설하고, 변(籩)이나 두(豆)를 진열하며, 오르고 내리는 것을 예(禮)로 삼는 것들은 예(禮) 중에서도 말단에 해당한다. 그렇기 때문에 유사(有司)가 그 일을 담당하는 것이다. 악사(樂師)는 소리와 시가를 변별하는데, 이것들은 말단에 해당하기 때문에 북쪽을 바라보며 현악기로 연주를 한다. 종축(宗祝)은 종묘에서 진행되는 의례를 변별하는데, 이것들은 말단에 해당하기 때문에 시동 뒤에 위치한다. 상축(商祝)은 상례를 변별하는데, 이것들은 말단에 해당하기 때문에 상주 뒤에 위치한다. 이러한 까닭으로 덕을 이룬 자는 위에 위치하고 기예를 이룬 자는 아래에 위치하며, 행실을 이룬 자는 앞에 위치하고 실무를 이룬 자는 뒤에 위치한다. 그러므로 선왕은 위와 아래, 앞과 뒤의 차례를 정한 뒤에야 천하에 예악을 제정할 수 있다.

集說 禮樂之事, 有道有器, 前經皆言禮樂之道, 此以器言, 謂道之精者, 非習藝習事者所能知也. 干·揚, 皆舞者所執. 商祝, 習知殷禮者. 殷尙質, 喪禮以質爲主, 故兼用殷禮也. 北面, 位之卑也. 宗廟之敬在尸, 喪禮之哀在主人, 在尸與主人之後, 其輕可知也. 德行在君尸主人, 童子有司習於藝, 宗祝商祝習於事, 故上下先後之序如此.

번역 예악의 사안에는 도(道)적인 측면이 있고 기(器)적인 측면이 있는데, 앞의 경문에서는 모두 예악의 도를 언급했고 이곳 문장에서는 기를 언급했으니, 정밀한 도는 기예를 익히고 실무를 익힌 자가 알 수 있는 대상이 아님을 뜻한다. 방패[干]와 도끼[揚]는 모두 무용수들이 들게 되는 무용도구이다. '상축(商祝)'[1]은 은나라 때의 예법을 익힌 자이다. 은나라 때에는 질박함을 숭상했고 상례에서는 질박함을 위주로 한다. 그렇기 때문에 은나라의 예법도 함께 사용한다. "북쪽을 바라본다."는 말은 지위가 낮다는 뜻이다. 종묘에서 공경함을 받는 대상은 시동이며 상례에서 슬픔을 나타내는 대상은 상주이니, 시동과 주인의 뒤에 있는 자는 그 비중이 상대적으로 가볍다는 사실을 알 수 있다. 덕행은 군주·시동·주인에게 달려 있고, 어린아이는 기예를 익히며 종축(宗祝)[2]·상축은 실무를 익힌다. 그렇기 때문에

---

1) 상축(商祝)은 상(商)나라 즉 은(殷)나라 때의 예법을 익혀서, 제사를 돕는 자를 뜻한다. 『예기』「악기(樂記)」편에는 "商祝辨乎喪禮, 故後主人."이라는 기록이 있는데, 이에 대한 공영달(孔穎達)의 소(疏)에서는 "商祝, 謂習商禮而爲祝者."라고 풀이했다.

2) 종축(宗祝)은 종백(宗伯)과 태축(太祝)을 뜻한다. 둘 모두 제사를 주관하는 관리들인데, '종백'은 예법과 관련된 부서의 수장이며, '태축'은 제사를 시행

상하 · 선후의 순서가 이와 같다.

集說 石梁王氏曰: 德成而上. 註云, 德, 三德也. 漢儒訓解, 每以三德爲德.

번역 석량왕씨가 말하길, "덕이 완성되어 위에 있다."는 말에 대해서, 정현의 주에서는 "덕(德)은 삼덕(三德)[3]을 뜻한다."라고 했다. 한나라 때 학자들은 풀이를 할 때 매번 삼덕을 덕이라고 여겼다.

大全 延平周氏曰: 有司之所知, 童子之所能者, 禮樂之末, 而聖人之與民同者也. 如其禮樂之本, 則豈非聖人之所獨得而與百王同者乎.

번역 연평주씨가 말하길, 유사가 알고 있고 어린아이가 할 수 있는 것들

할 때 일을 주도하는 관리이다. 『국어(國語)』「주어중(周語中)」편에는 "門尹除門, 宗祝執祀, 司里授館."이라는 기록이 있고, 이에 대한 위소(韋昭)의 주에서는 "宗, 宗伯, 祝, 太祝也."라고 풀이하였다.

3) 삼덕(三德)은 세 종류의 덕(德)을 가리키는데, 문헌에 따라 해당하는 덕성(德性)들에는 차이가 나타난다. 『서』「주서(周書) · 홍범(洪範)」편에는 "三德, 一曰正直, 二曰剛克, 三曰柔克."이라는 기록이 있다. 즉 『서』에서는 '삼덕'을 정직(正直), 강극(剛克), 유극(柔克)으로 풀이하고 있다. 그리고 이 문장에 대한 공영달(孔穎達)의 소(疏)에서는 "此三德者, 人君之德, 張弛有三也. 一曰正直, 言能正人之曲使直, 二曰剛克, 言剛强而能立事, 三曰柔克, 言和柔而能治."라고 풀이한다. 즉 '정직'은 사람들의 바르지 못한 점을 바로잡아서, 정직하게 만드는 능력을 뜻한다. '강극'은 강건한 자세로 사업을 수립하고, 그런 일들을 추진할 수 있는 능력을 뜻한다. '유극'은 화락하고 유순한 태도로 다스릴 수 있는 능력을 뜻한다. 다음으로 『주례』「지관(地官) · 사씨(師氏)」편에는 "以三德敎國子, 一曰至德, 以爲道本, 二曰敏德, 以爲行本, 三曰孝德, 以知逆惡."이라는 기록이 있다. 즉 『주례』에서는 '삼덕'을 지덕(至德), 민덕(敏德), 효덕(孝德)으로 풀이하고 있다. '지덕'은 도(道)의 근본이 되는 것이며, '민덕'은 행실의 근본이 되는 것이고, '효덕'은 나쁘고 흉악한 것들을 알아내는 능력을 뜻한다. 다음으로 『국어(國語)』「진어사(晉語四)」편에는 "晉公子善人也, 而衛親也, 君不禮焉, 棄三德矣."라는 기록이 있다. 이에 대한 위소(韋昭)의 주에서는 "三德, 謂禮賓, 親親, 善善也."라고 풀이한다. 즉 위소가 말하는 '삼덕'은 예빈(禮賓), 친친(親親), 선선(善善)이다. '예빈'은 빈객들에게 예법(禮法)에 따라 대접하는 것이며, '친친'은 부모를 친애하는 것이고, '선선'은 착한 사람을 착하게 대하는 것이다.

은 예악의 말단에 해당하니, 성인이 백성들과 함께 하는 대상이다. 예를 들어 예악의 근본과 같은 경우는 성인 홀로 터득하여 모든 왕들이 함께 했던 것이 아니겠는가?

大全 慶源輔氏曰: 德成而上, 非遺其藝也. 藝成而下, 則局於藝者爾. 行成而先, 非廢其事也. 事成而後, 則役於事者爾. 本末具擧, 精粗不廢, 得道之全體, 然後可以制作禮樂, 以示天下.

번역 경원보씨가 말하길, 덕을 이룬 자가 위에 있는 것은 기예에 대해서 버린다는 뜻이 아니다. 기예를 이룬 자가 아래에 있는 것은 기예에 국한되기 때문이다. 행실을 이룬 자가 앞에 있는 것은 실무를 버려둔다는 뜻이 아니다. 실무를 이룬 자가 뒤에 있는 것은 실무를 맡고 있기 때문이다. 근본과 말단이 모두 시행되고 정밀한 것과 거친 것이 폐지되지 않아서 도의 전체를 얻은 뒤에야 예악을 제정하여 천하에 시행할 수 있다.

大全 嚴陵方氏曰: 上下以位言, 先後以序言. 德則反本, 藝則務末. 故其成也, 以上下爲異位. 行施於此, 而後事作於彼, 故其成也, 以先後爲異序. 故君子於德, 必有據焉, 藝則游之而已, 於行必有修焉, 事則節之而已. 夫上下有位, 先後有序, 則足以爲法於天下矣.

번역 엄릉방씨가 말하길, 위와 아래는 지위를 기준으로 한 말이고 앞과 뒤는 질서를 기준으로 한 말이다. 덕은 근본을 반추하는 것이고 기예는 말단에 힘쓰는 것이다. 그렇기 때문에 그것들을 이룸에 있어서 상하(上下)로 지위에 차등을 둔 것이다. 행실은 이곳에 베풀고 그 이후에 사안이 저곳에서 일어난다. 그렇기 때문에 그것들을 이룸에 있어서 선후(先後)로 질서체계에 차등을 두었다. 그러므로 군자는 덕에 대해서 반드시 근거하는 점이 있고 기예에 대해서는 노닐며 익힐 따름이며, 행실에 대해서는 반드시 수양하는 점이 있고 실무에 대해서는 절도에 따를 따름이다. 무릇 위와 아래에 지위가 있고 앞과 뒤에 질서가 있다면, 천하에 모범으로 삼을 수 있다.

鄭注 揚, 鉞也[4]. 言禮樂之本, 由人君也. 禮本著誠去僞, 樂本窮本知變. 辨, 猶別也, 正也. 弦, 謂鼓琴瑟也. 後尸, 居後贊禮儀. 此言知本者尊, 知末者卑. 德, 三德也. 行, 三行也. 藝, 才技也. 先, 謂位在上也. 後, 謂位在下也. 言尊卑備, 乃可制作以爲治法.

번역 '양(揚)'자는 도끼[鉞]이다. 예악의 근본은 군주로부터 비롯된다는 뜻이다. 예(禮)의 근본은 진실됨을 드러내고 거짓됨을 제거하는 것이고, 악(樂)의 근본은 근본을 지극히 하고 변화를 아는 것이다. '변(辨)'자는 "변별한다[別]."는 뜻이며, "바르게 한다[正]."는 의미이다. '현(弦)'자는 금(琴)과 슬(瑟)을 연주한다는 뜻이다. '후시(後尸)'는 시동의 뒤에 위치하여 예법에 따른 의례절차를 돕는다는 뜻이다. 이곳 문장은 근본을 아는 것이 존귀하고 말단을 아는 것은 상대적으로 낮다는 뜻이다. '덕(德)'은 삼덕(三德)을 뜻한다. '행(行)'은 삼행(三行[5])을 뜻한다. '예(藝)'자는 재주와 기예를 뜻한다. '선(先)'자는 위치가 위에 있다는 뜻이다. '후(後)'자는 위치가 아래에 있다는 뜻이다. 즉 존비의 질서가 갖춰지면 제정하여 법도로 삼을 수 있다는 뜻이다.

釋文 鋪, 普胡反, 又音敷. 去, 起呂反. 上如字, 或時掌反. 行, 下孟反, 注同. 技, 其綺反. 治, 直吏反.

번역 '鋪'자는 '普(보)'자와 '胡(호)'자의 반절음이고, 또한 그 음은 '敷(부)'도 된다. '去'자는 '起(기)'자와 '呂(려)'자의 반절음이다. '上'자는 글자대로 읽고, 또한 '時(시)'자와 '掌(장)'자의 반절음도 된다. '行'자는 '下(하)'

---

4) '양월야(揚鉞也)'에 대하여. 이 세 글자는 본래 없던 글자인데, 완원(阮元)의 『교감기(校勘記)』에서는 "살펴보면 '현가간양야(弦歌干揚也)'라는 기록 뒤에 『사기집해(史記集解)』에서는 정현의 주를 인용하여, '양월야'라는 세 글자를 기록하고 있으니, 다른 판본에는 이 글자가 빠진 것이다."라고 했다.

5) 삼행(三行)은 세 종류의 덕행(德行)을 뜻하며, 효행(孝行), 우행(友行), 순행(順行)을 가리킨다. '효행'은 부모를 섬기는 덕행이고, '우행'은 현명하고 어진 사람을 존귀하게 받드는 덕행이며, '순행'은 스승과 어른을 섬기는 덕행이다.

자와 '孟(맹)'자의 반절음이며, 정현의 주에 나오는 글자도 그 음이 이와 같다. '技'자는 '其(기)'자와 '綺(기)'자의 반절음이다. '治'자는 '直(직)'자와 '吏(리)'자의 반절음이다.

孔疏 ●"樂者"至"下也". ○正義曰: 此一節明禮樂各有根本, 本貴而末賤. 君子能辨其本末, 可以有制於天下.

번역 ●經文: "樂者"~"下也". ○이곳 문단은 예악은 각각 근본으로 삼고 있는 것이 있어서, 근본은 존귀하고 말단은 상대적으로 천하다는 사실을 나타내고 있다. 군자는 근본과 말단을 변별할 수 있어서, 천하에 대해 예악을 제정할 수 있다.

孔疏 ●"黃鍾·大呂·弦歌·干揚也, 樂之末節也"者, 此等之物, 唯是樂器, 播揚樂聲, 非樂之本, 故云"樂之末節". 其本在於人君之德, "窮本知變", 是也, 故云"樂之末節也, 故童者舞之". 皇氏云: "揚, 擧也. 干揚, 擧干以舞也".

번역 ●經文: "黃鍾·大呂·弦歌·干揚也, 樂之末節也". ○이러한 물건들은 단지 음악의 기물에 해당하여 음악의 소리를 표현하는 것이니, 악(樂)의 근본은 아니다. 그렇기 때문에 "악(樂)의 말단이다."라고 말했다. 근본은 군주의 덕에 달려 있으니, "근본을 지극히 하고 변화를 안다."[6]는 내용에 해당한다. 그렇기 때문에 "악(樂)의 말단이기 때문에 어린아이들도 춤을 출 수 있다."라고 말했다. 황간은 "'양(揚)'자는 '든다[擧].'는 뜻이다. '간양(干揚)'은 방패를 들고서 춤을 춘다는 의미이다."라고 했다.

孔疏 ●"鋪筵席, 陳尊俎, 列籩豆, 以升降爲禮者, 禮之末節也"者, 此等物所以飾禮, 故云"禮之末節". 其本在於人君"著誠去僞", 恭敬節儉. 以末節非貴, 故"有司掌之".

---

6) 『예기』「악기」【476b~c】: 窮本知變, 樂之情也. 著誠去僞, 禮之經也. 禮樂偩天地之情, 達神明之德, 降興上下之神, 而凝是精粗之體, 領父子君臣之節.

번역 ●經文: "鋪筵席, 陳尊俎, 列籩豆, 以升降爲禮者, 禮之末節也". ○이러한 물건들은 예(禮)를 장식하는 것들이다. 그렇기 때문에 "예(禮)의 말단이다."라고 했다. 근본은 군주가 "질실됨을 드러내고 거짓을 제거한다."7)는 것에 달려 있으니, 공경하며 법도에 따라 자신을 검속하는 것이다. 말단을 존귀하게 여기지 않기 때문에 "유사(有司)가 담당한다."라고 했다.

孔疏 ●"樂師辨乎聲詩, 故北面而弦"者, 此明知禮樂末者, 其位處卑, 卽樂師以辨曉聲詩, 但知樂之末節, 故北面而鼓弦, 言其位處卑也.

번역 ●經文: "樂師辨乎聲詩, 故北面而弦". ○이 문장은 예악의 말단을 아는 자들은 그 지위가 낮다는 사실을 나타내고 있다. 즉 악사(樂師)는 소리와 시가를 변별하고 나타내지만, 악(樂)의 말단을 알고 있기 때문에 북쪽을 바라보는 자리에서 현악기를 연주하니, 그 지위가 낮다는 의미이다.

孔疏 ●"宗祝辨乎宗廟之禮, 故後尸"者, 宗, 謂宗人. 祝, 謂大祝. 但辨曉於宗廟詔相之禮, 故在尸後也.

번역 ●經文: "宗祝辨乎宗廟之禮, 故後尸". ○'종(宗)'자는 종인(宗人)8)을 뜻한다. '축(祝)'자는 대축(大祝)9)을 뜻한다. 이들은 다만 종묘에서 아뢰

---

7) 『예기』「악기」【476b~c】: 窮本知變, 樂之情也. 著誠去僞, 禮之經也. 禮樂偩天地之情, 達神明之德, 降興上下之神, 而凝是精粗之體, 領父子君臣之節.

8) 종인(宗人)은 고대 관직명이다. 소종백(小宗伯)으로 여기기도 하며, 일반적으로 제사 및 종묘(宗廟)에서 시행되는 예법을 담당하는 자로 여기기도 한다. 『서』「주서(周書) · 고명(顧命)」편에는 "上宗曰饗, 太保受同, 降, 盥以異同, 秉璋以酢, 授宗人同, 拜, 王荅拜."라는 기록이 있고, 이에 대한 공안국(孔安國)의 전문(傳文)에서는 "宗人, 小宗伯."이라고 풀이했다. 또한 『의례』「사관례(士冠禮)」편에는 "徹筮席, 宗人告事畢, 主人戒賓, 賓禮辭許."라는 기록이 있고, 이에 대한 정현의 주에서는 "宗人, 有司主禮者."라고 풀이했다.

9) 대축(大祝)은 제사와 관련된 관직이다. 『예기』「곡례하(曲禮下)」편에는 "天子建天官, 先六大, 曰大宰, 大宗, 大史, 大祝, 大士, 大卜, 典司六典."이라고 하여, 대재(大宰)와 함께 천관(天官)에 소속된 관리로 기술되어 있다. 한편 『주례』「춘관종백(春官宗伯)」편에는 "大祝, 下大夫二人, 上士四人, 小祝, 中士八人,

고 돕는 예법을 변별하고 밝히기 때문에 시동의 뒤에 위치한다.

孔疏 ●"商祝辨乎喪禮, 故後主人"者, 商祝, 謂習商禮而爲祝者. 但辨曉死喪擯相之禮, 故後主人, 謂在主人之後. 言此宗祝商祝但知禮之末節, 故在尸與主人後, 言其位處卑賤也.

번역 ●經文: "商祝辨乎喪禮, 故後主人". ○'상축(商祝)'은 은나라 때의 예법을 익혀서 축관(祝官)의 임무를 맡은 자이다. 다만 상례에서 보좌하며 돕는 의례를 변별하고 밝히기 때문에 '후주인(後主人)'을 하니, 상주의 뒤에 있다는 의미이다. 즉 이러한 종인(宗人)·대축(大祝)·상축은 예(禮) 중에서도 말단을 알고 있기 때문에 시동 및 상주의 뒤에 위치한다는 의미로, 그 지위가 낮고 상대적으로 천하다는 뜻이다.

孔疏 ●"是故德成而上"者, 則人君及主人之屬是也, 以道德成就, 故在上也.

번역 ●經文: "是故德成而上". ○군주 및 주인 등이 여기에 해당하니, 도덕을 성취했기 때문에 위에 있다.

孔疏 ●"藝成而下"者, 言樂師·商祝之等, 藝術成就而在下也.

번역 ●經文: "藝成而下". ○악사(樂師)나 상축(商祝) 등을 뜻하니, 이들은 재예를 성취하여 아래에 있다는 의미이다.

下士十有六人, 府二人, 史四人, 胥四人, 徒四十人."이라고 하여, '대축'은 하대부(下大夫) 2명이 담당하고, 그 직속 휘하에는 상사(上士) 4명이 배속되어 있으며, '대축'을 돕는 소축(小祝) 관직에는 중사(中士) 4명이 담당하고, 그 휘하에는 하사(下士) 16명, 부(府) 2명, 사(史) 4명, 서(胥) 4명, 도(徒) 40명이 배속되어 있다고 기록되어 있다. 또 『주례』「춘관(春官)·대축(大祝)」편에는 "掌六祝之辭, 以事鬼神示, 祈福祥求永貞."이라고 하여, '대축'은 여섯 가지 축문에 관한 일을 담당하여, 이것으로써 귀신을 섬겨 복을 기원하는 일을 했다고 기록되어 있다.

孔疏 ●"行成而先"者, 行成則德成矣. 言德在內, 而行在外也.

번역 ●經文: "行成而先". ○행실을 이루면 덕을 이룬 것이다. 즉 덕은 내적인 면에 해당하고 행실은 외적인 면에 해당한다는 뜻이다.

孔疏 ●"事成而後"者, 事成則藝成矣. 在身謂之藝, 所爲謂之事.

번역 ●經文: "事成而後". ○실무를 이루면 재예를 이룬 것이다. 자신에게 있어서는 재예[藝]라고 부르며 행동하는 것에 대해서는 실무[事]라고 부른다.

孔疏 ●"是故"至"天下也"者, 人有多少品類, 故先王因其先後, 使尊卑得分, 然後乃可制禮作樂, 爲法以班天下, 如周公六年乃制禮樂也.

번역 ●經文: "是故"～"天下也". ○사람은 다양한 부류가 있다. 그렇기 때문에 선왕은 선후에 따라서 신분의 존비를 구분하도록 했다. 그런 뒤에야 예악을 제정하고 그것을 법도로 삼아 천하에 반포했으니, 마치 주공(周公)이 섭정을 한 후 6년째에 예악을 제정했던 일과 같다.[10]

訓纂 王注: 但能別聲詩, 不知其義, 故北面而弦.

번역 왕숙의 주에서 말하길, 다만 소리와 시가를 변별할 수 있고 그 뜻을 알지 못하기 때문에, 북쪽을 바라보고 현악기를 연주하는 것이다.

集解 愚謂: 揚, 戚也. 干·揚, 皆舞者之所執. 童者, 謂國子也. 樂師, 大師·小師也. 周禮大師, "大祭祀, 帥瞽登歌." 小師, "大祭祀登歌." 北面而弦, 謂在

---

10) 『예기』「명당위(明堂位)」【398d】: 昔殷紂亂天下, 脯鬼侯以饗諸侯, 是以周公相武王以伐紂. 武王崩, 成王幼弱, 周公踐天子之位以治天下. 六年朝諸侯於明堂, 制禮作樂頒度量, 而天下大服. 七年致政於成王.

堂上北面而鼓弦也. 士喪禮有商祝·夏祝. 凡襲·斂, 皆使商祝; 設奠, 皆使夏祝. 蓋二祝皆周禮之喪祝, 習商禮者爲商祝, 習夏禮者爲夏祝. 此獨言"商祝"者, 以其主襲·斂之事, 與主人相隨也. 德, 六德也. 行, 六行也. 藝, 六藝也.

번역 내가 생각하기에, '양(揚)'자는 도끼[戚]를 뜻한다. 방패와 도끼는 모두 무용수들이 잡는 무용도구이다. '동자(童者)'는 국자(國子)를 뜻한다. '악사(樂師)'는 대사(大師)와 소사(小師)를 뜻한다. 『주례』「대사」편에서는 "큰 제사를 지내게 되면, 악공들을 이끌고 당(堂) 위에 올라가서 노래를 부른다."11)라고 했고, 「소사」편에서는 "큰 제사를 지내게 되면, 당 위에 올라가서 노래를 부른다."12)라고 했다. "북쪽을 바라보며 현악기를 연주한다."는 말은 당 위에서 북쪽을 바라보며 현악기를 연주한다는 뜻이다. 『의례』「사상례(士喪禮)」편에는 상축(商祝)과 하축(夏祝)13)이 나온다. 습(襲)14)과 염(斂)15)을 할 때에는 모두 상축을 시키며, 전제(奠祭)16)를 진설하게 되면 모두 하축을 시킨다. 무릇 이 두 명의 축관은 모두 주나라 예법에 따른 상축(喪祝)들인데, 은나라 때의 예법을 익힌 자를 상축으로 삼고, 하나라 때의 예법을 익힌 자를 하축으로 삼는다. 이곳에서는 단지 '상축(商祝)'만 언급했는데, 그가 습과 염에 대한 일을 주관하여 주인과 함께 따르기 때문이다. '덕(德)'은 육덕(六德)17)을 뜻한다. '행(行)'은 육행(六行)18)을 뜻한다. '예

---

11) 『주례』「춘관(春官)·대사(大師)」: 大祭祀, 帥瞽登歌, 令奏擊拊.
12) 『주례』「춘관(春官)·소사(小師)」: 大祭祀登歌, 擊拊.
13) 하축(夏祝)은 하(夏)나라 때의 예법을 익혀서, 제사 등을 돕는 자이다. 하나라 때에는 충(忠)을 중심으로 가르쳤으므로, 그 예법은 봉양을 하는 것에 적합하다. 그렇기 때문에 음식과 관련된 일을 담당한다. 『의례』「사상례(士喪禮)」편에는 "夏祝鬻餘飯, 用二鬲, 于西牆下."라는 기록이 있고, 이에 대한 정현의 주에서는 "夏祝, 祝習夏禮者也. 夏人教以忠, 其於養宜."라고 풀이했다.
14) 습(襲)은 시신에 옷을 입히는 의식 절차이다. 한편 시신에 입히는 옷 자체도 '습'이라고 불렀다.
15) 염(斂)은 시신에 옷을 입혀서 관에 안치하는 것을 뜻한다.
16) 전제(奠祭)는 죽은 자 및 귀신들에게 음식을 헌상하는 제사이다. 상례(喪禮)를 치를 때, 빈소를 차리고 나면, 매일 아침과 저녁에 음식을 바치며 제사를 지내게 되는데, '전제'는 주로 이러한 제사를 뜻한다.
17) 육덕(六德)은 여섯 가지 도리를 뜻한다. 여섯 가지 도리는 지(知), 인(仁), 성(聖), 의(義), 중(忠), 화(和)이다.

(藝)'는 육예(六藝)를 뜻한다.

集解 右第三章, 言禮樂貴得其本也.

번역 여기까지는 제 3장으로, 예악은 근본을 얻는 것을 존귀하게 여긴다는 뜻이다.

集解 右樂情篇第七. <史記樂書第五.>

번역 여기까지는 「악정(樂情)」 제 7편이다. <『사기』「악서(樂書)」에서는 제 5편으로 배열했다.>

---

18) 육행(六行)은 여섯 가지 선행을 뜻한다. 여섯 가지 선행은 효(孝), 우(友), 구족(九族)에 대한 친근함[睦], 외친(外親)에 대한 친근함[婣], 벗에 대한 믿음[任], 구휼[恤]이다.

제8편

위문후(魏文侯)

• 제43절 •

고악(古樂)의 도리

【477d~478a】

魏文侯問於子夏曰, "吾端冕而聽古樂, 則唯恐臥; 聽鄭衛之音, 則不知倦. 敢問古樂之如彼何也? 新樂之如此何也?" 子夏對曰, "今夫古樂, 進旅退旅, 和正以廣, 弦匏笙簧, 會守拊鼓, 始奏以文, 復亂以武, 治亂以相, 訊疾以雅. 君子於是語, 於是道古, 修身及家, 平均天下, 此古樂之發也."

직역 魏文侯가 子夏에게 問하여 曰, "吾는 端冕하고 古樂을 聽하면, 唯히 臥가 恐하며; 鄭衛의 音을 聽하면, 倦을 不知라. 敢히 問하니 古樂이 彼와 如함은 何오? 新樂이 此와 如함은 何오?" 子夏가 對하여 曰, "今夫히 古樂은 進旅하며 退旅하고, 和正하여 廣하며, 弦匏笙簧이 會守하여 拊鼓하니, 始히 奏하길 文으로써 하며, 復히 亂하길 武로써 하고, 亂을 治하길 相으로써 하며, 疾을 訊하길 雅로써 합니다. 君子는 是에 語하니, 是에 古를 道하며, 身을 修하여 家에 及하고, 天下를 平均하니, 此는 古樂의 發입니다."

의역 위문후가 자하에게 묻기를, "나는 단면[1]을 하고 고대의 음악을 들으면, 졸리기만 하여 잠이 들까 염려되며, 반대로 정(鄭)나라나 위(衛)나라의 음악같이 오늘날의 음악을 들으면, 신이 나서 피로한 줄도 모릅니다. 제가 감히 묻겠습니다.

---

1) 단면(端冕)은 검은색의 옷과 면류관을 뜻한다. 즉 현면(玄冕)을 의미한다. '단(端)'자는 검은색의 옷을 뜻하는데, 면복(冕服)에 대해서, '단'자로 지칭하는 것은 면복 자체가 정폭(正幅)으로 제작되기 때문에, '단'자를 붙여서 부르는 것이다. 『예기』「악기(樂記)」편에서는 "吾端冕而聽古樂, 則唯恐臥; 聽鄭衛之音, 則不知倦."이라는 기록이 있는데, 이에 대한 정현의 주에서는 "端, 玄衣也."라고 풀이했고, 공영달(孔穎達)의 소(疏)에서는 "云'端, 玄衣也'者, 謂玄冕也. 凡冕服, 皆其制正幅, 袂二尺二寸, 袪尺二寸, 故稱端也."라고 풀이했다.

고대의 음악은 왜 이처럼 저에게는 마음에 들지 않는 것이며, 오늘날의 음악은 왜 이처럼 마음에 드는 것입니까?"라고 했다. 그러자 자하가 대답하길, "현재 고대의 음악에 대해 말씀을 드리자면, 무용수들은 한꺼번에 나아가고 물러나며, 조화롭게 바른 소리로써 울려 퍼지게 하며, 현(弦) · 포(匏) · 생(笙) · 황(簧) 등의 악기들도 제멋대로 연주되는 것이 아니라, 반드시 대기하고 있다가 부(拊)와 고(鼓)의 박자에 맞춰서 연주가 되니, 음악을 처음 연주할 때에는 북소리에 맞추고, 재차 한 악절을 끝낼 때에는 징소리에 맞추며, 악절의 끝을 맞출 때에는 부(拊) 소리에 맞추고, 춤사위가 지나치게 빠르지 않도록 조절하는 것은 아(雅) 소리에 맞춥니다. 따라서 군자는 이러한 고대의 음악을 통해서 설명을 하니, 이러한 음악을 통해서 고대 음악의 도리를 말하며, 자신을 수양하여 가정에 미치고, 천하를 균평하게 합니다. 이것이 바로 고대 음악의 도리가 나타난 것입니다."라고 했다.

集說 厭之, 故惟恐臥; 好之, 故不知倦. 如彼, 外之也; 如此, 內之也. 旅, 衆也. 或進或退, 衆皆齊一, 無參差也. 和正以廣, 無姦聲也. 弦匏笙簧之器雖多, 必會合相守, 待擊拊鼓, 然後作也. 文, 謂鼓也. 武, 謂金鐃也. 樂之始奏先擊鼓, 故云始奏以文. 亂者, 卒章之節. 欲退之時, 擊金鐃而終, 故云復亂以武. 相, 卽拊也, 所以輔相於樂. 治亂而使之理, 故云治亂以相也. 訊, 亦治也. 雅, 亦樂器也. 過而失節謂之疾, 奏此雅器以治舞者之疾, 故云訊疾以雅也. 於此而語樂, 是道古樂之正也. 知古樂而明修身之道, 則家齊國治而天下平矣.

번역 싫증을 내기 때문에 자게 될까 염려하며 좋아하기 때문에 피로한지도 모른다. '여피(如彼)'는 외면한다는 뜻이고 '여차(如此)'는 마음에 든다는 뜻이다. '여(旅)'자는 무리[衆]를 뜻한다. 어떤 경우에는 나아가고 또 어떤 경우에는 물러나는데, 무리들이 모두 일제히 시행하여 차이가 없게 된다. "조화롭고 바르게 하여 넓힌다."는 말은 간사한 소리가 없다는 뜻이다. 현(弦) · 포(匏) · 생(笙) · 황(簧) 등의 악기들이 비록 많더라도, 반드시 모여서 대기하며 부(拊)와 고(鼓)가 울릴 때까지 기다린 뒤에야 연주해야 한다는 뜻이다. '문(文)'자는 북[鼓]을 뜻한다. '무(武)'자는 쇠로 만든 징[鐃]을 뜻한다. 음악을 처음 연주할 때에는 먼저 북을 울린다. 그렇기 때문에 "처음 연주할 때에는 북으로써 한다."고 했다. '난(亂)'자는 악곡의 한 악절을 끝냈다는 뜻이다. 물러나고자 할 때에는 쇠로 된 징을 쳐서 마친다. 그렇기 때문에 "재차 마칠 때에는 징으로써 한다."고 했다. '상(相)'자는 부(拊)를 뜻하니, 음악이 연주될 때 박자를 맞추도록 돕는 악기이다. 마침을 다스려서 가지런하게 만들기 때문에 "마침을 다스리길 부(拊)로써 한다."고 했다. '신(訊)'자 또한 "다스린다[治]."는 뜻이다. '아(雅)'는 또한 악기의 일종이다. 지나쳐서 절도를 잃는 것을 '질(疾)'이라고 부르는데, 아(雅)라는 악기를 연주하여 무용수들이 지나치게 빠르게 되는 것을 바로잡는다. 그렇기 때문에 "빠름을 바로잡길 아(雅)로써 한다."고 했다. 여기에 대해서 음악을 말한 것은 고악(古樂)의 올바름을 말했다는 뜻이다. 고악을 알고 수신의 도리를 나타낸다면, 집안이 다스려지고 나라가 다스려지며 천하가 평안하게 된다.

集說 方氏曰: 鼓聲爲陽, 故謂之文; 鐃聲爲陰, 故謂之武. 平, 言無上下之偏; 均, 言無遠近之異.

번역 방씨가 말하길, 북의 소리는 양(陽)에 해당한다. 그렇기 때문에 '문(文)'이라고 했다. 징의 소리는 음(陰)에 해당한다. 그렇기 때문에 '무(武)'라고 했다. '평(平)'자는 위아래의 치우침이 없다는 뜻이며, '균(均)'자는 멀고 가까운 차이가 없다는 뜻이다.

大全 延平周氏曰: 進退以旅者, 言其齊而有儀. 和正以廣者, 言其美. 弦匏笙簧, 會守拊鼓者, 言其序. 始奏以文者, 本乎仁. 復亂以武者, 制以義. 相雅, 皆樂器名也. 以其節樂而能治其亂, 則有相之道, 是以謂之相, 以其趨樂之節奏而不失於雅, 是以謂之雅. 古樂之作也如此, 故君子樂終而語今則有倫, 道古則不悖. 修身及家平均天下, 此其所以爲古樂也.

번역 연평주씨가 말하길, "나아가고 물러나길 무리로써 한다."는 말은 가지런하며 위엄에 따른 격식이 있다는 의미이다. "조화롭고 바르게 하여 넓힌다."는 말은 아름다움을 의미한다. "현(弦)·포(匏)·생(笙)·황(簧)은 부(拊)와 고(鼓)가 연주되길 기다린다."는 말은 질서가 잡혀있다는 뜻이다. "처음 연주하길 문(文)으로써 한다."는 말은 인(仁)에 근본을 둔다는 뜻이다. "다시 마치기를 무(武)로써 한다."는 말은 의(義)로써 제재한다는 뜻이다. '상(相)'과 '아(雅)'는 모두 악기의 이름이다. 음악에 절도를 맞춰서 마침을 다스릴 수 있다면 서로 돕게 되는 도가 있기 때문에, 그 악기를 '상(相)'이라고 부르며, 음악의 가락을 쫓으면서도 바름에서 벗어나지 않도록 하기 때문에, 그 악기를 '아(雅)'라고 부른다. 고악의 연주가 이와 같기 때문에 군자가 음악이 마치고서 오늘날에 대해 말을 하면 질서가 포함되어 있고, 고대에 대해서 말을 하면 어그러지지 않는다. 자신을 수양하여 가정에 미치고 천하가 균평하게 되는 것은 바로 고악이 되는 이유이다.

大全 慶源輔氏曰: 進旅退旅四字, 形容古樂已盡. 和正以廣, 和而不流, 便有廣大之意. 始奏以文, 復亂以武, 此所謂一張一弛也.

번역 경원보씨가 말하길, "나아가길 무리로써 하며 물러나길 무리로써 한다."는 네 글자는 고악을 지극히 형용한 말이다. "조화로움과 바름으로써 넓힌다."는 말은 조화롭되 지나친 곳으로 흐르지 않으며, 또 그 속에는 광대하게 되는 의미가 포함되었다는 뜻이다. "처음 연주하길 문(文)으로써 하고, 다시 마치길 무(武)로써 한다."는 말은 바로 "한 번은 늘어트리고 한 번은 당긴다."[2]는 뜻에 해당한다.

鄭注 魏文侯, 晉大夫畢萬之後, 僭諸侯者也. 端, 玄衣也. 古樂, 先王之正樂也. 旅, 猶俱也. 俱進俱退, 言其齊一也. 和正以廣, 無姦聲也. 會, 猶合也, 皆也. 言衆皆待擊鼓乃作. 周禮·大師職曰: "大祭祀, 帥瞽登歌, 合奏擊拊, 下管播樂器, 合奏鼓朄." 文, 謂鼓也. 武, 謂金也. 相, 卽拊也, 亦以節樂. 拊者, 以韋爲表, 裝之以糠. 糠, 一名"相", 因以名焉, 今齊人或謂"糠"爲"相". 雅亦樂

---

2) 『예기』「잡기하(雜記下)」【520c】: 張而不弛, 文武弗能也. 弛而不張, 文武弗爲也. 一張一弛, 文武之道也.

器名也, 狀如漆筩, 中有椎.

번역 '위문후(魏文侯)'는 진(晉)나라 대부인 필만(畢萬)의 후손으로, 제후를 참칭했던 자이다. '단(端)'자는 현의(玄衣)[3]를 뜻한다. '고악(古樂)'은 선왕이 만든 올바른 음악이다. '여(旅)'자는 모두[俱]라는 뜻이다. 모두 나아가고 모두 물러난다는 말은 가지런하며 동일하게 따른다는 뜻이다. "조화롭고 바르게 하여 넓힌다."는 말은 간사한 소리가 없다는 뜻이다. '회(會)'자는 "합한다[合]."는 뜻이며, 모두[皆]라는 의미이다. 즉 여러 악기들이 모두 북이 울리기를 기다렸다가 연주된다는 뜻이다. 『주례』「대사(大師)」편의 직무 기록에서는 "큰 제사를 시행하면 악공들을 인솔하여 당(堂)에 올라가서 노래를 부르고, 합주를 하며 부(拊)를 울리고, 당 아래에서는 피리를 불며 악기들을 연주하여, 합주를 하며 작은 북을 울린다."[4]라고 했다. '문(文)'자는 북[鼓]을 뜻한다. '무(武)'는 쇠로 만든 악기를 뜻한다. '상(相)'은 부(拊)를 뜻하니, 또한 이 악기를 통해 음악을 조절한다. '부(拊)'는 가죽으로 표면을 만들고 겨[糠]를 그 속에 채운다. '강(糠)'은 '상(相)'이라고도 부르므로, 이러한 이유에 따라서 명칭을 정한 것인데, 오늘날 제(齊)나라 지역 사람들은 간혹 '강(糠)'을 '상(相)'이라고 부르는 경우도 있다. '아(雅)' 또한 악기의 명칭이니, 그 모양이 옻칠을 한 대통과 같고, 그 가운데 뭉치를 두어 울린다.

釋文 夫音扶, 下同. 廣如字, 舊古曠反. 匏, 白交反. 笙音生. 簧音黃. 拊音撫, 注同. 復音伏. 相, 息亮反, 注同, 卽拊也, 以韋爲之, 實之以糠, 王云"輔相也", 徐思章反. 訊音信. 大師, 音泰. 播, 彼佐反. 鞉音胤. 糠音康. 漆音七. 筩音勇. 椎, 直追反.

번역 '夫'자의 음은 '扶(부)'이니, 아래문장에 나오는 글자도 그 음이 이

3) 현의(玄衣)는 고대의 제사 때 착용했던 적백색의 예복을 뜻하며, 천자는 소소한 제사를 지낼 때 이 복장을 착용했다. 또 경(卿)이나 대부(大夫)들이 착용했던 명복(命服)을 뜻하기도 한다.

4) 『주례』「춘관(春官)·대사(大師)」: 大祭祀, 帥瞽登歌, 令奏擊拊, 下管播樂器, 令奏鼓朄.

와 같다. '廣'자는 글자대로 읽으며, 구음(舊音)은 '古(고)'자와 '曠(광)'자의 반절음이다. '匏'자는 '白(백)'자와 '交(교)'자의 반절음이다. '笙'자의 음은 '生(생)'이다. '簧'자의 음은 '黃(황)'이다. '拊'자의 음은 '撫(무)'이며, 정현의 주에 나오는 글자도 그 음이 이와 같다. '復'자의 음은 '伏(복)'이다. '相'자는 '息(식)'자와 '亮(량)'자의 반절음이며, 정현의 주에 나오는 글자도 그 음이 이와 같으니, 곧 부(拊)를 가리키며, 가죽으로 만들고, 강(穅)을 채우는데, 왕숙은 "연주를 보조하는 악기이다."라고 했고, 서음(徐音)은 '思(사)'자와 '章(장)'자의 반절음이 된다. '訊'자의 음은 '信(신)'이다. '大師'에서의 '大'자는 그 음이 '泰(태)'이다. '播'자는 '彼(피)'자와 '佐(좌)'자의 반절음이다. '輴'자의 음은 '胤(윤)'이다. '穅'자의 음은 '康(강)'이다. '漆'자의 음은 '七(칠)'이다. '筩'자의 음은 '勇(용)'이다. '椎'자는 '直(직)'자와 '追(추)'자의 반절음이다.

孔疏 ●"魏文"至"何也". ○正義曰: 自此以下至"有所合之也", 明魏文侯問古樂今樂之異, 幷子夏之答, 辨明古樂今樂之殊, 各隨文解之.

번역 ●經文: "魏文"~"何也". ○이곳 문장으로부터 그 이하로 "마음에 합치되는 점이 있습니다."[5]라는 문장까지는 위문후(魏文侯)가 고악(古樂)과 금악(今樂)의 차이점에 대해서 묻고, 아울러 자하가 답변한 내용을 나타내어, 고악과 금악의 차이점을 변별하고 있으니, 각각의 문장에 따라서 풀이하겠다.

孔疏 ●"吾端冕而聽古樂, 則唯恐臥"者, 文侯言身著端冕, 明其心恭敬而聽古樂, 唯恐臥, 聽鄭·衛之音, 則心所愛樂, 不知休倦也.

번역 ●經文: "吾端冕而聽古樂, 則唯恐臥". ○위문후 자신이 단면(端冕)을 착용했다고 말하여, 마음을 공경스럽게 해서 고악을 들었음을 나타내었는데, 다만 고악을 듣게 되면 잠이 오는 것이 걱정되고, 정(鄭)나라와 위

---

5) 『예기』「악기」【481c】: 鼓鼙之聲讙, 讙以立動, 動以進衆. 君子聽鼓鼙之聲, 則思將帥之臣. 君子之聽音, 非聽其鏗鏘而已也, 彼亦有所合之也.

(衛)나라의 음악을 들으면 마음에 애착이 가고 즐거운 점이 있어서, 피로한 것도 모른다는 뜻이다.

孔疏 ●"敢問古樂之如彼, 何也"者, 言古樂何以朴素之如彼, 使人不貪, 至於臥也.

번역 ●經文: "敢問古樂之如彼, 何也". ○고악은 어째서 이처럼 질박하여, 사람들로 하여금 좋아하지 않도록 해서, 결국 잠이 오는 지경에 이르게 하냐는 의미이다.

孔疏 ●"新樂之如此, 何也"者, 新樂何以婉美, 使人嗜愛志樂, 不如其倦也.

번역 ●經文: "新樂之如此, 何也". ○신악은 어째서 이처럼 아름다워서, 사람들로 하여금 그 음악을 탐내게 하고 뜻을 즐겁게 해서, 피로한 것도 모르게 하냐는 의미이다.

孔疏 ◎注"魏文"至"衣也". ○正義曰: 云"魏文侯畢萬之後, 僭諸侯者也"者, 按春秋閔元年, 晉獻公滅魏, 以魏賜畢萬. 按世本云: "萬生芒, 芒生季, 季生武仲州, 州生莊子降, 降生獻子荼, 荼生簡子取, 取生襄子多, 多生桓子駒, 駒生文侯斯." 是畢萬之後也. 云"端, 玄衣也"者, 謂玄冕也. 凡冕服皆其制正幅, 袂二尺二寸, 袪尺二寸, 故稱"端"也.

번역 ◎鄭注: "魏文"~"衣也". ○정현이 "'위문후(魏文侯)'는 진(晉)나라 대부인 필만(畢萬)의 후손으로, 제후를 참칭했던 자이다."라고 했는데, 『춘추』를 살펴보면 민공(閔公) 1년에, 진나라 헌공(獻公)은 위(魏)나라를 멸망시키고, 위나라 땅을 필만에게 하사했다고 했다.[6] 『세본』을 살펴보면 "만

---

6) 『춘추좌씨전』「민공(閔公) 1년」: 晉侯作二軍, 公將上軍, 大子申生將下軍. 趙夙御戎, 畢萬爲右, 以滅耿·滅霍·滅魏. 還, 爲大子城曲沃. 賜趙夙耿, 賜畢萬魏, 以爲大夫.

(萬)은 망(芒)을 낳았고, 망(芒)은 계(季)를 낳았으며, 계(季)는 무중(武仲)인 주(州)를 낳았고, 주(州)는 장자(莊子)인 강(降)을 낳았으며, 강(降)은 헌자(獻子)인 도(荼)를 낳았고, 도(荼)는 간자(簡子)인 취(取)를 낳았으며, 취(取)는 양자(襄子)인 다(多)를 낳았고, 다(多)는 환자(桓子)인 구(駒)를 낳았으며, 구(駒)는 문후(文侯)인 사(斯)를 낳았다."고 했다. 이것은 위문후가 필만의 후손이 됨을 나타낸다. 정현이 "'단(端)'자는 현의(玄衣)를 뜻한다."라고 했는데, 현면(玄冕)[7]을 의미한다. 무릇 면복(冕服)[8]은 모두 정폭으로 만들게 되어, 소매는 2척(尺) 2촌(寸)으로 만들고, 소매의 끝단은 1척(尺) 2촌(寸)으로 만든다. 그렇기 때문에 '단(端)'이라고 부른다.

孔疏 ●"子夏"至"發也". ○正義曰: 此一經明子夏對文侯古樂之體也. 古樂, 謂古者先王正樂也.

번역 ●經文: "子夏"~"發也". ○이곳 경문은 자하가 위문후에게 고악의 본체를 대답해준 것을 나타내고 있다. '고악(古樂)'은 고대 선왕이 제정한 올바른 음악을 뜻한다.

孔疏 ●"進旅退旅"者, 旅, 謂俱齊. 言古樂進則俱齊, 退亦俱齊, 進退如一, 不參差也.

번역 ●經文: "進旅退旅". ○'여(旅)'자는 모두 가지런하다는 뜻이다. 즉 고악에서는 나아갈 때 모두 가지런하게 나아가며 물러날 때에도 또한 모두

---

7) 현면(玄冕)은 현의(玄衣)와 면류관을 뜻한다. 천자 및 제후의 제사복장으로, 비교적 중요성이 덜한 제사 때 입는다. '현의' 중 상의에는 무늬가 들어가지 않고, 하의에만 불(黻)을 수놓는다. 『주례』「춘관(春官)·사복(司服)」편에는 "祭群小祀則玄冕."이라는 기록이 있고, 이에 대한 정현의 주에서는 "玄者, 衣無文, 裳刺黻而已, 是以謂玄焉."이라고 풀이했다.

8) 면복(冕服)은 대부(大夫) 이상의 계층이 착용하는 예관(禮冠)과 복식을 뜻한다. 무릇 길례(吉禮)를 시행할 때에는 모두 면류관[冕]을 착용하는데, 복장의 경우에는 시행하는 사안에 따라서 달라진다.

가지런하게 물러나니, 나아가고 물러남이 한 사람이 하는 것과 같아서 서로 어긋남이 없다는 뜻이다.

孔疏 ●"和正以廣"者, 樂音相和, 正以寬廣, 無姦聲也.

번역 ●經文: "和正以廣". ○악(樂)과 음(音)들이 서로 조화를 이루어 올바르게 퍼져나가서 간사한 소리가 없다는 뜻이다.

孔疏 ●"弦匏笙簧, 會守拊鼓"者, 言弦也, 匏也, 笙也, 簧也, 其器雖多, 必會合保守, 待擊拊鼓, 然後作也, 故曰"會守拊鼓".

번역 ●經文: "弦匏笙簧, 會守拊鼓". ○현(弦)·포(匏)·생(笙)·황(簧) 등의 악기가 비록 많지만, 반드시 함께 기다리고 있다가 부(拊)와 북이 울리기를 기다린 뒤에 연주를 한다는 뜻이다. 그렇기 때문에 "모여서 부(拊)와 북을 울리기를 기다린다."라고 말했다.

孔疏 ●"始奏以文"者, 文, 謂鼓也. 言始奏樂之時, 先擊鼓. 前文云"先鼓以警戒", 是也.

번역 ●經文: "始奏以文". ○'문(文)'자는 북을 뜻하니, 처음 음악을 연주할 때에는 우선적으로 북을 울린다는 의미이다. 앞에서 "먼저 북을 울려서 주의를 준다."[9]라고 한 말이 바로 이러한 뜻을 나타낸다.

孔疏 ●"復亂以武"者, 武, 謂金鐃也. 言舞畢, 反復亂理欲退之時, 擊金鐃而退, 故云"復亂以武"也.

---

9) 『예기』「악기」【474c】: 樂者, 心之動也. 聲者, 樂之象也. 文采節奏, 聲之飾也. 君子動其本, 樂其象, 然後治其飾. 是故先鼓以警戒, 三步以見方, 再始以著往, 復亂以飭歸, 奮疾而不拔, 極幽而不隱, 獨樂其志, 不厭其道, 備擧其道, 不私其欲. 是故情見而義立, 樂終而德尊, 君子以好善, 小人以聽過. 故曰, "生民之道, 樂爲大焉."

번역 ●經文: "復亂以武". ○'무(武)'자는 쇠로 만든 징을 뜻한다. 무용이 끝나면 다시 되돌아와서 대열을 정비하여 무용수들이 자신의 자리로 물러나려고 하는데, 이 시기에 쇠로 만든 징을 울려서 물러나도록 한다는 뜻이다. 그렇기 때문에 "다시 마치길 징으로써 한다."고 했다.

孔疏 ●"治亂以相"者, 相, 卽拊也, 所以輔相於樂, 故謂"拊"爲"相"也. 亂, 理也. 言治理奏樂之時, 先擊相, 故云"治亂以相".

번역 ●經文: "治亂以相". ○'상(相)'자는 부(拊)를 뜻하니, 음악이 연주되도록 보좌하는 악기이다. 그렇기 때문에 '부(拊)'를 '상(相)'이라고 부른다. '난(亂)'자는 "다스린다[理]."는 뜻이다. 음의 가락을 정돈할 때에는 먼저 상(相)을 울린다는 뜻이다. 그렇기 때문에 "마침을 다스리길 상(相)으로써 한다."고 했다.

孔疏 ●"訊疾以雅"者, 雅, 謂樂器名. 舞者訊疾, 奏此雅器以節之, 故云"訊疾以雅".

번역 ●經文: "訊疾以雅". ○'아(雅)'는 악기의 명칭이다. 무용수들은 신속하게 움직이는데, 아(雅)라는 악기를 연주하여 절도를 맞춘다. 그렇기 때문에 "빠르기를 다스리길 아(雅)로써 한다."고 했다.

孔疏 ●"君子於是語"者, 謂君子於此之時, 語說樂之義理也.

번역 ●經文: "君子於是語". ○군자는 이러한 시기에, 음악의 의미와 도리에 대해서 설명한다는 뜻이다.

孔疏 ●"於是道古"者, 言君子作樂之時, 亦謂說古樂之道理也.

번역 ●經文: "於是道古". ○군자는 음악이 연주될 때 또한 고악의 도리에 대해서도 설명한다는 뜻이다.

孔疏 ●"脩身及家, 平均天下"者, 言君子旣聞古樂, 近脩其身, 次及其家, 然後平均天下也.

번역 ●經文: "脩身及家, 平均天下". ○군자는 이미 고악에 대해서 들었으므로, 가깝게는 자신을 수양하고 그 다음으로는 가정에 미치며, 그런 뒤에는 천하를 균평하게 한다는 뜻이다.

孔疏 ●"此古樂之發也"者, 言此上來諸事, 古樂之發動也.

번역 ●經文: "此古樂之發也". ○앞에서 언급한 여러 사안들은 모두 고악이 연주되어 나타나는 것들이라는 의미이다.

孔疏 ◎注"旅猶"至"有椎". ○正義曰: 云"旅, 猶俱也"者, 旅, 衆也. 經云"進旅退旅", 是衆俱進退, 故云"俱也". 云"和正以廣, 無姦聲也"者, 謂邪淫要妙, 煩手淫聲, 曲折切急. 今經云"和正以廣", 故云"無姦聲也". 云"言衆皆待擊鼓乃作"者, 衆, 謂弦·匏·笙·簧, 衆器皆待擊鼓乃始動作, 解經"會守拊鼓", 言"會守", 謂器之聲也, 以待拊鼓也. 經有"拊"及"鼓", 鄭直云"擊鼓乃作"者, 拊卽鼓之類, 言擊鼓必擊拊也. 引周禮·大師職者, 證擊拊也. 故大師職云: "大祭祀, 帥瞽登歌." 謂大帥[10]領人登堂而唱歌也. 云"合奏擊拊"者, 謂大師合奏樂之時, 則先擊拊而合奏之也. 云"下管播樂器, 合奏鼓朄"者, 謂大祭祀, 堂下諸人吹管, 播揚樂器之聲, 大師合奏之時, 先擊朄而合奏. 言朄謂小鼓, 在大鼓之下, 引是大師登歌合奏之時, 親擊拊, 而以合下管. 合奏時, 親擊朄以奏

10) '솔고등가위대솔(帥瞽登歌謂大帥)'에 대하여. 이 문장의 두 '솔(帥)'자는 모두 '사(師)'자로 기록되어 있었는데, 완원(阮元)의 『교감기(校勘記)』에서는 "혜동(惠棟)의 『교송본(校宋本)』에는 '사'자가 '솔'자로 기록되어 있으니, 이곳 판본은 잘못 기록한 것이며, 『민본(閩本)』·『감본(監本)』·『모본(毛本)』에도 동일하게 잘못 기록되었다."라고 했다.

之. 云"文, 謂鼓也. 武, 謂金也"者, 金屬西方, 可以爲兵刃, 故金爲武. 鼓主發動, 象春, 無兵器之用, 故鼓爲文也. 云"相卽拊也"者, 前文旣云拊, 故知相卽拊. 鄭必知相爲拊者, 按書傳云: "以韋爲鼓, 謂之搏拊." 白虎通引尙書大傳: "拊革著以穅." 鄭以此知也, 今書傳無"著穅"之文, 謂齊人以穅爲相, 故知穅爲相, 卽拊也. 云"雅亦器名也, 狀如漆筩, 中有椎"者, 按周禮 · 笙師職云: "掌舂牘 · 應 · 雅." 鄭司農云: "雅, 狀如漆筩, 而弇口, 大二圍, 長五尺六寸, 以羊韋鞔之, 有兩紐疏畫." 並以漢時制度而知也.

번역 ◎鄭注: "旅猶"～"有椎". ○정현이 "'여(旅)'자는 모두[俱]라는 뜻이다."라고 했는데, '여(旅)'자는 무리[衆]를 의미한다. 경문에서 "나아가길 무리로써 하며 물러나길 무리로써 한다."고 했는데, 이것은 무용수 무리들이 한꺼번에 나아가고 물러난다는 뜻이다. 그렇기 때문에 "모두[俱]라는 뜻이다."라고 했다. 정현이 "'조화롭고 바르게 하여 넓힌다.'는 말은 간사한 소리가 없다는 뜻이다."라고 했는데, 음란하고 아름답기만 하여, 손을 번거롭게 만들고 소리를 음란하게 내며 자질구레하고 급박한 소리를 간사한 소리라고 한다. 현재 경문에서는 "조화롭고 바르게 하여 넓힌다."고 했다. 그렇기 때문에 "간사한 소리가 없다."라고 말한 것이다. 정현이 "여러 악기들이 모두 북이 울리기를 기다렸다가 연주한다는 뜻이다."라고 했는데, '중(衆)'자는 현(弦) · 포(匏) · 생(笙) · 황(簧) 등의 악기를 뜻하니, 여러 악기들이 모두 북이 울릴 때까지 기다린 뒤에 비로소 연주를 시작한다는 뜻으로, 경문에서 '회수부고(會守拊鼓)'라고 한 말을 풀이한 것이니, '회수(會守)'라는 말은 악기의 소리에 대한 것으로, 부(拊)와 고(鼓)가 연주될 때까지 기다린다는 뜻이다. 경문에는 '부(拊)'와 '고(鼓)'가 나오는데, 정현은 단지 "북을 울리고 곧 연주한다."라고 했다. 그 이유는 '부(拊)'는 곧 북의 부류에 해당하니, 북을 울린다고 했다면 반드시 부(拊) 또한 울리기 때문이다. 정현이 『주례』「대사(大師)」편의 직무 기록을 인용했는데, 부(拊)를 울린다는 뜻을 증명하기 위해서이다. 그래서 「대사」편의 직무 기록에서는 "큰 제사를 지내게 되면 악공들을 인솔하여 당(堂) 위로 올라가서 노래를 부른다."고 했으니, 이것은 대사가 사람들을 통솔하여 당 위로 올라가서 선창을 한다는 뜻이다. 또 "합주를 하며 부(拊)를 울린다."고 했는데, 이것은 대사가 음악을 합주시키고자 할 때, 먼저 부(拊)를 울려서 합주하도록 만든다는 뜻이다. 또 "당 아래에서는 피리를 불며 악기들을 연주하여, 합주를 하며 작은 북을 울린다."라고 했는데, 이것은 큰 제사를 지낼 때, 당 아래에 있는 여러 악공들은 피리를 불고 여러 악기들을 연주하여 소리를 내는데, 대사가 합주를 시키고자 할 때에는 먼저 작은 북을 울리고서 합주를 시킨다는 의미이다. '인(轅)'이라고 했는데, 이것은 작은 북으로 큰 북 밑에 설치된다. 이 문장을 인용한 것은 대사가 당 위에서 노래를 부르고 합주를 할 때 직접 부(拊)를 울리고, 이를 통해 당 아래에서 연주하는 피리 소리와 합치되도록 하고, 또 합주를 할 때 직접 작은 북을 울려서 연주를 시킨다는 사실을 나타내기 위해서이다. 정현이 "'문(文)'자는 북[鼓]을 뜻한다. '무(武)'는 쇠로 만든 악기를 뜻한다."라고 했는데, 금(金)은 오행(五行)으로 따지면 서쪽에 해당하고 병장기를 만들 수 있기 때문에 쇠로 만든 악기를 '무(武)'라고 한 것이다. 북은 주로 발산하고 움직이도록 하니, 봄을 상징하며 병장기의 쓰임이 없기 때문에 북을 '문(文)'이라고 한 것이다. 정현이 "'상(相)'은 부(拊)를 뜻한다."고 했는데, 앞 문장에서는 이미 '부(拊)'를 언급했기 때문에 이곳에 나온 '상(相)'자가 '부(拊)'를 뜻하는 것임을 알 수 있다. 정현이 '상(相)'자가 '부(拊)'를 뜻한다는 사실을 분명히 알 수 있었던 이유는 『서전』을 살펴보면 "가죽으로 북을 만드니, 이것을 '박부(搏拊)'라고 부른다."라고 했기 때문이다. 『백호통』에서는 『상서대전』을 인용하여, "부(拊)는 가죽으로 싸고 겨를 채운다."고 했다. 따라서 정현이 이러한 기록들을 통해 그 사실을 알았던 것이다. 그러나 현재의 『서전』 기록에는 '착강(著糠)'이라는 글자가 없으니, 이것은 제(齊)나라 사람들이 강(糠)을 상(相)이라고 불렀음을 뜻한다. 그렇기 때문에 강(糠)은 상(相)이 되므로, 부(拊)에 해당한다는 사실을 알 수 있다. 정현이 "'아(雅)' 또한 악기의 명칭이니, 그 모양이 옻칠을 한 대통과 같고, 그 가운데 뭉치를 두어 울린다."라고 했는데, 『주례』「생사(笙師)」편의 직무 기록을 살펴보면, "독(牘)·응(應)·아(雅)를 찧어서 연주하는 일을 담당한다."[11]라고 했고, 정사농의 주에서는 "'아(雅)'는 그 모습이 옻칠을 한 대통과 같고, 입구를 좁게 만들며 크기는 두 손으로 두 번 감싼 정도이고, 길이는 5척(尺) 6촌(寸)으로, 양의 가죽으로 겉을 감싸고, 두 끈을 달았으며 그림을 그렸다."라고 했다. 이 모두는 한나라 때의 제도를 통해서 이처럼 만들었다는 사실을 알 수 있다.

訓纂 陳用之曰: 拊之設, 則堂上, 書所謂"搏拊", 是也. 其用則先歌, 周禮所謂"登歌, 合奏擊拊", 是也. 荀卿曰, "懸一鐘而尙拊." 大戴禮曰, "懸一磬而尙拊." 言"尙拊", 則拊在鐘磬之東也. 言"會守拊鼓", 則衆樂待其動而後作也. 旣曰"會守拊鼓", 又曰"治亂以相", 則相非拊也. 拊, 書謂之"搏拊", 明堂位謂之"拊搏", 蓋以其或搏或拊, 莫適先後也. 爾雅, "和樂謂之節." 或說節卽相也.

번역 진용지가 말하길, 부(拊)를 설치하는 장소는 당(堂) 위가 되니, 『서』에서 '박부(搏拊)'[12]라고 한 말이 이러한 사실을 나타낸다. 그것을 사용할 때에는 먼저 노래를 부르니, 『주례』에서 "당 위에 올라가서 노래를 부르고 합주하며 부(拊)를 울린다."라고 한 말이 이러한 사실을 나타낸다. 순자는 "하나의 종을 매달고 부(拊)를 높인다."[13]고 했고, 『대대례기(大戴禮記)』에서는 "하나의 석경을 매달고 부(拊)를 높인다."[14]라고 했다. "부(拊)를 높인다."고 말했다면, 부(拊)는 종과 석경의 동쪽에 놓인다. '회수부고(會守拊鼓)'라고 했다면, 여러 악기들은 종과 부(拊)가 연주될 때까지 기다린 뒤에 연주한다. 이미 '회수부고(會守拊鼓)'라고 했는데, 또 '치란이상(治亂以相)'이라고 했다면, '상(相)'은 '부(拊)'가 아니다. '부(拊)'를 『서』에서는 '박부(搏拊)'라고 했고, 『예기』「명당위(明堂位)」편에서는 '부박(拊搏)'[15]이라고

---

11) 『주례』「춘관(春官) · 생사(笙師)」 : 笙師; 掌敎歙竽 · 笙 · 塤 · 籥 · 簫 · 篪 · 篴 · 管, 舂牘 · 應 · 雅, 以敎祴樂.

12) 『서』「우서(虞書) · 익직(益稷)」 : 夔曰, 戛擊鳴球, 搏拊琴瑟以詠, 祖考來格, 虞賓在位, 群后德讓, 下管鼗鼓, 合止柷敔, 笙鏞以間, 鳥獸蹌蹌, 簫韶九成, 鳳皇來儀.

13) 『순자(荀子)』「예론(禮論)」 : 三年之喪, 哭之不反也, 淸廟之歌, 一唱而三歎也, 縣一鐘, 尙拊膈, 朱絃而通越也, 一也.

14) 『대대례기(大戴禮記)』「예삼본(禮三本)」 : 三年之哭不反也, 淸廟之歌一倡而三歎也, 縣一磬而尙拊搏 · 朱絃而通越也, 一也.

했다. 무릇 어떤 경우에는 '박(搏)'이라고 부르고 또 어떤 경우에는 '부(拊)'라고도 불러서, 그 글자의 배열이 일치하지 않기 때문이다. 『이아』에서는 "음악을 조화롭게 하는 것을 '절(節)'이라고 한다."[16]라고 했는데, 어떤 이는 '절(節)'이 곧 상(相)에 해당한다고 했다.

集解 愚謂: 端冕, 端衣而服冕也. 凡冕服皆用正幅, 故曰"端". 古樂用於祭祀, 祭時端冕, 故端冕而聽古樂. 厭之, 故唯恐臥, 悅之, 故不知倦.

번역 내가 생각하기에, '단면(端冕)'은 정폭으로 만든 옷을 입고 면류관을 쓴다는 뜻이다. 무릇 면복(冕服)은 모두 정폭으로 만들기 때문에 '단(端)'자를 붙여서 부른다. 고악은 제사에 사용하며 제사 때에는 단면을 착용하기 때문에, 단면을 착용하고서 고악을 들었던 것이다. 싫증을 내기 때문에 자게 될까를 염려하는 것이며, 기뻐하기 때문에 피로한 것도 모르는 것이다.

集解 方氏慤曰: 語, 卽大司樂所謂"樂語"也. 道古, 道古之事. 鄭氏釋大司樂曰, "道者, 言古以剴今", 蓋謂是矣.

번역 방각이 말하길, '어(語)'자는 『주례』「대사악(大司樂)」편에서 '음악에 대한 말'[17]이라고 했을 때의 '악어(樂語)'에 해당한다. '도고(道古)'는 고대의 일을 말한다는 뜻이다. 정현은 「대사악」편에 대한 풀이에서, "도(道)자는 고대의 일을 언급하여 현재의 일에 비유한다."고 했는데, 아마도 그 말이 옳은 것 같다.

集解 愚謂: 旅進旅退者, 舞也. 和正以廣者, 聲也. 弦, 謂琴瑟, 堂上之樂也. 笙, 堂下之樂也. 笙, 以匏爲體, 而植管於其中. 簧, 管中金葉, 所以鼓動而出聲者也. 守猶待也. 大師登歌, 先擊拊以令之, 是堂上之樂必待拊而後作也. 下

---

15) 『예기』「명당위(明堂位)」【403c】: 拊搏·玉磬·揩擊·大琴·大瑟·中琴·小瑟, 四代之樂器也.

16) 『이아』「석악(釋樂)」: 和樂謂之節.

17) 『주례』「춘관(春官)·대사악(大司樂)」: 以樂語敎國子: 興·道·諷·誦·言·語.

管, 先鼓鞞以令之, 是堂下之樂必待鼓而後作也. 始奏以文, 謂樂始作之時, 升歌淸廟, 以明文德也. 亂, 樂之終也. 復亂以武, 謂樂終合舞, 舞大武以象武功也. 論語曰, "關雎之亂." 彼謂合樂爲亂, 此謂合舞爲亂, 蓋合樂合舞皆在樂之終也. 治亂以相, 謂正治合舞之時, 擊拊以令之也. 登歌擊拊, 則凡令歌, 皆先擊拊; 合舞之時, 堂上亦歌詩以合之, 故擊拊以令之也. 訊猶聽也. 訊疾以雅, 謂舞者迅疾之時, 舂雅以節之, 所謂"奮疾而不拔"也. "始奏以文"以上三句, 承"和正以廣", 而以聲言; "復亂以武"以下, 承"進旅退旅", 而以舞言也. 語, 謂樂終合語也. 道古者, 合語之時, 論說父子 · 君臣 · 長幼之道, 幷道古昔之事也. 文王世子曰, "旣歌而語, 以成之也." 蓋合語之事, 與樂相成, 故幷言之.

번역 내가 생각하기에, "함께 나아가고 함께 물러난다."는 말은 무용에 대한 내용이다. "조화롭고 올바르게 하여 넓힌다."는 말은 소리에 대한 내용이다. '현(弦)'은 금(琴)이나 슬(瑟) 등으로, 당(堂) 위에 설치되는 악기이다. 생(笙)은 당 아래에 설치되는 악기이다. 생(笙)은 포(匏)를 몸체로 하고 그 안에 세로로 된 피리가 붙어 있다. '황(簧)'은 피리 속에 있는 울림 판이니, 연주할 때 움직여서 소리가 나오게 하는 것이다. '수(守)'자는 "기다린다[待]."는 뜻이다. 대사(大師)가 당 위로 올라가서 노래를 부를 때에는 먼저 부(拊)를 울려서 노래를 부르도록 시키니, 당 위에 있는 악기들은 반드시 부(拊)가 울릴 때까지 기다린 뒤에 연주하는 것이다. 당하의 관악기들이 연주할 때에는 먼저 작은 북을 울려서 연주하도록 하니, 당 아래에 있는 악기들은 반드시 북이 울릴 때까지 기다린 뒤에 연주하는 것이다. "처음 연주하길 문(文)으로써 한다."는 말은 음악을 처음 연주할 때, 당 위에 올라가서 청묘(淸廟)라는 시가를 노래로 불러서 문덕(文德)을 나타낸다는 뜻이다. '난(亂)'은 악곡의 마지막 장이다. "재차 끝내길 무(武)로써 한다."는 말은 음악을 끝내며 춤을 맞춰서 출 때, 대무(大武)의 춤을 추어서 무공(武功)을 형상화한다는 뜻이다. 『논어』에서는 '관저(關雎)의 마지막 장'[18]이라고 했는데, 『논어』의 기록은 합주를 할 때의 마지막 장을 의미하며, 이곳의

18) 『논어』「태백(泰伯)」 : 子曰, "師摯之始, 關雎之亂, 洋洋乎, 盈耳哉!"

내용은 대규모로 춤을 맞춰서 출 때의 마지막을 뜻하니, 무릇 합주를 하거나 춤을 맞춰서 추는 것은 모두 음악의 마지막 장에 해당한다. "마지막 장을 다스리길 상(相)으로써 한다."고 했는데, 춤을 맞춰서 추는 것을 바로잡을 때에는 부(拊)를 울려서 따르도록 한다는 의미이다. 당 위에 올라가서 노래를 부르며 부(拊)를 울린다면, 무릇 노래를 시킬 때에는 먼저 그보다 앞서 부(拊)를 울리는 것이다. 또 춤을 맞춰서 출 때, 당상에서는 또한 시가를 노래로 불러서 춤과 맞추게 된다. 그렇기 때문에 부(拊)를 울려서 노래를 하도록 시킨다. '신(訊)'자는 "듣는다[聽]."는 뜻이다. 따라서 '신질이아(訊疾以雅)'라는 말은 무용수들이 빠르기를 맞춰야 할 때, 아(雅)라는 악기를 찧어서 절도를 맞추게 한다는 뜻으로, 이른바 "신속하게 하되 너무 급박하지 않다."[19]는 뜻에 해당한다. "처음 연주하길 문(文)으로써 한다."는 말로부터 그 이상의 세 구문은 "조화롭고 올바르게 하여 넓힌다."는 구문을 이어서, 소리를 기준으로 한 말이다. "재차 끝내길 무(武)로써 한다."는 구문으로부터 그 이하의 내용은 "나아가길 무리로써 하며 물러나길 무리로써 한다."는 말을 이어서, 춤을 기준으로 한 말이다. '어(語)'는 음악이 끝나서 합어(合語)[20]를 한다는 뜻이다. '도고(道古)'라는 말은 합어를 할 때, 부자·군신·장유의 도리를 논의하고, 아울러 고대의 일화를 언급한다는 뜻이다. 『예기』「문왕세자(文王世子)」편에서는 "노래가 끝나면 선왕의 도리를 말하여 노인을 봉양하는 의식을 성대하게 마무리한다."[21]고 했다. 무릇 합어를 하는 사안은 음악과 더불어서 서로를 완성시키기 된다. 그렇기 때문에 함께 언급한 것이다.

---

19) 『예기』「악기」【474c】: 樂者, 心之動也. 聲者, 樂之象也. 文采節奏, 聲之飾也. 君子動其本, 樂其象, 然後治其飾. 是故先鼓以警戒, 三步以見方, 再始以著往, 復亂以飭歸, 奮疾而不拔, 極幽而不隱, 獨樂其志, 不厭其道, 備擧其道, 不私其欲. 是故情見而義立, 樂終而德尊, 君子以好善, 小人以聽過. 故曰, "生民之道, 樂爲大焉."

20) 합어(合語)는 어떠한 의례를 치를 때, 일정 시기가 되면 연장자 및 빈객의 수장 등이 나와서 그 의례를 제정했던 의미와 이치를 종합적으로 설명하는 것을 뜻한다.

21) 『예기』「문왕세자(文王世子)」【262b】: 反, 登歌淸廟. 既歌而語以成之也, 言父子·君臣·長幼之道, 合德音之致, 禮之大者也.

그림 43-1 박부(搏拊)와 부(拊)

搏拊

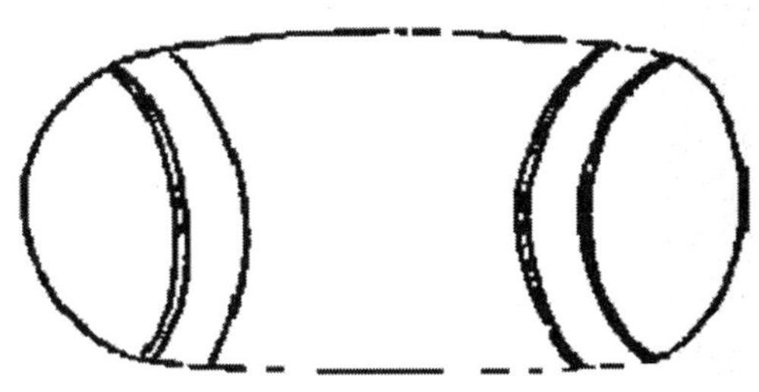

拊

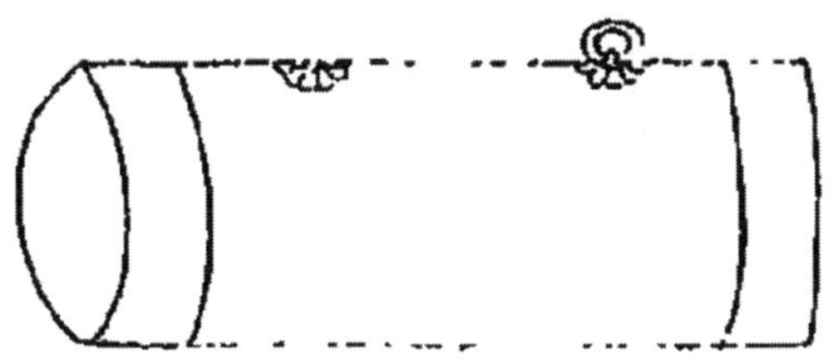

※ **출처:** 『육경도(六經圖)』 2권 · 5권

그림 43-2 아(雅)와 독(牘)

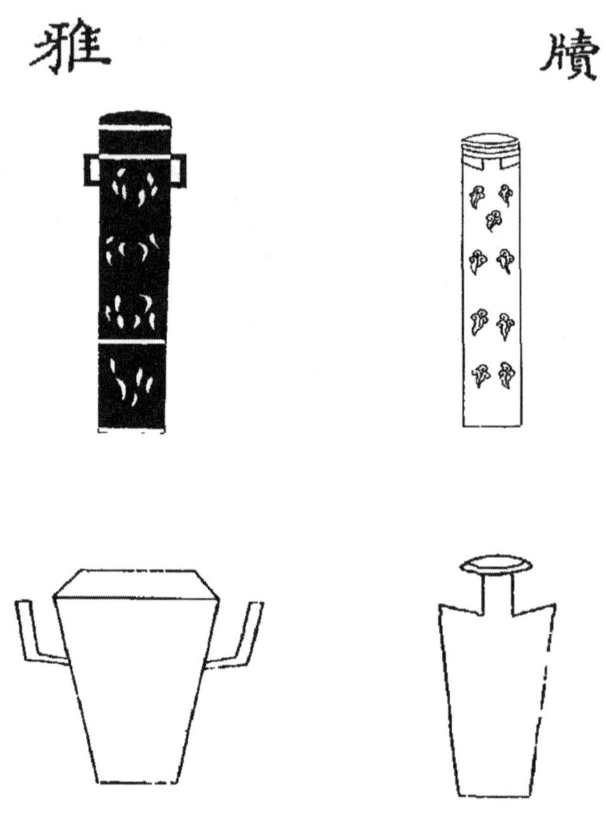

※ **출처:**『삼례도집주(三禮圖集注)』5권 ;『육경도(六經圖)』5권

그림 43-3 응(應)과 요(鐃)

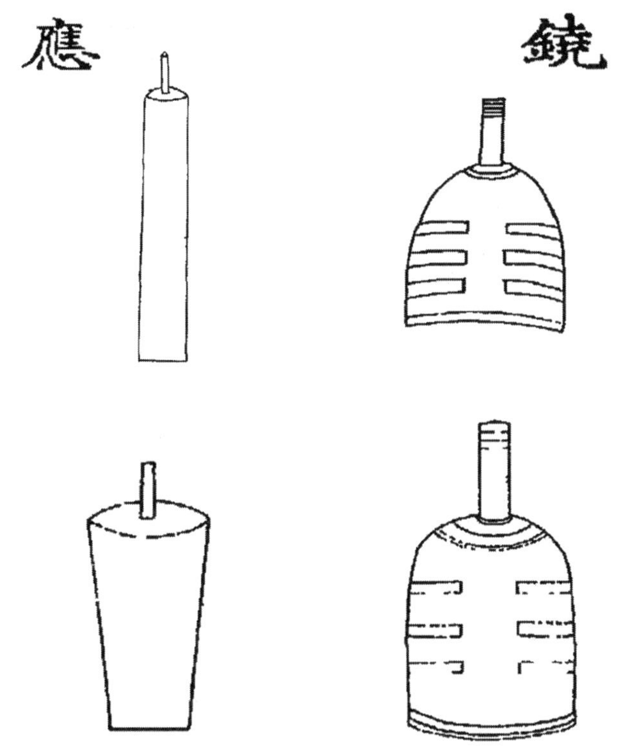

※ 출처: 상단-『삼례도집주(三禮圖集注)』 5·7권 ; 하단-『육경도(六經圖)』 5권

그림 43-4 상(相)과 인(⿰巾東)

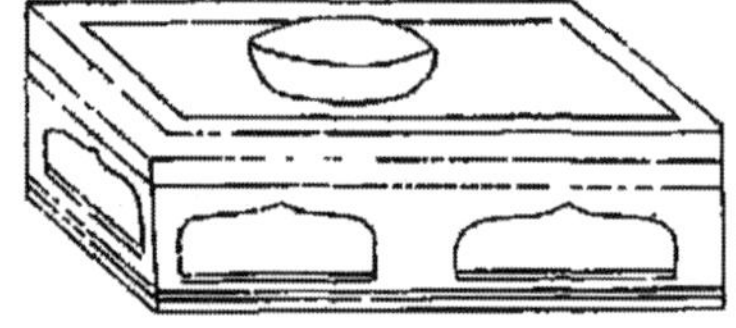

※ **출처:** 상-『삼례도집주(三禮圖集注)』 5권
인-『육경도(六經圖)』 5권

그림 43-5 위(魏)나라 세계도(世系圖)

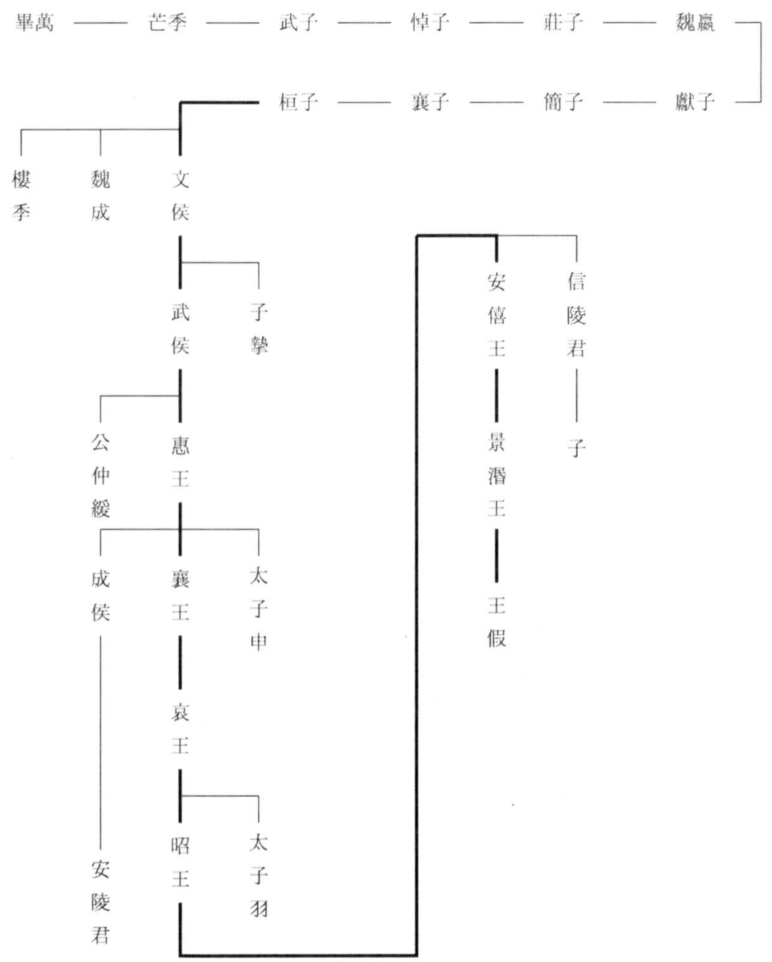

※ **출처:** 『역사(繹史)』 1권 「역사세계도(繹史世系圖)」

그림 43-6 현면(玄冕)

※ 출처: 『삼례도집주(三禮圖集注)』 1권

그림 43-7 경(卿)과 대부(大夫)의 현면(玄冕)

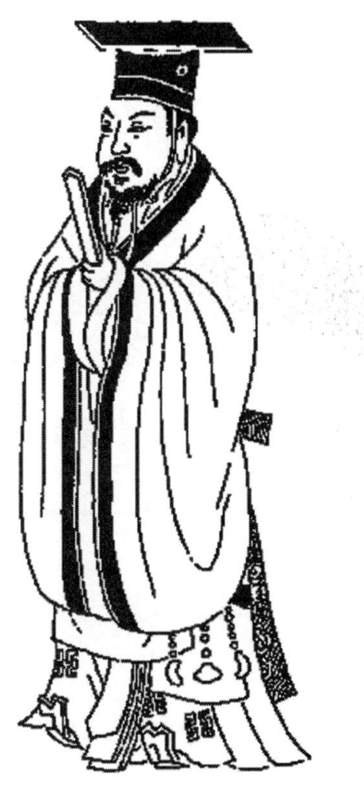

※ **출처:** 『삼례도집주(三禮圖集注)』 1권

그림 43-8 면류관[冕]의 각 부분 명칭

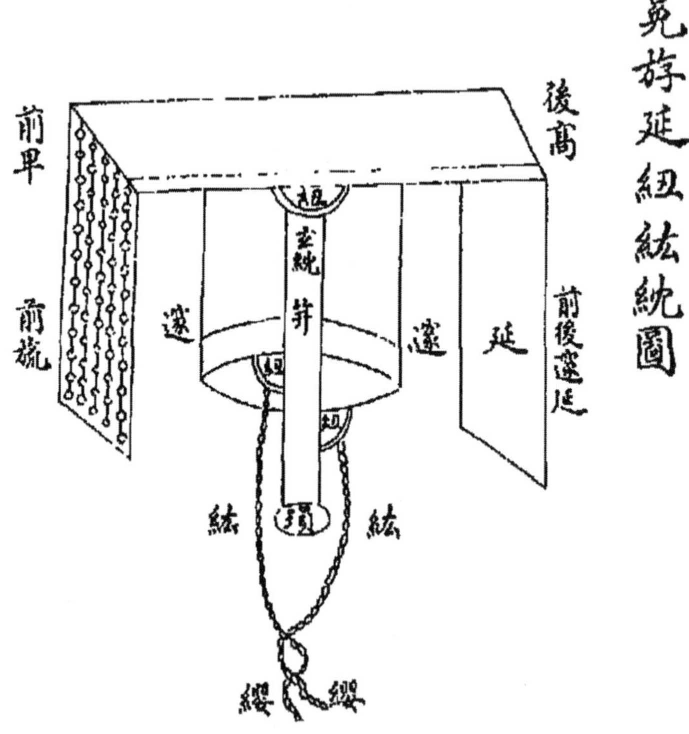

※ 출처:『주례도설(周禮圖說)』하권

• 제44절 •

신악(新樂)의 폐해

【478c】

"今夫新樂, 進俯退俯, 姦聲以濫, 溺而不止, 及優侏儒, 獶雜子女, 不知父子. 樂終不可以語, 不可以道古. 此新樂之發也."

직역 "今夫히 新樂은 進俯하고 退俯하며, 姦聲하여 濫하고, 溺하여 不止하며, 優侏儒에 及하여, 子女가 獶雜하고, 父子를 不知한다. 樂이 終하면 語를 不可하며, 古를 道하길 不可하다. 此는 新樂의 發입니다."

의역 계속하여 자하가 대답하며, "오늘날의 새로운 음악은 무용수들이 나아가고 물러나며 몸을 숙이고 꺾는 등의 행위가 뒤섞여 혼잡하고, 간사한 소리가 범람하며, 음탕한 음들이 지속되며 그치지 않고, 광대인 난쟁이 배우들은 남녀사이에 뒤섞여서 원숭이처럼 날뛰니, 부자관계의 도리를 알지 못하게 됩니다. 따라서 악(樂)이 끝나더라도 말할 것이 없고, 고대의 도리를 말할 수도 없습니다. 이것이 바로 신악의 폐해가 나타난 것입니다."라고 했다.

集說 進俯退俯, 謂俯僂曲折, 行列雜亂也. 姦聲以濫, 卽前章所謂滌濫之音, 謂姦邪之聲, 侵濫不正也. 溺而不止, 卽前章所謂狄成之音, 謂其聲沉淫之久也. 及俳優雜戲, 侏儒短小之人, 如獮猴之狀, 間雜於男子婦人之中, 不復知有父子尊卑之等. 作樂雖終, 無可言者, 況可與之言古道乎? 獶, 與猱同.

번역 '진부퇴부(進俯退俯)'는 머리를 숙이고 등을 굽히며 마디를 꺾을 때 대열이 뒤섞여 혼잡하다는 뜻이다. '간성이람(姦聲以濫)'은 곧 앞장에서 말한 '범람하는 음들'을 뜻하니, 간사한 소리[聲]가 범람하여 바르지 못하다는 의미이다. '닉이부지(溺而不止)'는 앞장에서 말한 '한 곡조가 너무 길게 끝나는 음'을 뜻하니, 소리가 스며들며 음탕한 것이 오래도록 지속된다는 의미이다.[1] 배우들이 우스꽝스러운 놀이를 함에 있어서, 키가 작은 난쟁이들이 마치 원숭이처럼 날뛰며 남자 및 부인들 사이에 뒤섞여서 노니니, 재차 부자 및 존비관계에서의 등급을 알 수 없게 된다. 악(樂)을 연주하여 비록 끝내더라도 말할 만한 것이 없는데, 하물며 모여 있는 자들과 고대의 도리를 말할 수 있겠는가? '노(獶)'자는 원숭이를 뜻하는 '노(猱)'자와 같다.

大全 延平周氏曰: 進退皆俯, 非有儀也. 姦聲以濫, 非和正也. 溺而不止, 非所以爲廣也. 及優侏儒子女, 不知父子, 非有序也. 樂終而語今則無倫, 道古則有悖, 此其所以爲新樂也.

번역 연평주씨가 말하길, 나아가고 물러남에 모두 구부정하게 하니, 격식에 맞는 위엄스러운 행동이 없다. "간사한 음악이 넘친다."는 것은 조화롭고 바른 음악이 아니다. "빠져서 그치지 않는다."는 것은 널리 펼 수 있는 음악이 아니다. 광대인 난쟁이들이 남녀 사이에서 노닐어서 부자관계의 도의를 모르는 것은 질서가 있는 음악이 아니다. 악(樂)이 끝나고 오늘날에 대해서 말을 한다면 법도가 없게 되고, 고대에 대해서 말을 한다면 어그러짐이 발생하니, 이것이 바로 신악(新樂)이 되는 이유이다.

鄭注 俯, 猶曲也, 言不齊一也. 濫, 濫竊也. 溺而不止, 聲淫亂, 無以治之. 獶, 獼猴也. 言舞者如獼猴戲也, 亂男女之尊卑. 獶或爲優.

번역 '부(俯)'자는 "굽히다[曲]."는 뜻이니, 가지런하며 일치하지 않는다는 뜻이다. '남(濫)'자는 분수에 넘치고 탐한다는 뜻이다. "빠져서 그치지 않는다."는 말은 소리가 음란하여 다스릴 수 없다는 뜻이다. '노(獶)'자는 원숭이를 뜻한다. 즉 무용수들이 원숭이처럼 날뛴다는 뜻으로, 남녀관계의

---

1) 『예기』「악기」【469c】: 流辟邪散狄成滌濫之音作, 而民淫亂.

질서를 문란하게 만든다는 의미이다. '노(獿)'자를 다른 판본에서는 '우(優)'자로 기록하기도 한다.

釋文 俯, 本又作府. 濫, 力暫反. 溺, 乃狄反. 優音憂. 侏音朱. 儒音儒. 獿, 乃力反, 獮猴也, 依字亦作猱. 獮音彌, 武移反, 本亦作彌. 猴音侯, 本亦作侯.

번역 '俯'자는 판본에 따라서 또한 '府'자로도 기록한다. '濫'자는 '力(력)'자와 '暫(잠)'자의 반절음이다. '溺'자는 '乃(내)'자와 '狄(적)'자의 반절음이다. '優'자의 음은 '憂(우)'이다. '侏'자의 음은 '朱(주)'이다. '儒'자의 음은 '儒(유)'이다. '獿'자는 '乃(내)'자와 '力(력)'자의 반절음이며, 원숭이를 뜻하고, 글자에 따르면 또한 '猱'자로도 기록한다. '獮'자의 음은 '彌(미)'이며, '武(무)'자와 '移(이)'자의 반절음도 되고, 판본에 따라서는 또한 '彌'자로도 기록한다. '猴'자의 음은 '侯(후)'이며, 판본에 따라서는 또한 '侯'자로도 기록한다.

孔疏 ●"今夫"至"發也". ○正義曰[2]: 此經明子夏對文侯新樂之禮. 新樂者, 謂今世所作淫樂也. "進俯退俯"者, 謂俯僂曲折, 不能進退齊一, 俱曲屈進退而已, 行伍雜亂也.

번역 ●經文: "今夫"~"發也". ○이 경문은 자하가 위문후에게 신악(新樂)의 예(禮)에 대해서 대답한 내용이다. '신악(新樂)'이라는 것은 현재 세간에서 연주되고 있는 음란한 악(樂)을 뜻하다. 경문의 "進俯退俯"에 대하여. 구부리고 꺾음에 있어서 일제히 나아가거나 물러나지 못하니, 모두가 굽히고 꺾인 자세로 나아가거나 물러날 따름으로, 대오가 뒤섞여 혼잡스럽다는 의미이다.

---

2) '정의왈(正義曰)'에 대하여. 이 세 글자는 본래 없던 글자인데, 완원(阮元)의 『교감기(校勘記)』에서는 "혜동(惠棟)의 『교송본(校宋本)』에는 '차경(此經)'이라는 글자 앞에 '정의왈'이라는 세 글자가 있다."라고 했다.

孔疏 ●"姦聲以濫"者, 謂濫竊不正, 言姦邪之聲, 濫竊不正, 不能和正以廣也.

번역 ●經文: "姦聲以濫". ○흘러넘치고 탐내어 바르지 못하다는 뜻으로, 간사한 소리가 흘러넘치고 다른 것을 탐내어 바르지 못하여, 조화롭고 바르게 해서 널리 퍼지게 할 수 없다는 의미이다.

孔疏 ●"溺而不止"者, 聲旣淫妙, 人所貪溺, 不可禁止也, 不能始奏以文, 復亂以武也.

번역 ●經文: "溺而不止". ○소리가 이미 음란하고 미묘해서 사람들이 탐닉하는 대상이니, 금지할 수 없고 최초 연주를 하며 문(文)으로써 할 수 없으며 재차 마치길 무(武)로써 할 수 없다.

孔疏 ●"及優侏儒獶雜子女"者, 言作樂之時, 及有俳優雜戲侏儒短小之人. 優雜, 謂獮猴也, 言舞戲之時, 狀如獮猴, 間雜男子婦人, 言似獮猴, 男女無別也.

번역 ●經文: "及優侏儒獶雜子女". ○악(樂)을 연주할 때 광대 짓을 하며 원숭이처럼 어지럽게 뛰노는 난쟁이가 있다는 뜻이다. '노잡(優雜)'은 원숭이를 뜻하니, 춤을 추며 광대 짓을 할 때, 무용수들의 모습이 원숭이와 같아서 남녀사이에 뒤섞여 있다는 의미로, 원숭이처럼 남녀사이에 구별이 없음을 뜻한다.

孔疏 ●"不知父子"者, 言樂之混雜, 不復知有父子尊卑之禮也.

번역 ●經文: "不知父子". ○악(樂)이 혼잡스러워서 부자 및 존비 관계에서 지켜야 하는 예(禮)가 있음을 재차 알지 못한다는 뜻이다.

孔疏 ●"樂終, 不可以語"者, 言作樂雖復終畢, 盡皆邪辟, 不可以語. 旣與古樂乖違, 故不可語道於古也. 此皆新樂之爲, 故云: "此新樂之發也."

번역 ●經文: "樂終, 不可以語". ○악(樂)을 연주할 때 비록 재차 마지막 장을 끝마치더라도 이 모두가 사벽한 것에 해당하므로, 이를 통해 말을 할 수 없다. 이미 고악(古樂)에 대해서는 어그러진 것이기 때문에 옛 도리에 대해서 말을 할 수 없다. 이것은 모두 신악을 통해 나타난 것이다. 그렇기 때문에 "이것은 신악이 연주되어 나타나는 것들이다."라고 말했다.

孔疏 ◎注"獿, 獼猴也". ○正義曰: 按詩·小雅云: "毋教猱升木." 毛傳云: "猱, 猿屬也." 是"獿, 獼猴也". 漢書檀長卿爲獼猴舞, 是"狀如獼猴".

번역 ◎鄭注: "獿, 獼猴也". ○『시』「소아(小雅)」를 살펴보면, "원숭이에게는 나무타기를 가르쳐서는 안 된다."[3]라고 했고, 『모전』에서는 "'노(猱)'는 원숭이 부류이다."라고 했다. 이것은 "'노(獿)'가 원숭이이다."라는 뜻임을 나타낸다. 『한서』에서 단장경은 원숭이 춤을 추었다고 했는데,[4] 이것은 "그 모습이 마치 원숭이와 같다."는 뜻을 나타낸다.

訓纂 盧氏文弨曰: 獿, 當作獶.

번역 노문초[5]가 말하길, '노(獿)'자는 마땅히 '노(獶)'자로 기록해야 한다.

訓纂 王氏念孫曰: 獶, 當爲▼(扌+夒), 字之誤也. ▼(扌+夒)與糅古字通. 楚語"民神雜糅", 史記歷書作"雜▼(扌+夒)". 此言俳優侏儒之人, 糅雜於男女

---

3) 『시』「소아(小雅)·각궁(角弓)」: 毋教猱升木, 如塗塗附. 君子有徽猷, 小人與屬.
4) 『한서(漢書)』「개제갈류정손관장하전(蓋諸葛劉鄭孫毌將何傳)」: 酒酣樂作, 長信少府檀長卿起舞, 爲沐猴與狗鬥, 坐皆大笑.
5) 노문초(盧文弨, A.D.1717~A.D.1784): 청(淸)나라 때의 학자이다. 자(字)는 소궁(召弓)이고, 호는 경재(檠齋)·기어(磯漁)·포경(抱經)이다. 포경선생(抱經先生)으로 일컬어지기도 하였다. 단옥재(段玉裁), 대진(戴震) 등과 교우하였다. 고증학(考證學)에 뛰어났다. 또한 각 서적들에 대해서 교감을 하였다. 저서로는 『의례주소상교(儀禮注疏詳校)』, 『광아주(廣雅注)』, 『포경당집(抱經堂集)』 등이 있다.

之中, 不知有父子尊卑之等也. 鄭注鄕射禮記曰, "糅者, 雜也."

번역 왕념손이 말하길, '노(獶)'자는 마땅히 '▼(扌+夒)'자가 되니, 글자를 잘못 기록한 것이다. '▼(扌+夒)'자와 "섞인다."는 뜻의 '유(糅)'자는 고자(古字)에서는 통용되었다. 『국어(國語)』「초어(楚語)」편에서는 "백성과 신이 뒤섞여 있다."[6]라고 했고, 『사기』「역서(曆書)」편에서는 "뒤섞이다."라고 했다.[7] 따라서 이 말은 광대인 난쟁이를 뜻하는 말이 아니며, 남녀사이에 뒤섞여 있어서 부자 및 존비의 등급이 있음을 알지 못한다는 뜻이다. 정현은 『의례』「향사례(鄕射禮)」편의 기문(記文)에 대한 주에서 "'유(糅)'자는 '섞이다[雜].'는 뜻이다."[8]라고 했다.

集解 愚謂: 進俯退俯, 則與進退齊一者異矣. 而又有俳優·侏儒之戲, 雜男女, 亂尊卑, 蓋其舞之失如此. 姦聲以濫, 則與和正以廣者異矣. 而又沈溺而不止, 蓋其聲之失如此.

번역 내가 생각하기에, "나아가고 물러나길 구부려서 한다."면 나아가고 물러나길 일제히 하는 것과는 다르다. 또 광대와 난쟁이의 우스꽝스러운 광대 짓이 포함되어, 남녀관계를 문란하게 하고 존비의 질서를 혼란하게 하니, 무용이 이와 같은 잘못을 저지른 것이다. "간사한 소리가 넘쳐난다."면 조화롭고 바른 음악이 널리 퍼지는 것과는 다르다. 또 젖어들어 그치지 않으니, 소리가 이와 같은 잘못을 저지른 것이다.

---

6) 『국어(國語)』「초어하(楚語下)」: 及少皞之衰也, 九黎亂德, 民神雜糅, 不可方物.
7) 『사기(史記)』「역서(曆書)」: 少皞氏之衰也, 九黎亂德, 民神雜擾, 不可放物, 禍菑薦至, 莫盡其氣.
8) 이 문장은 『의례』「향사례(鄕射禮)」편의 "無物, 則以白羽與朱羽糅, 杠長三仞, 以鴻脰韜上, 二尋."이라는 기록에 대한 정현의 주이다.

• 제 45 절 •

악(樂)과 대당(大當) · 덕음(德音)

【478d~479a】

"今君之所問者樂也, 所好者音也. 夫樂者, 與音相近而不同." 文侯曰, "敢問何如?" 子夏對曰, "夫古者天地順而四時當, 民有德而五穀昌, 疾疢不作而無妖祥, 此之謂大當. 然後聖人作爲父子君臣以爲紀綱, 紀綱旣正, 天下大定, 天下大定, 然後正六律, 和五聲, 弦歌詩頌. 此之謂德音, 德音之謂樂. 詩云, '莫其德音, 其德克明. 克明克類, 克長克君. 王此大邦, 克順克俾. 俾于文王, 其德靡悔. 旣受帝祉, 施于孫子.' 此之謂也."

직역 "今히 君의 問한 所의 者는 樂인데, 好한 所의 者는 音입니다. 夫히 樂者는 音과 與하여 相近이나 不同입니다." 文侯가 曰, "敢히 問하니 何如오?" 子夏가 對하여 曰, "夫히 古者에 天地가 順하고 四時가 當하여, 民에게는 德이 有하고 五穀이 昌하며, 疾疢이 不作하고 妖祥이 無하니, 此를 大當이라 謂합니다. 然後에 聖人이 作하여 父子君臣을 爲하고 이를 紀綱으로 爲하니, 紀綱이 旣히 正하여, 天下가 大定하고, 天下가 大定한 然後에 六律을 正하고, 五聲을 和하며, 詩頌을 弦歌했스비다. 此를 德音이라 謂하며, 德音을 樂이라 謂합니다. 詩에서는 云, '그 德音을 莫하니, 그 德이 克明이라. 克明하고 克類하니, 克長하고 克君이라. 此大邦에 王하니, 克順하고 克俾라. 文王에 俾하니, 그 德이 靡悔라. 旣히 帝祉를 受하니, 孫子에 施라.' 此를 謂합니다."

의역 계속하여 자하가 대답하길, "현재 군주께서 물어보신 내용은 악(樂)에 대한 것인데, 좋아하신다고 한 것은 음(音)에 해당합니다. 무릇 악(樂)이라는 것은 음(音)과 유사하지만 엄밀하게 따지면 의미가 다릅니다."라고 했다. 그러자 위문후는 "감히 묻노니, 어떻게 다른 것입니까?"라고 했다. 자하는 대답하길, "무릇 고대에 천지는 순조롭고 사시는 때에 마땅하여, 백성들에게는 덕이 있었고 오곡도 잘 여물어서, 질병이 발생하지 않았고 재앙도 없었으니, 이것을 '대당(大當)'이라고 부릅니다. 그런 뒤에 성인은 부자 및 군신관계에서 지켜야 하는 예법을 제정하여 기강으로 삼았으니, 기강이 바르게 되자 천하가 크게 안정되었고, 천하가 크게 안정된 연후에 육률(六律)을 바로잡고, 오성(五聲)을 조화롭게 했으며, 『시』의 송(頌) 등을 연주하고 노래로 불렀습니다. 이것을 '덕음(德音)'이라고 하며, 덕음을 바로 '악(樂)'이라고 부릅니다. 『시』에서는 '그 덕음을 고요히 하니, 그 덕이 밝아졌도다. 밝히고 선악을 분류하니, 어른노릇을 하고 군주노릇을 하도다. 이 큰 나라에 왕노릇을 하니, 따르고 친근하게 하도다. 문왕과 견주니, 그 덕에 부끄러울 것이 없도다. 이미 상제의 복을 받아, 자손에게 베풀도다.'라고 했는데, 바로 이러한 내용을 뜻합니다."라고 했다.

集說 四時當, 謂不失其序也. 妖祥, 祥亦妖也. 書言"亳有祥". 大當, 大化之均調也. "作爲父子君臣以爲紀綱", 是一句讀, 言聖人立父子君臣之禮, 爲三綱六紀之目也. 綱, 維網大繩. 紀, 附綱小繩. 網目則附於紀也. 三綱, 謂君爲臣綱, 父爲子綱, 夫爲妻綱也. 六紀, 謂諸父有善, 諸舅有義, 族人有敍, 昆弟有親, 師長有尊, 朋友有舊也. 先序之以禮, 乃可和之以樂, 故然後有正六律以下之事. 周子曰, "古者聖王制禮法, 修敎化, 三綱正, 九疇敍, 百姓大和, 萬物咸若, 乃作樂以宣八風之氣, 以平天下之情." 意蓋本此. 詩, 大雅皇矣之篇. 莫, 靜也. 德音, 名譽也. 俾, 當依詩作比. 子夏引詩以證德音之說.

번역 "사계절이 마땅하다."는 말은 질서를 잃지 않았다는 뜻이다. '요상(妖祥)'이라고 했는데, '상(祥)'자 또한 괴이[妖]를 뜻한다. 『서』에서는 "박(亳) 땅에 재앙이 있다."[1]고 했다. '대당(大當)'은 큰 조화의 균평함을 뜻한다. "부자·군신의 법도를 제정하여 기강으로 삼다."는 말은 하나의 구문으로 해석하니, 성인이 부자·군신관계에서 지켜야 하는 예법을 제정하여, 삼강과 육기의 덕목으로 삼았다는 뜻이다. '강(綱)'자는 벼리인 큰 줄을 뜻한

1) 『서』「상서(商書)·함유일덕(咸有一德)」: 伊陟相大戊, 亳有祥桑穀共生于朝, 伊陟贊于巫咸, 作咸乂四篇.

다. '기(紀)'자는 벼리에 붙는 작은 줄을 뜻한다. '망목(網目)'은 기(紀)에 붙는 것이다. '삼강(三綱)'은 군주는 신하의 기강이 되고, 부친은 자식의 기강이 되며, 남편은 아내의 기강이 된다는 뜻이다. '육기(六紀)'는 백부나 숙부 등에게는 선함이 있고, 외삼촌들에게는 의로움이 있으며, 족인들 사이에는 질서가 있고, 형제들 사이에는 친애함이 있으며, 사부와 연장자에게는 존귀함이 있고, 벗들에게는 오래됨이 있다는 뜻이다. 먼저 예(禮)로써 질서를 잡으면 악(樂)으로써 조화롭게 할 수 있다. 그렇기 때문에 그런 뒤에는 "육률(六律)을 바르게 한다."는 등의 여러 사안들이 있는 것이다. 주렴계는 "고대에 성왕이 예법을 제정하고, 교화를 실천하여, 삼강이 올바르게 되고, 구주(九疇)[2]에 질서가 생겼으며, 백성들이 크게 조화롭게 되고, 만물이 모두 자신의 본성을 따르게 되자 곧 악(樂)을 만들어서 팔풍(八風)의 기운을 드러내고, 이를 통해 천하의 정감을 균평하게 했다."라고 했다. 이 말의 뜻은 아마도 이 문장에 근본을 두고 있는 것 같다. 『시』는 「대아(大雅) · 황의(皇矣)」편이다. '막(莫)'자는 "고요하다[靜]."는 뜻이다. '덕음(德音)'은 명예를 뜻한다. '비(俾)'자는 마땅히 『시』의 기록에 따라 '비(比)'자가 되어야 한다. 자하는 『시』를 인용해서 덕음에 대한 주장을 증명하였다.

---

2) 구주(九疇)는 천하를 다스리는 아홉 가지의 큰 규범을 뜻한다. '주(疇)'자는 부류[類]를 뜻한다. 전설상으로는 천제가 우(禹)임금에게 「낙서(洛書)」를 내려주어 이러한 아홉 가지의 큰 규범을 실천하도록 했다고 전혀진다. 첫 번째는 오행(五行)이고, 두 번째는 공경을 실천함에 오사((五事)를 실천하는 것이며, 세 번째는 농사에 팔정(八政)을 사용하는 것이고, 네 번째는 화합시킴에 오기(五紀)를 사용하는 것이며, 다섯 번째는 세움에 있어 황극(皇極)을 사용하는 것이고, 여섯 번째는 다스림에 삼덕(三德)을 사용하는 것이며, 일곱 번째는 밝힘에 계의(稽疑)를 사용하는 것이고, 여덟 번째는 상고를 할 때 서징(庶徵)을 사용하는 것이며, 아홉 번째는 향함에 오복(五福)을 사용하고, 위엄을 세움에 육극(六極)을 사용하는 것이다. 『서』「주서(周書) · 홍범(洪範)」편에는 "初一曰五行, 次二曰敬用五事, 次三曰農用八政, 次四曰協用五紀, 次五曰建用皇極, 次六曰乂用三德, 次七曰明用稽疑, 次八曰念用庶徵, 次九曰嚮用五福威用六極."이라는 기록이 있고, 이에 대한 공안국(孔安國)의 전(傳)에서는 "天與禹, 洛出書, 神龜負文而出, 列於背, 有數至於九. 禹遂因而第之, 以成九類."라고 풀이했다.

集說 嚴氏曰: 王季雖無心於干譽, 然其德明而類, 長而君, 順而比, 自不可掩. 類者明之充, 君者長之推, 比者順之積. 克明, 謂知此理. 克類, 謂觸類而通, 一理混融, 徹上徹下也. 君又尊於長, 學記言能爲長, 然後能爲君是也. 以之君臨大邦, 則克順而能和其民, 克比而能親其民. 順言不擾, 比則驩然相愛矣. 比及文王, 其德無有可悔, 從容中道, 無毫髮之慊也. 言王季之德, 傳于文王而益盛, 故能受天之福, 而延于子孫也.

번역 엄씨가 말하길, 왕계가 비록 백성들에 대해서 명예를 얻고자 했던 마음은 없었지만, 덕이 밝아지자 선악을 분류하고 어른노릇을 하고 군주노릇을 하며 따르고 친근하게 하여 스스로 가릴 수가 없었다. 선악을 분류함은 밝음이 쌓인 것이고, 군주노릇을 하는 것은 어른노릇을 하는 것이 연장된 것이며, 친근하게 대한 것은 따름이 쌓인 것이다. '극명(克明)'은 이러한 이치를 안다는 뜻이다. '극류(克類)'는 부류에 따라 통달하여 하나의 이치가 융합해 위와 아래를 꿰뚫는다는 뜻이다. 군주는 또한 연장자보다 존귀하니, 『예기』「학기(學記)」편에서 "수장이 될 수 있은 뒤에야 군주가 될 수 있다."[3] 라고 한 말이 이러한 뜻을 나타낸다. 군주가 되어 큰 나라를 다스리면, 따르고 백성들을 조화롭게 할 수 있으며 친근하게 하고 백성들을 친애할 수 있다. '순(順)'은 어지럽게 만들지 않는다는 뜻이며, '비(比)'는 기뻐하며 서로 친애한다는 뜻이다. 문왕에 이르러서는 그 덕에 후회할 만한 것이 없었고 행동도 도에 맞아서 털끝만큼의 혐의도 없게 되었다. 이것은 왕계의 덕이 문왕에게 전수되어 더욱 성대해졌음을 뜻한다. 그렇기 때문에 하늘의 복을 받아서 자손들에게 끼치게 할 수 있었다.

大全 長樂陳氏曰: 天地以順動, 則四時不忒, 是天地順理, 然後四時各當其分也. 民有德, 人之和也. 五穀昌, 天地之和應之也. 如此災害不生而無疾疢, 禍亂不作而無妖祥, 合是數者無適不當, 則三才之理, 豈得不謂之大當乎?

---

3) 『예기』「학기(學記)」【451c~d】: 君子知至學之難易而知其美惡, 然後能博喩, 能博喩然後能爲師, 能爲師然後能爲長, 能爲長然後能爲君. 故師也者, 所以學爲君也. 是故擇師不可不愼也. 記曰: "三王四代唯其師." 其此之謂乎.

然後內外相維, 而紀綱正, 則天下之動, 正夫一而大定矣. 在易旣濟, 本於剛柔正而位, 當家人家道正也, 而終於天下定, 然則天下大當而禮可行, 天下大定而樂可作, 固其時也. 然後正六律而使之和聲, 和五聲而使之協律, 弦之琴瑟歌之詩頌, 則中聲所止無非盛德之形容焉. 庸詎不爲德音之樂邪.

번역 장락진씨가 말하길, 천지가 순조로움으로 움직인다면 사계절이 어그러지지 않으니, 이것은 천지가 이치에 순종한 뒤에야 사계절이 각각 그 구분에 합당하게 됨을 뜻한다. 백성들에게 덕이 있음은 사람들의 조화로움에 해당한다. 오곡(五穀)[4]이 무르익는 것은 천지의 조화로움이 호응한 것이다. 이처럼 재해가 발생하지 않고 혼란이 발생하지 않아서 괴이한 일이 없고, 그 법칙에 맞게 하여 합당하지 않음이 없다면, 삼재의 도리에 대해서 어떻게 대당(大當)이라고 부르지 않을 수 있는가? 그런 뒤에 내외가 서로 연결되고 기강이 바르게 되니, 천하가 움직임에 한 사내를 바르게 하자 크게 안정되었다. 『역』에 있어서 기제괘(旣濟卦)는 굳셈과 부드러움이 바르고 자리가 마땅함에 근본을 두었으니,[5] 가인괘(家人卦)에서 집안의 도가 바르게 된다고 한 뜻에 해당하고,[6] 천하가 안정됨에서 끝을 맺는다. 그렇다

---

4) 오곡(五穀)은 곡식을 총칭하는 말로 사용되는데, 본래 다섯 가지 곡식을 뜻한다. 그러나 다섯 가지 곡식이 구체적으로 무엇을 가리키는지에 대해서는 이견이 많다. 『주례』「천관(天官)·질의(疾醫)」편에는 "以五味·五穀·五藥養其病."이라는 기록이 있고, 이에 대한 정현의 주에서는 "五穀, 麻·黍·稷·麥·豆也."라고 풀이했다. 즉 이 문장에서는 '오곡'을 마(麻)·메기장[黍]·차기장[稷]·보리[麥]·콩[豆]으로 설명하고 있다. 그리고 『맹자』「등문공상(滕文公上)」편에는 "樹藝五穀, 五穀熟而民人育."이라는 기록이 있고, 이에 대한 조기(趙岐)의 주에서는 "五穀謂稻·黍·稷·麥·菽也."라고 풀이했다. 즉 이 문장에서는 '오곡'을 쌀[稻]·메기장[黍]·차기장[稷]·보리[麥]·대두[菽]로 설명하고 있다. 그리고 『초사(楚辭)』「대초(大招)」편에는 "五穀六仞."이라는 기록이 있는데, 이에 대한 왕일(王逸)의 주에서는 "五穀, 稻·稷·麥·豆·麻也."라고 풀이했다. 즉 이 문장에서는 '오곡'을 쌀[稻]·차기장[稷]·보리[麥]·콩[豆]·마(麻)로 설명하고 있다. 이 외에도 각종 주석에 따라 해당 작물이 달라진다.

5) 『역』「기제괘(旣濟卦)」: 彖曰, "旣濟, 亨", 小者亨也. "利貞", 剛柔正而位當也. "初吉", 柔得中也, "終止則亂", 其道窮也.

6) 『역』「가인괘(家人卦)」: 彖曰, 家人, 女正位乎內, 男正位乎外, 男女正, 天地之

면 천하가 크게 합당하게 되어 예(禮)가 시행될 수 있고, 천하가 크게 안정되어 악(樂)이 시행될 수 있으니, 진실로 그 때에 해당한다. 그런 뒤에 육률을 바르게 해서 오성에 화합하도록 하고, 오성을 조화롭게 해서 육률에 합치되도록 하며, 금(琴)과 슬(瑟) 등으로 연주하고, 『시』의 송(頌)을 노래 부른다면, 알맞은 소리가 미치는 것에는 융성한 덕의 나타남이 아닌 것이 없다. 어찌 이것이 덕음의 음악이 아니라 하겠는가?

鄭注 言文侯好音而不知樂也. 鏗鏘之類皆爲音, 應律乃爲樂. 欲知音·樂異意. 當, 謂樂不失其所. 此有德之音, 所謂樂也. 德正應和曰“莫”, 照臨四方曰“明”, 勤施無私曰“類”, 敎誨不倦曰“長”, 慶賞刑威曰“君”, 慈和徧服曰“順”. “俾”當爲“比”, 聲之誤也. 擇善從之曰“比”. 施, 延也. 言文王之德, 皆能如此, 故受天福, 延於後世也.

번역 위문후는 음(音)을 좋아한 것이며 악(樂)을 알지 못했다는 뜻이다. 갱장(鏗鏘) 등의 소리들은 모두 ‘음(音)’이 되며, 음률에 호응하면 곧 악(樂)이 된다. 위문후가 질문을 한 이유는 음(音)과 악(樂)의 차이점을 알고자 해서이다. ‘당(當)’자는 악(樂)이 제자리를 잃지 않았다는 뜻이다. 이처럼 덕을 갖춘 소리를 이른바 ‘악(樂)’이라고 부른다. 덕이 바르고 호응함이 조화로운 것을 ‘막(莫)’이라고 부르며, 사방을 두루 비추는 것을 ‘명(明)’이라고 부르고, 힘써 베풂에 사사로움이 없는 것을 ‘유(類)’라고 부르며, 가르치는 일에 게으름을 피우지 않는 것을 ‘장(長)’이라고 부르고, 상을 내리고 형벌을 내리는 것을 ‘군(君)’이라고 부르며, 자애롭고 조화로워서 두루 따르는 것을 ‘순(順)’이라고 부른다. ‘비(俾)’자는 마땅히 ‘비(比)’자가 되어야 하니, 소리가 비슷해서 잘못 기록한 것이다. 선함을 택하여 따르는 것을 ‘비(比)’라고 부른다. ‘시(施)’자는 “늘이다[延].”는 뜻이다. 즉 문왕의 덕이 모두 이처럼 할 수 있었기 때문에, 하늘의 복을 받았고 후세에 미치도록 할 수 있었다는 의미이다.

大義也. 家人有嚴君焉, 父母之謂也. 父父, 子子, 兄兄, 弟弟, 夫夫, 婦婦, 而家道正, 正家而天下定矣.

釋文 好, 呼報反, 注同. 近, 附近之近, 徐如字. 鏗, 苦耕反. 鏘, 七羊反, 又士衡反. 當, 丁浪反, 下及注同. 疢, 敕覲反. 莫, 亡伯反. 長, 丁丈反, 注同. 王此, 于倣反. 俾, 依注音比, 必覆反, 注同, 徐扶志反. 祉, 敕紀反. 施, 以豉反, 注"施延"同. 和如字, 又胡臥反. 炤, 上音照, 本亦作照. 臨如字. 施, 始豉反. 徧音遍.

번역 '好'자는 '呼(호)'자와 '報(보)'자의 반절음이고, 정현의 주에 나오는 글자도 그 음이 이와 같다. '近'자는 '부근(附近)'이라고 할 때의 '近'자 음이며, 서음(徐音)은 글자대로 읽는다. '鏗'자는 '苦(고)'자와 '耕(경)'자의 반절음이다. '鏘'자는 '七(칠)'자와 '羊(양)'자의 반절음이고, 또한 '士(사)'자와 '衡(형)'자의 반절음도 된다. '當'자는 '丁(정)'자와 '浪(랑)'자의 반절음이고, 아래문장 및 정현의 주에 나오는 글자도 그 음이 이와 같다. '疢'자는 '敕(칙)'자와 '覲(근)'자의 반절음이다. '莫'자는 '亡(망)'자와 '伯(백)'자의 반절음이다. '長'자는 '丁(정)'자와 '丈(장)'자의 반절음이며, 정현의 주에 나오는 글자도 그 음이 이와 같다. '王此'에서의 '王'자는 '于(우)'자와 '倣(방)'자의 반절음이다. '俾'자는 정현의 주에 따르면 그 음이 '比'이니, '必(필)'자와 '覆(복)'자의 반절음이고, 정현의 주에 나오는 글자도 그 음이 이와 같으며, 서음은 '扶(부)'자와 '志(지)'자의 반절음이다. '祉'자는 '敕(칙)'자와 '紀(기)'자의 반절음이다. '施'자는 '以(이)'자와 '豉(시)'자의 반절음이며, 정현의 주에 나오는 '施延'에서의 '施'자도 그 음이 이와 같다. '和'자는 글자대로 읽으며, 또한 그 음은 '胡(호)'자와 '臥(와)'자의 반절음도 된다. '炤'자의 음은 '照(조)'이며, 판본에 따라서는 또한 '照'자로도 기록한다. '臨'자는 글자대로 읽는다. '施'자는 '始(시)'자와 '豉(시)'자의 반절음이다. '徧'자의 음은 '遍(편)'이다.

孔疏 ●"今君"至"何如". ○正義曰: 前兩經子夏旣答文侯論古樂新樂之異事畢, 此經答文侯所好古樂今樂之不同也. 文侯之意, 古樂今樂並皆爲樂. 子夏之意, 以古樂德正聲和, 乃爲樂; 今樂但淫聲音曲而已, 不得爲樂也, 故云"今君之所問者樂也", 謂古今皆名樂.

번역 ●經文: "今君"~"何如". ○앞의 두 경문에서는 자하가 위문후에게 대답을 하며 고악(古樂)과 신악(新樂)의 차이점을 논의했는데, 그 사안이 모두 끝났다. 그래서 이곳 경문에서는 위문후가 좋아하는 것에 대답을 하며, 고악과 금악의 차이점을 답하였다. 위문후의 의중은 고악과 금악은 모두 악(樂)에 해당한다는 뜻이다. 자하의 의중은 고악은 덕이 올바르고 소리가 조화로우니 곧 악(樂)이 되지만, 금악은 단지 음란한 소리로 음이 왜곡되어 있을 따름이므로, 악(樂)이 될 수 없다는 의미이다. 그렇기 때문에 "현재 군주께서 물어보신 것은 악(樂)입니다."라고 말한 것이니, 고악과 신악에 대해서 모두 악(樂)이라는 명칭을 붙였다는 뜻이다.

孔疏 ●"所好者音也", 子夏之意, 君之所愛者, 謂音聲也.

번역 ●經文: "所好者音也". ○자하의 의중은 군주가 아끼는 대상은 음(音)과 소리[聲]에 해당한다는 뜻이다.

孔疏 ●"夫樂者, 與音相近而不同"者, 古樂有音聲律呂, 今樂亦有音聲律呂, 是樂與音相近也. 樂則德正聲和, 音則心邪聲亂, 是"不同"也.

번역 ●經文: "夫樂者, 與音相近而不同". ○고악(古樂)에는 음(音)과 소리[聲] 및 율려(律呂)가 있는데, 금악(今樂) 또한 음과 소리 및 율려가 있다. 이것이 악(樂)과 음(音)이 서로 비슷하다는 의미이다. 악(樂)의 경우에는 덕이 올바르고 소리가 조화롭지만, 음(音)의 경우에는 마음이 사벽하고 소리가 문란하다. 이것이 "다르다."는 뜻이다.

孔疏 ●"文侯曰: 敢問何如"者, 文侯旣見子夏論樂·音不同, 不曉不同之狀, 故云"敢問何如".

번역 ●經文: "文侯曰: 敢問何如". ○위문후는 이미 자하가 악(樂)과 음(音)이 다르다고 논의한 것을 들었지만, 어떻게 다른지 깨닫지 못했다. 그렇기 때문에 “감히 묻겠으니, 어떻게 다릅니까?”라고 말한 것이다.

孔疏 ●“子夏”至“謂也”. ○正義曰: 此一節明子夏與文侯明古樂之正, 引詩以結之.

번역 ●經文: “子夏”~“謂也”. ○이곳 문단은 자하가 위문후에게 고악(古樂)의 올바름에 대해 깨우쳐주며, 『시』를 인용하여 결론을 맺고 있음을 나타내고 있다.

孔疏 ●“此之謂大當”者, 當, 謂不失其所. 如上所謂, 是大得其所當也.

번역 ●經文: “此之謂大當”. ○‘당(當)’자는 제자리를 잃지 않았다는 뜻이다. 앞에서 말한 것처럼 되면, 합당한 자리를 크게 얻은 것이다.

孔疏 ●“作爲父子君臣, 以爲紀綱”者, 按禮緯 · 含文嘉云: “三綱, 謂君爲臣綱, 父爲子綱, 夫爲妻綱矣. 六紀, 謂諸父有善, 諸舅有義, 族人有敍, 昆弟有親, 師長有尊, 朋友有舊, 是六紀也.”

번역 ●經文: “作爲父子君臣, 以爲紀綱”. ○『예기』의 위서(緯書) 『함문가』를 살펴보면, “‘삼강(三綱)’은 군주가 신하의 기강이 되며, 부친이 자식의 기강이 되고, 남편이 부인의 기강이 된다는 뜻이다. ‘육기(六紀)’는 백부나 숙부 등에게 선함이 있고, 외삼촌들에게 의로움이 있으며, 족인들 사이에 질서가 있고, 형제들 사이에 친애함이 있으며, 스승과 연장자에게 존귀함이 있고, 벗들에게 오래됨이 있는 것을 뜻하니, 이것이 육기이다.”라고 했다.

孔疏 ●“弦歌詩頌”者, 謂以琴瑟之弦, 歌此詩 · 頌也.

번역 ●經文: “弦歌詩頌”. ○금(琴)과 슬(瑟) 등의 현악기로 이러한 『시』의 송(頌)을 노래한다는 뜻이다.

孔疏 ●"詩云: 莫其德音詩頌", 此大雅·皇矣之篇, 美王季之德, 云"維此王季, 帝度其心", 莫然而靖, 定其道德之音. 以道德旣正, 天下應和, 所以莫然而靖也.

번역 ●經文: "詩云: 莫其德音詩頌". ○이것은 『시』「대아(大雅)·황의(皇矣)」편으로, 왕계의 덕을 찬미하여 "이러한 왕계에 대해서, 상제가 그 마음을 헤아리셨네."라고 했으니, 정숙하고 편안하여 도덕에 따른 음(音)을 안정시켰다는 뜻이다. 도덕이 이미 올바르게 되고 천하가 호응하여 조화롭게 되니, 이것이 정숙하고 편안하게 되는 이유이다.

孔疏 ●"其德克明"者, 以其莫然而靖, 故其德能照臨天下之明也.

번역 ●經文: "其德克明". ○정숙하고 편안하기 때문에 그 덕이 천하의 밝음을 비출 수 있다.

孔疏 ●"克明克類"者, 類, 謂勤施無私. 施惠勤勞, 不私於己, 外及等類, 以明能然, 故云"克明克類"也.

번역 ●經文: "克明克類". ○'유(類)'자는 힘써 베풂에 사사로움이 없다는 뜻이다. 은혜를 베풀며 수고롭게 노력하는데, 자신의 이익을 쫓지 않고 외적으로 같은 부류에게 미쳐서 환하게 시행할 수 있기 때문에, "밝히고 부류에 미치다."라고 말했다.

孔疏 ●"克長克君"者, 克長, 謂教誨不倦, 能爲人師長. 克君, 謂慶賞刑威, 能與人作君教化, 故云"克長克君"也.

번역 ●經文: "克長克君". ○'극장(克長)'은 가르침에 게으름을 피우지 않아서 남의 스승이나 어른이 될 수 있다는 뜻이다. '극군(克君)'은 상을 내리고 형벌을 내려서 사람들에 대해 군주노릇을 하며 교화를 시행할 수 있다는 뜻이다. 그렇기 때문에 "어른이 되고 군주가 된다."라고 말했다.

孔疏 ●"王此大邦, 克順克俾"者, 俾, 當爲比, 謂比方善事, 擇善而從之. 旣能慈和徧服, 又能擇善從之, 故云"克順克俾".

번역 ●經文: "王此大邦, 克順克俾". ○'비(俾)'자는 마땅히 '비(比)'자가 되어야 하니, 선한 일을 참조하고 선함을 택해 따른다는 뜻이다. 이미 자애롭고 조화로워서 두루 복종시킬 수 있고 또 선함을 택해 따를 수 있다. 그렇기 때문에 "따를 수 있고 견줄 수 있다."라고 말한 것이다.

孔疏 ●"俾于文王, 其德靡悔"者, 詩美王季之德, 比擬文王. 其王季之德, 無可恥悔, 言堪比文王也. 左傳引此詩"唯此文王", 所以爲文王之德, 言比於文王.

번역 ●經文: "俾于文王, 其德靡悔". ○이 시는 왕계의 덕을 찬미하여 문왕에게 견주었다. 왕계의 덕에는 부끄러움이 될 만한 것이 없으니 문왕에게 견줄 수 있다는 뜻이다. 『좌전』에서는 이 시를 인용하며 "오직 이 문왕일 뿐이다."[7]라고 했으니, 문왕의 덕이 되는 이유를 의미하므로 문왕에게 견준다는 의미이다.

孔疏 ●"其德靡悔"者, 謂此校文王之德, 事事皆美, 無可悔恨也. 是左傳與詩文互意別也.

번역 ●經文: "其德靡悔". ○이처럼 문왕의 덕을 헤아려보면, 모든 일들이 아름다워서 후회할 만한 것이 없다는 뜻이다. 이것은 『좌전』과 『시』의 기록에 있어서, 서로 의미가 구별됨을 나타낸다.

---

7) 『춘추좌씨전』「소공(昭公) 28년」: 昔武王克商, 光有天下, 其兄弟之國者十有五人, 姬姓之國者四十人, 皆擧親也. 夫擧無他, 唯善所在, 親疏一也. 詩曰, "惟此文王, 帝度其心. 莫其德音, 其德克明. 克明克類, 克長克君. 王此大國, 克順克比. 比于文王, 其德靡悔. 旣受帝祉, 施于孫子."

孔疏 ●"旣受帝祉, 施於孫子"者, 詩云, 王季旣受天福祉, 以遺子孫, 子孫有天下也. 左傳云: 文王旣受帝祉, 以遺後世子孫.

번역 ●經文: "旣受帝祉, 施於孫子". ○『시』에서는 왕계가 이미 하늘의 복을 받아서 자손들에게 물려주어, 자손들이 천하를 소유하게 되었다고 말했다. 『좌전』에서는 문왕이 이미 상제의 복을 받아서, 이것을 후세의 자손들에게 물려주었다고 말했다.

孔疏 ●"此之謂也"者, 言詩云"德音", 則此經之所謂也.

번역 ●經文: "此之謂也". ○『시』에서는 '덕음(德音)'이라고 했으니, 이곳 경문에서 언급한 내용에 해당한다.

孔疏 ◎注"德正應和曰莫". ○正義曰: 以下皆昭二十八年左傳文也.

번역 ◎鄭注: "德正應和曰莫". ○그 이하의 내용은 모두 소공(昭公) 28년에 대한 『좌전』의 기록이다.

訓纂 方性夫曰: 天氣下而地不應, 地氣上而天不應, 非所謂天地之順也. 春或雪霜大摯, 夏或草木零落, 非所謂四時之當也. 民之有德, 以其有恒產, 故有恒心也. 五穀昌, 以時和歲豐也. 妖, 左氏所謂"地反物爲妖", 是也. 疾疢, 則災之加乎人者. 妖祥, 則災之加乎物者. 疾疢不作而無妖祥, 則天地之間至纖至悉無不當於理矣, 故曰"此之謂大當". 夫頌者, 美盛德之形容, 以弦歌詩頌, 故曰"此之謂德音". 樂者德之華, 故德音之謂樂.

번역 방성부가 말하길, 하늘의 기운은 내려오지만 땅이 호응하지 않고, 땅의 기운은 올라가지만 하늘이 호응하지 않으면, 이른바 '천지의 따름'이 아니다. 봄에 간혹 눈이나 서리가 내려서 크게 위태롭게 되고, 여름에 간혹 풀과 나무가 시들어 떨어지게 되면, 이른바 '사계절의 마땅함'이 아니다. 백성들이 덕을 갖춘 것은 그들에게 항산(恒產)이 있기 때문에 항심(恒心)

을 갖춘 것이다. 오곡이 무르익는 것은 사계절이 조화로워서 풍년이 든 것이다. '요(妖)'에 대해서 『좌전』에서는 "땅이 만물의 본성을 거스르는 것은 '요(妖)'이다."[8]라고 했다. '질진(疾疢)'은 재앙 중 사람에게 미친 것을 뜻한다. '요상(妖祥)'은 재앙 중 사물에게 미친 것을 뜻한다. 사람에 대한 재앙이 발생하지 않고 사물에 대한 재앙이 없다면, 천지 사이의 지극히 세밀하고 미세한 것에 있어서도 그 이치에 합당하지 않은 것이 없게 된다. 그렇기 때문에 "이것을 크게 합당함이라고 부른다."라고 했다. 무릇 송(頌)이라는 것은 융성한 덕의 모습을 찬미한 것으로, 『시』의 송(頌)을 현악기로 연주하고 노래로 부르기 때문에, "이것을 '덕음(德音)'이라고 부른다."라고 한 것이다. 악(樂)이라는 것은 덕의 화려함에 해당한다. 그렇기 때문에 덕음을 '악(樂)'이라고 부른다.

集解 今按: 二"俾"字皆當作"比", 上音必履反, 下音毗志反.

번역 현재 살펴보니, 두 개의 '비(俾)'자는 모두 '비(比)'자가 되어야 하니, 앞의 글자는 그 음이 '必(필)'자와 '履(리)'자의 반절음이고, 뒤의 글자는 그 음이 '毗(비)'자와 '志(지)'자의 반절음이다.

集解 愚謂: 時和年豐, 故民無疾疢; 物各得其所, 故無妖祥. 大當, 言天地之間無不得其當也. 此以上言聖人養民之事也. 既養, 然後教之. 作爲父子君臣以爲紀綱, 制禮以教民也. 紀以治其條理之詳, 綱以總其禮節之大. 紀綱既正, 天下大定, 則禮達於天下矣. 禮達然後制樂, 周子所謂"禮先而樂後"也. 詩, 謂風 · 雅也. 德音, 謂道德之聲音也. 詩自"克順克比"以上, 皆言王季之德也. 比于, 至于也. 至于文王, 而其德尤無所悔, 故能受上帝之福, 而延及孫子也. 引詩以證德音之說, 斷章之義也.

번역 내가 생각하기에, 사계절이 조화로워서 풍년이 들기 때문에 백성

---

8) 『춘추좌씨전』「선공(宣公) 15년」: 天反時爲災, 地反物爲妖, 民反德爲亂.

들에게 질병이 없고, 만물도 각각 제자리를 얻었기 때문에 재앙이 없다. '대당(大當)'은 천지 사이에 합당함을 얻지 못한 것이 없다는 뜻이다. 이곳 문장으로부터 그 이상의 말들은 성인이 백성들을 보살피는 사안을 나타내고 있다. 이미 보살폈다면 그런 뒤에는 가르쳐야 한다. "부자 및 군신관계의 예법을 제정하여 기강으로 삼다."는 말은 예(禮)를 제정해서 백성들을 가르쳤다는 뜻이다. 기(紀)를 세워서 세부적인 조목들을 다스리고, 강(綱)을 세워서 예절의 큰 부류들을 총괄한다. 기강이 이미 바르게 되고 천하가 크게 안정이 되었다면, 예(禮)가 천하에 두루 통한 것이다. 예(禮)가 두루 통한 뒤에는 악(樂)을 제정하니, 주렴계가 말한 "예(禮)가 우선이고 악(樂)이 그 뒤이다."라고 한 말에 해당한다. '시(詩)'는 풍(風)과 아(雅)를 뜻한다. '덕음(德音)'은 도덕에 따른 소리[聲]와 음(音)을 뜻하다. 『시』 중 "따르고 비견하다."는 말로부터 그 이상의 내용은 모두 왕계의 덕을 언급한 것이다. '비우(比于)'는 "~에 이르다."는 뜻이다. 즉 문왕에 이르러서 그 덕에 더욱이 후회할만한 것이 없게 되었기 때문에, 상제의 복을 받을 수 있었고 그것을 자손들에게까지 미칠 수 있었던 것이다. 『시』를 인용해서 덕음에 대한 설명에 증거를 제시했는데, 이것은 『시』를 단장취의한 것이다.

【참고】『시』「대아(大雅)·황의(皇矣)」

皇矣上帝, (황의상제) : 위대하신 상제께서,
臨下有赫. (임하유혁) : 아래를 굽어보심에 매우 밝구나.
監觀四方, (감관사방) : 천하의 모든 나라를 살피셔서,
求民之莫. (구민지막) : 백성들이 안정되길 구하시는구나.
維此二國, (유차이국) : 하나라와 은나라가 있어,
其政不獲. (기정불획) : 그 정치가 도리에 맞지 않구나.
維彼四國, (유피사국) : 저 사방의 나라들에서
爰究爰度. (원구원탁) : 이에 찾고 도모를 하시는구나.
上帝耆之, (상제기지) : 상제께서 싫어하시니,
憎其式廓. (증기식곽) : 그들의 악함이 커지는 것을 미워하시는구나.
乃眷西顧, (내권서고) : 이에 서쪽 땅을 살펴보시어,

此維與宅. (차유여택) : 이곳에 거처하도록 하셨구나.

作之屛之, (작지병지) : 일을 일으켜 제거하니,
其菑其翳. (기치기예) : 그 상태로 죽은 나무며 말라죽은 나무며.
脩之平之, (수지평지) : 다듬고 평평히 하니,
其灌其栵. (기관기렬) : 울창한 나무며 빽빽한 가지며.
啓之辟之, (계지벽지) : 계간을 하고 치우니,
其檉其椐. (기정기거) : 능수버들이며 느티나무며.
攘之剔之, (양지척지) : 물리치고 베니,
其檿其柘. (기염기자) : 산뽕나무며 적산뽕나무며.
帝遷明德, (제천명덕) : 상제께서 명덕을 옮기시니,
串夷載路. (관이재로) : 상도를 읽히는 자가 길에 가득하구나.
天立厥配, (천입궐배) : 하늘이 그의 배필을 세워주시니,
受命旣固. (수명기고) : 천명을 받음이 이미 견고하게 되었구나.

帝省其山, (제성기산) : 상제께서 그 산을 보살펴주시니,
柞棫斯拔, (작역사발) : 떡갈나무와 상수리나무가 이에 우뚝 솟아나고,
松柏斯兌. (송백사태) : 소나무와 잣나무가 이에 무성하게 되는구나.
帝作邦作對, (제작방작대) : 상제께서 나라를 만드시고 배필을 세워주시니,
自大伯王季. (자대백왕계) : 태백과 왕계로부터 시작되었구나.
維此王季, (유차왕계) : 이 왕계가,
因心則友. (인심즉우) : 마음을 친애롭게 하니 우애롭게 되었구나.
則友其兄, (즉우기형) : 형에게 우애롭게 하여,
則篤其慶, (즉독기경) : 선함을 돈독히 하였으니,
載錫之光. (재석지광) : 비로소 그것을 밝게 드러내었구나.
受祿無喪, (수록무상) : 대대로 봉록을 받음에 잃지 않으니,
奄有四方. (엄유사방) : 사방을 두루 덮었구나.

維此王季, (유차왕계) : 이 왕계를,
帝度其心. (제탁기심) : 상제께서 그 마음을 헤아리시는구나.
貊其德音, (맥기덕음) : 그 덕음을 고요히 하시니,
其德克明. (기덕극명) : 그 덕이 밝아졌구나.

克明克類, (극명극류) : 밝힐 수 있고 선하게 할 수 있으니,
克長克君. (극장극군) : 어린이 될 수 있고 군주가 될 수 있구나.
王此大邦, (왕차대방) : 이 큰 나라에 군주노릇을 하니,
克順克比. (극순극비) : 순종할 수 있고 선함을 택할 수 있구나.
比于文王, (비우문왕) : 문왕에 비교해보면,
其德靡悔. (기덕미회) : 그 덕에 후회할 것이 없구나.
旣受帝祉, (기수제지) : 이미 상제의 복을 받음에,
施于孫子. (시우손자) : 자손들에게까지 이르렀구나.

帝謂文王, (제위문왕) : 상제께서 문왕에게 일러,
無然畔援, (무연반원) : 도리를 위배하지 말고,
無然歆羨, (무연흠선) : 부러워하지 말며,
誕先登于岸. (탄선등우안) : 우선적으로 송사를 크게 안정시켜라.
密人不恭, (밀인불공) : 밀 땅의 사람들이 공손치 못하여,
敢距大邦, (감거대방) : 감히 큰 나라에 항거해서,
侵阮徂共. (침원조공) : 원 땅을 침범하고 공 땅으로 가는구나.
王赫斯怒, (왕혁사노) : 문왕이 이에 크게 노하여,
爰整其旅, (원정기려) : 군대를 이끌고서,
以按徂旅. (이안조려) : 공 땅으로 가는 무리들을 저지하였다.
以篤于周祜, (이독우주호) : 주나라의 복을 돈독히 하고,
以對于天下. (이대우천하) : 천하의 기대에 부응하였도다.

依其在京, (의기재경) : 수도에 머물러 있거늘,
侵自阮疆. (침자원강) : 원 땅으로부터 침량하거늘.
陟我高岡, (척아고강) : 우리 높은 언덕에 오르시니,
無矢我陵, (무시아릉) : 우리 언덕에 진 치는 자가 없거늘,
我陵我阿. (아릉아아) : 우리 언덕이며 우리 큰 언덕이라.
無飮我泉, (무음아천) : 우리 샘물을 마시는 자가 없거늘,
我泉我池. (아천아지) : 우리 샘이며 우리 연못이라.
度其鮮原, (탁기선원) : 좋은 언덕을 헤아려서,
居岐之陽, (거기지양) : 기산의 남쪽에 머물며,
在渭之將. (재위지장) : 위수를 곁에 두었구나.

萬邦之方, (만방지방) : 모든 나라가 향하는 곳이며,
下民之王. (하민지왕) : 모든 백성의 왕이로다.

帝謂文王, (제위문왕) : 상제께서 문왕에게 일러,
予懷明德. (여회명덕) : 나는 명덕으로 회귀하였도다.
不大聲以色, (불대성이색) : 얼굴빛으로 큰 소리를 내지 않고,
不長夏以革. (부장하이혁) : 군대로 제후국들을 억지로 따르도록 하지 않았도다.
不識不知, (불식부지) : 억지로 도모하지 않으니,
順帝之則. (순제지칙) : 상제의 법칙에 따르는구나.
帝謂文王, (제위문왕) : 상제께서 문왕에게 일러,
詢爾仇方, (순이구방) : 너의 배필에게 묻고,
同爾兄弟, (동이형제) : 너의 형제들과 같이 하여,
以爾鉤援. (이이구원) : 너의 갈고리로 당기도다.
與爾臨衝, (여이임충) : 너에게 임거와 충거를 주어,
以伐崇墉. (이벌숭용) : 높은 성을 벌하게 하도다.

臨衝閑閑, (임충한한) : 임거와 충거가 요동치니,
崇墉言言. (숭용언언) : 높은 성 높고도 크구나.
執訊連連, (집신연연) : 포로를 잡음에 천천히 하니,
攸馘安安. (유괵안안) : 포획된 자들이 안심하구나.
是類是禡, (시류시마) : 류제사를 지내고 마제사를 지내니,
是致是附, (시치시부) : 사직의 뭇 신하들을 이르게 하고 선조에게 돌리니,
四方以無侮. (사방이무모) : 사방에 업신여기는 자가 없구나.
臨衝茀茀, (임충불불) : 임거와 충거가 융성하고 굳세니,
崇墉仡仡. (숭용흘흘) : 높은 성 높고도 크구나.
是伐是肆, (시벌시사) : 신속히 내달려서 늘어놓으니,
是絶是忽, (시절시홀) : 끊고 섬멸하여,
四方以無拂. (사방이무불) : 사방에 어기는 자가 없구나.

[毛序] : 皇矣, 美周也. 天監代殷, 莫若周, 周世世脩德, 莫若文王.

[모서] : 「황의」편은 주나라를 찬미한 시이다. 하늘이 은나라를 대신할 만

한 나라를 살펴보니, 주나라만한 곳이 없었고, 주나라는 대대로 덕을 쌓았지만, 문왕만한 자가 없었다는 뜻이다.

그림 45-1 주(周)나라 세계도(世系圖) Ⅰ

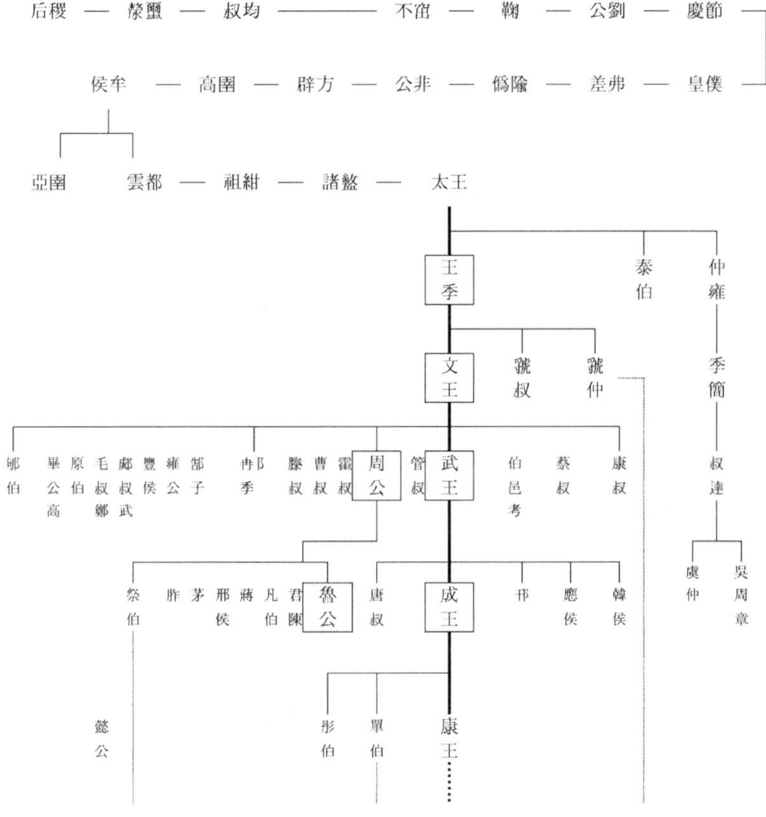

※ **출처:** 『역사(繹史)』 1권 「역사세계도(繹史世系圖)」

• 제 46 절 •

닉음(溺音)과 정(鄭)·송(宋)·위(衛)·제(齊)

【479d】

"今君之所好者, 其溺音乎." 文侯曰, "敢問溺音何從出也?" 子夏對曰, "鄭音好濫淫志, 宋音燕女溺志, 衛音趨數煩志, 齊音敖辟喬志. 此四者皆淫於色而害於德, 是以祭祀弗用也."

직역 "今히 君이 好한 所의 者는 그 溺音일 것입니다." 文侯가 曰, "敢히 問하니 溺音은 何로 從하여 出이오?" 子夏가 對하여 曰, "鄭音은 濫을 好하고 志를 淫하며, 宋音은 女를 燕하고 志를 溺하며, 衛音은 趨數하여 志를 煩하며, 齊音은 敖辟하여 志를 喬합니다. 此四者는 皆히 色에 淫하고 德에 害하니, 是以로 祭祀에는 弗用입니다."

의역 계속하여 자하가 대답하길, "현재 군주께서 좋아하는 것은 음란하고 사람을 빠져들게 하는 음(音)일 것입니다."라고 했다. 그러자 위문후는 "감히 묻노니, 음란하고 사람을 빠져들게 하는 음(音)은 어디로부터 나온 것입니까?"라고 했다. 자하는 대답을 하며, "정나라(鄭)의 음(音)은 넘치기를 좋아하여 뜻을 음란하게 만듭니다. 송(宋)나라의 음(音)은 여자들을 편안하게 만들며 그 뜻이 탐닉에 빠지도록 만듭니다. 위(衛)나라의 음(音)은 급박하고 너무 빨라서 뜻을 번잡하게 만듭니다. 제(齊)나라의 음(音)은 거만하고 편벽되어 뜻을 교만하게 만듭니다. 이 네 가지는 모두 색에 음란하게 빠져서 덕을 해치는 것이니, 이러한 이유로 제사에서 사용하지 않는 것입니다."라고 했다.

集說 溺音, 淫溺之音也. 濫者, 泛濫之義, 謂泛及非己之色也. 燕者, 晏安之意, 謂耽於娛樂而不反也. 趨數, 迫促而疾速也. 敖辟, 倨肆而偏邪也. 四者皆以志言, 淫溺較深, 煩驕較淺, 然皆以害德, 故不可用之宗廟.

번역 '닉음(溺音)'은 음란하고 빠져드는 음(音)이다. '남(濫)'자는 넘친다는 뜻이니, 넘쳐서 자신의 여자가 아닌 여자들에게까지 마음이 미친다는 뜻이다. '연(燕)'자는 편안하게 한다는 뜻으로, 유희를 탐닉하여 되돌아오지 않는다는 뜻이다. '추삭(趨數)'은 급박하고 너무 빠르다는 뜻이다. '오벽(敖辟)'은 거만하고 편벽되다는 뜻이다. 이 네 가지는 모두 뜻을 기준으로 말했으니, 음(淫)과 닉(溺)은 비교적 심한 것이고, 번(煩)과 교(驕)는 상대적으로 덜한 것이지만, 이 모두는 덕에 해를 끼치기 때문에 종묘의 제사에서 사용할 수 없다.

大全 延平周氏曰: 德音則能善其志, 而溺音則能亂其志也.

번역 연평주씨가 말하길, 덕음(德音)은 뜻을 선하게 할 수 있지만, 닉음(溺音)은 선을 문란하게 할 수 있다.

鄭注 言無文王之德, 則所好非樂也. 玩習之久, 不知所由出也. 言四國皆出此溺音. 濫, 濫竊, 姦聲也. 燕, 安也. 春秋傳曰: "懷與安, 實敗名." 趨數讀爲"促速", 聲之誤也. 煩, 勞也. 祭祀者不用淫樂.

번역 문왕의 덕이 없다면 좋아하는 것이 진정한 악(樂)이 아니라는 뜻이다. 감상한지 오래되어 어디로부터 도출되었는지 알지 못한다는 뜻이다. 네 나라는 모두 이러한 닉음(溺音)을 발생시켰다는 뜻이다. '남(濫)'자는 넘치고 탐한다는 뜻으로 간사한 소리를 의미한다. '연(燕)'자는 "편안하다[安]."는 뜻이다. 『춘추전』에서는 "그리워하며 안일한 것은 진실로 공명(功名)을 무너트리는 것입니다."[1]라고 했다. '추삭(趨數)'은 '촉속(促速)'으로 풀이하니, 소리가 비슷해서 생긴 오류이다. '번(煩)'자는 "수고롭다[勞]."는 뜻이다. 제사에서는 음란한 음악을 사용하지 않는다.

---

1) 『춘추좌씨전』「희공(僖公) 23년」 : 姜曰, "行也! 懷與安, 實敗名."

釋文 玩又作翫, 音五換反. 燕, 於見反. 趨音促. 數音速. 傲, 字又作敖, 同, 五報反. 辟, 匹亦反, 徐芳益反. 喬, 徐音驕, 本或作驕. 敗, 必邁反.

번역 '玩'자는 또한 '翫'자로도 기록하는데, 그 음은 '五(오)'자와 '換(환)'자의 반절음이다. '燕'자는 '於(어)'자와 '見(견)'자의 반절음이다. '趨'자의 음은 '促(촉)'이다. '數'자의 음은 '速(속)'이다. '傲'자는 그 글자를 또한 '敖'자로도 기록하는데, 둘 모두 '五(오)'자와 '報(보)'자의 반절음이다. '辟'자는 '匹(필)'자와 '亦(역)'자의 반절음이며, 서음(徐音)은 '芳(방)'자와 '益(익)'자의 반절음이다. '喬'자의 서음은 '驕(교)'이며, 판본에 따라서는 또한 '驕'자로도 기록한다. '敗'자는 '必(필)'자와 '邁(매)'자의 반절음이다.

孔疏 ●"今君"至"出也". ○上旣云君之所好音有善惡, 故上云"治世之音", "亂世之音". 今君之所好者, 非正音, 是淫溺之音乎. 不敢指斥, 故言"乎"而疑之也.

번역 ●經文: "今君"~"出也". ○앞에서는 이미 군주가 좋아하는 음(音)에는 선악이 있다고 했다. 그렇기 때문에 앞에서 '세상을 다스리는 음(音)'과 '세상을 어지럽히는 음(音)'을 말한 것이다.[2] 현재 군주가 좋아하는 것은 올바른 음(音)이 아니니, 이것은 음란하고 빠져들게 하는 음(音)일 것이다. 감히 직접적으로 지적하지 못하기 때문에, '호(乎)'자를 붙여서 의문형으로 나타낸 것이다.

孔疏 ●"文侯曰: 敢問溺音何從出也"者, 文侯旣聞子夏之言善, 遂問溺音所出之由.

번역 ●經文: "文侯曰: 敢問溺音何從出也". ○위문후는 이미 자하가 선

---

2) 『예기』「악기」【456b】: 凡音者, 生人心者也. 情動於中, 故形於聲, 聲成文, 謂之音. 是故治世之音安以樂, 其政和; 亂世之音怨以怒, 其政乖; 亡國之音哀以思, 其民困. 聲音之道, 與政通矣.

을 말한 것을 들었기 때문에, 결국 닉음(溺音)이 유래된 것을 물어본 것이다.

孔疏 ●"子夏"至"用也". ○此一節, 子夏爲文侯明溺音所出也.

번역 ●經文: "子夏"~"用也". ○이곳 문단은 자하가 위문후를 위해 닉음(溺音)이 유래된 것을 밝힌 것이다.

孔疏 ●"鄭音好濫淫志"者, 濫, 竊也, 謂男女相偸竊. 言鄭國樂音好濫相偸竊, 是淫邪之志也.

번역 ●經文: "鄭音好濫淫志". ○'남(濫)'자는 "탐내다[竊]."는 의미로, 남녀가 서로 상대를 탐하는 뜻이다. 즉 정(鄭)나라 음악은 넘치길 좋아하고 서로 탐내도록 하니, 음란하고 사벽한 뜻에 해당한다는 의미이다.

孔疏 ●"宋音燕女溺志"者, 燕, 安也. 溺, 沒也. 言宋音所安, 唯女子, 所以使人意志沒矣, 卽前"溺而不止", 是也.

번역 ●經文: "宋音燕女溺志". ○'연(燕)'자는 "편안하다[安]."는 뜻이다. '닉(溺)'자는 "빠지다[沒]."는 뜻이다. 즉 송(宋)나라 음악은 편안하게 하는 것이 오직 여자뿐으로, 사람들의 뜻이 탐닉에 빠지도록 만드니, 앞에서 "음탕한 음들이 지속되며 그치지 않는다."[3]고 한 말에 해당한다.

孔疏 ●"衛音趨數煩志"者, 言衛音旣促且速, 所以使人意志煩勞也.

번역 ●經文: "衛音趨數煩志". ○위(衛)나라 음악은 이미 급박하고 또 너무 빨라서 사람들의 뜻을 번잡하고 수고롭게 만든다는 뜻이다.

---

3) 『예기』「악기」【478c】: 今夫新樂, 進俯退俯, 姦聲以濫, 溺而不止, 及優侏儒, 獶雜子女, 不知父子. 樂終不可以語, 不可以道古. 此新樂之發也.

孔疏 ●"齊音敖辟喬志"者, 言齊音旣敖很辟越, 所以使人意志驕逸也.

번역 ●經文: "齊音敖辟喬志". ○제(齊)나라 음악은 이미 오만하고 편벽되어, 사람들의 뜻을 교만하게 만든다는 뜻이다.

孔疏 ●"此四者, 皆淫於色而害於德, 是以祭祀弗用也"者, 旣淫色害德, 故不用祭祀也.

번역 ●經文: "此四者, 皆淫於色而害於德, 是以祭祀弗用也". ○이미 색을 음란하게 만들고 덕을 해치기 때문에, 제사에서 사용하지 않는다.

孔疏 ◎注"言四"至"敗名". ○正義曰: 經云"鄭音好濫, 宋音燕女", 其事是一, 而爲別音者, 濫竊, 非己儔匹, 別相淫竊; 燕女, 謂己之妻妾燕安而已, 所以別好濫也. 上云"鄭·衛之音", 則鄭·衛亦淫聲也. 又此云"四者皆淫於色", 是衛與齊皆有淫聲也. 而經唯云"衛音趨數煩志, 齊音敖辟喬志", 都不云"女色"者, 按詩有桑中·淇上, 是淫佚可知, 則淫佚之外, 更有促速敖辟. 推此而言, 齊詩有哀公荒淫怠慢, 襄公淫於妹, 亦女色之外, 加以傲辟驕志也, 故總謂之"溺音"也.

번역 ◎鄭注: "言四"~"敗名". ○경문에서 "정나라의 음(音)은 넘치기를 좋아하고, 송나라의 음(音)은 여자를 편안하게 만든다."라고 했는데, 그 사안은 동일한데도 음(音)이 구별되는 이유는 넘치고 탐내는 것은 자신의 배필이 아닌데도 별도로 서로 음란하게 탐내는 것이며, 여자를 편안하게 하는 것은 자신의 처와 첩들이 편안하게 여긴다는 뜻일 뿐이니, 넘치기를 좋아하는 것과 구별된다. 앞에서는 "정나라와 위나라의 음(音)이다."[4]라고 했으니, 정나라와 위나라의 음(音) 또한 음란한 소리가 된다. 또 이곳에서는 "네 가지는 모두 색에 음란하다."라고 했으니, 위나라와 제나라에도 모

4) 『예기』「악기」【457d】: 鄭衛之音, 亂世之音也, 比於慢矣. 桑間濮上之音, 亡國之音也, 其政散, 其民流, 誣上行私而不可止也.

두 음란한 소리가 있었음을 뜻한다. 그런데 경문에서는 단지 "위나라의 음(音)은 급박하고 너무 빨라서 뜻을 수고롭게 만들고, 제나라의 음(音)은 거만하고 편벽되어 뜻을 교만하게 만든다."라고 하여, 모두 '여색(女色)'을 언급하지 않았다. 그 이유는 『시』를 살펴보면, 뽕나무 숲과 기수를 읊은 시가 있으니,[5] 이것을 통해 음일함에 대해 알 수 있으므로, 음일하다는 것 외에도 재차 너무 급박하고 빠르며 오만하고 편벽됨이 있는 것이다. 이를 통해 말을 해본다면, 제나라의 시에는 애공의 음탕하고 태만함을 노래하고,[6] 양공이 누이에게 음탕한 짓을 했음을 노래한 것이 있으니,[7] 이 또한 여색 이외에도 오만함과 편벽됨으로 뜻을 교만하게 함을 덧붙인 것이다. 그렇기 때문에 총괄적으로 '닉음(溺音)'이라고 말했다.

孔疏 ◎注"春秋傳曰: 懷與安, 實敗名"者, 僖二十三年左氏之文, 齊女姜氏勸重耳出奔也.

번역 ◎鄭注: "春秋傳曰: 懷與安, 實敗名". ○희공(僖公) 23년에 대한 『좌전』의 기록으로, 제나라 여식인 강씨(姜氏)가 중이(重耳)에게 권하여 도망가게 했던 내용이다.

集解 愚謂: 淫志者, 樂音好濫, 則有淫邪之志, 聽之亦能生人淫邪之志也. 下三者放此. 先儒皆以鄭詩爲鄭聲, 然此言"溺音", 有鄭·宋·齊·衛四者, 而宋初未嘗有詩, 則鄭·衛之聲固不係於其詩矣. 列國之樂, 雖不用於祭祀賓客之正樂, 然至無算樂皆用之, 周禮所謂"燕樂"·"縵樂", 是也. 周樂十五國之風與南·雅·三頌, 並肄於樂官. 大司樂, "凡建國, 禁其淫聲·過聲·凶聲·慢聲." 若十五國之鄭風·衛風, 卽鄭·衛之淫聲, 周樂豈當有之? 蓋國風·雅·頌皆雅樂之所歌也, 若鄭衛之聲, 則別爲當時之俗樂, 雖亦必有歌曲, 然其所歌, 必非十五國風之詩也. 朱子疑桑中·溱洧等篇用之何等之鬼神, 何等之賓

5) 『시』「용풍(鄘風)·상중(桑中)」편을 뜻한다.
6) 『시』「제풍(齊風)·계명(雞鳴)」편을 뜻한다.
7) 『시』「제풍(齊風)·남산(南山)」편을 뜻한다.

客, 是固然矣, 然如淇澳·緇衣等篇, 未嘗不可用之雅樂也. 三百篇之詩, 固有用於樂者, 有不用於樂者, 如大·小雅則正者用而變者不用, 二南則如野有死麕·行露等篇, 豳風則自東山以下, 亦未必皆用於樂, 而不妨與其用者並列也, 何獨鄭·衛哉? 故以淫聲概鄭·衛之風, 反無以處淇澳·緇衣等篇, 若離詩與聲而二之, 則鄭·衛之聲自爲當時之俗樂, 而其詩則美者同用於雅樂, 而其淫者則雖並列於三百篇之中, 而初未嘗用也, 亦豈相妨哉?

번역 내가 생각하기에, '음지(淫志)'는 음악이 넘치기를 좋아한다면 음란하고 사벽한 뜻이 생기니, 그것을 듣게 되면 또한 사람에게 있어서 음란하고 사벽한 뜻이 생기게끔 할 수 있다. 그 아래에 나온 세 가지 경우도 이와 같다. 선대 학자들은 모두 정나라의 시를 '정성(鄭聲)'이라고 여겼는데, 이곳에서는 '닉음(溺音)'이라고 했으며, 정나라·송나라·제나라·위나라 등 네 나라가 있다고 했다. 그런데 송나라는 애초에 관련된 시가 있었던 적이 없으니, 정나라와 위나라의 소리는 진실로 그 시와는 관련이 없는 것이다. 제후국들의 음악이 비록 제사 및 빈객을 대접하는 정규 음악으로 사용되지는 않았지만, 무산악(無算樂)[8]을 하는 경우에는 모두 사용을 했으니, 『주례』에서 말한 '연악(燕樂)'[9]과 '만악(縵樂)'[10]이 여기에 해당한다.[11] 주나라 때의 음악인 15개국의 풍(風)과 남(南)·아(雅)·삼송(三頌)[12]은 모

---

8) 무산악(無算樂)은 악곡의 수를 정해놓지 않고 연주를 하는 것으로, 분위기를 돋우기 위한 것이다.

9) 연악(燕樂)은 궁궐 안, 특히 부인들을 위해서 연주하는 음악을 뜻한다. 「관저(關雎)」·「주남(周南)」·「소남(召南)」 등의 시가를 연주하는 것이다. '연악'은 방중(房中)의 음악이라고도 부르니, 주로 부인들을 위해서 연주되기 때문이다. 『주례』「춘관(春官)·경사(磬師)」편에는 "教縵樂·燕樂之鍾磬."이라는 기록이 있고, 이에 대한 정현의 주에서는 "燕樂, 房中之樂."이라고 풀이했으며, 가공언(賈公彦)의 소(疏)에서는 "此卽關雎·二南也. 謂之房中者, 房中謂婦人后妃以風喩君子之詩, 故謂之房中之樂."이라고 풀이했다.

10) 만악(縵樂)은 잡악(雜樂)이라고도 부른다. 여러 음과 악기를 섞어서 사용하기 때문에 순일하지 않지만 음의 조화를 이루는 음악이다. 『주례』「춘관(春官)·경사(磬師)」편에는 "教縵樂·燕樂之鍾磬."이라는 기록이 있고, 이에 대한 정현의 주에서는 "縵, 謂雜聲之和樂者也."라고 풀이했다.

11) 『주례』「춘관(春官)·경사(磬師)」: 教縵樂·燕樂之鍾磬.

12) 삼송(三頌)은 『시』에 수록된 「노송(魯頌)」·「주송(周頌)」·「상송(商頌)」을

두 악관에서 익혔다. 『주례』「대사악(大司樂)」편에서는 "무릇 나라를 건국했을 때에는 음란한 소리, 지나친 소리, 흉한 소리, 거만한 소리를 금한다."[13)]라고 했다. 만약 15개 제후국에 있는 「정풍(鄭風)」·「위풍(衛風)」 등이 정나라와 위나라의 음란한 소리에 해당한다면, 주나라 음악에 어떻게 이러한 음악이 포함될 수 있겠는가? 무릇 국풍(國風)·아(雅)·송(頌)은 모두 아악으로 노래로 불린 것인데, 만약 정나라와 위나라 소리의 경우라면, 별도로 당시에 만들어진 속악이 되므로, 비록 분명 그에 해당하는 악곡이 있었을 것이지만, 노래로 불렀던 가사는 반드시 15개국에 있었던 국풍의 시는 아닐 것이다. 주자는 「용풍(鄘風)」에 해당하는 「상중(桑中)」과 「정풍(鄭風)」에 해당하는 「진유(溱洧)」 등의 시편이 어떤 귀신에게 사용되고, 어떤 빈객에게 사용되었겠느냐고 의심을 했는데, 진실로 합당한 문제제기이다. 그러나 「위풍(衛風)」에 해당하는 「기욱(淇澳)」과 「정풍」에 해당하는 「치의(緇衣)」 등의 시편은 일찍이 아악으로 사용되지 않은 적이 없다. 삼백여 편의 시 중에는 진실로 음악에 사용된 것도 있지만, 음악에 사용되지 않은 것도 있으니, 「대아(大雅)」와 「소아(小雅)」의 경우 정아(正雅)는 음악에 사용되었지만, 변아(變雅)는 사용되지 않았고, 「주남(周南)」과 「소남(召南)」의 경우 「소남」의 「야유사균(野有死麕)」과 「소남」의 「행로(行露)」라는 시편, 빈풍(豳風)의 경우 「동산(東山)」으로부터 그 이하의 시편[14)] 또한 이 모두가 반드시 음악에 사용되었던 것은 아니므로, 음악에 사용되지 않은 시편이 음악에 사용되었던 시편과 나란히 열거된 것은 문제가 되지 않는데, 어떻게 유독 「정풍」과 「위풍」에 대해서만 이러하겠는가? 그러므로 음란한 소리로 「정풍」과 「위풍」에 해당하는 시편들을 개괄한다면, 반대로 「기욱」이나 「치의」 등의 시편 등을 분류할 수 없게 되며, 만약 『시』와 성(聲)을 분리하여 두 가지로 여기게 된다면, 정나라와 위나라의 소리는 당시의 속악에 해당하며, 그 나라 시들의 경우, 아름다운 시편은 모두 아악에 사용되었을

뜻한다.

13) 『주례』「춘관(春官)·대사악(大司樂)」: 凡建國, 禁其淫聲·過聲·凶聲·慢聲.

14) 『시』「빈풍(豳風)」의 「파부(破斧)」, 「벌가(伐柯)」, 「구역(九罭)」, 「낭발(狼跋)」 편 등을 뜻한다.

것이고, 그 중 음란한 내용을 포함한 것들은 비록 삼백여 편의 시 속에 나열되어 있지만, 애초부터 음악에 사용된 적이 없는데, 또한 이것들이 어찌 서로 방해가 되겠는가?

【참고】 『시』「용풍(鄘風)·상중(桑中)」

爰采唐矣, (원채당의) : 이에 당몽(唐蒙)을 캐기를,
沬之鄉矣. (매지향의) : 매(沬)읍의 향리에서 하도다.
云誰之思, (운수지사) : 누구를 사모하는가?
美孟姜矣. (미맹강의) : 아름다운 맹강(孟姜)이로다.
期我乎桑中, (기아호상중) : 나와 뽕나무 숲에서 만나기로 하였고,
要我乎上宮, (요아호상궁) : 나를 상궁(上宮)에서 보기로 했으며,
送我乎淇之上矣. (송아호기지상의) : 나를 기수(淇水)가에서 전송하였도다.

爰采麥矣, (원채맥의) : 이에 보리를 캐기를,
沬之北矣. (매지북의) : 매(沬)읍의 북쪽에서 하도다.
云誰之思, (운수지사) : 누구를 사모하는가?
美孟弋矣. (미맹익의) : 아름다운 맹익(孟弋)이로다.
期我乎桑中, (기아호상중) : 나와 뽕나무 숲에서 만나기로 하였고,
要我乎上宮, (요아호상궁) : 나를 상궁(上宮)에서 보기로 했으며,
送我乎淇之上矣. (송아호기지상의) : 나를 기수(淇水)가에서 전송하였도다.

爰采葑矣, (원채봉의) : 이에 순무를 캐기를,
沬之東矣. (매지동의) : 매(沬)읍의 동쪽에서 하도다.
云誰之思, (운수지사) : 누구를 사모하는가?
美孟庸矣. (미맹용의) : 아름다운 맹용(孟庸)이로다.
期我乎桑中, (기아호상중) : 나와 뽕나무 숲에서 만나기로 하였고,
要我乎上宮, (요아호상궁) : 나를 상궁(上宮)에서 보기로 했으며,
送我乎淇之上矣. (송아호기지상의) : 나를 기수(淇水)가에서 전송하였도다.

[毛序] : 桑中, 刺奔也. 衛之公室淫亂, 男女相奔, 至于世族在位相竊妻妾, 期

於幽遠, 政散民流而不可止.

[모서] : 「상중」편은 음란함을 풍자한 시이다. 위나라 공실이 음란하여 남녀가 격식을 갖추지 않고 서로를 취하여, 지위를 갖춘 귀족들까지 서로 처와 첩을 도둑질해서, 으슥하고 먼 곳에서 만나기로 기약하니, 정치가 산만하게 되고 백성들이 떠도는 것을 그칠 수 없었다.

【참고】『시』「제풍(齊風) · 계명(雞鳴)」

雞既鳴矣, (계기명의) : 닭이 울어 부인이 일어나고,
朝既盈矣. (조기영의) : 조정에 신하가 가득하여 군주가 일어나는구나.
匪雞則鳴, (비계즉명) : 닭이 운 소리가 아니라,
蒼蠅之聲. (창승지성) : 쉬파리의 소리로다.

東方明矣, (동방명의) : 동쪽이 밝으니 부인이 문안인사를 올리고,
朝既昌矣. (조기창의) : 조정에 신하가 가득하여 군주가 정사를 듣는구나.
匪東方則明, (비동방즉명) : 동쪽이 밝은 것이 아니라,
月出之光. (월출지광) : 달이 떠서 밝은 것이로다.

蟲飛薨薨, (충비훙훙) : 벌레가 날아와 윙윙거리니,
甘與子同夢. (감여자동몽) : 나는 그대와 함께 누워 같은 꿈을 꾸기를 좋아하도다.
會且歸矣, (회차귀의) : 중신들이 모였다가 되돌아가니,
無庶予子憎. (무서여자증) : 그대를 싫어하는 자가 없을 것이다.

[毛序] : 雞鳴, 思賢妃也. 哀公荒淫怠慢, 故陳賢妃貞女夙夜警戒相成之道焉.

[모서] : 「계명」편은 현비를 그리워하는 시이다. 애공은 여색에 빠져서 정사에 태만하였기 때문에, 현비와 정숙한 여인이 밤낮으로 경계하여 서로를 이루어준 도를 읊은 것이다.

【참고】『시』「제풍(齊風)·남산(南山)」

南山崔崔, (남산최최) : 제나라 남산은 높고도 크거늘,
雄狐綏綏. (웅호수수) : 수컷 여우들이 서로 따르며 문란하구나.
魯道有蕩, (노도유탕) : 노나라 길이 평탄하거늘,
齊子由歸. (제자유귀) : 문강(文姜)이 이 길을 따라 시집을 왔구나.
旣曰歸止, (기왈귀지) : 이미 시집을 왔거늘,
曷又懷止. (갈우회지) : 또 어찌 그리워하는가.

葛屨五兩, (갈구오양) : 칡을 엮은 신발은 다섯 켤레거늘,
冠緌雙止. (관수쌍지) : 갓끈은 한 쌍이로구나.
魯道有蕩, (노도유탕) : 노나라 길이 평탄하거늘,
齊子庸止. (제자용지) : 문강(文姜)이 이 길을 따라 시집을 왔구나.
旣曰庸止, (기왈용지) : 이미 이 길을 따라 시집을 왔거늘,
曷又從止. (갈우종지) : 양공은 또 어찌 재차 전송하며 따르는가.

蓺麻如之何, (예마여지하) : 마를 심을 때에는 어찌하는가,
衡從其畝. (형종기무) : 이랑을 가로로 하고 세로로 해야 하느니라.
取妻如之何, (취처여지하) : 아내를 취할 때에는 어찌하는가.
必告父母. (필고부모) : 반드시 부모에게 아뢰어야 하느니라.
旣曰告止, (기왈고지) : 이미 부모에게 아뢰었거늘,
曷又鞠止. (갈우국지) : 또 어찌 용심이 차는가.

析薪如之何, (석신여지하) : 땔감을 베려면 어찌하는가.
匪斧不克. (비부불극) : 도끼가 아니라면 할 수 없느니라.
取妻如之何, (취처여지하) : 아내를 취할 때에는 어찌하는가.
匪媒不得. (비매부득) : 중매가 아니라면 얻지 못하느니라.
旣曰得止, (기왈득지) : 이미 중매를 통해 얻었거늘,
曷又極止. (갈우극지) : 또 어찌 용심을 다하는가.

[毛序] : 南山, 刺襄公也. 鳥獸之行, 淫乎其妹, 大夫遇是惡, 作詩而去之.

[모서] : 「남산」편은 양공을 풍자한 시이다. 금수처럼 행동하여 자신의 누

이와 음란한 짓을 하니, 대부가 이러한 악행을 접하여, 시를 짓고 떠난 것이다.

【참고】『시』「정풍(鄭風)·진유(溱洧)」

溱與洧, (진여유) : 진수(溱水)와 유수(洧水)에,
方渙渙兮. (방환환혜) : 중춘이 되어 물이 많구나.
士與女, (사여여) : 남자와 여자가,
方秉蕑兮. (방병간혜) : 난초를 잡고 있구나.
女曰觀乎. (여왈관호) : 여자는 보자고 하나,
士曰旣且. (사왈기차) : 남자는 이미 보았다고 하는구나.
且往觀乎, (차왕관호) : 또 가서 보고자 하니,
洧之外, (유지외) : 유수 밖은,
洵訏且樂. (순우차락) : 크고도 즐겁구나.
維士與女, (유사여여) : 남자와 여자가,
伊其相謔, (이기상학) : 그에 따라 서로 농지거리를 하며,
贈之以勺藥. (증지이작약) : 작약을 선물하는구나.

溱與洧, (진여유) : 진수와 유수는,
瀏其淸矣. (유기청의) : 깊고도 맑구나.
士與女, (사여여) : 남자와 여자가,
殷其盈矣. (은기영의) : 많이도 모였구나.
女曰觀乎. (여왈관호) : 여자는 보자고 하나,
士曰旣且. (사왈기차) : 남자는 이미 보았다고 하는구나.
且往觀乎, (차왕관호) : 또 가서 보고자 하니,
洧之外, (유지외) : 유수 밖은,
洵訏且樂. (순우차락) : 크고도 즐겁구나.
維士與女, (유사여여) : 남자와 여자가,
伊其將謔, (이기장학) : 그에 따라 농지거리를 하며,
贈之以勺藥. (증지이작약) : 작약을 선물하는구나.

[毛序] : 溱洧, 刺亂也. 兵革不息, 男女相棄, 淫風大行, 莫之能救焉.

[모서] : 「진유」편은 문란함을 풍자한 시이다. 전쟁이 그치지 않으니, 남녀가 서로를 버려서, 음란한 풍조가 크게 유행하니, 바로잡을 수가 없었다.

【참고】『시』「위풍(衛風)·기욱(淇奧)」

瞻彼淇奧, (첨피기욱) : 저 기수(淇水)가 벼랑을 보니,
綠竹猗猗. (녹죽의의) : 푸른 대나무 무성하구나.
有匪君子, (유비군자) : 문채가 나는 군자여,
如切如磋, (여절여차) : 뼈를 가는 듯 조각을 하는 듯,
如琢如磨. (여탁여마) : 옥을 쪼는 듯 돌을 가는 듯.
瑟兮僩兮, (슬혜한혜) : 엄숙하고 관대함이여,
赫兮咺兮. (혁혜훤혜) : 밝은 덕 혁혁하게 드러나는구나.
有匪君子, (유비군자) : 문채가 나는 군자여,
終不可諼兮. (종불가훤혜) : 끝내 잊을 수가 없구나.

瞻彼淇奧, (첨피기욱) : 저 기수가 벼랑을 보니,
綠竹靑靑. (녹죽청청) : 푸른 대나무 무성하구나.
有匪君子, (유비군자) : 문채가 나는 군자여,
充耳琇瑩, (충이수영) : 귀막이로 단 아름다움 옥이여,
會弁如星. (회변여성) : 변(弁)에 매단 것이 별과 같구나.
瑟兮僩兮, (슬혜한혜) : 엄숙하고 관대함이여,
赫兮咺兮. (혁혜훤혜) : 밝은 덕 혁혁하게 드러나는구나.
有匪君子, (유비군자) : 문채가 나는 군자여,
終不可諼兮. (종불가훤혜) : 끝내 잊을 수가 없구나.

瞻彼淇奧, (첨피기욱) : 저 기수가 벼랑을 보니,
綠竹如簀. (녹죽여책) : 푸른 대나무가 쌓여있구나.
有匪君子, (유비군자) : 문채가 나는 군자여,

如金如錫, (여금여석) : 금과 같고 주석과 같으며,
如圭如璧. (여규여벽) : 규(圭)와 같고 벽(璧)과 같구나.
寬兮綽兮, (관혜작혜) : 너그럽고 느긋함이여,
倚重較兮. (의중교혜) : 경대부의 수레에 의지하는구나.
善戲謔兮, (선희학혜) : 크고도 넓어서 단순한 농지거리가 아니니,
不爲虐兮. (불위학혜) : 모질지 않구나.

[毛序] : 淇奧, 美武公之德也. 有文章, 又能聽其規諫, 以禮自防. 故能入相于周, 美而作是詩也.

[모서] : 「기욱」편은 무공의 덕을 찬미한 시이다. 문채를 지니고 있으며, 또한 신하들의 올바른 간언을 받아들여서, 예법에 따라 스스로 방지를 하였다. 그렇기 때문에 주나라 왕실에 들어가 정사를 도왔으니, 그 일을 찬미하여 이 시를 지었다.

【참고】 『시』「정풍(鄭風) · 치의(緇衣)」

緇衣之宜兮, (치의지의혜) : 치의의 알맞음이여,
敝予又改爲兮. (폐여우개위혜) : 해지면 내가 다시 만들어 주리라.
適子之館兮, (적자지관혜) : 그대의 집으로 가는지라,
還予授子之粲兮. (환여수자지찬혜) : 돌아와 내가 그대에게 음식을 주리라.

緇衣之好兮, (치의지호혜) : 치의의 알맞음이여,
敝予又改造兮. (폐여우개조혜) : 해지면 내가 다시 만들어 주리라.
適子之館兮, (적자지관혜) : 그대의 집으로 가는지라,
還予授子之粲兮. (환여수자지찬혜) : 돌아와 내가 그대에게 음식을 주리라.

緇衣之蓆兮, (치의지석혜) : 치의의 크게 알맞음이여,
敝予又改作兮. (폐여우개작혜) : 해지면 내가 다시 만들어 주리라.
適子之館兮. (적자지관혜) : 그대의 집으로 가는지라,
還予授子之粲兮. (환여수자지찬혜) : 돌아와 내가 그대에게 음식을 주리라.

[毛序] : 緇衣, 美武公也. 父子並爲周司徒, 善於其職, 國人宜之. 故美其德, 以明有國善善之功焉.

[모서] : 「치의」편은 무공을 찬미한 시이다. 부모와 자식이 모두 주나라의 사도(司徒)[15]가 되어, 그 직물을 훌륭히 수행하니, 나라 사람들이 마땅하게 여겼다. 그렇기 때문에 그의 덕을 찬미하여, 나라를 소유하여 선하게 만든 공적이 있음을 밝혔다.

【참고】『시』「소남(召南) · 야유사균(野有死麕)」

野有死麕, (야유사균) : 들판에 죽은 노루가 있거늘,
白茅包之. (백모포지) : 백색 띠풀로 감싸는구나.
有女懷春, (유여회춘) : 여인이 봄을 그리워하거늘,
吉士誘之. (길사유지) : 길한 사가 인도하는구나.

林有樸樕, (임유박속) : 숲속에 작은 나무들이 있거늘,
野有死鹿. (야유사록) : 들판에 죽은 사슴이 있구나.
白茅純束, (백모순속) : 백색 띠풀로 감싸거늘,
有女如玉. (유여여옥) : 여인이 옥처럼 아름답구나.

舒而脫脫兮, (서이탈탈혜) : 천천히 더디게 와서,
無感我帨兮, (무감아세혜) : 내 수건이 움직이도록 하지 말고,
無使尨也吠. (무사방야폐) : 개가 짖지 못하도록 하라.

---

15) 사도(司徒)는 주(周)나라 때의 관리로, 국가의 토지 및 백성들에 대한 교화(敎化)를 담당했다. 전설상으로는 소호(少昊) 시대 때부터 설치되었다고 전해진다. 주나라의 육경(六卿) 중 하나였으며, 전한(前漢) 애제(哀帝) 원수(元壽) 2년(B.C. 1)에는 승상(丞相)의 관직명을 고쳐서, 대사도(大司徒)라고 불렀고, 대사마(大司馬), 대사공(大司空)과 함께 삼공(三公)의 반열에 있었다. 후한(後漢) 때에는 다시 '사도'로 명칭을 고쳤고, 그 이후로는 이 명칭을 계속 사용하다가 명(明)나라 때 폐지되었다. 명나라 이후로는 호부상서(戶部尙書)를 '대사도'라고 불렀다.

[毛序]：野有死麕, 惡無禮也. 天下大亂, 彊暴相陵, 遂成淫風, 被文王之化, 雖當亂世, 猶惡無禮也.

[모서]：「야유사균」편은 무례함을 미워한 시이다. 천하가 크게 혼란하여 난폭한 자들이 서로를 능멸하여, 결국 음란한 풍조를 이루었는데, 문왕의 교화에 힘입어, 비록 난세에 처하더라도 오히려 무례함을 미워했던 것이다.

【참고】『시』「소남(召南)·행로(行露)」

厭浥行露, (염읍행로)：물에 젖어든 이슬 묻은 길이여,
豈不夙夜, (기불숙야)：어찌 밤낮으로 다니지 않으리오마는,
謂行多露. (위행다로)：길에 이슬이 많이 다니지 못하는구나.

誰謂雀無角, (수위작무각)：누가 참새에 뿔이 없다 하는가,
何以穿我屋. (하이천아옥)：없다면 어떻게 내 지붕을 뚫었겠는가.
誰謂女無家, (수위여무가)：누가 너에게 혼인의 도가 없다고 하는가,
何以速我獄. (하이속아옥)：없다면 어떻게 나를 옥사로 불러들였는가.
雖速我獄, (수속아옥)：비록 나를 옥사로 불러들였지만,
室家不足. (실가불족)：혼인의 도는 부족하도다.

誰謂鼠無牙, (수위서무아)：누가 쥐에게 어금니가 없다 하는가,
何以穿我墉. (하이천아용)：없다면 어떻게 내 담장을 뚫었겠는가.
誰謂女無家, (수위여무가)：누가 너에게 혼인의 도가 없다고 하는가,
何以速我訟. (하이속아송)：없다면 어떻게 나를 옥사로 불러들였는가.
雖速我訟, (수속아송)：비록 나를 옥사로 불러들였지만,
亦不女從. (역불여종)：또한 너를 따르지 않으리라.

[毛序]：行露, 召伯聽訟也. 衰亂之俗微, 貞信之敎興, 彊暴之男不能侵陵貞女也.

[모서]：「행로」편은 소백이 송사를 다스렸던 일을 노래한 시이다. 쇠약해

지고 문란해진 시기의 풍속은 은미해졌지만, 곧음과 신의에 대한 가르침이 일어나, 난폭한 남자들이 올곧은 여자를 침범하거나 능멸하지 못한 것이다.

【참고】 『시』「빈풍(豳風) · 동산(東山)」

我徂東山, (아조동산) : 내가 동산에 갔다가,
慆慆不歸. (도도불귀) : 오래도록 돌아오지 않았구나.
我來自東, (아래자동) : 내가 동쪽에서 올 때에,
零雨其濛. (영우기몽) : 비가 부슬부슬 내렸도다.
我東曰歸, (아동왈귀) : 내가 동쪽에서 왔을 때에,
我心西悲. (아심서비) : 내 마음은 서쪽을 생각하여 슬펐도다.
制彼裳衣, (제피상의) : 저 옷을 만들어서,
勿士行枚. (물사행매) : 함매(銜枚)[16]를 일삼지 말지어다.
蜎蜎者蠋, (연연자촉) : 꿈틀거리는 뽕나무 애벌레여,
烝在桑野. (증재상야) : 뽕나무 들판을 가득 메우는구나.
敦彼獨宿, (퇴피독숙) : 외롭게도 저 홀로 머물며 옮기지 않으니,
亦在車下. (역재거하) : 또한 수레 밑에 있구나.

我徂東山, (아조동산) : 내가 동산에 갔다가,
慆慆不歸. (도도불귀) : 오래도록 돌아오지 않았구나.
我來自東, (아래자동) : 내가 동쪽에서 올 때에,
零雨其濛. (영우기몽) : 비가 부슬부슬 내렸도다.
果臝之實, (과라지실) : 과라의 열매가,
亦施于宇. (역시우우) : 또한 집에 뻗어 있구나.
伊威在室, (이위재실) : 쥐며느리가 방에 있으며,

16) 함매(銜枚)는 본래 병사들에 입에 물리던 나무판이다. 이것을 입에 물림으로써 큰 소리를 내거나 잡답을 하지 못하도록 하였다. 『주례』「하관(夏官) · 대사마(大司馬)」편에는 "群司馬振鐸, 車徒皆作, 遂鼓行, 徒銜枚而進."이라는 기록이 있다.

蠨蛸在戶. (소소재호) : 갈거미가 방문에 있구나.
町畽鹿場, (정톤록장) : 사슴의 발자국이 찍힌 사슴의 마당이여,
熠燿宵行. (습요소행) : 반짝이는 반딧불이 밤길을 가는구나.
不可畏也, (불가외야) : 두려워할 것이 아니라,
伊可懷也. (이가회야) : 아! 그립구나.

我徂東山, (아조동산) : 내가 동산에 갔다가,
慆慆不歸. (도도불귀) : 오래도록 돌아오지 않았구나.
我來自東, (아래자동) : 내가 동쪽에서 올 때에,
零雨其濛. (영우기몽) : 비가 부슬부슬 내렸도다.
鸛鳴于垤, (관명우질) : 황새가 개밋둑에서 우는데,
婦歎于室. (부탄우실) : 부인이 방에서 탄식하는구나.
洒埽穹窒, (쇄소궁질) : 집을 청소하고 구멍을 막는데,
我征聿至. (아정율지) : 내가 찾아가 이르렀노라.
有敦瓜苦, (유돈과고) : 주렁주렁 달린 오이가 쓴데,
烝在栗薪. (증재율신) : 밤나무 섶에 많이도 있구나.
自我不見, (자아불견) : 내가 이것을 보지 못한 것이,
于今三年. (우금삼년) : 오늘로 삼년이구나.

我徂東山, (아조동산) : 내가 동산에 갔다가,
慆慆不歸. (도도불귀) : 오래도록 돌아오지 않았구나.
我來自東, (아래자동) : 내가 동쪽에서 올 때에,
零雨其濛. (영우기몽) : 비가 부슬부슬 내렸도다.
倉庚于飛, (창경우비) : 꾀꼬리가 날아오르는데,
熠燿其羽. (습요기우) : 그 깃털이 선명하구나.
之子于歸, (지자우귀) : 저 여인이 시집을 가는데,
皇駁其馬. (황박기마) : 황백색과 적백색의 말이여.
親結其縭, (친결기리) : 직접 향낭을 매어주는데,
九十其儀. (구십기의) : 틀림없이 분명한 위엄스런 행동이여.
其新孔嘉, (기신공가) : 이제 막 시집을 와서 매우 아름다운데,
其舊如之何. (기구여지하) : 오래됨에 있어서야 어떠하겠는가.

[毛序] : 東山, 周公東征也. 周公東征, 三年而歸, 勞歸士, 大夫美之. 故作是詩也. 一章, 言其完也, 二章言其思也, 三章, 言其室家之望女也, 四章, 樂男女之得及時也. 君子之於人, 序其情而閔其勞, 所以說也, 說以使民, 民忘其死, 其唯東山乎.

[모서] : 「동산」편은 주공이 동쪽을 정벌했던 사안을 노래한 시이다. 주공이 동쪽을 정벌하고서 3년 만에 돌아왔는데, 돌아온 군사들의 노고를 위로하니, 대부가 이것을 찬미하였다. 그렇기 때문에 이 시를 지은 것이다. 첫 장에서는 완비됨을 말했고, 두 번째 장에서는 그리워함을 말했으며, 세 번째 장에서는 처자가 자신을 바란다는 것을 말했고, 네 번째 장에서는 남녀가 때에 맞게 혼인을 함을 즐거워했다. 군자는 사람들에 대해서, 그들의 정감을 펼쳐주고 그들의 노고를 가엾게 여기니, 이 때문에 기뻐했던 것이다. 기뻐하도록 만들어서 백성들을 부려서, 백성들이 죽음조차 잊으니, 오직 「동산」편에 나타날 따름이다.

그림 46-1 변(弁)과 작변(爵弁)

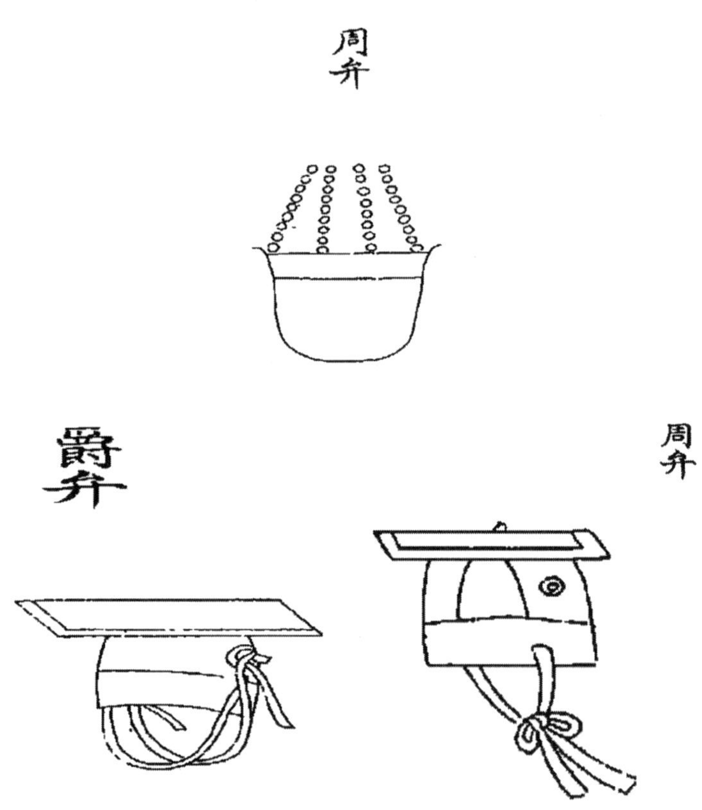

※ 출처: 상단-『삼례도(三禮圖)』 2권
하단-『삼례도집주(三禮圖集注)』 3권

그림 46-2 오옥(五玉) : 황(璜)·벽(璧)·장(璋)·규(珪)·종(琮)

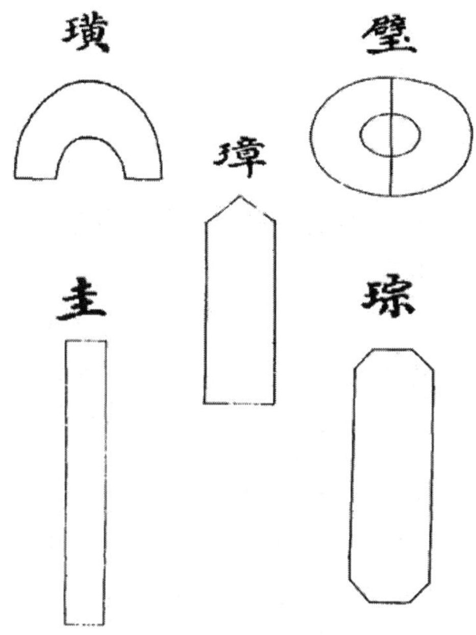

※ 출처: 『주례도설(周禮圖說)』 하권

• 제 47 절 •

고악(古樂)과 경(敬) · 화(和)

【480a】

"詩云, '肅雝和鳴, 先祖是聽.' 夫肅, 肅敬也. 雝, 雝和也. 夫敬以和, 何事不行?"

직역 "詩에서 云, '肅雝하고 和鳴하니, 先祖가 是에 聽이라.' 夫히 肅은 肅敬이라. 雝은 雝和이라. 夫히 敬하여 和한데, 何事가 不行입니까?"

의역 계속하여 자하가 대답하길, "시에서는 '엄숙하고 조화롭게 울리니, 선조께서 이에 들으시다.'라고 했습니다. '숙(肅)'은 엄숙하고 공경스럽다는 뜻입니다. '옹(雝)'은 화락하고 조화롭다는 뜻입니다. 공경을 하여 조화롭게 되는데, 어떤 일이 시행되지 않겠습니까?"라고 했다.

集說 詩, 周頌有瞽之篇. 因上文言溺音害德, 祭祀弗用, 故引之.

번역 '시(詩)'는 『시』「주송(周頌) · 유고(有瞽)」편이다.[1] 앞 문장에서 "닉음(溺音)이 덕을 해쳐서 제사에 사용하지 않는다."라고 말했기 때문에 이 시를 인용한 것이다.

大全 長樂陳氏曰: 樂之發, 肅肅乎其敬, 而制之以禮, 雝雝乎其和, 而制之以義. 如此則外不淫色, 內不害德, 擧而措之天下, 何事不行? 況用之祭祀, 而

1) 『시』「주송(周頌) · 유고(有瞽)」: 有瞽有瞽, 在周之庭. 設業設虡, 崇牙樹羽, 應田縣鼓, 鞉磬柷圉. 旣備乃奏. 簫管備擧. 喤喤厥聲, 肅雝和鳴, 先祖是聽. 我客戾止, 永觀厥成.

先祖不是聽耶? 書謂八音克諧, 無相奪倫, 神人以和者, 此也.

번역 장락진씨가 말하길, 악(樂)이 나타남에 공경함에 대해서 엄숙하고 예(禮)로써 제재하며, 조화로움에 화락하고 의(義)로써 제재한다. 이처럼 한다면 외적으로는 여색에 음란하게 되지 않고 내적으로는 덕을 해치지 않으니, 이것을 들어서 천하에 시행하는데 어떤 일이 시행되지 않겠는가? 하물며 제사에 사용하면 선조가 이것을 듣지 않겠는가? 『서』에서 "팔음이 조화로워서 서로 질서를 어기지 않으니, 신과 사람이 이로써 화합한다."[2]고 한 것도 이러한 이유 때문이다.

鄭注 言古樂敬且和, 故無事而不用, 溺音無所施.

번역 고악(古樂)은 공경스럽고 또 조화롭기 때문에 어떤 일이든 사용되지 않은 적이 없지만, 닉음(溺音)은 사용된 적이 없음을 뜻한다.

孔疏 ●"詩云"至"不行". ○正義曰: 此一節子夏重爲文侯明正樂敬和之事, 所以勸勵文侯用古樂也. 此詩, 周頌·有瞽之篇. 肅, 敬也. 雍, 和也. 言樂音敬和而鳴, 先祖之神, 聽而從之. 若能敬和, 施設於政敎, 何事不行也?

번역 ●經文: "詩云"~"不行". ○이곳 문단은 자하가 거듭 위문후를 위해서 올바른 음악이 공경스럽고 조화롭다는 사안을 나타내고 있으니, 위문후에게 고악(古樂)을 사용하도록 독려한 것이다. 이 시는 『시』「주송(周頌)·유고(有瞽)」편이다. '숙(肅)'자는 "공경스럽다[敬]."는 뜻이다. '옹(雍)'자는 "조화롭다[和]."는 뜻이다. 즉 음악이 공경스럽고 조화롭게 울려서 선조의 신령들이 그것을 듣고 따르게 된다는 뜻이다. 만약 공경스럽고 조화롭게 하여 정사에 시행할 수 있다면, 어떤 일이 시행되지 않겠는가?

---

2) 『서』「우서(虞書)·순전(舜典)」: 帝曰, 夔, 命汝典樂, 敎胄子, 直而溫, 寬而栗, 剛而無虐, 簡而無傲, 詩言志, 歌永言, 聲依永, 律和聲, 八音克諧, 無相奪倫, 神人以和.

集解 顧氏炎武曰: 詩本"肅"·"雍"一字, 而引之二字者, 長言之也. 詩云"有洸有潰", 毛公傳曰"洸洸, 武也, 潰潰, 怒也", 卽其例也.

번역 고염무[3]가 말하길, 『시』의 판본에는 '숙(肅)'자와 '옹(雍)'자가 한 글자씩 기록되어 있는데, 인용하며 두 글자씩 기록한 것은 늘어트려서 말했기 때문이다. 『시』에서는 "성을 내고 화를 낸다."[4]고 했는데, 『모전』에서는 "'광광(洸洸)'은 굳세다는 뜻이며, '궤궤(潰潰)'는 노했다는 뜻이다."라고 했으니, 바로 그 용례에 해당한다.

集解 愚謂: 何事不行者, 言無事而不成, 以起下文"誘民孔易"之意也.

번역 내가 생각하기에, '하사불행(何事不行)'이라는 말은 이루어지지 않는 일이 없다는 뜻으로, 이를 통해 아래문장에서 "백성들을 이끌기가 매우 쉽다."고 한 뜻을 일으킨 것이다.

【참고】 『시』「주송(周頌)·유고(有瞽)」

有瞽有瞽, (유고유고) : 악관(樂官)이여 악관이여,
在周之庭. (재주지정) : 주나라 마당에 있구나.
設業設虡, (설업설거) : 업(業)을 설치하고 거(虡)를 설치하니,
崇牙樹羽. (숭아수우) : 숭아(崇牙)에 깃털을 꽂도다.
應田縣鼓, (응전현고) : 소비(小鞞), 대고(大鼓), 주고(周鼓)여,
鞉磬柷圉. (도경축어) : 도고(鞉鼓), 경(磬), 축(柷), 어(圉)여.

旣備乃奏, (기비내주) : 갖추어 연주를 하니,

---

3) 고염무(顧炎武, A.D.1613~A.D.1682) : 명말(明末) 때의 학자이다. 자(字)는 영인(寧人)이고, 호(號)는 정림(亭林)이다. 경학과 사학(史學) 분야에 뛰어났다. 『일지록(日知錄)』 등의 저서가 있다.

4) 『시』「패풍(邶風)·곡풍(谷風)」: 我有旨蓄, 亦以御冬. 宴爾新昏, 以我御窮, 有洸有潰, 旣詒我肄. 不念昔者, 伊余來塈.

簫管備擧. (소관비거) : 퉁소와 피리가 함께 연주하는구나.
喤喤厥聲, (황황궐성) : 황황하게 울리는 저 소리여,
肅雝和鳴, (숙옹화명) : 엄숙하고 화락하게 울리니,
先祖是聽. (선조시청) : 선조가 들으시는구나.

我客戾止, (아객려지) : 우리 두 손님께서 이르시니,
永觀厥成. (영관궐성) : 화락한 그 소리 길게도 들이시는구나.

[毛序] : 有瞽, 始作樂而合乎祖也.

[모서] : 「유고」편은 처음 음악을 연주하여 선조에게 성대하게 합주함을 노래한 시이다.

그림 47-1 업(業)과 벽삽(璧翣)

翣 璧 業

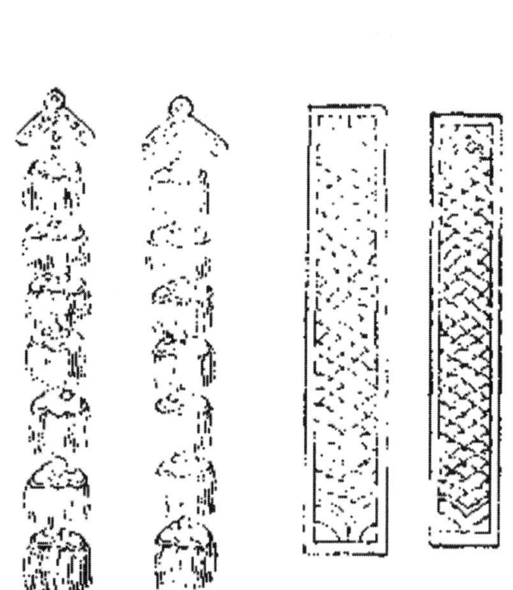

※ **출처:** 『삼재도회(三才圖會)』「기용(器用)」 3권

그림 47-2 숭아(崇牙)와 식우(植羽)

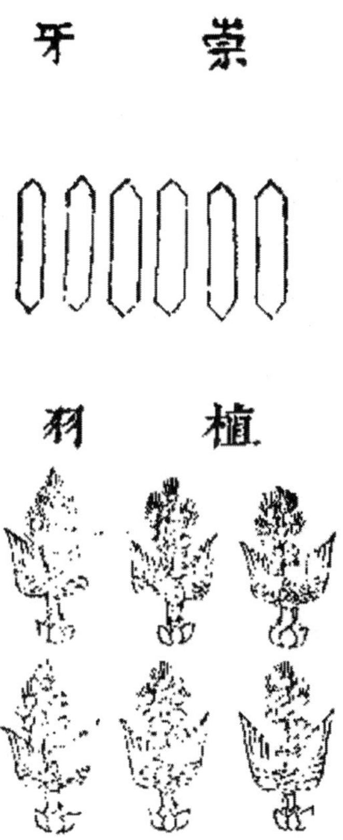

※ **출처:** 『삼재도회(三才圖會)』「기용(器用)」 3권

그림 47-3 도고(鼗鼓)

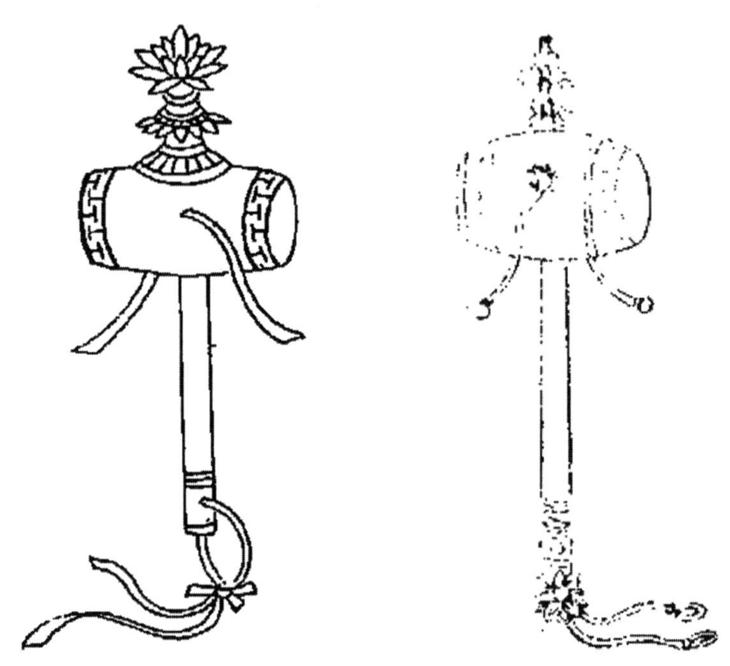

※ 출처: 좌-『삼례도집주(三禮圖集注)』 7권
우-『삼재도회(三才圖會)』「기용(器用)」 3권

• 제 48 절 •

군주의 호(好) · 오(惡)

【480b】

"爲人君者, 謹其所好惡而已矣. 君好之則臣爲之, 上行之則民從之. 詩云, '誘民孔易', 此之謂也."

직역 "人君이 爲한 者는 그 好惡한 所를 謹할 따름입니다. 君이 好하면 臣이 爲하며, 上이 行하면 民이 從합니다. 詩에서 云, '民을 誘함이 孔易하다', 此를 謂함입니다."

의역 계속하여 자하가 대답하길, "군주가 된 자는 좋아하고 싫어하는 것에 대해서 삼갈 따름입니다. 군주가 좋아하면 신하가 그것을 시행하고, 윗사람이 시행하면 백성들이 따릅니다. 『시』에서는 '백성들을 이끌기가 매우 쉽다.'라고 했는데, 바로 이러한 뜻을 말합니다."라고 했다.

集說 德音之正, 溺音之邪, 皆易以感人, 故人君不可不謹所好惡也. 詩, 大雅板之篇. 誘, 詩作牖.

번역 덕음(德音)의 올바름과 닉음(溺音)의 사벽함은 모두 사람들을 쉽게 감동시킨다. 그렇기 때문에 군주는 좋아하고 싫어하는 것에 대해서 삼가지 않을 수가 없다. '시(詩)'는 『시』「대아(大雅) · 판(板)」편이다.[1] '유(誘)'자를 『시』에서는 '유(牖)'자로 기록했다.

---

1) 『시』「대아(大雅) · 판(板)」: 天之牖民, 如壎如篪, 如璋如圭, 如取如攜. 攜無曰益, 牖民孔易. 民之多辟, 無自立辟.

大全 嚴陵方氏曰: 言人君謹其所好惡, 則以戒文侯之好溺音故也. 君則指其人, 上則指其位.

번역 엄릉방씨가 말하길, 군주가 좋아하고 싫어하는 것에 대해 삼가야 함을 말했으니, 이를 통해서 위문후에게 닉음(溺音)을 좋아하는 것을 경계하게끔 했기 때문이다. '군(君)'자는 해당하는 인물을 가리키는 말이고, '상(上)'자는 그 지위를 가리키는 말이다.

鄭注 誘, 進也. 孔, 甚也. 言民從君所好惡, 進之於善無難.

번역 '유(誘)'자는 "나아가다[進]."는 뜻이다. '공(孔)'자는 매우[甚]라는 뜻이다. 즉 백성들이 임금이 좋아하고 싫어하는 것에 따르므로 그들을 선으로 나아가게 함에는 어려움이 없다는 의미이다.

釋文 易, 以豉反.

번역 '易'자는 '以(이)'자와 '豉(시)'자의 반절음이다.

孔疏 ●"爲人"至"謂也". ○正義曰: 此經明子夏旣勸文侯所好古樂, 又謹愼行之, 以此化民, 無不從也. 引"詩云: 誘民孔易"者, 此厲王大雅·板之篇也. 誘, 進也. 孔, 甚也. 言在上敎道於民甚易也, 但己行於上, 則民化之於下. 詩之所云, 則此之謂也.

번역 ●經文: "爲人"~"謂也". ○이곳 경문은 자하가 이미 위문후에게 좋아해야 할 것이 고악(古樂)임을 독려하고, 또 신중히 시행해서 이를 통해 백성들을 교화하면, 따르지 않는 자가 없음을 나타내고 있다. "『시』에서는 '백성들을 나아가게 함이 매우 쉽다.'라고 했다."라고 하여 인용을 하고 있는데, 이것은 여왕(厲王)에 대한 『시』「대아(大雅)·판(板)」편이다. '유(誘)'자는 "나아가다[進]."는 뜻이다. '공(孔)'자는 매우[甚]라는 뜻이다. 즉 위정자가 교화를 통해 백성들을 인도하기가 매우 쉽다는 뜻인데, 다만 자신이 위에서 시행한다면 백성들은 아래에서 교화된다. 『시』에서 말한 내용은 바로 이러한 뜻을 가리킨다.

孔疏 ◎注"誘, 進也. 孔, 甚也". ○正義曰: "誘, 進也", 釋詁文. "孔, 甚也", 釋言文也.

번역 ◎鄭注: "誘, 進也. 孔, 甚也". ○정현이 "'유(誘)'자는 '나아가다[進].'는 뜻이다."라고 했는데, 이것은 『이아』「석고(釋詁)」편의 문장이다.[2] 정현이 "'공(孔)'자는 매우[甚]라는 뜻이다."라고 했는데, 이것은 『이아』「석언(釋言)」편의 문장이다.[3]

集解 愚謂: 人君化民甚易, 故聖人有和敬之德, 以之化民而民無不從, 然後作樂以道其和也. 詩, 大雅板之篇.

번역 내가 생각하기에, 군주가 백성들을 교화하는 것은 매우 쉽다. 그렇기 때문에 성인은 조화롭고 공경스러운 덕을 갖추고, 이를 통해서 백성들을 교화하여 백성들 중에는 따르지 않은 자가 없었던 것이다. 이처럼 된 이후에야 음악을 만들어서 조화로움을 이끌어냈다. '시(詩)'는 『시』「대아(大雅) · 판(板)」편이다.

【참고】 『시』「대아(大雅) · 판(板)」

上帝板板, (상제판판) : 천자가 거스르거늘,
下民卒癉. (하민졸단) : 백성들이 끝내 병드는구나.
出話不然, (출화불연) : 좋은 말을 내놓아도 시행하지 않고,
爲猶不遠. (위유불원) : 계책을 내놓은 것도 심원하지 않구나.
靡聖管管, (미성관관) : 성인의 법도가 아닌지라 따를 것이 없고,

---

2) 『이아』「석고(釋詁)」 : 肅 · 延 · 誘 · 薦 · 餤 · 晉 · 寅 · 藎, 進也.
3) 『이아』「석언(釋言)」 : 孔, 甚也.

不實於亶. (부실어단) : 진실된 말을 사용하지 못하는구나.
猶之未遠, (유지미원) : 계책이 심원하지 못하여,
是用大諫. (시용대간) : 이 때문에 크게 간하노라.

天之方難, (천지방난) : 하늘이 어려움을 내리시니,
無然憲憲. (무연헌헌) : 그처럼 기뻐하지 말지어다.
天之方蹶, (천지방궐) : 하늘이 움직이시니,
無然泄泄. (무연설설) : 그처럼 답답해하지 말지어다.
辭之輯矣, (사지집의) : 말이 조화로우니,
民之洽矣. (민지흡의) : 백성들이 화합하구나.
辭之懌矣, (사지역의) : 말이 기쁘니,
民之莫矣. (민지막의) : 백성들이 안정되구나.

我雖異事, (아수이사) : 내가 비록 하는 일은 다르지만,
及爾同寮. (급이동료) : 너와 같은 관리로다.
我卽爾謀, (아즉이모) : 내가 너의 계책을 취하니,
聽我囂囂. (청아효효) : 내 말을 듣고 헐뜯는구나.
我言維服, (아언유복) : 내 말은 다급한 일이니,
勿以爲笑. (물이위소) : 웃음거리로 삼지 말지어다.
先民有言, (선민유언) : 고대 현인들은 이런 말을 했으니,
詢于芻蕘. (순우추요) : 나무꾼에게도 자문을 구하라.

天之方虐, (천지방학) : 하늘이 잔악하게 하거늘,
無然謔謔. (무연학학) : 그처럼 즐거워하지 말지어다.
老夫灌灌, (노부관관) : 노부가 진실되거늘,
小子蹻蹻. (소자교교) : 소자들은 교만하구나.
匪我言耄, (비아언모) : 내 말은 늙은이의 실언이 아닌데도,
爾用憂謔. (이용우학) : 너는 근심으로 여겨야 할 말은 희언으로 여기는구나.
多將熇熇, (다장고고) : 참혹한 일을 많이 행하면,
不可救藥. (불가구약) : 구원할 수 없으리라.

天之方懠, (천지방제) : 하늘이 성내시거늘,

無爲夸毗. (무위과비) : 아첨하며 따르지 말지어다.
威儀卒迷, (위의졸미) : 위엄스러운 행동거지가 혼미해지니,
善人載尸. (선인재시) : 현자들은 시동처럼 있구나.
民之方殿屎, (민지방전시) : 백성들이 신음하거늘,
則莫我敢葵. (칙막아감규) : 우리를 헤아려주는 자가 없구나.
喪亂蔑資, (상란멸자) : 상이나 재난을 당하더라도 쓸 수 있는 재화가 없으니,
曾莫惠我師. (증막혜아사) : 우리 백성들에게 일찍이 은혜를 베풀지 않았구나.

天之牖民, (천지유민) : 하늘이 백성들을 인도하거늘,
如壎如篪, (여훈여지) : 훈(壎)과 같고 지(篪)와 같으며,
如璋如圭, (여장여규) : 장(璋)과 같고 규(圭)와 같으며,
如取如攜. (여취여휴) : 취함과 같고 이끎과 같아 따르는구나.
攜無曰益, (휴무왈익) : 이끎에 보탤 것이 없다고 하니,
牖民孔易. (유민공역) : 백성들을 인도함에 매우 쉽구나.
民之多辟, (민지다벽) : 백성들은 사벽한 행동을 많이 하니,
無自立辟. (무자입벽) : 스스로 사벽함을 세우지 말지어다.

价人維藩, (개인유번) : 갑옷을 입은 자는 울타리이며,
大師維垣, (대사유원) : 삼공(三公)은 담장이고,
大邦維屛, (대방유병) : 제후들은 병풍이며,
大宗維翰, (대종유한) : 대종은 줄기이다.
懷德維寧, (회덕유녕) : 너의 덕을 조화롭게 하여 나라를 편안하게 해야 하니,
宗子維城. (종자유성) : 종자는 성이다.
無俾城壞, (무비성괴) : 종자에게 화를 미쳐 성을 무너트리지 말지니,
無獨斯畏. (무독사외) : 홀로 되어 두려워하는 일을 하지 말지어다.

敬天之怒, (경천지노) : 하늘의 노여움을 공경할지니,
無敢戲豫. (무감희예) : 멋대로 즐기며 노는 짓을 하지 말지어다.
敬天之渝, (경천지투) : 하늘의 변함을 공경할지니,
無敢馳驅. (무감치구) : 제멋대로 행동하지 말지어다.
昊天曰明, (호천왈명) : 호천을 모두들 밝다고 하니,
及爾出王. (급이출왕) : 너와 함께 왕래하며 살피는구나.

昊天曰旦, (호천왈단) : 호천을 모두들 밝다고 하니,
及爾游衍. (급이유연) : 너와 함께 넘치며 살피는구나.

[毛序] : 板, 凡伯, 刺厲王也.

[모서] : 「판」편은 범(凡)나라 백작이 유왕을 풍자한 시이다.

그림 48-1 훈(塤: =壎)

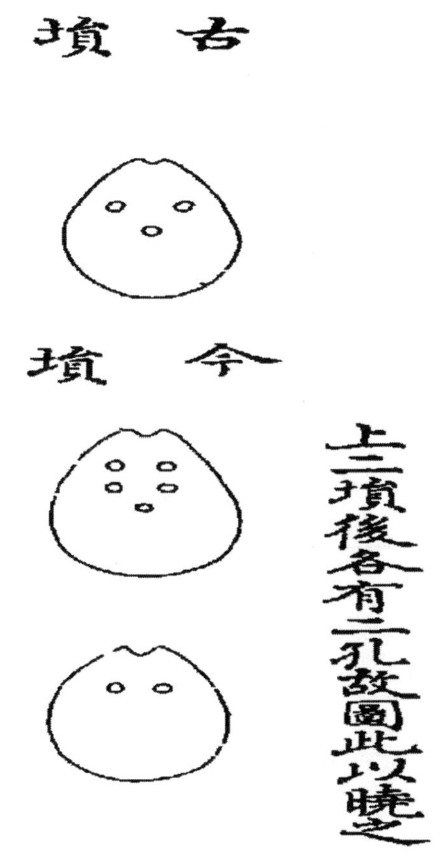

※ **출처:** 『삼례도집주(三禮圖集注)』 5권

그림 48-2 지(篪)

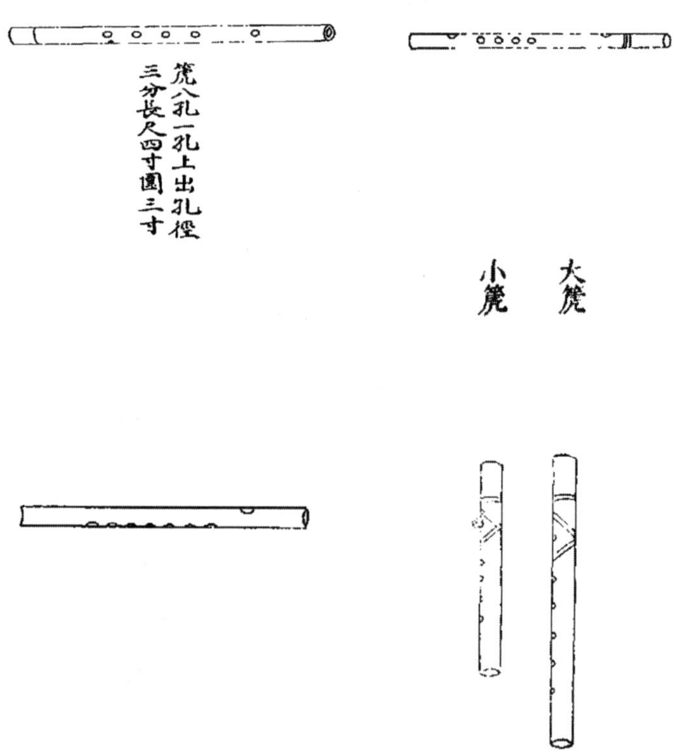

※ 출처: 상좌-『주례도설(周禮圖說)』 하권 ; 상우-『삼례도집주(三禮圖集注)』 5권
하좌-『육경도(六經圖)』 5권 ; 하우-『삼재도회(三才圖會)』「기용(器用)」 3권

• 제49절 •

덕음(德音)과 서(序)

【480b~c

"然後聖人作爲鞉·鼓·椌·楬·壎·篪. 此六者, 德音之音也. 然後鐘·磬·竽·瑟以和之, 干·戚·旄·狄以舞之. 此所以祭先王之廟也, 所以獻酬酳酢也, 所以官序貴賤各得其宜也, 所以示後世有尊卑長幼之序也."

직역 "然後에 聖人이 作하여 **鞉**·鼓·**椌**·**楬**·壎·**篪**를 爲했습니다. 此六者는 德音의 音입니다. 然後에 鐘·磬과 **竽**·瑟으로 和했고, 干·戚과 **旄**·狄으로 舞했습니다. 此는 先王의 廟에서 祭하는 所以이며, **獻酬**하고 **酳**酢하는 所以이고, 官序와 貴賤이 各히 그 宜를 得하는 所以이며, 後世에 尊卑와 長幼의 序가 有함을 示하는 所以입니다."

의역 계속하여 자하가 대답하길, "그런 뒤에 성인은 도(**鞉**)·고(鼓)·강(**椌**)·갈(**楬**)·훈(壎)·지(**篪**) 등의 악기를 만들었습니다. 이러한 여섯 가지 악기는 덕음(德音)을 내는 악기입니다. 그런 뒤에 종(鐘)·경(磬)·우(**竽**)·슬(瑟) 등의 악기로 조화를 이루도록 했고, 방패와 도끼, 꼬리털과 깃털 등의 무용도구로 춤을 추도록 했습니다. 이것은 선왕의 종묘에서 제사를 지냈던 것이며, 술을 따르고 권하며, 입가심하는 술을 따르고 돌리는 절차이고, 관직의 서열과 나이에 따른 서열에 각각 합당함을 얻게끔 하는 것이며, 후세에 서열과 나이의 차례가 있음을 보여주는 것입니다."라고 했다.

集說 鞉, 如鼓而小, 持柄搖之, 旁耳自擊. 椌·楬, 柷·敔也. 壎, 六孔, 燒土爲之. 篪, 大者長尺四寸, 小者尺二寸, 竹也. 六者皆質素之聲, 故云德音. 旣用質素爲本, 然後用鐘磬竽瑟四者華美之音以贊其和. 干, 楯也. 戚, 斧也. 武舞所執. 旄, 旄牛尾也. 狄, 翟雉羽也. 文舞所執. 此則宗廟之樂也. 酳, 說見前篇. 有事於宗廟, 則有獻酬酳酢之禮也. 宗廟朝廷無非禮樂之用, 所以貴賤之官序, 長幼之尊卑, 自今日而垂之後世也.

번역 '도(鞉)'는 북[鼓]과 같지만 크기가 보다 작은 것으로, 손잡이를 잡고서 흔들면 측면에 있는 귀가 울림판을 쳐서 소리를 낸다. '강(椌)'과 '갈(楬)'은 축(柷)과 어(敔)이다. '훈(壎)'은 여섯 개의 구멍이 있으며, 흙을 구워서 만든다. '지(篪)' 중에서 크기가 큰 것은 그 길이가 1척(尺) 4촌(寸)이며, 작은 것은 1척(尺) 2촌(寸)으로, 대나무로 만든 피리이다. 이 여섯 가지 악기들은 질박하고 소박한 소리를 내는 악기들이다. 그렇기 때문에 '덕음(德音)'이라고 말한 것이다. 이미 질박하고 소박한 것을 근본으로 삼았으니, 그런 뒤에 종(鐘)과 경(磬), 우(竽)와 슬(瑟) 등의 아름다운 소리를 내는 네 악기를 사용하여 조화를 이루도록 도왔다. '간(干)'은 방패[楯]이다. '척(戚)'은 도끼[斧]이다. 이것들은 무무(武舞)를 출 때 잡는 무용도구이다. '모(旄)'는 소의 꼬리털이다. '적(狄)'은 꿩의 깃털이다. 이것들은 문무(文舞)를 출 때 잡는 무용도구이다. 이러한 것들은 종묘에서 사용하는 악기에 해당한다. '윤(酳)'에 대해서는 그 설명이 앞 편에 나온다.[1] 종묘에서 제사를 지내게 된다면, 술을 따르고 돌리며 입가심하는 술을 따르고 권하는 의례 절차가 있다. 종묘와 조정에서는 예악이 사용되지 않은 적이 없으니, 귀천의 관직 등급과 나이에 따른 서열의 차이는 현재로부터 후세에까지 전해지도록 하는 것이다.

大全 長樂陳氏曰: 聖人作樂, 以發諸聲音者, 寓之象, 以稽諸度數者, 寓之

---

1) 『예기』「증자문(曾子問)」【236b～c】에는 "天子崩, 未殯, 五祀之祭, 不行, 旣殯而祭, 其祭也, 尸入, 三飯不侑, 酳不酢而已矣. 自啓, 至于反哭, 五祀之祭, 不行, 已葬而祭, 祝畢獻而已."라는 기록이 있고, 이에 대한 진호(陳澔)의 『집설(集說)』에서는 "酳, 食畢而以酒漱口也."라고 풀이했다. 즉 "'윤(酳)'자는 식사가 끝나고서, 술로 입안을 헹구는 것이다."라는 뜻이다.

器. 是故作革以爲鞉鼓, 而鞉所以兆奏鼓者也. 作木以爲椌楬, 而楬所以止合樂者也. 作土爲壎, 而始有所倡, 作竹爲篪, 而終有所和, 則播鞉而鼓從之, 中聲以發焉, 擊椌而楬止之, 中聲以節焉, 吹壎而篪應之, 中聲以和焉. 蓋弦歌詩頌, 中聲之所止也, 而謂之德音, 則鞉鼓椌楬壎篪, 中聲之所出也. 謂之德音之音, 不亦宜乎? 聖人旣作爲六者之器, 以寓德音之樂, 抑又越之金石以爲鐘磬, 宣之匏絲以爲竽瑟, 所以諧其聲, 舞武以干戚, 文以旄狄, 所以動其容, 則八音克諧, 無相奪倫, 而神人奚適不和哉? 此所以祭先王之廟, 而幽足以交於神, 獻酬酳酢, 而明足以交於人, 行之當時, 而官序貴賤莫不得其宜, 示之後世, 而尊卑長幼莫不得其序也.

번역 장락진씨가 말하길, 성인은 악기를 만들고 이를 통해 소리와 음으로 나타내서 그것을 상(象)에 깃들게 했고, 법칙을 살펴서 그것을 기(器)에 깃들게 했다. 이러한 까닭으로 가죽으로 도(鞉)와 고(鼓)를 만들었으니, 도(鞉)는 북의 연주를 시작하도록 하는 것이다. 또 나무로 강(椌)과 갈(楬)을 만들었으니, 갈(楬)은 합주를 그치게 하는 것이다. 흙으로 훈(壎)을 만들어서 처음 이끄는 것이 있게끔 했고, 대나무로 지(篪)를 만들어서 끝에 조화로움이 있게끔 했으니, 도(鞉)를 연주하고 고(鼓)가 뒤따라 연주되어 알맞은 소리가 나타나게 되었고, 강(椌)을 치고 갈(楬)로 그쳐서 알맞은 소리가 절도를 지키게끔 했으며, 훈(壎)을 불고 지(篪)가 호응하도록 하여 알맞은 소리가 조화롭도록 했다. 무릇 시와 송(頌)을 현악기로 연주하고 노래를 부르는 것은 알맞은 소리가 머무는 것인데, 그것을 두고 '덕음(德音)'이라고 불렀다면, 도(鞉) · 고(鼓) · 강(椌) · 갈(楬) · 훈(壎) · 지(篪)는 알맞은 소리가 나타나는 것이다. 이것을 두고 덕음을 내는 악기라고 부르는 것은 또한 마땅한 일이 아니겠는가? 성인은 이미 이러한 여섯 종류의 악기를 만들어서 덕음의 음악에 깃들이게 했고, 또한 쇠와 돌로 만든 종(鐘)과 경(磬)으로 드날리고, 박과 실로 만든 우(竽)와 슬(瑟)로 드러냈으니, 그 소리를 조화롭게 하는 것이고, 무무(武舞)는 방패와 도끼로 추게 하고, 문무(文舞)는 꼬리털과 깃털로 추게 하여, 동작을 나타내도록 했으니, 팔음이 조화롭게 되어 서로 질서를 어그러트리지 않은데, 신과 사람이 어떻게 조화를 이루지 않겠는가? 이것이 선왕의 종묘에서 제사를 지내서, 그윽한 저 세상에 대해서는 신과 교감할 수 있도록 하고, 술을 따르고 권하며 입가심하는 술을 따르고 돌리는 절차를 시행하여, 밝은 인간 세상에 대해서는 사람과 교감할 수 있도록 했으며, 당시에 시행하여 관직 및 신분의 질서가 합당함을 얻지 못한 것이 없게 되었고, 후세에 보여주어 존비 및 장유의 도리가 그 질서를 얻지 못한 것이 없게 되었다.

鄭注 六者爲本, 以其聲質也. 椌·楬謂柷·敔也. 壎·篪, 或爲簨·虡. 官序貴賤, 謂尊卑, 樂器列數有差次.

번역 이 여섯 가지 악기로 근본을 삼은 것은 그 악기들의 소리가 질박하기 때문이다. '강(椌)'과 '갈(楬)'은 축(柷)과 어(敔)를 뜻한다. '훈(壎)'과 '지(篪)'는 다른 판본에 '순(簨)'과 '거(虡)'라고도 기록되어 있다. 관직의 질서와 신분의 귀천은 '존비(尊卑)'의 질서를 의미하니, 악기들을 나열할 때 등차가 있음을 뜻한다.

釋文 鼗音桃. 椌, 苦江反, 柷也. 楬, 苦瞎反, 敔也. 壎, 許袁反. 篪, 直支反. 柷, 昌六反. 圉, 本又作敔, 魚呂反. 簨, 恤尹反. 虡音巨. 竽音于. 和如字, 徐胡臥反. 酬, 市由反. 酳音胤, 又仕覲反. 酢音昨. 長, 丁丈反.

번역 '鼗'자의 음은 '桃(도)'이다. '椌'자는 '苦(고)'자와 '江(강)'자의 반절음으로, 축(柷)을 뜻한다. '楬'자는 '苦(고)'자와 '瞎(할)'자의 반절음으로, 어(敔)를 뜻한다. '壎'자는 '許(허)'자와 '袁(원)'자의 반절음이다. '篪'자는 '直(직)'자와 '支(지)'자의 반절음이다. '柷'자는 '昌(창)'자와 '六(륙)'자의 반절음이다. '圉'자는 판본에 따라서 또한 '敔'자로도 기록하는데, 그 음은 '魚(어)'자와 '呂(려)'자의 반절음이다. '簨'자는 '恤(휼)'자와 '尹(윤)'자의 반절음이다. '虡'자의 음은 '巨(거)'이다. '竽'자의 음은 '于(우)'이다. '和'자는 글자대로 읽고, 서음(徐音)은 '胡(호)'자와 '臥(와)'자의 반절음이다. '酬'자는 '市(시)'자와 '由(유)'자의 반절음이다. '酳'자의 음은 '胤(윤)'이며, 또한 '仕

(사)'자와 '覲(근)'자의 반절음도 된다. '酢'자의 음은 '昨(작)'이다. '長'자는 '丁(정)'자와 '丈(장)'자의 반절음이다.

孔疏 ●"然後"至"序也". ○正義曰: 上經言人君謹愼所好惡以誘人, 故此一節論聖人作爲樂器道德之音, 以示後世也.

번역 ●經文: "然後"~"序也". ○앞의 경문에서는 군주가 좋아하고 싫어하는 것에 대해 신중을 기해 사람들을 인도한다고 밝혔다. 그렇기 때문에 이곳 문단에서는 성인이 도덕의 음을 내는 악기를 만들어서 후세에 보여주었음을 논의하고 있다.

孔疏 ●"此六者, 德音之音也"者, 言此鞉·鼓·椌·楬·壎·篪, 其聲質素, 是道德之音, 以尙質故也.

번역 ●經文: "此六者, 德音之音也". ○여기에서 말한 도(鞉)·고(鼓)·강(椌)·갈(楬)·훈(壎)·지(篪)는 그 소리가 질박하고 소박한데, 이것을 도덕의 음이라고 한 것은 질박함을 숭상하기 때문이다.

孔疏 ●"然後鍾·磬·竽·瑟以和之, 干·戚·旄·狄以舞之"者, 旣用質素爲本, 然後用此鍾·磬·竽·瑟華美之音以贊和之, 使文質相雜. 干, 楯也. 戚, 斧也. 狄, 羽也. 聲旣文質備足, 又用干·戚·旄·羽以舞動之.

번역 ●經文: "然後鍾·磬·竽·瑟以和之, 干·戚·旄·狄以舞之". ○이미 질박하고 소박한 것을 근본으로 삼았고, 그런 뒤에 이러한 종(鍾)·경(磬)·우(竽)·슬(瑟)을 사용하여 아름다운 음을 통해 조화롭도록 했고, 이를 통해 화려함과 질박함이 서로 섞이게 했다. '간(干)'은 방패[楯]이다. '척(戚)'은 도끼[斧]이다. '적(狄)'은 깃털[羽]이다. 소리에 이미 화려함과 질박함이 완비되었으므로, 또한 방패와 도끼, 꼬리털과 깃털을 이용해서 춤으로 표현한 것이다.

孔疏 ●"此所以祭先王之廟也"者, 以前云鄭·宋·齊·衛四者爲祭祀之所不用, 故此云六器爲道德之音, 四器之和, 文武之舞, 並可在於宗廟之中奏之, 若樂九變而鬼神格也.

번역 ●經文: "此所以祭先王之廟也". ○앞에서는 정·송·제·위나라 등 네 나라의 음악은 제사에서 사용되지 못한다고 했다. 그렇기 때문에 이곳에서는 이러한 여섯 악기로 내는 도덕의 소리, 네 악기로 내는 조화로운 소리, 문무(文舞)와 무무(武舞) 등은 모두 종묘 안에서 연주하고 시연할 수 있으니, 만약 음악이 아홉 차례 악곡을 끝내면 귀신이 찾아오게 된다.

孔疏 ●"所以獻·酬·酳·酢也"者, 又用於宗廟中接納賓客也, "賓入而奏肆夏, 及卒爵而樂闋, 孔子屢歎之", 是也.

번역 ●經文: "所以獻·酬·酳·酢也". ○또한 종묘 안에서 이러한 악무를 사용하여 빈객들을 안으로 들여 접대한다는 뜻으로, "빈객이 대문(大門)으로 들어서게 되어 사하(肆夏)를 연주하고, 술잔을 비우면 음악을 그치게 된다. 공자(孔子)는 이러한 절차를 두고 매우 깊이 탄미하였다."[2]라고 한 말이 바로 이러한 뜻을 나타낸다.

孔疏 ●"所以官序貴賤, 各得其宜也"者, 又用樂體別尊卑於朝廷, 使各得其宜也. 天子八佾, 諸侯六佾, 是也.

번역 ●經文: "所以官序貴賤, 各得其宜也". ○또한 음악의 본체를 사용하여 조정에서의 서열을 구별해서, 각각 그 합당함을 얻게끔 한다는 뜻이다. 천자가 팔일무를 추도록 하고 제후가 육일무를 추도록 하는 것이 이러한 경우에 해당한다.

---

2) 『예기』「교특생(郊特牲)」【319b~c】: 賓入大門而奏肆夏, 示易以敬也, 卒爵而樂闋. 孔子屢歎之. 奠酬而工升歌, 發德也. 歌者在上, 匏竹在下, 貴人聲也. 樂由陽來者也, 禮由陰作者也, 陰陽和而萬物得.

孔疏 ●"所以示後世有尊卑長幼之序也"者, 聞樂知德, 及施于子孫, 是示後世. 又宗族長幼同聽之, 莫不和順; 閨門之內, 父子兄弟同聽之, 莫不和親, 是長幼之序也.

번역 ●經文: "所以示後世有尊卑長幼之序也". ○음악을 들으면 덕을 알고 그것들을 자손에게까지 베푸는 것이 바로 후세에 보여주는 것이다. 또 종족 중 나이가 많거나 어린 자들이 함께 듣고서, 조화롭게 따르지 않는 자가 없고, 집안에서 부자 및 형제가 함께 듣고서 조화롭게 친애하지 않는 자가 없는 것이 바로 장유의 질서이다.

孔疏 ◎注"椌·楬"至"篪虡". ○正義曰: 按鄭注詩·有瞽篇云: "柷, 形如漆筩, 中有椎." "敔, 狀如伏虎, 背上有二十四鉏鋙." 又鄭司農注笙師云: "篪, 七空[3]." 塤, 六孔, 鄭云: "塤, 燒土爲之, 大如鴈卵. 鞀, 如鼓而小, 持其柄搖之, 旁耳自擊." 鼓, 革也, 椌·楬, 木也, 其聲質素, 故周公[4]語單穆云: "革木一聲." 注云"一聲, 無宮商淸濁", 是也.

번역 ◎鄭注: "椌·楬"至"篪虡". ○『시』「유고(有瞽)」편에 대한 정현의 주를 살펴보면, "축(柷)은 그 모습이 옻칠을 한 통과 같은데, 가운데 뭉치가 있다."라고 했고, "어(敔)는 그 모습이 엎드린 호랑이와 같은데, 등 위에 24개의 서로 어긋난 톱니가 있다."라고 했다. 또 『주례』「생사(笙師)」편에 대한 정사농의 주에서는 "지(篪)는 7개의 구멍이 있다."[5]라고 했다. '훈(塤)'

---

3) '공(空)'자에 대하여. '공'자는 본래 '실(室)'자로 기록되어 있었는데, 『주례』의 기록에 따라 '공'자로 고쳤다.

4) '공(公)'자에 대하여. '공'자는 본래 없던 글자인데, 완원(阮元)의 『교감기(校勘記)』에서는 "혜동(惠棟)의 『교송본(校宋本)』에는 '공'자가 기록되어 있고, 위씨(衛氏)의 『집설(集說)』에도 동일하게 기록되어 있으니, 이곳 판본에는 '공'자가 누락된 것이며, 『민본(閩本)』·『감본(監本)』·『모본(毛本)』에도 동일하게 누락되어 있다."라고 했다.

5) 이 문장은 『주례』「춘관(春官)·생사(笙師)」편의 "笙師掌教歙竽·笙·塤·籥·簫·篪·篴·管, 舂牘·應·雅, 以教祴樂."이라는 기록에 대한 정사농(鄭司農)의 주이다.

은 6개의 구멍이 있는데, 정현은 "훈(塤)은 흙을 구워서 만들며, 크기는 기러기의 알만하다. '도(鼗)'는 북과 같지만 크기가 작은 것이니, 자루를 잡고서 흔들어 양쪽 귀에 붙어 있는 것이 울림판을 치게 된다."[6]라고 했다. '고(鼓)'는 가죽으로 만든 악기이며, '강(椌)'과 '갈(楬)'은 나무로 만든 악기이며, 그 소리는 질박하고 소박하다. 그렇기 때문에 주공은 단목에게 "가죽과 나무로 만든 악기의 소리는 일정하다."[7]라고 한 것이고, 주에서는 "일성(一聲)은 궁(宮)이나 상(商)음, 맑고 탁한 음에 차이가 없다는 뜻이다."라고 한 말이 바로 이러한 사실을 나타낸다.

訓纂 說文: 椌, 柷樂也. 柷, 樂木空也. 所以止音爲節. 壎, 樂器也. 以土爲之, 六孔. 鯱, 管樂也. 篪, 鯱或從竹.

번역 『설문』에서 말하길, 강(椌)은 축(柷)이라는 악기이다. 축(柷)은 나무로 만든 악기로 속을 비운 것이다. 음악을 그치게 해서 절도에 맞게끔 한다. '훈(壎)'은 악기이다. 흙으로 만들며, 6개의 구멍이 있다. '지(鯱)'는 피리로 된 악기이다. '지(篪)'는 지(鯱)로, 죽(竹)자를 부수로 따르기도 한다.

訓纂 段氏玉裁曰: 世本云, "暴辛公作塤, 蘇成公作篪." 譙周曰, "二人善塤善篪, 記者因以爲作, 謬矣."

번역 단옥재가 말하길, 『세본』에서는 "포신공은 훈(塤)을 만들었고, 소성공은 지(篪)를 만들었다."라고 했고, 초주[8]는 "두 사람은 훈(塤)과 지(篪)를 잘 연주하여, 『예기』를 기록한 자가 이에 따라 만들었다고 했던 것인데,

---

6) 이 문장은 『주례』「춘관(春官)·소사(小師)」편의 "小師掌教鼓鼗·柷·敔·塤·簫·管·弦·歌."라는 기록에 대한 정현의 주이다.

7) 『국어(國語)』「주어하(周語下)」: 是以金尙羽, 石尙角, 瓦絲尙宮, 匏竹尙議, 革木一聲.

8) 초주(譙周, A.D.201?~A.D.270) : 삼국시대(三國時代) 때의 학자이다. 자(字)는 윤남(允南)이다. 『논어주(論語注)』, 『삼파기(三巴記)』, 『초자법훈(譙子法訓)』, 『고사고(古史考)』, 『오경연부론(五更然否論)』 등의 저술을 남겼다.

이것은 잘못된 주장이다."라고 했다.

集解 愚謂: 獻, 謂祭祀獻尸也. 酬, 旅酬也. 酳, 尸食畢而酳之也. 酢, 尸酢主人主婦也. 官序貴賤, 謂廟中助祭之卿·大夫·士也. 樂在宗廟之中, 君臣上下同聽之, 莫不和敬, 故官序貴賤各得其宜, 若詩言"奉璋峩峩, 髦士攸宜"也. 尊卑長幼之理, 皆形見於樂, 故可以示後世尊卑長幼之序也.

번역 내가 생각하기에, '헌(獻)'은 제사 때 시동에게 술을 따라서 바친다는 뜻이다. '수(酬)'는 여수(旅酬)[9]를 뜻한다. '윤(酳)'은 시동이 식사를 끝내서 입가심하는 술을 마신다는 뜻이다. '초(酢)'는 시동이 주인과 주부에게 답례로 술을 따라주는 것이다. '관서귀천(官序貴賤)'은 종묘 안에서 제사를 돕는 경·대부·사를 뜻한다. 음악이 종묘 안에서 시행되면, 군주와 신하 및 상하계층이 모두 듣게 되어, 조화롭고 공경하지 않는 자가 없게 된다. 그렇기 때문에 관직의 서열 및 귀천의 등급에 따라 각각 그 마땅함을 얻게 되므로, 마치 『시』에서 "장찬(璋瓚)을 높게 드니, 빼어난 선비가 마땅한 바로다."[10]라고 한 말에 해당한다. 존비 및 장유관계에서의 이치는 모두 음악을 통해 드러나기 때문에 이를 통해서 후세에 존비 및 장유의 질서를 보여줄 수 있다.

9) 여수(旅酬)는 제사가 끝난 후에, 제사에 참가했던 친족 및 빈객(賓客)들이 술잔을 들어 술을 마시고, 서로 공경의 예(禮)를 표하며, 잔을 권하는 의례(儀禮)이다.

10) 『시』「대아(大雅)·역박(棫樸)」: 濟濟辟王, 左右奉璋. 奉璋峨峨, 髦士攸宜.

그림 49-1 우(竽)

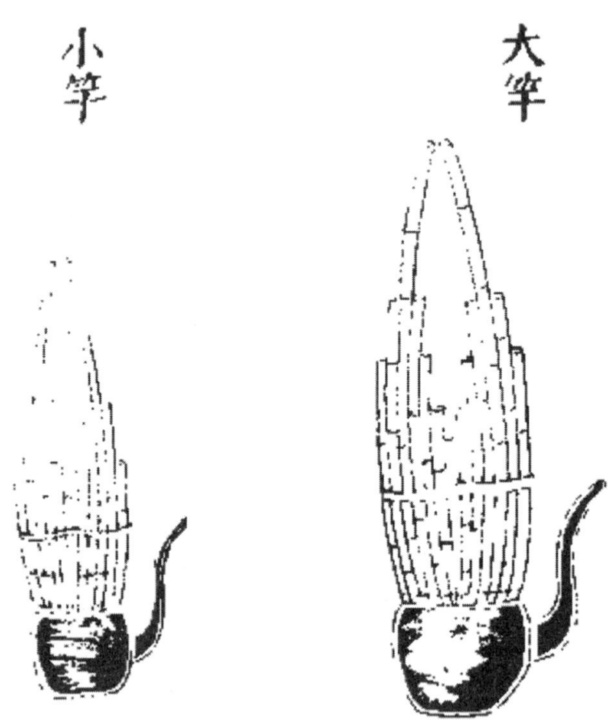

※ **출처:** 『삼재도회(三才圖會)』「기용(器用)」 3권

그림 49-2 규찬(圭瓚)과 장찬(璋瓚)

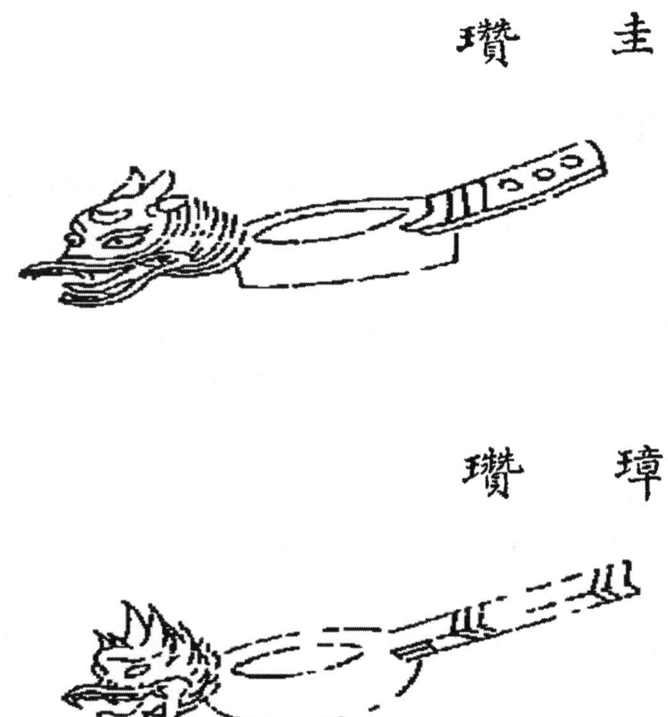

※ **출처:** 삼례도집주(三禮圖集注)』 14권

• 제 50 절 •

종성(鐘聲)과 무신(武臣)

【481a】

"鐘聲鏗, 鏗以立號, 號以立橫, 橫以立武. 君子聽鐘聲, 則思武臣."

직역 "鐘聲은 鏗하니, 鏗하여 號를 立하고, 號하여 橫을 立하며, 橫하여 武를 立합니다. 君子가 鐘聲을 聽하면, 武臣을 思합니다."

의역 계속하여 자하가 대답하길, "종의 소리는 쩌렁쩌렁 울리니, 쩌렁쩌렁 울려서 호령을 하고, 호령을 하여 융성한 기운을 세우며, 융성한 기운을 통해 무(武)를 세웁니다. 군자가 종의 소리를 듣게 되면, 무신을 생각합니다."라고 했다.

集說 鏗然有聲, 號令之象也, 號令欲其威嚴. 橫則盛氣之充滿也. 令嚴氣壯, 立武之道, 故君子聽之而思武臣.

번역 쩌렁쩌렁 소리가 나는 것은 호령을 하는 모습이며, 호령을 함은 위엄을 갖추고자 함이다. '횡(橫)'은 융성한 기운이 충만한 것이다. 호령이 위엄스럽고 기운이 장성함은 무(武)를 세우는 도이다. 그렇기 때문에 군자가 그 소리를 듣고서 무신을 생각하게 된다.

鄭注 號, 號令, 所以警衆也. 橫, 充也, 謂氣作充滿也.

번역 '호(號)'는 호령을 뜻하니, 대중들을 경각시키는 것이다. '횡(橫)'자는 "충만하다[充]."는 뜻이니, 기운이 충만하게 됨을 의미한다.

釋文 鏗, 古耕反, 徐苦庚反. 號, 胡到反. 橫, 古曠反, 充也, 下及注同.

번역 '鏗'자는 '古(고)'자와 '耕(경)'자의 반절음이며, 서음(徐音)은 '苦(고)'자와 '庚(경)'자의 반절음이다. '號'자는 '胡(호)'자와 '到(도)'자의 반절음이다. '橫'자는 '古(고)'자와 '曠(광)'자의 반절음이며, 충만하다는 뜻으로, 아래문장 및 정현의 주에 나오는 글자도 그 음이 이와 같다.

孔疏 ●"鍾聲"至"武臣". ○正義曰: 此一節論樂器之聲各別, 君子之聽, 思其所用之臣, 各隨文解之.

번역 ●經文: "鍾聲"~"武臣". ○이곳 문단은 악기의 소리에 각각 구별됨이 있어서, 군자가 듣게 되면 각각의 분야에 부릴 수 있는 신하를 생각하게 된다는 사실을 논의하고 있으니, 각각의 문장에 따라서 풀이하겠다.

孔疏 ●"鍾聲鏗"者, 言金鍾之聲, 鏗鏗然矣.

번역 ●經文: "鍾聲鏗". ○쇠로 만든 종의 소리가 쩌렁쩌렁 울린다는 뜻이다.

孔疏 ●"鏗以立號"者, 言鏗是堅剛, 故可以輿立號令也.

번역 ●經文: "鏗以立號". ○'갱(鏗)'은 굳세고 강한 소리를 뜻한다. 그렇기 때문에 이를 통해서 호령의 기상을 세울 수 있다.

孔疏 ●"號以立橫"者, 謂橫氣充滿也, 若號令威嚴, 則軍士勇敢而壯氣充滿. 崔氏云: "若嚴正立號, 則其號必充滿於萬物矣."

번역 ●經文: "號以立橫". ○가득찬 기운이 충만하게 된다는 뜻으로, 만약 호령함에 위엄이 있다면 군대는 용감하게 되어 장성한 기운이 충만하게 된다. 최영은은 "만약 위엄과 올바름으로 호령의 기상을 세운다면, 호령함이 반드시 만물에 충만하게 된다."라고 했다.

孔疏 ●"橫以立武"者, 言壯氣充滿, 所以武事可立也. 崔氏云: "若教令充徧, 則武矣."

번역 ●經文: "橫以立武". ○장성한 기운이 충만한 것은 무예에 대한 일을 세울 수 있음을 뜻한다. 최영은은 "만약 교령이 충만하고 두루 펼쳐지게 되면, 무예의 일에 해당한다."라고 했다.

孔疏 ●"君子聽鍾聲, 則思武臣"者, 君子, 謂識樂之情者, 所以聞聲達事, 鍾旣含號令立武, 故聽之而思武臣也.

번역 ●經文: "君子聽鍾聲, 則思武臣". ○'군자(君子)'는 악(樂)의 실정을 알아보는 자이니, 소리를 듣고 해당 사안에 통달하는 것으로, 종의 소리가 이미 호령과 무예를 세우는 일을 포함하고 있기 때문에, 그 소리를 듣고서 무신을 생각하게 된다.

訓纂 王注: 鐘聲高, 故以之立號也.

번역 왕숙의 주에서 말하길, 종의 소리는 높기 때문에, 이를 통해서 호령의 기상을 세운다.

集解 愚謂: 鏗以立號, 鏗屬聲言, 立號屬人言. 言鐘聲堅剛, 故可法之以立號令. 下放此.

번역 내가 생각하기에, '갱이립호(鏗以立號)'라고 했는데, '갱(鏗)'은 소리에 해당하고, 호령을 세우는 일은 사람의 말에 해당한다. 즉 종의 소리가 굳세고 강하기 때문에, 법도를 세워서 호령의 기상을 세울 수 있다는 뜻이다. 뒤의 문장들도 이러한 의미이다.

• 제51절 •

석성(石聲)과 사봉강지신(死封疆之臣)

【481a】

"石聲磬, 磬以立辨, 辨以致死. 君子聽磬聲, 則思死封疆之臣."

직역 "石聲은 磬하니, 磬하여 辨하며, 辨하여 死를 致합니다. 君子가 磬聲을 聽하면, 封疆에 死한 臣을 思합니다."

의역 계속하여 자하가 대답하길, "석경(石磬)의 소리는 쟁쟁 울리니, 쟁쟁 울려서 변별함을 세우고, 변별함을 통해서 목숨을 걸게 됩니다. 군자가 석경의 소리를 들으면, 국가를 위해 목숨을 던졌던 신하를 생각합니다."라고 했다.

集說 舊說, 磬, 讀爲罄, 上聲, 謂其聲音罄罄然所以爲辨別之意. 死生之際非明辨於義而剛介如石者不能決. 封疆之臣, 致守於彼此之限, 而能致死於患難之中, 故君子聞聲而知所思也.

번역 옛 학설에서는 '경(磬)'자를 '경(罄)'자로 읽었으니, 상성으로 해석한 것으로, 그 소리가 쟁쟁 울려서 변별의 뜻이 된다고 했다. 생사의 갈림길에서 의로움에 따라 밝게 변별함과 돌과 같은 굳센 기개가 아니라면 결단할 수 없다. '봉강지신(封疆之臣)'은 피차지간에 본분을 지키며, 환란 속에서 목숨을 던질 수 있는 자이다. 그렇기 때문에 소리를 듣고서 생각해야 할 대상을 알게 된다.

鄭注 石聲磬, 磬當爲罄, 字之誤也. 辨, 謂分明於節義.

번역 '석성경(石聲磬)'이라고 했는데, '경(磬)'자는 마땅히 '경(罄)'자가 되어야 하니, 글자가 비슷해서 생긴 오류이다. '변(辨)'자는 절개와 의리에 대해서 명확하게 구별한다는 뜻이다.

釋文 磬, 依注音罄, 口挺反, 一音口定反. 聽磬, 口定反. 疆, 居良反, 下"是疆"同.

번역 '磬'자는 정현의 주에 따르면 그 음이 '罄'이니, '口(구)'자와 '挺(정)'자의 반절음이고, 다른 음은 '口(구)'자와 '定(정)'자의 반절음이다. '聽磬'에서의 '磬'자는 그 음이 '口(구)'자와 '定(정)'자의 반절음이다. '疆'자는 '居(거)'자와 '良(량)'자의 반절음이며, 아래문장에 나오는 '是疆'에서의 '疆'자도 그 음이 이와 같다.

孔疏 ●"石聲"至"之臣". ○正義曰[1]: 此一經明石聲. 磬者, 石磬也. 磬是樂器, 故讀聲音罄然矣. 其聲能和, 故次鍾也. 言磬輕淸響矣, 叩其磬, 則其聲之罄罄然也.

번역 ●經文: "石聲"~"之臣". ○이곳 경문은 석경의 소리에 대해서 나타내고 있다. '경(磬)'자는 석경(石磬)을 뜻한다. 석경은 악기에 해당한다. 그렇기 때문에 이 글자는 소리를 뜻하는 '경(罄)'자로 읽어서, 쟁쟁 울리는 것으로 여겼다. 그 소리는 조화로울 수 있기 때문에 종 다음에 언급했다. 즉 석경의 소리는 보다 가볍고 맑게 울리니, 석경을 두드리게 된다면 소리가 쟁쟁 울린다.

孔疏 ●"磬以立辨"者, 辨, 別也. 崔云: "能淸別於衆物, 則分明辨別也."

번역 ●經文: "磬以立辨". ○'변(辨)'자는 "구별하다[別]."는 뜻이다. 최

1) '정의왈(正義曰)'에 대하여. 이 세 글자는 본래 없던 글자인데, 완원(阮元)의 『교감기(校勘記)』에서는 "『고문(考文)』에서는 송나라 때의 판본에는 '정의왈'이라는 세 글자가 있다고 했으니, 아래 소(疏)의 문장들도 모두 이러하다."라고 했다.

영은은 "맑음이 다른 사물들과 구별될 수 있으니, 구별에 대해서 분명하게 된다."라고 했다.

孔疏 ●"辨以致死"者, 旣各有部分, 不相侵濫, 故能使守節者致死矣. 若諸侯死社稷, 大夫死衆, 士死制之屬也. 崔云: "若能明別於節義, 則不愛其死也."

번역 ●經文: "辨以致死". ○이미 각각 본분을 가지고 있어서 서로 침해하지 않는다. 그렇기 때문에 절개를 지켜서 목숨을 던지게 할 수 있다. 마치 제후가 사직을 위해 목숨을 바치고, 대부가 군대를 위해 목숨을 바치며, 사가 제도의 수호를 위해 목숨을 바치는 부류와 같다.[2] 최영은은 "만약 절개와 도의에 대해 분명히 구별할 수 있다면, 자신의 목숨을 아까워하지 않는다."라고 했다.

孔疏 ●"君子聽磬聲, 則思死封疆之臣"者, 言守分不移, 卽固封疆之義矣. 磬含守分, 故聽其聲而思其事也.

번역 ●經文: "君子聽磬聲, 則思死封疆之臣". ○본분을 지키며 움직이지 않는다면, 국가의 영토를 단단히 지키는 도의에 해당한다. 석경은 본분을 지킨다는 뜻을 포함하고 있다. 그렇기 때문에 그 소리를 듣고서 해당하는 일을 생각하게 된다.

孔疏 ◎注"石聲"至"誤也". ○正義曰: 讀磬爲罄者, 其字下著石, 樂器之磬; 其下著缶, 是罄然之罄. 今經云"石聲磬", 恐是樂器, 故讀爲罄, 取聲音罄罄然.

번역 ◎鄭注: "石聲"~"誤也". ○'경(磬)'자를 경(罄)자로 풀이했는데, 그 글자 밑에 석(石)자가 있는 것은 악기 중의 '경(磬)'을 뜻하며, 그 밑에 부

---

2) 『예기』「곡례하(曲禮下)」【54a】: 國君去其國, 止之曰, "奈何去社稷也?" 大夫曰, "奈何去宗廟也?" 士曰, "奈何去墳墓也?" <u>國君死社稷, 大夫死衆, 士死制.</u>

(缶)자가 있는 것은 쟁쟁 울린다고 할 때의 '경(罄)'자가 된다. 현재 경문에는 '석성경(石聲磬)'이라고 기록되어 있는데, 이것을 악기로 오해할 것을 염려했기 때문에 '경(罄)'자로 풀이한 것이니, 소리가 쟁쟁 울린다는 뜻을 취한 것이다.

訓纂 王注: 硜, 聲果勁.

번역 왕숙의 주에서 말하길, '경(硜)'자는 그 소리가 과감하고 굳셈을 뜻한다.

訓纂 段氏玉裁曰: 史記樂書作"石聲硜". 蓋硜本古文磬字.

번역 단옥재가 말하길, 『사기』「악서(樂書)」편에서는 '석성경(石聲硜)'[3] 이라고 기록했다. 아마도 '경(硜)'자는 본래 고문의 '경(磬)'자인 것 같다.

---

3) 『사기(史記)』「악서(樂書)」 : 石聲硜, 硜以立別, 別以致死.

• 제52절 •

사성(絲聲)과 지의지신(志義之臣)

【481b】

"絲聲哀, 哀以立廉, 廉以立志. 君子聽琴瑟之聲, 則思志義之臣."

직역 "絲聲은 哀하니, 哀하여 廉을 立하고, 廉하여 志를 立합니다. 君子가 琴瑟의 聲을 聽하면, 義를 志한 臣을 思합니다."

의역 계속하여 자하가 대답하길, "현악기의 소리는 슬프니, 슬픔을 통해서 방정함을 세울 수 있고, 방정함을 통해서 뜻을 세웁니다. 군자가 현악기의 소리를 듣게 되면, 의로움을 뜻으로 삼은 신하를 생각합니다."라고 했다.

集說 人之處心, 雖當放逸之時, 而忽聞哀怨之聲, 亦必爲之惻然而收斂, 是哀能立廉也. 絲聲凄切, 有廉劌裁割之義. 人有廉隅, 則志不誘於欲. 士無故不去琴瑟, 有以也夫.

번역 사람은 마음을 보존하고 있는데, 비록 제멋대로 행동하는 때라도, 갑작스럽고 슬프고 원통한 소리를 듣게 되면, 또한 반드시 그로 인해 측은하게 되어 자신을 가다듬으니, 이것이 슬픔이 품행의 방정함을 세울 수 있다는 뜻이다. 현악기의 소리는 처량하고 비통하여 날카롭게 가른다는 뜻이 있다. 사람이 방정함을 가지고 있다면, 뜻이 욕망에 미혹되지 않는다. 사가 특별한 일이 없으면 금슬(琴瑟)을 치워두지 않는 것[1]도 이러한 이유 때문일 것이다.

---

1) 『예기』「곡례하(曲禮下)」【53c】: 君無故, 玉不去身, 大夫無故, 不徹縣, 士無故, 不徹琴瑟.

鄭注 廉, 廉隅.

번역 '염(廉)'자는 품행이 방정하다는 뜻이다.

孔疏 ●"絲聲"至"之臣". ○正義曰: 此一經明絲聲哀者. 哀, 謂哀怨也, 謂聲音之體婉妙, 故哀怨矣.

번역 ●經文: "絲聲"~"之臣". ○이곳 경문은 현악기의 소리가 애통하다는 뜻을 나타내고 있다. '애(哀)'자는 슬프고 원통하다는 뜻이니, 소리의 본체가 아름답고 은은하기 때문에, 슬프고 원통하다는 의미이다.

孔疏 ●"哀以立廉"者, 廉, 謂廉隅. 以哀怨之, 故能立廉隅, 不越其分也.

번역 ●經文: "哀以立廉". ○'염(廉)'자는 품행이 방정하다는 뜻이다. 슬프고 원통하기 때문에 품행의 방정함을 세워서 본분을 벗어나지 않게끔 할 수 있다.

孔疏 ●"廉以立志"者, 旣不越分, 故能自立其志.

번역 ●經文: "廉以立志". ○이미 본분을 벗어나지 않기 때문에, 스스로 그 뜻을 세울 수 있다.

孔疏 ●"君子聽琴瑟之聲, 則思志義之臣"者, 言絲聲含志不可犯, 故聞絲聲而思其事也.

번역 ●經文: "君子聽琴瑟之聲, 則思志義之臣". ○현악기의 소리는 범접할 수 없는 뜻을 포함하고 있기 때문에, 그 소리를 듣고서 해당하는 사안을 생각한다는 뜻이다.

集解 愚謂: 樂則其意舒而同於人, 哀則其心斂而貞於己. 絲聲哀怨, 有介然不苟之意, 故聞之使人立廉隅, 廉隅立則志節成矣.

번역 내가 생각하기에, 즐겁다면 그 뜻이 누그러져 남과 동화되고, 슬프다면 그 마음이 수렴되어 자신에 대해서 곧게 한다. 현악기의 소리는 슬프고 원통하니, 절개를 갖춰 구차하지 않다는 뜻을 가지고 있다. 그렇기 때문에 그 소리를 들으면 사람들로 하여금 방정하게 만들고, 방정함이 확립되면 뜻과 절개가 완성된다.

• 제 53 절 •

죽성(竹聲)과 축취지신(畜聚之臣)

【481b】

"竹聲濫, 濫以立會, 會以聚衆. 君子聽竽笙簫管之聲, 則思畜聚之臣."

직역 "竹聲은 濫하니, 濫하여 會를 立하고, 會하여 衆을 聚합니다. 君子가 竽笙과 簫管의 聲을 聽하면, 畜聚의 臣을 思합니다."

의역 계속하여 자하가 대답하길, "관악기의 소리는 끌어당기니, 끌어 당겨서 사람들을 모으고, 모아서 대중을 이루게 합니다. 군자가 우(竽)·생(笙)·소(簫)·관(管) 등의 관악기 소리를 듣게 된다면, 백성들을 포용해서 모으는 신하를 생각합니다."라고 했다.

集說 舊說, 濫爲擥聚之義, 故可以會, 可以衆. 畜聚之臣, 謂節用愛人, 容民畜衆者, 非謂聚斂之臣也.

번역 옛 학설에서는 '남(濫)'자를 당기고 모은다는 뜻으로 여겼다. 그렇기 때문에 이를 통해 모을 수 있는 것이며, 또 이를 통해 많게 할 수 있는 것이다. '축취지신(畜聚之臣)'은 재화를 아껴서 쓰고 남을 사랑하여, 백성들을 포용해 많이 모이도록 하는 자를 뜻하니, 세금을 걷는 신하를 뜻하는 말이 아니다.

集說 劉氏曰: 竹聲汎濫, 汎則廣及於衆而衆必歸之, 故以立會聚. 而君子聞竹聲, 則思容民畜衆之臣也.

번역 유씨가 말하길, 관악기의 소리는 넘치게 되니, 넘친다면 널리 퍼져 대중에게 미치고, 대중들은 반드시 돌아오게 된다. 그렇기 때문에 이를 통해서 모이도록 할 수 있다. 군자가 관악기의 소리를 듣게 된다면, 백성들을 포용하고 대중들을 모으는 신하를 생각하게 된다.

鄭注 "濫"之意, 猶攬聚也. 會, 猶聚也. 聚, 或爲最.

번역 '남(濫)'자의 뜻은 당기고 모은다는 의미이다. '회(會)'자는 "모이다[聚]."는 뜻이다. '취(聚)'자를 다른 판본에서는 '최(最)'자로 기록하기도 한다.

釋文 濫, 力敢反, 下及注皆同. 會, 戶外反, 及古外反, 下同. 畜, 敕六反. 攬, 力敢反.

번역 '濫'자는 '力(력)'자와 '敢(감)'자의 반절음이며, 아래문장 및 정현의 주에 나온 글자도 모두 그 음이 이와 같다. '會'자는 '戶(호)'자와 '外(외)'자의 반절음이고, '古(고)'자와 '外(외)'자의 반절음이 되기도 하니, 아래문장에 나오는 글자도 그 음이 모두 이와 같다. '畜'자는 '敕(칙)'자와 '六(륙)'자의 반절음이다. '攬'자는 '力(력)'자와 '敢(감)'자의 반절음이다.

孔疏 ●"竹聲"至"之臣". ○正義曰: 此一經明"竹聲濫"者, 濫, 猶攬也. 言竹聲攬然有積聚之意也.

번역 ●經文: "竹聲"~"之臣". ○이곳 경문에서는 '죽성람(竹聲濫)'이라고 했는데, '남(濫)'자는 "끌어당긴다[攬]."는 뜻이다. 즉 관악기의 소리는 끌어들여서 쌓고 모은다는 뜻이 포함되어 있다는 의미이다.

孔疏 ●"濫以立會"者, 以竹聲旣攬聚, 故能立會矣.

번역 ●經文: "濫以立會". ○관악기의 소리가 이미 끌어 모으기 때문에 모임을 세울 수 있다.

孔疏 ●"會以聚衆"者, 以合會而能聚其衆也.

번역 ●經文: "會以聚衆". ○모여서 대중을 이룰 수 있다.

孔疏 ●"君子聽竽·笙·簫·管之聲, 則思畜聚之臣"者, 亦聞其音而思其事也. 笙以匏爲之, 而在竹聲之中者, 但笙以匏爲體, 揷竹於匏, 匏竹兼有, 故笙文在竹也.

번역 ●經文: "君子聽竽·笙·簫·管之聲, 則思畜聚之臣". ○이 또한 그 소리를 듣고서 해당하는 사안을 생각하는 것이다. 생(笙)은 포(匏)로 만들게 되는데, 대나무로 만든 악기 사이에 포함된 이유는 생(笙)은 포(匏)로 단지 몸체만을 만들고, 포(匏)에 대나무를 꼽게 되니, 포(匏)와 대나무가 함께 포함되어 있다. 그렇기 때문에 '생(笙)'이라는 글자가 대나무로 만든 악기 사이에 포함된 것이다.

集解 按: "濫"字讀如字, 今從之.

번역 살펴보니, '濫'자는 글자대로 읽으니, 여기에서도 그에 따른다.

集解 方氏慤曰: 濫, 汎濫之意.

번역 방각이 말하길, '남(濫)'자는 범람한다는 뜻이다.

集解 愚謂: 笙竽之聲繁會, 有汎濫旁行之義, 故聞之使人立會, 謂會聚其人民也. 會聚其民人, 則其民無不聚矣. 畜亦聚也. 易曰, "君子以容民畜衆."

번역 내가 생각하기에, 생(笙)과 우(竽)의 소리는 많고 다양하게 모여 있으니, 흘러 넘쳐서 옆으로 퍼진다는 뜻이 있다. 그렇기 때문에 그 소리를 듣고 사람들로 하여금 모이도록 하는 것이니, 백성들을 끌어 모은다는 의미이다. 백성들을 모으게 된다면, 백성들 중에는 모이지 않은 자가 없게 된다. '축(畜)'자 또한 "모으다[聚]."는 뜻이다. 『역』에서는 "군자가 그것을 본받아 백성을 포용하고 무리를 모은다."[1]고 했다.

---

1) 『역』「사괘(師卦)」: 象曰, 地中有水, 師, 君子以容民畜衆.

• 제 54 절 •

고비지성(鼓鼙之聲)과 장수지신(將帥之臣)

【481c】

"鼓鼙之聲讙, 讙以立動, 動以進衆. 君子聽鼓鼙之聲, 則思將帥之臣. 君子之聽音, 非聽其鏗鏘而已也, 彼亦有所合之也."

직역 "鼓鼙의 聲은 讙하니, 讙하여 動을 立하고, 動하여 衆을 進합니다. 君子가 鼓鼙의 聲을 聽하면, 將帥의 臣을 思합니다. 君子가 音을 聽함은 그 鏗鏘을 聽할 뿐만이 아니니, 彼에도 亦히 合한 所가 有합니다."

의역 계속하여 자하가 대답하길, "북과 비(鼙)의 소리는 시끄럽게 울리니, 시끄럽게 울려서 대중들을 움직이게 하고, 움직여서 군대를 나아가게끔 합니다. 군자가 북과 비의 소리를 듣게 되면, 장수가 되는 신하를 생각합니다. 군자가 소리를 듣는 것은 쩌렁쩌렁 울리는 소리를 들을 뿐만이 아니니, 악기의 소리에는 또한 마음에 합치되는 점이 있습니다."라고 했다.

集說 讙, 謂讙囂也. 其聲諠雜, 使人心意動作, 故能進發其衆. 前言武臣, 泛言之也. 此專指將帥而言, 蓋師以鼓進, 而進之權在主將也. 彼, 謂樂聲也. 合之, 契合於心也.

번역 '환(讙)'자는 시끄럽고 야단스럽다는 뜻이다. 그 소리가 야단스럽고 뒤섞여 있어서, 사람들의 마음을 움직이도록 한다. 그렇기 때문에 무리들이 나아가도록 할 수 있다. 앞에서는 '무신(武臣)'이라고 했는데, 이것은 범범하게 말한 것이다. 이곳에서는 전적으로 장수만을 가리켜서 말한 것이니, 무릇 군대는 북소리를 통해 나아가는데, 나아가도록 하는 권한은 장수에게 있기 때문이다. '피(彼)'자는 악기의 소리를 뜻한다. '합지(合之)'는 마음에 맞아 떨어진다는 뜻이다.

集說 應氏曰: 八音擧其五, 而不言匏土木者, 匏聲短滯, 土聲重濁, 木聲樸質, 而無輕淸悠颺之韻. 然木以擊鼓, 而匏亦在竽笙之中矣.

번역 응씨가 말하길, 팔음 중에서 다섯 가지를 제시하고, 박[匏] · 흙[土] · 나무[木]로 만든 악기를 언급하지 않은 이유는 박으로 만든 악기의 소리는 짧고 느리며, 흙으로 만든 악기의 소리는 무겁고 탁하며, 나무로 만든 악기의 소리는 투박하고 질박해서, 가볍고 맑으며 아득하게 퍼지는 울림이 없기 때문이다. 그러나 나무로는 북을 치게 되고, 박 또한 우(竽)와 생(笙) 속에 포함되어 있다.

大全 延平周氏曰: 鐘磬絲竹鼓鼙之聲旣不同, 而所立者亦不同, 故君人者聽之, 亦各沿其類而思其臣也. 且畜聚之臣, 又安足思也哉? 夫君子不畜聚, 非不畜聚, 蓋君子畜聚而能散, 則異乎人之爲畜聚也.

번역 연평주씨가 말하길, 종 · 석경 · 현악기 · 관악기 · 북 · 비(鼙) 등의 소리는 이미 서로 다르고, 그것들로 인해 수립되는 것 또한 다르다. 그렇기 때문에 군주가 그 소리를 듣게 되면, 또한 각각 그 부류에 따라서 해당하는 신하를 생각한다. 또한 세금을 거두는 신하에 대해서는 어떻게 생각할 수 있는가? 무릇 군자는 세금을 거두지 않지만 실제로 거두지 않는 것도 아니니, 군자는 세금을 거두지만 베풀 수 있으므로, 일반인들이 재물을 축적하는 것과는 다르다.

鄭注 聞讙囂, 則人意動作. 讙或爲歡, 動或爲勳. 以聲合成己之志.

번역 시끄럽고 야단스러운 소리를 듣게 되면, 사람들의 뜻이 움직이게 된다. '환(讙)'자를 다른 판본에서는 '환(歡)'자로도 기록하고, '동(動)'자는 '훈(勳)'자로도 기록한다. 소리가 자신을 이루는 뜻과 합치되기 때문이다.

釋文 鼙, 步西反. 讙, 呼端反, 又音喧. 將, 子亮反, 下注"大將"·下"將帥"同. 帥, 本又作率, 用類反, 下"將帥"同. 囂, 許驕反, 又五羔反. 鎗, 七羊反, 又吐衡反, 徐敕庚反.

번역 '鼙'자는 '步(보)'자와 '西(서)'자의 반절음이다. '讙'자는 '呼(호)'자와 '端(단)'자의 반절음이고, 또한 그 음은 '喧(훤)'도 된다. '將'자는 '子(자)'자와 '亮(량)'자의 반절음이고, 아래 정현의 주에 나오는 '大將'의 '將'자와 아래문장에 나오는 '將帥'에서의 '將'자도 모두 그 음이 이와 같다. '帥'자는 판본에 따라서 또한 '率'자로도 기록하는데, 그 음은 '用(용)'자와 '類(류)'자의 반절음이며, 아래문장에 나오는 '將帥'에서의 '帥'자도 그 음이 이와 같다. '囂'자는 '許(허)'자와 '驕(교)'자의 반절음이며, 또한 '五(오)'자와 '羔(고)'자의 반절음도 된다. '鎗'자는 '七(칠)'자와 '羊(양)'자의 반절음이고, 또한 '吐(토)'자와 '衡(형)'자의 반절음도 되고, 서음(徐音)은 '敕(칙)'자와 '庚(경)'자의 반절음이다.

孔疏 ●"鼓鼙"至"之臣". ○正義曰: 此一經明鼓鼙之聲讙者, 讙, 謂讙囂也, 其聲讙雜矣.

번역 ●經文: "鼓鼙"~"之臣". ○이곳 경문은 북과 비(鼙)의 소리가 시끄럽게 울린다는 사실을 나타내고 있는데, '환(讙)'이라는 말은 시끄럽고 야단스럽다는 뜻으로, 그 소리가 시끄럽게 울리며 여러 음들이 뒤섞인다는 의미이다.

孔疏 ●"讙以立動"者, 以其聲讙, 故使人意動作也.

번역 ●經文: "讙以立動". ○그 소리가 시끄럽기 때문에 사람들의 생각이 반응하도록 만든다.

孔疏 ●"動以進衆"者, 以動作, 故能進發其衆也.

번역 ●經文: "動以進衆". ○움직이기 때문에 대중들을 나아가도록 만든다.

孔疏 ●"君子聽鼓鼙之聲, 則思將帥之臣"者, 將帥, 衆聚也. 言鼓能進衆, 故聞其聲而思其事也. 不云"鼗"而云"鼙"者, 廣其類也.

번역 ●經文: "君子聽鼓鼙之聲, 則思將帥之臣". ○장수(將帥)는 군사들을 모으는 자이다. 즉 북소리는 대중들을 나아가도록 할 수 있기 때문에, 그 소리를 듣고서 해당 사안을 생각한다는 뜻이다. 그런데 '도(鼗)'를 언급하지 않고 '비(鼙)'를 언급한 이유는 해당하는 부류를 폭넓게 보아서 설명했기 때문이다.

孔疏 ◎注"聞讙囂, 則人意動作". ○正義曰: 是聲能感動於人也. 如鄭此言, 則五者之器, 皆據其聲. 聲各不同, 立事有異, 事隨聲起, 是聲能立事也. 皇氏用崔氏之說, 云"鐘聲爲兌, 石聲爲乾, 絲聲爲離, 竹聲爲震, 鼓鞞爲坎", 妄取五方之義, 棄其五器之聲, 背經違注, 曲爲雜說. 言及於數, 非關義理, 又無明文, 今並略而不用也.

번역 ◎鄭注: "聞讙囂, 則人意動作". ○소리가 사람들을 감동시킬 수 있음을 뜻한다. 정현의 주장대로라면, 다섯 가지 악기들은 모두 그 소리에 근거를 해서 말한 것이다. 소리가 각각 다르므로, 해당 사안을 수립함에도 차이가 발생하고, 해당 사안은 각각의 소리에 따라서 일어나게 되니, 이것은 소리가 해당 사안을 수립할 수 있음을 뜻한다. 황간은 최영은의 주장을 이용하여, "종의 소리는 태괘(兌卦)가 되고, 석경의 소리는 건괘(乾卦)가 되며, 현악기의 소리는 리괘(離卦)가 되고, 관악기의 소리는 진괘(震卦)가 되며, 북과 비(鞞)의 소리는 감괘(坎卦)가 된다."라고 했는데, 이것은 다섯 방위에 대한 뜻을 자기 마음대로 취하고 다섯 악기의 소리는 헤아리지 않은 주장으로, 경문과 정현의 주에도 위배되니 기록들을 왜곡시킨 잡된 주장이다. 그 수(數)에 대해서 언급한 것은 의리와 관련된 것이 아니며 또

명확한 기록이 있는 것도 아니므로, 여기에서는 이 모든 주장을 생략하고 채택하지 않았다.

孔疏 ●"君子"至"合之也". ○正義曰: 此一經總結上文五者, 言君子之聽音聲, 非徒聽其音聲鏗鎗而已, 彼謂樂聲亦有合成己之志意也. 崔氏云: "但釋五音. 八卦屬四方四維之音, 所感皆應, 與四方同. 所以應同者, 四維處四方之間, 四方皆五行相生. 水生木, 匏同竹音. 木生火, 木音同絲. 火生土, 土不當於方. 土生金, 土處金火之間, 土音屬金. 金生水, 石不可屬於水, 故不同於革, 而不同者, 以乾爲君父, 君父之音不可屬於人, 故不同於革, 而磬別有所感. 乾爲天, 坤爲地. 天旣不屬人, 坤所以不別出者, 爲坤卑故也." 今按崔氏此說浮虛, 體例不等, 上下混雜, 記人之意, 不應如此. 鄭注無文, 不可附會. 今略存崔氏之義, 賢者擇焉. 今謂八音, 唯論五者, 以鍾與武臣相會, 石與死封疆相將, 絲與志義是同, 竹與畜聚相類, 鼓鼙與將帥同等, 故五器而有五事. 其匏與土·木不同, 無此五器之象, 故記者不言.

번역 ●經文: "君子"~"合之也". ○이곳 경문은 앞에 나온 다섯 가지 악기들에 대한 사안을 총괄적으로 결론 맺은 문장이니, 군자가 음과 소리를 듣는다는 것은 단순히 음과 소리가 울려 퍼지는 것을 들을 뿐만이 아니며, '피(彼)'는 음악의 소리를 뜻하는 것으로, 여기에는 또한 자신의 뜻에 부합하고 이루어주는 점이 있다는 의미이다. 최영은은 "단지 오음(五音)만을 해석한 것이다. 여덟 괘는 사방 및 사유(四維)[1]에 해당하는 음에 배속되니, 느끼는 것에 대해서는 모두 호응을 하여, 사방에 대한 경우와 같다. 호응하는 것이 같은 것은 사유가 사방의 사이에 처해 있고, 사방은 모두 오행이 상생하는 관계에 놓이기 때문이다. 즉 수(水)는 목(木)을 낳는데, 박으로 만든 악기는 대나무로 만든 악기의 소리와 같게 된다. 또 수(水)는 화(火)를 낳는데, 나무로 만든 악기는 현악기의 소리와 같게 된다. 또 화(火)는 토(土)를 낳는데, 토(土)는 일정한 방위에 해당하지 않는다. 토(土)는 금(金)

---

1) 사유(四維)는 동남쪽, 서남쪽, 동북쪽, 서북쪽 등 네 모퉁이의 방위를 뜻한다.

을 낳는데, 토(土)는 금(金)과 화(火) 사이에 처해 있지만, 흙으로 만든 악기의 소리는 금(金)에 속한다. 금(金)은 수(水)를 낳는데, 돌로 만든 악기는 수(水)에 속할 수 없다. 그렇기 때문에 가죽으로 만든 악기와는 다르니, 다른 이유는 건(乾)은 군주와 부친이 되고, 군주와 부친에 해당하는 음은 사람에게 속할 수 없다. 그렇기 때문에 가죽으로 만든 악기와 다른 것이고, 석경에 대해서는 별도로 느끼는 것이 있게 된다. 건괘는 하늘이 되고 곤괘는 땅이 된다. 하늘은 이미 사람에게 속하지 않는데, 곤괘가 별도로 나타나지 않는 것은 곤괘는 상대적으로 낮기 때문이다."라고 했다. 현재 최영은의 주장을 살펴보니, 이러한 설명은 허황되며 체제도 맞지 않고 앞뒤가 뒤섞여 있으니, 『예기』를 기록한 자의 뜻은 이와 같지 않았을 것이다. 또 정현의 주에도 그러한 내용이 없으니, 견강부회해서는 안 된다. 현재는 간략히 최영은의 주장을 수록해두니, 현명한 자들이 택하길 바란다. 그런데 팔음에 대해서 설명하며, 단지 다섯 가지 악기만 논의한 이유는 종은 무신(武臣)과 관련되고, 석경은 나라를 수호하기 위해 목숨을 바쳤던 자들과 관련되며, 현악기는 의로움을 뜻으로 삼는 자와 취지가 같고, 관악기는 모으는 것과 관련되며, 북과 비(鼙)는 장수와 같은 것이다. 그렇기 때문에 다섯 악기에 대해서는 해당하는 다섯 가지 사안이 있다. 나머지 박, 흙, 나무로 만든 악기들은 나타냄이 서로 다르며, 앞서 말한 다섯 악기처럼 표상하는 것들이 없다. 그렇기 때문에 『예기』를 기록한 자가 언급하지 않은 것이다.

訓纂 說文: 鼓, 郭也. 春分之音. 萬物郭皮甲而出, 故謂之鼓. 從壴, 支象其手擊之也.

번역 『설문』에서 말하길, '고(鼓)'자는 "뻗어 나온다[郭]."는 뜻이다. 춘분에 해당하는 악기이다. 만물은 외피를 벗고 밖으로 나온다. 그렇기 때문에 '고(鼓)'라고 부른다. '주(壴)'자를 부수로 삼고, '지(支)'자는 손으로 잡고 있는 모습을 나타낸다.

訓纂 廣韻: 鞞, 騎上鼓.

번역 『광운』[2]에서 말하길, '비(鞞)'는 기상고(騎上鼓)이다.

訓纂 釋名: 鞞, 裨也, 裨助鼓節也.

번역 『석명』[3]에서 말하길, '비(鞞)'는 "돕다[裨]."는 뜻이니, 북이 박자를 맞추도록 돕는다.

訓纂 呂氏春秋曰: 帝嚳令人作鞞鼓之樂也.

번역 『여씨춘추』에서 말하길, 제곡(帝嚳)[4]은 사람들을 시켜서 비(鞞)와 고(鼓) 등의 악곡을 만들도록 시켰다.[5]

集解 愚謂: 君子所欲得者賢才也, 而樂聲有以合之, 故聞其聲則思其人. 如此, 則將欣悅之不暇, 何至於聽之而欲倦乎? 蓋子夏以此規文侯之失, 而其

---

2) 『광운(廣韻)』은 수(隋)나라 때의 학자인 육법언(陸法言, ?~?)이 찬(撰)한 음운학 서적이다. 여러 학자들과 논의하여 『절운(切韻)』을 만들었는데, 당(唐)나라 때 그의 후손인 육눌언(陸訥言) 등이 주를 달았고, 손면(孫愐)이 증보(增補)를 하여 『광운(廣韻)』으로 제목을 고쳤다. 송(宋)나라 때에는 칙명으로 다시 증보를 하여, 『대송중수광운(大宋重修廣韻)』으로 제목을 고쳤다. 『대송중수광운』으로 개명되면서, 최초 육법언 및 손면이 편찬한 원본의 체제가 없어지게 되었다.

3) 『석명(釋名)』은 후한(後漢) 때의 학자인 유희(劉熙)가 지은 서적이다. 오래된 훈고학 서적의 하나로 꼽힌다.

4) 제곡(帝嚳)은 고신씨(高辛氏)라고도 부른다. '제곡'은 고대 오제(五帝) 중 하나이다. 황제(黃帝)의 아들 중에는 현효(玄囂)가 있었는데, '제곡'은 현효의 손자가 된다. 운(殷)나라의 복사(卜辭) 기록 속에서는 은나라 사람들이 '제곡'을 고조(高祖)로 여겼다는 기록도 나온다. 한편 '제곡'은 최초 신(辛)이라는 땅을 분봉 받았다가, 이후에 제(帝)가 되었으므로, '제곡'을 고신씨(高辛氏)라고도 부르는 것이다.

5) 『여씨춘추(呂氏春秋)』「고악(古樂)」: 帝嚳命咸黑作爲聲歌九招·六列·六英. 有倕作爲鞞鼓鐘磬吹苓管壎篪鞀椎鍾. 帝嚳乃令人抃或鼓鞞, 擊鐘磬, 吹苓展管篪. 因令鳳鳥·天翟舞之. 帝嚳大喜, 乃以康帝德.

言婉而不迫. 如此, 亦可謂善告君矣.

번역 내가 생각하기에, 군자가 얻고자 하는 사람은 현명하고 재주가 뛰어난 자인데, 악기의 소리에는 그와 부합되는 점이 있다. 그렇기 때문에 그 소리를 듣게 되면 해당하는 사람을 생각하게 된다. 이와 같다면 즐거워하며 기뻐할 겨를도 없는데, 어떻게 음악을 듣고서 피로해질 수 있겠는가? 무릇 자하는 이를 통해서 위문후의 실수를 바로잡고자 했는데, 그 말이 완곡하고 직접적이지 않다. 이와 같은 말은 또한 군주에게 아뢰길 잘 한 것이라고 평가할 수 있다.

集解 右魏文侯篇第八. <史記樂書第九.>

번역 여기까지는 「위문후(魏文侯)」 제 8편이다. <『사기』「악서(樂書)」에는 제 9편에 속해 있다.>

구분	악기	소리	단계	대상
금(金)	종(鐘)	갱(鏗)	입호(立號)⇨ 입횡(立橫)⇨ 입무(立武)	무신(武臣)
석(石)	경(磬)	경(磬)	입변(立辨)⇨ 치사(致死)	사봉강지신 (死封疆之臣)
사(絲)	금(琴) 슬(瑟)	애(哀)	입렴(廉)⇨ 입지(立志)	지의지신 (志義之臣)
죽(竹)	우(竽) · 생(笙) 소(簫) · 관(管)	남(濫)	입회(立會)⇨ 취중(聚衆)	축취지신 (畜聚之臣)
혁(革)	고(鼓) · 비(鼙)	환(讙)	입동(立動)⇨ 진중(進衆)	장수지신 (將帥之臣)

제9편

빈무고(賓牟賈)

• 제 55 절 •

빈무고의 답변-비계(備戒)의 이구(已久)

【481d】

賓牟賈侍坐於孔子, 孔子與之言及樂, 曰, "夫武之備戒之已久, 何也?" 對曰, "病不得其衆也."

직역 賓牟賈가 孔子를 侍坐함에, 孔子가 之와 與하여 言함이 樂에 及하여, 曰, "夫히 武의 備戒가 已久함은 何입니까?" 對하여 曰, "그 衆을 不得함을 病입니다."

의역 빈무고가 공자를 모시고 앉아 있을 때, 공자는 그와 더불어 말을 하다가 그 주제가 악(鼙)에까지 이르렀다. 그래서 공자는 "저 대무(大武)라는 악무는 북을 쳐서 사람들에게 주의를 주는데, 그 뒤에도 한참을 기다린 뒤에 춤을 추기 시작하는 것은 어떤 이유 때문입니까?"라고 물었다. 그러자 빈무고는 "무왕이 군사들의 마음을 얻지 못할 것을 염려했기 때문에, 당시에 출정을 하며 북을 친 뒤, 오랜 시간이 지난 뒤에 군사를 움직였던 것을 상징합니다."라고 대답했다.

集說 賓牟, 姓. 賈, 名. 孔子問大武之樂, 先擊鼓備戒已久, 乃始作舞, 何也? 賈答言武王伐紂之時, 憂病不得士衆之心, 故先鳴鼓以戒衆, 久乃出戰. 今欲象此, 故令舞者久而後出也.

번역 '빈무(賓牟)'는 성(姓)에 해당한다. '고(賈)'는 이름에 해당한다. 공자는 대무(大武)의 악곡에 대해서 질문을 하며, 먼저 북을 쳐서 사람들에게 주의를 주길 오래도록 한 뒤에야 비로소 춤을 추기 시작하는 것은 어째서냐고 물어본 것이다. 빈무고는 답변을 하며, 무왕이 주임금을 정벌할 때, 군사들의 마음을 얻지 못할 것을 근심했기 때문에, 먼저 북을 울려서 군사들의 주의를 끌고, 오랜 시간이 지난 뒤에야 전쟁에 나아갔다. 현재도 이러한 모습을 상징하고자 했기 때문에, 무용수들로 하여금 오래도록 기다리게 한 뒤에야 춤을 추도록 했다고 대답했다.

鄭注 武, 謂周舞也. 備戒, 擊鼓警衆. 病, 猶憂也, 以不得衆心爲憂, 憂其難也.

번역 '무(武)'는 주나라 때의 악무이다. '비계(備戒)'는 북을 쳐서 대중들을 경각시킨다는 뜻이다. '병(病)'자는 "근심하다[憂]."는 뜻이다. 대중들의 마음을 얻지 못하는 것을 근심으로 여겼으니, 얻기 힘듦에 대해서 근심한 것이다.

釋文 牟, 亡侯反. 坐, 才臥反, 又如字.

번역 '牟'자는 '亡(망)'자와 '侯(후)'자의 반절음이다. '坐'자는 '才(재)'자와 '臥(와)'자의 반절음이며, 또한 글자대로 읽기도 한다.

孔疏 ●"賓牟"至"衆也". ○正義曰: 此一經, 別錄是"賓牟賈問"章, 自此以下至"不亦宜乎", 總是賓牟賈與夫子相問答之事. 今各依文解之.

번역 ●經文: "賓牟"~"衆也". ○이곳 경문을 『별록』에서는 '빈무고문(賓牟賈問)'장으로 편입시켰고, 이곳 문장으로부터 "또한 마땅한 일이 아니겠습니까?"[1]라는 문장까지는 빈무고와 공자가 문답한 사안을 총괄적으로 나타낸다. 현재는 각각의 문장에 따라서 풀이하겠다.

孔疏 ●"賓牟賈侍坐於孔子"者, 姓賓牟, 名賈, 侍坐於孔子.

---

1) 『예기』「악기」【485a~b】: 食三老五更於大學, 天子袒而割牲, 執醬而饋, 執爵而酳, 冕而總干, 所以敎諸侯之弟也. 若此, 則周道四達, 禮樂交通, 則夫武之遲久, <u>不亦宜乎</u>?

번역 ●經文: "賓牟賈侍坐於孔子". ○성은 '빈무(賓牟)'이고, 이름은 '고(賈)'이니, 공자를 모시고 앉아있었다는 뜻이다.

孔疏 ●"孔子與之言, 及樂"者, 孔子與賓牟賈言說, 初論他事, 次及於樂.

번역 ●經文: "孔子與之言, 及樂". ○공자는 빈무고와 말을 할 때, 최초 다른 사안들을 논의했는데, 그 뒤에 주제가 악(樂)까지 미쳤다는 뜻이다.

孔疏 ●"曰: 夫武之備, 戒之已久, 何也"者, 此是孔子之問. 凡有五. "夫", 是發語之端. 武, 謂周之武樂, 欲作武樂之前, 先擊鼓備戒其衆. 備戒之後, 久始作舞, 故孔子問之云: "武樂先擊鼓備戒已久, 乃始作舞何?"

번역 ●經文: "曰: 夫武之備, 戒之已久, 何也". ○이 내용은 공자의 질문에 해당한다. 이 편에는 무릇 다섯 가지 질문이 있다. '부(夫)'자는 발어사이다. '무(武)'는 주나라 때 무왕에 대해 나타낸 악무로, 무왕의 악무를 시작하고자 할 때, 그에 앞서 북을 쳐서 대중들을 경각시키게 된다. 경각시키는 일이 끝난 뒤, 오랜 시간이 지난 뒤에야 비로소 춤을 추기 시작한다. 그렇기 때문에 공자가 질문을 하여, "대무의 악무를 출 때, 먼저 북을 울려서 대중들을 경각시킨 것이 오랜 시간이 흘러서야 비로소 춤을 추기 시작하는 것은 어째서입니까?"라고 한 것이다.

孔疏 ●"對曰: 病不得其衆也"者, 此賓牟賈所答, 亦有五, 但三答是, 二答非, 今此答是也. 病, 謂憂也. 言武王伐紂之時, 憂病不得士衆之心, 故先鳴鼓以戒士衆, 久乃出戰. 今武樂故令舞者久而不卽出, 是象武王憂不得衆心故也.

번역 ●經文: "對曰: 病不得其衆也". ○이것은 빈무고가 답변한 내용에 해당하니, 이 편에는 또한 다섯 가지 답변이 있다. 다만 세 가지 답변은 맞지만, 두 가지 답변은 잘못되었는데, 현재 이곳에서 답변한 내용은 옳은 내용이다. '병(病)'자는 "근심하다[憂]."는 뜻이다. 즉 무왕이 주임금을 정벌하려고 했을 때, 군사들의 마음을 얻지 못할까를 염려했다. 그렇기 때문에 먼저 북을 쳐서 병사들을 경각시키고, 오랜 시간이 지난 뒤에 출정을 했다. 현재 무왕에 대한 악곡을 연주하는 것이기 때문에 무용수들로 하여금 오래도록 기다리게 하고, 곧바로 춤추는 곳으로 나아가지 못하게 했으니, 이것은 무왕이 군사들의 마음을 얻지 못할까를 근심했던 사안을 상징하기 때문이다.

孔疏 ◎注"武謂"至"難也". ○正義曰: 此以下王事, 故知周舞也. "憂其難"者, 憂其不得士衆之難, 故擊鼓久而不舞.

번역 ◎鄭注: "武謂"~"難也". ○이곳 문장으로부터 그 이하의 내용은 천자에 대한 일화에 해당한다. 그렇기 때문에 이것이 주나라 때의 악무에 해당함을 알 수 있다. 정현이 "얻기 힘듦에 대해서 근심한 것이다."라고 했는데, 군사들의 마음을 얻지 못하는 어려움에 대해서 근심한 것이다. 그렇기 때문에 북을 치고 오랜 시간이 지나도록 춤을 추지 않은 것이다.

集解 愚謂: 已, 太也. 備戒之已久, 謂武之將作, 先擊鼓以戒警其衆, 擊鼓甚久, 而後舞乃作也. 病不得其衆者, 憂未能得士衆之心也.

번역 내가 생각하기에, '이(已)'자는 너무[太]라는 뜻이다. 경계시키길 너무 오래도록 한다는 말은 대무(大武)의 악곡을 시연하고자 할 때, 먼저 북을 쳐서 대중들을 경각시키는데, 북을 치길 너무 오래도록 하고, 그 이후에 춤이 시작된다는 뜻이다. '병부득기중(病不得其衆)'이라는 말은 군사들의 마음을 얻지 못할까를 염려했다는 뜻이다.

• 제 56 절 •

빈무고의 답변-영탄(咏歎)과 음액(淫液)

【482a】

"咏歎之, 淫液之, 何也?" 對曰, "恐不逮事也."

직역 "咏歎하고, 淫液함은 何입니까?" 對하여 曰, "事에 不逮함을 恐입니다."

의역 계속해서 공자가 질문하길, "대무(大武)의 악곡에 있어서, 소리를 길게 내서 노래하고, 물이 흐르듯 소리가 연속되어 끊이지 않는 것은 어째서입니까?"라고 하자, 빈무고가 대답하길, "제후들이 정벌에 참여하지 못할 것을 염려했기 때문입니다."라고 했다.

集說 此亦孔子問而賈答也. 咏歎, 長聲而歎也. 淫液, 聲音之連延, 流液不絶之貌. 逮, 及也. 言武王恐諸侯後至者不及戰事, 故長歌以致其望慕之情也.

번역 이 또한 공자가 질문하고 빈무고가 답변한 내용이다. '영탄(咏歎)'은 소리를 길게 내서 노래한다는 뜻이다. '음액(淫液)'은 소리가 연속되어 늘어지는 것으로, 물이 흐르며 끊이지 않는 모습을 뜻한다. '체(逮)'자는 "~에 이르다[及]."는 뜻이다. 즉 무왕은 제후들 중 뒤에 오는 자들이 전쟁에 참여하지 못할 것을 염려했기 때문에, 노래를 길게 늘어트려 불러서, 바라던 정감을 이루고자 한 것이다.

鄭注 咏歎・淫液, 歌遲之也. 逮, 及也. 事, 戎事也.

번역 '영탄(咏歎)'과 '음액(淫液)'은 노래를 더디게 부른다는 뜻이다. '체(逮)'자는 "~에 이르다[及]."는 뜻이다. '사(事)'는 전쟁을 뜻한다.

釋文 咏歎, 上音詠, 下音嘆. 液音亦. 逮音代, 又代計反. 遲, 直冀反.

번역 '咏歎'에서의 '咏'자는 그 음이 '詠(영)'이며, '歎'자는 그 음이 '嘆(탄)'이다. '液'자의 음은 '亦(역)'이다. '逮'자의 음은 '代(대)'이며, 또한 '代(대)'자와 '計(계)'자의 반절음도 된다. '遲'자는 '直(직)'자와 '冀(기)'자의 반절음이다.

孔疏 ●"咏歎"至"是也". ○正義曰: "咏歎之, 淫液之, 何也"者, 此孔子之問, 欲舞之前, 其歌聲吟咏之, 長嘆之, 其聲淫液, 是貪羨之貌, 言欲舞之前, 其歌聲何意吟歆長嘆歆羨也.

번역 ●經文: "咏歎"~"是也". ○경문의 "咏歎之, 淫液之, 何也"에 대하여. 이것은 공자가 질문한 내용이니, 춤을 추고자 할 때, 그 이전에 노래를 부르며 길게 읊조리고, 소리를 길게 늘여서 노래하는데, 그 소리가 물이 흐르듯 연속되어 끊이지 않으니, 이것은 바라고 희망하는 모습에 해당한다. 즉 춤을 추고자 할 때, 그 이전에 노래를 부르며 어찌하여 소리를 길게 늘어트려서 무언가를 바라는 듯이 하느냐는 의미이다.

孔疏 ●"對曰: 恐不逮事也", 此是賓牟賈答孔子之詞. 所以舞前有此咏歎淫液之歌者, 象武王伐紂, 恐諸侯不至, 不逮及戰事, 故歌聲吟咏而歆羨. 此答是也.

번역 ●經文: "對曰: 恐不逮事也". ○이것은 빈무고가 공자에게 답변해준 말이다. 춤을 추기에 앞서 이처럼 노래를 길게 늘어트려서 물이 흐르듯 끊임없이 노래를 하는 것은 무왕이 주임금을 정벌할 때, 제후들이 도착하지 못해서 전쟁에 참여하지 못할 것을 염려했기 때문이다. 그래서 노래를 길게 늘어트려서 무언가를 바라게 된다. 이 답변 내용은 옳은 말이다.

孔疏 ◎注"咏歎 · 淫液, 歌遲之也". ○正義曰: 咏歎者, 謂長聲而歎矣. 淫液, 謂音連延而流液不絶之意. 歌遲之, 謂作此歌吟思之, 欲待衆之至也.

번역 ◎鄭注: "咏歎·滛液, 歌遲之也". ○'영탄(咏歎)'은 소리를 길게 내서 노래한다는 뜻이다. '음액(滛液)'은 소리가 연속되어 늘어지는 것으로, 물이 흐르며 끊이지 않는다는 뜻이다. 노래를 더디게 부른다는 것은 이러한 노래를 부르며 그리워하듯 천천히 불러서, 대중들이 도착할 때까지 기다리고자 하는 것이다.

集解 愚謂: 凡舞必歌詩以奏之, 周頌桓·賚諸篇, 左傳皆謂之武, 蓋奏大武之所歌也. 咏歎, 謂長言而唱歎. 滛液, 謂流連而羨慕也. 舞者在下, 歌者在上, 而其節奏相應, 此謂先鼓備戒之時, 歌者之聲如此也. 武舞六成, 而左傳言武有七篇, 則其首篇乃未舞之先所歌也, 其戒備之久亦可見矣. 恐不逮事者, 謂武王恐諸侯後至, 不及用師之事, 故致其長吟歎慕之意也.

번역 내가 생각하기에, 무릇 춤을 출 때에는 반드시 시가를 노래하며 연주를 하는데, 『시』「주송(周頌)·환(桓)」과 「주송·뢰(賚)」 등의 편들에 대해서, 『좌전』에서는 모두 '무(武)'라고 불렀으니, 아마도 대무(大武)의 악무를 연주할 때 부르는 시가였을 것이다. '영탄(咏歎)'은 말을 길게 늘어트려서 노래하는 것이다. '음액(滛液)'은 끊임없이 연속되며 무언가를 바란다는 뜻이다. 무용수들은 당하(堂下)에 있고 노래를 부르는 자들은 당상(堂上)에 있지만 악곡의 가락이 서로 호응하니, 이것은 먼저 북을 쳐서 대중들을 경각시킬 때, 노래를 부를 때의 소리도 이처럼 함을 나타낸다. 무무(武舞)는 여섯 차례 연주해서 끝을 내는데, 『좌전』에서는 무(武)에는 7편이 있다고 했으니, 첫 편에 해당하는 시가는 아직 춤을 추기 이전에 먼저 노래로 불렀던 것이며, 이것을 통해서 대중들에게 주의를 주는 것이 오래도록 시행되었음을 또한 알 수 있다. '공불체사(恐不逮事)'라는 말은 무왕은 제후들 중 뒤늦게 도착하는 자가 군사를 움직이는 일에 참여하지 못할 것을 염려했다는 뜻이다. 그래서 소리를 길게 늘어트리며 무언가를 바란다는 뜻을 노래에서 드러낸 것이다.

集解 武王以至仁伐不仁, 而曰"病不得其衆", "恐不逮事", 若惴惴然惟恐其不勝者, 何也? 曰, 此聖人臨事而懼之意也. 聖人應天順人, 固非若後世用兵, 徒僥倖於一戰者, 然其心則未嘗不致其戒懼焉. 觀於書之泰誓·牧誓, 所以誓戒其衆者, 諄諄焉不憚其煩, 而詩於牧野之事, 亦曰"上帝臨女, 無貳爾心", 則聖人之情可見矣.

번역 무왕은 지극한 인자함으로 불인한 자를 정벌했는데도, "대중들의 마음을 얻지 못할까를 염려했다."라고 했고, "그 사안에 미치지 못할 것을 염려했다."라고 하여, 불안해하며 이기지 못할 것을 염려했던 것은 어째서인가? 대답해보자면 이것은 성인이 어떤 일에 임하며 조심했던 뜻을 나타낸다.[1] 성인은 천도에 호응하고 인도를 따르니, 진실로 후세에서 군대를 움직여 단지 한 차례의 전쟁에서 요행을 바라던 것과는 다르다. 그러므로 그의 마음은 일찍이 조심하고 걱정하지 않았던 적이 없다. 『서』의 「태서(泰誓)」와 「목서(牧誓)」편을 살펴보면, 군사들에게 맹세를 하며 주의를 주었던 것은 지극히 정성스러워서 번거로움도 마다하지 않았고, 『시』 중 목야(牧野)의 일들을 나타낸 시에서도 "상제께서 그대에게 임하셨으니, 그대의 마음을 의심하지 말아라."[2]라고 했으니, 성인의 정을 살펴볼 수 있다.

【참고】 『시』「주송(周頌)·환(桓)」

綏萬邦, (수만방) : 모든 나라를 편안케 하시니,
婁豐年. (누풍년) : 자주 풍년이 드는구나.

天命匪解, (천명비해) : 천명은 선을 행함에 게을리 하지 않는데,

---

1) 『논어』「술이(述而)」: 子謂顏淵曰, "用之則行, 舍之則藏, 唯我與爾有是夫!" 子路曰, "子行三軍, 則誰與?" 子曰, "暴虎馮河, 死而無悔者, 吾不與也. 必也臨事而懼, 好謀而成者也."

2) 『시』「대아(大雅)·대명(大明)」: 殷商之旅, 其會如林. 矢于牧野, 維予侯興. 上帝臨女, 無貳爾心.

桓桓武王, (환환무왕) : 굳세고 용맹함 무왕께서,
保有厥士. (보유궐사) : 그 병사들을 보유하시다.
于以四方, (우이사방) : 무용을 사방에 사용하시어,
克定厥家. (극정궐가) : 그 집안을 안정시켜 선왕의 업적으로 이루시도다.

於昭于天, (어소우천) : 밝게 빛남을 하늘이라 하니,
皇以間之. (황이간지) : 군주가 되어 대신하시도다.

[毛序] : 桓, 講武類禡也, 桓, 武志也.

[모서] : 「환」편은 무예와 유(類)[3] 및 마(禡)[4]제사를 나타내니, '환(桓)'자는 무예의 뜻이다.

【참고】 『시』「주송(周頌) · 뢰(賚)」

文王旣勤止, (문왕기근지) : 문왕께서이 이미 정사에 힘쓰시니,
我應受之. (아응수지) : 내 마땅히 그것을 받아들인다.
敷時繹思, (부시역사) : 그 힘쓰는 마음을 펴서 펼쳐 시행하니,
我徂維求定. (아조유구정) : 내 찾아가 이를 통해 천하의 안정을 구하노라.

---

3) 유(類)는 천신(天神)에게 지내는 제사의 일종이다. 『서』「우서(虞書) · 순전(舜典)」편에는 "肆類于上帝."라는 기록이 있다. '유'제사와 관련된 예법들은 망실되어 전해지지 않지만, 군대를 출병하게 될 때 상제(上帝)에게 '유'제사를 지냈다는 기록이 있다. 『예기』「왕제(王制)」편에는 "天子將出, 類乎上帝, 宜乎社, 造乎禰."라는 기록이 있고, 이 문장에 대한 정현의 주에서는 "類 · 宜 · 造, 皆祭名, 其禮亡."이라고 풀이했다.
4) 마(禡)는 군대를 출병할 때 지내는 제사이다. '마'제사와 관련된 예법은 망실되어, 자세한 내용을 알 수 없다. 다만 정벌한 지역에서 지내는 제사로, 병사들을 위해 기도하는 것이 주된 목적이었다. 『예기』「왕제(王制)」편에는 "天子將出征, 類乎上帝, 宜乎社, 造乎禰, 禡於所征之地, 受命於祖, 受成於學."이라는 기록이 있고, 이 문장에 대한 정현의 주에서는 "禡, 師祭也, 爲兵禱, 其禮亦亡."이라고 풀이했다.

時周之命, (시주지명) : 주나라가 받은 천명을,

於繹思. (어역사) : 펼쳐 시행하노라.

[毛序] : 賚, 大封於廟也. 賚, 予也, 言所以錫予善人也.

[모서] : 「뢰」편은 종묘에서 제후들을 크게 분봉함을 노래하는 시이다. '뢰(賚)'자는 "수여하다[予]."는 뜻이니, 선한 자에게 하사한다는 뜻이다.

• 제 57 절 •

빈무고의 답변-발양도려(發揚蹈厲)의 이조(已蚤)

【482a】

"發揚蹈厲之已蚤, 何也?" 對曰, "及時事也."

직역 "發揚과 蹈厲가 已이 蚤함은 何입니까?" 對하여 曰, "時事에 及입니다."

의역 계속해서 공자가 질문하길, "대무(大武)를 출 때, 손과 발을 내뻗고 땅을 디딜 때 너무 급하게 하는 것은 어째서입니까?"라고 하자, 빈무고는 "무왕이 때에 맞춰서 거사를 치렀던 일을 나타내기 때문입니다."라고 대답했다.

集說 問初舞時, 卽手足發揚蹈地而猛厲, 何其太蚤乎? 賈言象武王及時伐紂之事, 故不可緩. 然下文孔子言是太公之志, 則此答非也.

번역 묻기를 최초 춤을 출 때, 손과 발을 내뻗고 땅을 디딤에 사납고 거센데, 어째서 너무 급하게 하는 것이냐고 했다. 빈무고는 무왕이 때에 맞춰서 주임금을 정벌했던 일을 상징하기 때문에 느리게 할 수 없다고 대답했다. 그러나 아래문장에서 공자는 이것이 태공의 뜻을 나타낸다고 했으니,[1] 이 대답은 잘못되었다.

大全 延平周氏曰: 武王之伐紂, 豈得已哉? 順乎人應乎天而已矣. 順乎人應乎天, 猶且病其不得衆, 恐其不逮事, 則此所以終能及時事也.

---

1) 『예기』「악기」【482d】: 賓牟賈起, 免席而請曰, "夫武之備戒之已久, 則旣聞命矣, 敢問遲之, 遲而又久, 何也?" 子曰, "居! 吾語汝. 夫樂者, 象成者也. 總干而山立, 武王之事也. 發揚蹈厲, 太公之志也. 武亂皆坐, 周召之治也."

번역 연평주씨가 말하길, 무왕이 주임금을 정벌했던 것이 어찌 자신의 뜻한 바를 얻고자 해서였겠는가? 인도에 따르고 천도에 호응했을 따름이다. 인도에 따르고 천도에 호응했음에도 여전히 군사들의 마음을 얻지 못할까를 염려했고, 또 그 사안에 미치지 못할 것을 걱정했으니, 이것이 바로 끝내 그 시기의 일을 이룰 수 있었던 이유이다.

鄭注 時至, 武事當施也.

번역 때가 이르러, 무왕의 일이 베풀어진 것이다.

釋文 蹈音悼, 蚤音早.

번역 '蹈'자의 음은 '悼(도)'이며, '蚤'자의 음은 '早(조)'이다.

孔疏 ●"發揚蹈厲之已蚤, 何也"者, 此又明是孔子之問. 初舞之時, 手足發揚蹈地而猛厲, 言舞初則然, 故云: "已蚤, 何也?" 意謂舞時發揚蹈厲卽大蚤.

번역 ●經文: "發揚蹈厲之已蚤, 何也". ○이곳 문장은 또한 공자가 질문한 내용을 뜻한다. 최초 춤을 출 때, 손과 발을 내뻗고 땅을 디딤에 사납고 거센데, 이것은 춤을 추는 초반에 이처럼 한다는 의미이다. 그렇기 때문에 "너무 급한데, 어째서입니까?"라고 했다. 그 의미는 춤을 출 때 손과 발을 내뻗고 디딤을 너무 급하게 한다는 뜻이다.

孔疏 ●"對曰: 及時事也"者, 此亦賓牟賈對詞. 所以舞時蚤爲發揚蹈厲, 象武王及時伐紂戰事也, 故發揚象戰. 此答非也, 知非者, 下云"發揚蹈厲", 是"大公之志", 故知此答非也.

번역 ●經文: "對曰: 及時事也". ○이 문장 또한 빈무고가 대답한 말이다. 춤을 출 때 빠르게 해서 손과 발을 내뻗고 내딛는 것은 무왕이 그 시기에 맞춰서 주임금을 정벌했던 전쟁을 상징한다. 그렇기 때문에 내뻗고 내딛는 것은 전쟁의 일을 나타낸다. 그러나 이 답변은 잘못된 내용이니, 잘못됨을 알 수 있는 이유는 아래문장에서 "손과 발을 내뻗고 내딛는다."는 말은 "태공의 뜻이다."라고 했기 때문에, 이 답변이 잘못된 말임을 알 수 있다.

訓纂 王注: 厲, 疾也. 備戒已久, 至其發作又疾也.

번역 왕숙의 주에서 말하길, '여(厲)'자는 "빠르다[疾]."는 뜻이다. 북을 울려서 경계시키고 한참의 시간을 기다리고, 춤동작을 시작할 때에 이르면 또한 빠르게 시연한다는 뜻이다.

集解 愚謂: 用兵之時, 其發揚蹈厲宜也, 今大武於初作之時已如此, 故言 "已蚤". 及時事者, 言欲及時而行討伐, 故初舞即致其勇決之意也.

번역 내가 생각하기에, 군대를 부릴 때에는 손과 발을 내뻗고 내딛는 것을 사납게 함이 마땅하다. 그런데 현재는 대무(大武)의 악무에서 최초 춤동작을 시작할 때에도 이미 이처럼 하고 있다. 그렇기 때문에 "너무 빠르다."라고 말한 것이다. '급시사(及時事)'라는 말은 해당 시기에 미쳐서 정벌의 임무를 시행했다는 뜻이다. 그렇기 때문에 최초 춤을 출 때에도 곧바로 용맹하게 결단하는 뜻을 나타내는 것이다.

• 제 58 절 •

빈무고의 답변-좌(坐)의 치우(致右)와 헌좌(憲左)

【482b】

"武坐致右憲左, 何也?" 對曰, "非武坐也."

직역 "武에 坐하여 右를 致하고 左를 憲함은 何입니까?" 對하여 曰, "武의 坐가 非입니다."

의역 계속해서 공자가 질문하길, "대무(大武)를 출 때, 무용수들이 때때로 무릎을 꿇게 되는데, 우측 무릎을 대고 좌측 발을 세우는 것은 어째서입니까?"라고 하자, 빈무고는 "이것은 대무의 무릎 꿇는 법도가 아니니, 대무에는 무릎을 꿇는 법도 자체가 없습니다."라고 대답했다.

集說 坐, 跪也. 問舞武樂之人, 何故忽有時而跪, 以右膝至地, 而左足仰之, 何也? 憲, 讀爲軒輊之軒. 賈言非武人坐, 舞法無坐也. 然下文孔子言武亂皆坐, 是周召之治, 則武舞有坐, 此答亦非也.

번역 '좌(坐)'자는 "무릎을 꿇다[跪]."는 뜻이다. 공자는 대무(大武)의 악곡을 춤추는 자들은 어떤 이유에서 갑작스럽게 때때로 무릎을 꿇으며, 우측 무릎을 땅에 대고 좌측 발을 세우냐고 물었다. '헌(憲)'자는 '앞이 높은 수레[軒], 앞이 낮은 수레[輊]'[1]를 뜻할 때의 '헌(軒)'자로 해석한다. 빈무고는 대무를 추는 무용수들의 무릎 꿇는 법도가 아니라고 했으니, 춤을 추는 법도에서는 무릎을 꿇는 법도가 없다는 뜻이다. 그런데 아래문장에서 공자

---

1) 『시』「소아(小雅) · 유월(六月)」 : 戎車旣安, 如輊如軒. 四牡旣佶, 旣佶且閑. 薄伐玁狁, 至于大原. 文武吉甫, 萬邦爲憲.

는 대무를 끝낼 때에는 모두 무릎을 꿇는다고 했고, 이것은 주공과 소공의 다스림을 뜻한다고 했으니,[2] 대무의 춤에서는 무릎을 꿇는 법도가 있으므로, 이곳의 답변 또한 잘못되었다.

鄭注 言武之事無坐也. 致, 謂膝至地也. 憲讀爲軒, 聲之誤也.

번역 즉 대무(大武)를 추는 사안에서는 무릎을 꿇는 법도가 없다는 뜻이다. '치(致)'자는 무릎을 땅에 댄다는 뜻이다. '헌(憲)'자는 '헌(軒)'자로 풀이하니, 소리가 비슷해서 생긴 오류이다.

釋文 憲, 依注音軒.

번역 '憲'자는 정현의 주에 따르면 그 음이 '軒(헌)'이다.

孔疏 ●"武坐, 致右憲左, 何也"者, 此亦孔子問詞. 坐, 跪也. 致, 至也. 軒, 起也. 問武人何忽有時而跪, 以右膝至地, 而左足仰起, 何故也?

번역 ●經文: "武坐, 致右憲左, 何也". ○이 또한 공자가 물어본 말에 해당한다. '좌(坐)'자는 "무릎을 꿇는다[跪]."는 뜻이다. '치(致)'자는 "~에 이르다[至]."는 뜻이다. '헌(軒)'자는 "일으키다[起]."는 뜻이다. 즉 대무(大武)를 추는 무용수들이 어째서 갑작스럽게 수시로 무릎을 꿇으며, 우측 무릎을 땅에 대고 좌측 발을 세우느냐고 질문한 것이다.

孔疏 ●"對曰: 非武坐也", 此是賓牟賈答云. 致右軒左, 非是武人之坐, 言以舞法無坐也. 此答亦非. 知者, 下云"武亂皆坐, 周·召之治"也. 是武法有坐, 故知此答非也.

---

2) 『예기』「악기」【482d】: 賓牟賈起, 免席而請曰, "夫武之備戒之已久, 則旣聞命矣, 敢問遲之, 遲而又久, 何也?" 子曰, "居! 吾語汝. 夫樂者, 象成者也. 總干而山立, 武王之事也. 發揚蹈厲, 太公之志也. 武亂皆坐, 周召之治也."

번역 ●經文: "對曰: 非武坐也". ○이것은 빈무고가 답변한 내용이다. 우측 무릎을 땅에 대고 좌측 발을 세우는 것은 대무(大武)를 추는 무용수들의 무릎 꿇는 법도가 아니니, 춤을 추는 법도에는 무릎을 꿇는 것 자체가 없다는 뜻이다. 그러나 이러한 답변 또한 잘못되었다. 그 이유를 알 수 있는 이유는 아래문장에서 "대무가 끝나면 모두 무릎을 꿇으니, 주공과 소공의 다스림이다."라고 했기 때문이다. 이것은 대무를 추는 법도에도 무릎을 꿇는 경우가 있음을 나타낸다. 그렇기 때문에 이 답변이 잘못된 말임을 알 수 있다.

集解 愚謂: 武坐致右軒左, 謂武舞五成之時, 舞者之坐致右膝於地, 而軒起其左足也. 非武坐者, 武亂皆坐, 坐則當兩足皆致於地, 今乃致其右而軒其左, 則非武坐也.

번역 내가 생각하기에, '무좌치우헌좌(武坐致右軒左)'라는 말은 대무(大武)를 출 때 다섯 차례 악곡이 끝나면, 춤을 추는 자는 무릎을 꿇으며, 우측 무릎을 땅에 대고 좌측 발을 세운다는 뜻이다. '비무좌(非武坐)'라는 말은 대무의 악곡이 끝나면 모두 무릎을 꿇는데, 꿇을 때에는 마땅히 양쪽 무릎을 모두 땅에 대게 되니, 현재 우측 무릎만 땅에 대고 좌측 발을 세운다면, 이것은 대무의 무릎 꿇는 법도가 아니라는 뜻이다.

• 제 59 절 •

빈무고의 답변-성음급상(聲淫及商)

【482c】

"聲淫及商, 何也?" 對曰, "非武音也." 子曰, "若非武音, 則何音也?" 對曰, "有司失其傳也. 若非有司失其傳, 則武王之志荒矣." 子曰, "唯. 丘之聞諸萇弘, 亦若吾子之言, 是也."

직역 "聲이 淫하여 商에 及함은 何입니까?" 對하여 曰, "武音이 非입니다." 子曰, "若히 武音이 非라면, 何音입니까?" 對하여 曰, "有司가 그 傳을 失입니다. 若히 有司가 그 傳을 失함이 非라면, 武王의 志가 荒입니다." 子曰, "唯라. 丘가 萇弘에게서 聞함도, 亦히 吾子의 言과 若하니, 是입니다."

의역 계속해서 공자가 질문하길, "대무(大武)의 악곡에서 그 소리가 탐욕스러워서 상나라를 취하고자 함이 나타나는 것은 어째서입니까?"라고 하자, 빈무고는 "이것은 대무의 음악 소리가 아닙니다."라고 대답했다. 또 공자는 "만약 이것이 대무의 음악 소리가 아니라면, 어떤 악곡의 음입니까?"라고 물었고, 빈무고는 "음악을 담당했던 관리가 전수과정에서 잘못을 범한 것입니다. 만약 관리가 전수과정에서 잘못을 범한 것이 아니라면, 무왕의 뜻이 매우 잘못된 것이 됩니다."라고 대답했다. 그러자 공자는 "알았습니다. 내가 장홍에게서 들었던 내용도 또한 그대가 말한 것과 같으니, 그대의 말이 옳습니다."라고 했다.

集說 淫, 貪欲之意也. 武樂之中有貪商之聲, 則是武王貪欲紂之天下, 故取之也. 賈言非武樂之聲也, 孔子又問旣非武樂之聲, 則是何樂聲乎? 賈又言此典樂之官失其相傳之說也, 若非失其所傳之眞, 而謂武王實有心於取商, 則是武王之志有荒繆矣, 豈精明神武, 應天順人之志哉? 孔子於是然其言, 而謂其言與萇弘相似也. 一說, 商聲爲殺伐之聲, 淫謂商聲之長也. 若是武樂之音, 則是武王有嗜殺之心矣, 故云志荒也.

번역 '음(淫)'자는 탐욕스럽다는 뜻이다. 대무(大武)의 음악 중에는 은나라를 탐하는 소리가 포함되어 있으니, 이것은 무왕이 주임금이 차지했던 천하를 탐냈기 때문에 취한 것이 된다. 빈무고는 이것은 대무의 음악에 나타나는 소리가 아니라고 답했고, 공자는 이미 대무의 음악 소리가 아니라고 한다면, 이것은 어떤 음악의 소리냐고 재차 물었다. 빈무고는 또한 이것은 음악을 담당했던 관리가 서로 전수해준 말에서 실수를 범한 것이니, 만약 전수해준 말의 진실된 뜻을 잘못 전한 것이 아니라면, 무왕은 실제로 은나라를 취하고자 했던 마음이 있었던 것이니, 이것은 무왕의 뜻에 매우 잘못된 점이 있었음을 나타내는데, 어찌 정밀하고 신명스러우며 신묘하고 용맹함으로 천도와 인도에 순응하는 뜻이 되겠느냐고 말했다. 공자는 이 말에 대해서 그 말을 수긍하고, 그가 해준 말은 장홍과 대화를 나누며 들었던 내용과 같다고 했다. 일설에는 상성(商聲)은 죽이고 정벌하는 소리가 되며, 음(淫)은 상성이 길어지는 것을 뜻한다. 만약 대무의 음악 소리가 이와 같다면, 이것은 무왕에게 탐내고 살육을 하고자 했던 마음이 있는 것이기 때문에, "뜻이 잘못되었다."고 말했다고 한다.

鄭注 言武歌在正其軍, 不貪商也. 時人或說其義爲貪商也. 有司, 典樂者也. 傳, 猶說也. 荒, 老耄也. 言典樂者失其說也, 而時人妄說也. 書曰: "王耄荒." 萇弘, 周大夫.

번역 대무(大武)의 노래는 군대를 바르게 운용하는데 있으며, 은나라를 탐하는 것이 아니라는 뜻이다. 당시 사람들 중에는 간혹 그 뜻을 설명하며 은나라를 탐한 것이라고 했다. '유사(有司)'는 음악을 담당했던 자이다. '전(傳)'자는 "설명하다[說]."는 뜻이다. '황(荒)'자는 노쇠하다는 뜻이다. 즉 음악을 담당했던 관리가 설명을 해주며 실수를 범해서, 당시 사람들이 망령스러운 설명을 하게 되었다는 뜻이다. 『서』에서는 "천자가 늙어서 혼란스럽고 소홀하다."[1]고 했다. '장홍(萇弘)'은 주나라의 대부이다.

釋文 傳, 直專反, 下及注同. 旄[2], 莫報反, 下同. 萇, 直良反.

번역 '傳'자는 '直(직)'자와 '專(전)'자의 반절음이며, 아래문장 및 정현의 주에 나오는 글자도 그 음이 이와 같다. '旄'자는 '莫(막)'자와 '報(보)'자의 반절음이며, 아래문장에 나오는 글자도 그 음이 이와 같다. '萇'자는 '直(직)'자와 '良(량)'자의 반절음이다.

孔疏 ●"聲淫及商, 何也"者, 此亦孔子問詞. 淫, 貪也. 問奏樂之聲, 何意有貪商之聲也? 王氏云: "聲韻歆羨, 淫液貪商也."

번역 ●經文: "聲淫及商, 何也". ○이 또한 공자가 물어본 말에 해당한다. '음(淫)'자는 "탐내다[貪]."는 뜻이다. 음악을 연주할 때, 그 소리에 어찌하여 은나라를 탐내는 소리가 포함되어있느냐고 물어본 것이다. 왕숙은 "소리가 부러워하고 탐내듯 표현되어, 흘러넘치고 끊임없이 이어져 은나라를 탐낸다."라고 풀이했다.

孔疏 ●"對曰: 非武音也"者, 此賓牟賈之答. 非武音, 謂非是武樂之音. 賓牟賈言武王應天從人, 不得已而伐之, 何容有貪商之聲, 故言"非武音". 此答是.

번역 ●經文: "對曰: 非武音也". ○이것은 빈무고가 답변한 내용이다. '비무음(非武音)'은 대무(大武)의 음악 소리가 아니라는 뜻이다. 빈무고는 무왕은 천도에 호응하고 인도에 따라서 부득이하게 정벌을 했던 것인데, 어떻게 은나라를 탐내는 소리가 포함되겠느냐고 말한 것이다. 그래서 "대무의 음악 소리가 아니다."라고 말한 것이니, 이 답변은 맞는 말이다.

---

1) 『서』「주서(周書)·여형(呂刑)」: 惟呂命, 王享國百年耄荒, 度作刑, 以詰四方.
2) '모(旄)'자에 대하여. '모'자 앞에는 본래 '전유설야(傳猶說也)'라는 네 글자가 있었는데, 정현의 주가 잘못 삽입된 것으로 판단되어, 글자를 삭제했다.

孔疏 ◎注"言武"至"商也". ○正義曰: 言"武歌在正其軍不貪商"者, 解經"非武音", 言武歌象武王正其軍事, 不得有貪商之歌, 故知貪商者非武樂之音也. 云"時人或說其義爲貪商也"者, 解經中"聲淫及商"之義, 言當時人不曉武音, 謂此歌聲爲貪商, 故云"或說其義爲貪商". 孔子以時人之意而問賓牟賈, 然時人之說非也. 孔子大聖, 應知其非, 而問之者, 孔子雖知其非, 而問賓牟賈, 是知非而故問矣.

번역 ◎鄭注: "言武"~"商也". ○정현이 "대무(大武)의 노래는 군대를 바르게 운용하는데 있으며, 은나라를 탐하는 것이 아니라는 뜻이다."라고 했는데, 이것은 경문에 나온 '비무음(非武音)'이라는 말을 풀이한 것으로, 즉 대무의 노래는 무왕이 군대를 올바르게 운용했던 일을 상징하므로, 은나라를 탐한다는 시가가 포함될 수 없다는 뜻이다. 그렇기 때문에 은나라를 탐한다는 것이 대무의 음악 소리가 아니라는 사실을 알 수 있다. 정현이 "당시 사람들 중에는 간혹 그 뜻을 설명하며 은나라를 탐한 것이라고 했다."라고 했는데, 이것은 경문에 있는 '성음급상(聲淫及商)'이라는 말의 뜻을 풀이한 것이니, 당시 사람들은 대무의 음에 나타난 뜻을 깨닫지 못하고, 이 노래 소리는 은나라를 탐하는 것이라고 했다. 그렇기 때문에 "간혹 그 뜻을 설명하며 은나라를 탐한 것이라고 했다."라고 한 것이다. 공자는 당시 사람들이 품었던 일반적인 생각을 가지고 빈무고에게 질문을 했지만, 당시 사람들이 설명한 말은 잘못된 말이다. 공자는 위대한 성인이므로 마땅히 그것이 잘못된 말임을 알고 있었는데도 질문을 했던 이유는 공자가 비록 그것이 잘못되었음을 알았지만 빈무고에게 질문을 한 것으로, 이것은 잘못됨을 알면서도 일부러 질문을 한 것이다.

孔疏 ●"子曰: 若非武音, 則何音也"者, 賓牟賈既答貪商非是武音, 孔子因而問之, 云: 貪商之歌, 若非武樂之音, 則何音也?

번역 ●經文: "子曰: 若非武音, 則何音也". ○빈무고는 이미 은나라를 탐하는 것은 대무(大武)의 음이 아니라고 답변해서, 공자는 그 말에 따라 질문을 하여, 은나라를 탐하는 노래 소리가 만약 대무의 음악 소리가 아니라고 한다면, 어떤 음이냐고 한 것이다.

孔疏 ●"對曰: 有司失其傳也"者, 此賓牟賈答云. 有司, 謂典樂者. 失傳說也, 言武樂之歌, 有貪商之意者, 是典樂有司失其傳說. 謂爲貪商, 故時人惑之.

번역 ●經文: "對曰: 有司失其傳也". ○이것은 빈무고가 답변한 내용이다. '유사(有司)'는 음악을 담당했던 관리를 뜻한다. '실전설야(失傳說也)'라는 말은 대무(大武)의 악곡 노래에 은나라를 탐하는 뜻이 포함된 것은 음악을 담당했던 유사가 설명을 전수하는 과정에서 실수를 범했다는 뜻이다. 즉 이것을 두고 은나라를 탐한다고 여겼기 때문에 당시 사람들이 미혹되었다는 의미이다.

孔疏 ●"若非有司失其傳, 則武王之志荒矣"者, 賓牟賈又云, 若非是有司失其傳說, 將言武王實爲貪商, 則是武王之志荒耄矣. 言武王荒耄, 遂有貪商也. 然武王大聖, 伐暴除殘, 何有貪商之意? 故知有司妄說爲貪商, 使時人致惑.

번역 ●經文: "若非有司失其傳, 則武王之志荒矣". ○빈무고는 또한 만약 이것이 유사가 전수하는 과정에서 잘못 설명한 것이 아니라면, 무왕이 실제로 은나라를 탐냈다고 말해야 하므로, 이것은 무왕의 뜻이 매우 잘못되었음을 뜻한다고 했다. 즉 무왕이 늙고 정신이 흐트러져서 결국 은나라를 탐내게 되었다는 뜻이다. 그러나 무왕은 위대한 성인이며 난폭하고 잔악한 무리들을 제거한 것인데, 어떻게 은나라를 탐냈던 뜻이 있었겠는가? 그러므로 유사가 망령된 설명을 하여 은나라를 탐한 것으로 여겨서, 당시 사람들로 하여금 미혹되게 했음을 알 수 있다.

孔疏 ◎注"荒老"至"耄荒". ○正義曰: 按大戴禮云: "文王年十五而生武王發." 又文王世子篇云: "文王九十七而崩." 則武王九十三而終矣. 文王受命七年而崩, 十三年伐紂, 是文王崩後六年伐紂, 時武王八十九矣, 年雖老而大聖不荒耄也. 書曰"王耄荒", 呂刑文也. 言穆王享國百年而耄荒, 證荒爲老耄也.

번역 ◎鄭注: "荒老"~"耄荒". ○『대대례기』를 살펴보면, "문왕은 15세 때 무왕인 발(發)을 낳았다."라고 했고, 또 『예기』「문왕세자(文王世子)」편에서는 "문왕은 97세에 붕어했다."[3]고 했으니, 무왕은 93세에 임종한 것이다. 문왕은 천명을 받은 후 7년이 지난 뒤에 붕어했고, 13년에 주임금을 정벌했으니, 이것은 문왕이 붕어한 이후 6년이 지난 뒤에 주임금을 정벌한 것으로, 당시 무왕의 나이는 89세가 되어, 나이가 이미 매우 많았지만, 위대한 성인이므로, 나이로 인해 정신이 쇠약해지지 않았다. 정현이 『서』를 인용하여, "천자가 늙어서 혼란스럽고 소홀하다."고 했는데, 이것은 『서』「여형(呂刑)」편의 문장이다. 즉 목왕(穆王)은 나라를 통치하여 백여 년에 이르러서 늙어 정신이 혼란스럽고 소홀하게 되었다는 의미로, 이것은 '황(荒)'자가 '노모(老耄)'의 뜻이 됨을 증명한 것이다.

孔疏 ●"子曰: 唯丘之聞諸萇弘"者, 孔子旣得賓牟賈之答, 故云"聞諸萇弘". 諸, 於也, 聞於萇弘之說.

번역 ●經文: "子曰: 唯丘之聞諸萇弘". ○공자는 이미 빈무고의 답변을 들었기 때문에 "장홍에게서 들었다."라고 말한 것이다. '저(諸)'자는 어(於)자를 뜻하니, 장홍이 설명한 말을 통해 들었다는 의미이다.

孔疏 ●"亦若吾子之言是也"者, 謂賓牟賈爲吾子者, 儀禮注云: "子, 男子之美稱. 言吾子, 相親之詞."

번역 ●經文: "亦若吾子之言是也". ○빈무고를 '오자(吾子)'라고 불렀다는 뜻으로, 『의례』에 대한 정현의 주에서는 "'자(子)'자는 남자에 대한 미칭

3) 『예기』「문왕세자(文王世子)」【247d~248a】: 文王謂武王曰, 女何夢矣. 武王對曰, 夢帝與我九齡. 文王曰, 女以爲何也. 武王曰, 西方有九國焉, 君王其終撫諸. 文王曰, 非也. 古者, 謂年齡, 齒亦齡也. 我百, 爾九十, 吾與爾三焉. 文王九十七乃終, 武王九十三而終.

이다. '오자(吾子)'라고 말한 것은 서로 친애할 때 쓰는 말이다."[4]라고 했다.

訓纂 正義, 唯作惟.

번역 『정의』 판본에서는 '유(唯)'자를 '유(惟)'자로 기록했다.

訓纂 王氏念孫曰: 唯, 讀曰雖. 古字唯·惟與雖通. 言不但吾子之言如是, 雖我之聞於萇宏者亦如是也.

번역 왕념손이 말하길, '유(唯)'자는 '수(雖)'자로 풀이한다. 고자에서 유(唯)자와 유(惟)자는 수(雖)자와 통용되었다. 즉 이 문장은 단지 그대의 말이 이와 같았던 것이 아니라, 내가 장굉(萇宏)에게서 들었던 내용 또한 이와 같았다는 뜻이다.

訓纂 劉氏台拱曰: 按孔子凡五問, 前三節皆舞之始事, 後二節皆舞之終事. 下云"武亂皆坐", 則知坐在舞之終也. 淫者, 如水之浸淫, 樂之餘聲所及也.

번역 유태공이 말하길, 살펴보니 공자는 총 다섯 차례 질문을 했는데, 앞의 세 질문은 모두 춤이 시작되는 사안에 대한 것이고, 뒤의 두 질문은 모두 춤이 끝날 때의 사안에 대한 것이다. 아래문장에서 "대무(大武)가 끝날 때 모두 무릎을 꿇는다."[5]라고 했으니, 무릎을 꿇는 것이 춤의 마지막 부분에 있었음을 알 수 있다. '음(淫)'이라는 말은 물이 스며들듯이 음악의 여음이 미치는 것을 뜻한다.

集解 愚謂: 淫, 過也. 商, 商聲也. 商聲主殺伐, 此承"武坐, 致右憲左"而問,

---

4) 이 문장은 『의례』「사관례(士冠禮)」편의 "戒賓, 曰: '某有子某, 將加布於其首, 願吾子之教之也.'"라는 기록에 대한 정현의 주이다.

5) 『예기』「악기」【482d】: 賓牟賈起, 免席而請曰, "夫武之備戒之已久, 則既聞命矣, 敢問遲之, 遲而又久, 何也?" 子曰, "居! 吾語汝. 夫樂者, 象成者也. 總干而山立, 武王之事也. 發揚蹈厲, 太公之志也. 武亂皆坐, 周召之治也."

則亦謂武亂有此聲也. 用兵之時, 宜有殺伐之聲, 至武舞之亂, 則戎商已克, 偃武脩文之時, 而乃過有殺伐之聲, 則與勝殷遏劉之意異矣. 有司失其傳者, 言有司傳授之誤而失其本也. 不然, 則武王之志荒亂, 而有意於黷武矣. 唯者, 應辭也. 吾子之言, 謂賈所答五者之說也. 萇宏, 周大夫. 旣曰"唯", 復曰"是也"者, 所以深然賈之言也.

번역 내가 생각하기에, '음(淫)'자는 "지나치다[過]."는 뜻이다. '상(商)'자는 상성(商聲)을 뜻한다. 상성은 살육과 정벌을 위주로 하는데, 이 내용은 "대무(大武)를 추며 무릎을 꿇는데, 우측 무릎은 땅에 대고 좌측 발은 세운다."고 한 말과 이어서 물어보았으니, 이 또한 대무를 끝낼 때 이러한 소리를 냈다는 것을 뜻한다. 군대를 운용할 때에는 마땅히 살육과 정벌에 대한 소리가 포함되는데, 대무의 악무가 끝날 때에는 은나라를 정벌하여 이미 이긴 상태여서 무(武)를 그만두고 문(文)을 정비하는 시기가 되는데도, 지나치게 살육과 정벌의 소리가 포함되어 있으니, 은나라를 이겨서 살육을 멈추고자 했던 뜻[6]과는 달라진다. '유사실기전(有司失其傳)'이라는 말은 유사가 전수를 잘못하여 본지를 놓쳤다는 뜻이다. 그렇지 않다면 무왕의 뜻이 매우 잘못된 것이며 무력을 남용하려는 뜻이 있었던 것이 된다. '유(唯)'자는 대답하는 말이다. '오자지언(吾子之言)'은 빈무고가 대답한 다섯 가지 설명을 뜻한다. '장굉(萇宏)'은 주나라의 대부이다. 이미 '유(唯)'라고 말했는데, 재차 '시야(是也)'라고 말한 것은 빈무고의 말을 깊이 인정했기 때문이다.

集解 孔疏謂賈言有三是兩非. 以下言"發揚蹈厲, 太公之志", 而謂賈言"及時事"之非; 以下言"武亂皆坐, 周召之治", 而謂賈言"非武坐"之非. 此皆誤也. 此孔子五問, 賈五答, 而孔子曰"某聞諸萇宏, 亦若吾子之言是也", 是賈所答皆是矣. 若有二非, 孔子應卽正之, 不應俟賈再問而後告之也. 發揚蹈厲, 固爲欲及時事, 而所以欲及時事者, 則太公之志也. 武亂皆坐, 固非致右憲左, 而所

6) 『시』「주송(周頌)·무(武)」: 於皇武王, 無競維烈. 允文文王, 克開厥後. 嗣武受之, 勝殷遏劉, 耆定爾功.

以皆坐, 則所以象周召之治也. 此皆因賈言而發其未盡之義, 非非之也.

번역 공영달의 소(疏)에서는 빈무고가 말한 답변 중 세 가지는 옳지만 두 가지는 잘못되었다고 했다. 즉 아래문장에서 "손과 발을 내뻗고 내딛는 것은 태공의 뜻이다."라고 한 말은 빈무고가 말한 "그 때의 일에 미친다."[7]고 한 말의 잘못됨을 뜻하고, 아래문장에서 "대무(大武)가 끝날 때 모두 무릎을 꿇는 것은 주공과 소공의 다스림이다."라고 한 말[8]은 빈무고가 "대무의 무릎을 꿇는 법도가 아니다."[9]라는 말의 잘못됨을 뜻한다고 여겼기 때문이다. 그러나 이러한 설명은 모두 잘못된 해석이다. 이곳 문단에서는 공자가 다섯 차례 질문을 하고 빈무고가 다섯 차례 답변을 했다. 그런데 공자는 "내가 장굉(萇宏)에게서 들었는데, 그의 말 또한 그대가 해준 말과 같습니다."라고 했으니, 이것은 빈무고가 대답해준 내용을 모두 옳다고 여긴 것이다. 만약 두 가지 잘못된 답변이 있었다면, 공자는 마땅히 곧바로 바로잡았을 것이며, 빈무고가 재차 질문을 할 때까지 기다렸다가 말해주지는 않았을 것이다. 손과 발을 내뻗고 내딛는 것은 진실로 해당 시기의 일에 미치고자 함인데, 해당 시기의 일에 이르고자 했던 것은 태공의 뜻이었다. 또 대무를 끝낼 때 모두 무릎을 꿇는 것은 진실로 우측 무릎을 땅에 대고 좌측 발을 세우는 것이 아니지만, 모두 무릎을 꿇는 것은 주공과 소공의 다스림을 상징하는 것이다. 이것들은 모두 빈무고의 답변에 따라서 아직 드러나지 않은 의미를 나타낸 것이지, 잘못되었다고 지적하는 말이 아니다.

---

7) 『예기』「악기」【482a】: 發揚蹈厲之已蚤, 何也? 對曰, "及時事也."

8) 『예기』「악기」【482d】: 賓牟賈起, 免席而請曰, "夫武之備戒之已久, 則既聞命矣, 敢問遲之, 遲而又久, 何也?" 子曰, "居! 吾語汝. 夫樂者, 象成者也. 總干而山立, 武王之事也. 發揚蹈厲, 太公之志也. 武亂皆坐, 周召之治也."

9) 『예기』「악기」【482b】: 武坐致右憲左, 何也?" 對曰, "非武坐也."

• 제 60 절 •

공자의 답변-총간산립(總干山立)·발양도려(發揚蹈厲)·무란개좌(武亂皆坐)

【482d】

賓牟賈起, 免席而請曰, "夫武之備戒之已久, 則旣聞命矣, 敢問遲之, 遲而又久, 何也?" 子曰, "居! 吾語汝. 夫樂者, 象成者也. 總干而山立, 武王之事也. 發揚蹈厲, 太公之志也. 武亂皆坐, 周召之治也."

직역 賓牟賈가 起하여, 席을 免하고 請하여 曰, "夫히 武의 備戒가 已久는 旣히 命을 聞이니, 敢히 問하니 遲하여, 遲하고 又히 久함은 何입니까?" 子曰, "居오! 吾가 汝에게 語입니다. 夫히 樂者는 成을 象하는 者입니다. 干을 總하고 山立함은 武王의 事입니다. 發揚과 蹈厲는 太公의 志입니다. 武亂에 皆히 坐함은 周召의 治입니다."

의역 빈무고가 일어나 자리를 피하며 청해서 묻기를, "대무(大武)에 있어서 북을 울려 대중들을 경각시키고 오랜 시간 동안 대기하는 것에 대해서는 이미 그 이유를 들어서 알게 되었습니다. 감히 묻겠습니다. 이처럼 오래도록 기다리는데, 무용수들이 대열에 서서 오랜 시간 기다리는 것은 어째서입니까?"라고 했다. 그러자 공자는 "앉으십시오. 내가 당신께 설명을 하겠습니다. 무릇 악(樂)이라는 것은 과업을 이룬 것을 나타내는 것입니다. 무용수들이 방패를 잡고서 산처럼 우뚝 서서 움직이지 않는 것은 무왕이 주임금을 정벌할 때, 제후들이 도착하기를 기다리는 일을 나타냅니다. 또 무용수들이 손과 발을 힘차게 내뻗고 내딛는 것은 태공의 매와 같은 용맹한 뜻을 나타냅니다. 또 대무의 마지막 장이 끝날 때, 무용수들이 모두 무릎을 꿇는 것은 문(文)으로써 무(武)를 그치게 했던 주공과 소공의 다스림을 나타냅니다."라고 했다.

集說 免席, 避席也. 備戒已久, 所謂遲也. 久立於綴, 是遲而又久也. 孔子言作樂者倣象其成功, 故將舞之時, 舞人總持干盾, 如山之立, 嶷然不動. 此象武王持盾以待諸侯之至, 故曰武王之事也. 所以發揚蹈厲, 象太公威武鷹揚之志也. 亂, 樂之卒章也. 上章言復亂以武. 言武舞將終而坐, 象周公召公文德之治, 蓋以文而止武也.

번역 '면석(免席)'은 자리를 피한다는 뜻이다. 북을 울려서 대중들을 경각시키고 오래도록 있는 것이 바로 '지(遲)'이다. 오래도록 대열에 서 있는 것이 "더디고 또 오래도록 있다."는 뜻이다. 공자는 악(樂)을 만드는 것은 공업을 이룬 것을 형상하기 위해서라고 했다. 그렇기 때문에 춤을 추려고 할 때, 무용수들은 방패를 쥐고서 산이 서 있는 것처럼 하여, 우뚝 서서 움직이지 않는다. 이것은 무왕이 방패를 들고서 제후들이 도달하기를 기다렸던 것을 상징한다. 그렇기 때문에 "무왕의 일입니다."라고 말했다. 팔다리를 내뻗고 내딛는 것은 태공이 위엄과 무용을 떨침이 매가 하늘을 비상하는 것과 같은 뜻을 상징한다. '난(亂)'은 악(樂)의 마지막 악장을 뜻한다. 앞에서는 이미 재차 끝내길 무(武)로써 한다고 했다.[1] 이것은 대무(大武)를 추며 끝내려고 할 때 무릎을 꿇으니, 주공과 소공의 문덕에 따른 다스림을 상징한다. 무릇 문(文)으로써 무(武)를 그치게 하기 때문이다.

大全 慶源輔氏曰: 賓牟賈, 蓋當時之知樂者也. 故孔子以武樂問之賈五答, 而夫子唯之以一言, 初未嘗有所辨明也. 而賈乃起敬免席而請者, 蓋其溫良恭儉讓之德容, 有以感動之也, 故曰, 誠者, 非自成己而已也, 所以成物也. 賈禮恭辭遜, 可與之言, 故夫子使之居而語之. 由是觀之, 賈知其一而未知其二也,

1) 『예기』「악기」【477d~478a】: 魏文侯問於子夏曰, "吾端冕而聽古樂, 則唯恐臥; 聽鄭衛之音, 則不知倦. 敢問古樂之如彼何也? 新樂之如此何也?" 子夏對曰, "今夫古樂, 進旅退旅, 和正以廣, 弦匏笙簧, 會守拊鼓, 始奏以文, 復亂以武, 治亂以相, 訊疾以雅. 君子於是語, 於是道古, 修身及家, 平均天下, 此古樂之發也."

故孔子因而發之, 三句說盡武樂之義與武王伐紂之事, 又見當時各盡其道. 此蓋孔子之所自得者, 若其得於萇弘者, 與賈之所言合.

번역 경원보씨가 말하길, '빈무고(賓牟賈)'는 아마도 당시에 악(樂)에 대해서 잘 알고 있었던 자인 것 같다. 그렇기 때문에 공자는 대무(大武)의 악무에 대해서 빈무고에게 물었고, 빈무고는 다섯 차례 답변을 했던 것이며, 공자는 알았다고만 했으며, 애초부터 그 말에 대해서 잘잘못을 따지지 않았다. 그런데도 빈무고는 자리에서 일어나 공경스러운 자세를 취하고 자리를 피해서 청해 물었다. 그 이유는 공자의 온순하고 겸손한 덕성에 따른 행동으로 인해,[2] 느끼는 점이 있어 이처럼 행동했던 것이다. 그러므로 "성(誠)이라는 것은 자신만을 이루는 것이 아닐 따름이며, 남 또한 이루어주는 것이다."[3]라고 한 것이다. 빈무고는 예법에 따라 공손하게 사양하고 자신을 낮춰서, 그와 함께 말을 할 수 있었기 때문에, 공자가 그로 하여금 앉도록 해서 말을 해주었던 것이다. 이를 통해 살펴보면, 빈무고는 하나는 알지만 둘은 몰랐던 자이다. 그렇기 때문에 공자는 그에 따라 개발을 해주었던 것이니, 공자가 말한 세 구문은 대무의 악곡에 나타난 뜻과 무왕이 주임금을 정벌했던 사안을 모두 나타내고 있으며, 또한 당시에 각각 그 도리를 다했던 뜻을 나타내었다. 이것은 아마도 공자가 스스로 터득한 뜻이었을 것이며, 장홍에게서 들었던 말은 빈무고가 말한 내용과 같았을 것이다.

鄭注 遲之遲, 謂久立於綴. 居, 猶安坐也. 成, 謂已成之事也. 總干, 持盾也. 山立, 猶正立也, 象武王持盾正立待諸侯也. 發揚蹈厲, 所以象威武時也. 武舞, 象戰鬪也. 亂, 謂失行列也. 失行列則皆坐, 象周公 · 召公以文止武也.

번역 '지지지(遲之遲)'는 오래도록 대열에 서 있다는 뜻이다. '거(居)'자

---

2) 『논어』「학이(學而)」: 子禽問於子貢曰, "夫子至於是邦也, 必聞其政, 求之與? 抑與之與?" 子貢曰, "夫子溫良恭儉讓以得之. 夫子之求之也, 其諸異乎人之求之與?"

3) 『중용』「25장」: 誠者, 非自成己而已也, 所以成物也. 成己, 仁也. 成物, 知也. 性之德也, 合外內之道也, 故時措之宜也.

는 편안히 앉는다는 뜻이다. '성(成)'자는 이미 성취한 일들을 뜻한다. '총간(總干)'은 방패를 잡는다는 뜻이다. '산립(山立)'은 똑바로 서 있다는 뜻이니, 무왕이 방패를 들고 똑바로 서서 제후들을 기다렸던 일을 상징한다. "손과 발을 힘차게 내빼고 내딛다."는 말은 위엄과 무용을 떨쳤던 시기를 상징한다. 대무(大武)의 춤은 전쟁을 상징한다. '난(亂)'자는 춤의 대열에서 이탈했다는 뜻이다. 대열을 이탈하게 되면 모두 무릎을 꿇게 되니, 주공과 소공이 문(文)으로써 무(武)를 그쳤던 일을 상징한다.

釋文 遲之遲, 並直詩反, 徐直尼反. 語, 魚據反. 女音汝, 下"且女"同. 大音泰. 召音邵, 注及下同. 治, 直吏反, 下注及下同. 盾, 述尹反, 又音允. 行, 戶剛反, 下同.

번역 '遲之遲'에서의 '遲'자는 모두 '直(직)'자와 '詩(시)'자의 반절음이고, 서음(徐音)은 '直(직)'자와 '尼(니)'자의 반절음이다. '語'자는 '魚(어)'자와 '據(거)'자의 반절음이다. '女'자의 음은 '汝(여)'이며, 아래문장에 나오는 '且女'에서의 '女'자도 그 음이 이와 같다. '大'자의 음은 '泰(태)'이다. '召'자의 음은 '邵(소)'이며, 정현의 주 및 아래문장에 나오는 글자도 그 음이 이와 같다. '治'자는 '直(직)'자와 '吏(리)'자의 반절음이며, 아래 정현의 주 및 아래문장에 나오는 글자도 그 음이 이와 같다. '盾'자는 '述(술)'자와 '尹(윤)'자의 반절음이고, 또한 그 음은 '允(윤)'도 된다. '行'자는 '戶(호)'자와 '剛(강)'자의 반절음이고, 아래문장에 나오는 글자도 그 음이 이와 같다.

孔疏 ●"賓牟"至"何也". ○正義曰: 自此以前, 孔子問賓牟賈. 自此以後, 是賓牟賈問孔子. 此一經是賓牟賈問詞也.

번역 ●經文: "賓牟"~"何也". ○이전의 문장들은 공자가 빈무고에게 질문한 내용이다. 이곳 문장부터 그 아래의 내용은 빈무고가 공자에게 물어본 내용이다. 이곳 경문은 빈무고가 질문한 내용에 해당한다.

孔疏 ●"免席而請曰"者, 免席, 謂避席也. 言賓牟賈前答孔子, 雖被孔子所許, 於前答之事猶有不曉, 而反請問孔子, 故曰"免席而請"焉.

번역 ●經文: "免席而請曰". ○'면석(免席)'은 자리를 피한다는 뜻이다. 즉 빈무고가 앞서 공자에게 답변을 하고, 비록 공자로부터 인정을 받았지만, 앞서 자신이 대답했던 사안 중에 여전히 깨우치지 못한 점이 있어서, 도리어 공자에게 청해 물었다. 그렇기 때문에 "자리를 피하고서 청했다."라고 말했다.

孔疏 ●"夫武之備戒之已久, 則既聞命矣"者, 前經是夫子之問, 賓牟賈前答其已久之意, 被孔子所許, 不得爲非, 是"既聞命矣".

번역 ●經文: "夫武之備戒之已久, 則既聞命矣". ○앞의 경문은 공자가 물어본 내용이고, 빈무고는 앞서 '이구(已久)'에 대한 뜻을 답변하여, 공자로부터 인정을 받아 잘못된 내용이 아니니, 이것이 바로 "이미 인정을 받았다."라는 뜻에 해당한다.

孔疏 ●"敢問遲之遲而又久, 何也"者, 此賓牟賈問孔子之詞. "遲之遲"者, 賀氏云: "備戒已久是遲, 久立於綴亦是遲." 而又久, 何意如此?

번역 ●經文: "敢問遲之遲而又久, 何也". ○이것은 빈무고가 공자에게 질문한 말에 해당한다. 경문의 "遲之遲"에 대하여. 하순은 "대중들에게 주의를 주고 오래도록 대기하는 것이 '지(遲)'이며, 대열에 오래도록 서 있는 것 또한 '지(遲)'이다."라고 했다. 그런데도 또한 오래도록 대기하는 것은 어떤 의도에서 이처럼 하는 것이냐고 물어본 것이다.

孔疏 ●"子曰"至"治也". ○正義曰: 自此以下, 孔子爲賓牟賈說武樂之意, 幷廣明克殷以後之事. 此一經爲賓牟賈說其將舞之事.

번역 ●經文: "子曰"~"治也". ○이곳 구문으로부터 그 아래의 내용은 공자가 빈무고에게 대무(大武)의 악곡에 나타난 뜻을 설명해주고, 또한 은나라를 정벌한 이후의 일들에 대해서 폭넓게 설명해준 것이다. 이곳 경문은 빈무고에게 대무의 춤을 추려고 할 때의 사안을 설명해준 것이다.

孔疏 ●"夫樂者, 象成者也", 言作樂者放象其成功者也.

번역 ●經文: "夫樂者, 象成者也". ○악(樂)을 만드는 것은 공적을 성취한 것에 대해 표방하고 나타내기 위해서라는 뜻이다.

孔疏 ●"總干而山立"者, 言將舞之時, 舞人總持干盾以正立, 似山不動搖, 象武王持盾, 以待諸侯之至也.

번역 ●經文: "總干而山立". ○대무(大武)의 춤을 추려고 할 때, 무용수들은 방패를 들고서 똑바로 서 있는데, 이것은 산이 움직이지 않는 것과 같으며, 무왕이 방패를 들고서 제후들이 도착할 때까지 기다렸던 사안을 상징한다는 뜻이다.

孔疏 ●"發揚蹈厲, 大公之志也"者, 言武樂之舞, 發揚蹈厲, 象大公威武鷹揚之志也.

번역 ●經文: "發揚蹈厲, 大公之志也". ○대무(大武)의 악곡에 대해서 춤을 출 때, 손과 발을 힘차게 내뻗고 내딛는데, 이것은 태공이 위엄스러운 무용을 하늘을 나는 매처럼 드날렸던 뜻을 상징한다는 뜻이다.

孔疏 ●"武亂皆坐, 周·召之治也"者, 亂, 謂失行列. 作此武舞, 迴移轉動, 亂失行列皆坐, 所以坐者, 象周公·召公以文德治之, 以文止武, 象周·召之治也.

번역 ●經文: "武亂皆坐, 周·召之治也". ○'난(亂)'자는 대열을 이탈한다는 뜻이다. 이러한 대무(大武)의 춤을 추려고 할 때, 몸을 회전하며 이동시키는데, 대열을 이탈하면 모두 무릎을 꿇게 되니, 무릎을 꿇는 이유는 주공과 소공이 문덕으로 다스려서, 문(文)으로써 무(武)를 그쳤던 일을 상징하니, 주공과 소공의 다스림을 상징한다.

訓纂 王注: 象成功而爲樂.

번역 왕숙의 주에서 말하길, 공덕을 이룬 것을 상징하여 악(樂)을 만든다.

訓纂 王注: 武亂, 武之治也. 皆坐, 以象安民無事也.

번역 왕숙의 주에서 말하길, '무란(武亂)'은 무(武)의 다스림을 뜻한다. '개좌(皆坐)'는 백성들을 안심시켜서 특별한 변고가 없다는 것을 상징한다.

集解 免席, 避席也. 聞命, 謂聞孔子是賈之言也. 賈所言凡五事, 孔子皆是之, 而但言"備戒之已久"者, 擧其始問者以該其餘也. 遲之遲而又久者, 武舞六成, 每成皆遲久而後終, 故重言以見其意也. 賈旣聞孔子是己所言, 又自以其所疑者問之也.

번역 '면석(免席)'은 자리를 피한다는 뜻이다. '문명(聞命)'은 공자가 빈무고의 말에 대해서 옳다고 한 말을 들었다는 뜻이다. 빈무고가 말한 총 다섯 가지 사안에 대해서 공자는 모두 옳다고 했는데, 다만 "북을 울려서 경계시키길 오래도록 한다."는 것만을 말했던 것은 처음 질문했던 내용을 제시하여 그 나머지 사안까지도 포괄하고자 했기 때문이다. '지지지이우구(遲之遲而又久)'라는 말은 대무(大武)의 악곡은 여섯 차례 연주되는데, 매번 연주가 마칠 때마다 모두 더디고 오래도록 끈 뒤에야 끝맺는다는 뜻이다. 그렇기 때문에 '지(遲)'자를 거듭 말해서 그 의미를 드러낸 것이다. 빈무고는 이미 공자가 자신이 말한 내용에 대해서 인정한 것을 들었는데 또한 스스로 의문스러운 점이 있어서 질문을 했다.

集解 鄭氏以遲之遲專指久立於綴, 非也. 觀下文歷言“武舞”, 而以“武之遲久”結之, 則遲之遲而又久, 乃通言一舞之始終, 而非惟專指一事矣.

번역 정현은 ‘지지지(遲之遲)’라는 말을 전적으로 무용수들이 대열에서 오래도록 서 있다는 뜻으로만 여겼는데, 이것은 잘못된 주장이다. 아래문장을 살펴보면, 수차례 ‘무무(武舞)’를 언급하며, ‘무지지구(武之遲久)’[4]라는 말로 결론을 맺었으니, “더디고 더디게 하며 또 오래도록 기다린다.”는 말은 곧 하나의 춤에 대해서 처음부터 끝까지를 통괄적으로 언급한 것이지, 단지 하나의 사안만을 전적으로 가리키는 것이 아니다.

集解 愚謂: 象成, 謂象所成之功. “夫樂, 象成者也”, 此一句總包下文之所言, 與篇末“武之遲久, 不亦宜乎”二句相爲首尾. “總干而山立”以下, 歷言象成之事也. 總, 持也. 干, 盾也. 武舞初起, 武王持盾正立, 不震不動, 天子威重之容也. 大公總率士卒, 發揚蹈厲, 以奮其武, 將帥勇決之氣也. 武亂者, 武舞之終也. 皆坐, 舞者皆坐也. 武舞至五成, 而分周公左, 召公右, 於此時, 舞者皆坐, 象周公召公以文止武也. 此一節, 因賈之所答, 而發其未盡之義也.

번역 내가 생각하기에, ‘상성(象成)’은 성취한 공적을 상징한다는 뜻이다. “무릇 악(樂)은 성취된 공적을 상징하는 것이다.”라고 했는데, 이 한 구문은 아래문장에서 언급한 내용을 총괄적으로 포괄하고 있고, 편 끝에 나오는 “대무(大武)에서 더디고 오래도록 기다리는 것이 또한 마땅하지 않겠는가?”라고 한 말과 더불어, 두 구문은 머리와 꼬리를 이룬다. “방패를 들고 산처럼 서 있다.”라고 한 구문으로부터 그 이하의 내용은 성취한 것을 상징하는 일에 대해 차례대로 언급한 것이다. ‘총(總)’자는 “쥐다[持].”는 뜻이다. ‘간(干)’자는 방패[盾]를 뜻한다. 대무의 춤이 최초 시작할 때의 모습은 무왕이 방패를 들고 똑바로 서서 미동도 하지 않았던 것을 나타내니,

---

4) 『예기』「악기」【485a~b】: 食三老五更於大學, 天子袒而割牲, 執醬而饋, 執爵而酳, 冕而總干, 所以敎諸侯之弟也. 若此, 則周道四達, 禮樂交通, 則夫武之遲久, 不亦宜乎?

이것은 천자가 갖춘 위엄스럽고 진중한 모습을 상징한다. 태공은 병사들을 통솔하였으니, 무용수들이 손과 발을 힘차게 내빼고 내딛는 것은 이를 통해 그 무용을 떨치는 것으로, 장수의 용맹스럽게 결단하는 기상에 해당한다. '무란(武亂)'은 대무의 악무 중 마지막 장을 뜻한다. '개좌(皆坐)'는 무용수들이 모두 무릎을 꿇는다는 뜻이다. 대무의 춤은 다섯 악장이 끝나게 되면, 주공은 좌측을 다스리고 소공은 우측을 다스리도록 나누었던 일을 나타내며, 이 시기에 무용수들은 모두 무릎을 꿇어서, 주공과 소공이 문(文)을 통해 무(武)를 그치게 했던 일을 상징한다. 이곳 문단은 빈무고가 답변했던 내용에 따라서, 미진했던 뜻을 나타낸 것이다.

그림 60-1 주(周)나라 태공(太公)

※ 출처: 『삼재도회(三才圖會)』「인물(人物)」 4권

그림 60-2 주(周)나라 소공(召公)

※ 출처: 삼재도회(三才圖會)』「인물(人物)」 4권

• 제 61 절 •

공자의 답변-육성(六成)의 상징

【483b】

"且夫武始而北出, 再成而滅商, 三成而南, 四成而南國是疆, 五成而分, 周公左, 召公右, 六成復綴以崇天子[1]."

직역 "且히 夫히 武가 始함에 北出하고, 再成에 商을 滅하며, 三成에 南하고, 四成에 南國이 是에 疆하며, 五成에 分하여 周公은 左하고, 召公은 右하며, 六成에 綴에 復하여 天子를 崇합니다."

의역 공자가 계속해서 말해주길, "또한 대무(大武)의 악곡을 연주함에 있어서, 첫 번째 악곡을 연주하면 무용수들은 북쪽으로 옮겨가니 이것은 무왕이 북쪽으로 출병했던 일을 상징하고, 두 번째 악곡을 연주하면 무용수들은 더욱 더 북쪽으로 옮겨가니 이것은 무왕이 은나라를 멸망시켰던 일을 상징하며, 세 번째 악곡을 연주하면 무용수들은 북쪽으로 이동했다가 북쪽 자리의 끝에 이르러 다시 남쪽 자리로 옮겨가니 이것은 무왕이 은나라를 정벌한 이후 남쪽으로 되돌아온 일을 상징하고, 네 번째 악곡을 연주하면 무용수들은 북쪽에서 남쪽으로 이동하니 이것은 남쪽의 나라들을 복속시켰던 일을 상징하며, 다섯 번째 악곡을 연주하면 무용수들은 더욱 더 남쪽으로 이동하고 좌우로 대열을 나누니 이것은 주공과 소공이 천하를 좌우로 나눠서 다스렸던 일을 상징하고, 여섯 번째 악곡을 연주하면 무용수들은 남쪽 끝에 있는 자리로 되돌아가서 멈추어, 이를 통해 천자를 존숭하는 뜻을 나타냅니다."라고 했다.

---

1) '천자(天子)'에 대하여. 『예기정의』에서는 '천자'라는 두 글자를 다음 문장과 연결해서 구문을 끊었다.

集說 成者, 曲之一終. 書云, "簫韶九成." 孔子又言武之舞也, 初自南第一位而北至第二位, 故云始而北出也. 此是一成. 再成, 則舞者從第二位至第三位, 象滅商也. 三成, 則舞者從第三位至第四位, 極於北而反乎南, 象克殷而南還也. 四成, 則舞者從北頭第一位却至第二位, 象伐紂之後, 疆理南方之國也. 五成, 則舞者從第二位至第三位乃分爲左右, 象周公居左, 召公居右也. 綴, 謂南頭之初位也. 六成, 則舞者從第三位而復于南之初位, 樂至六成而復初位, 象武功成而歸鎬京, 四海皆崇武王爲天子矣.

번역 '성(成)'은 악곡이 한 차례 끝났다는 뜻이다. 『서』에서는 "소소(簫韶)의 악곡은 아홉 차례 연주한다."[2)]라고 했다. 공자는 또한 대무(大武)의 춤에 대해서 설명한 것인데, 첫 악곡에서는 남쪽의 첫 번째 자리에서 북쪽으로 이동하여 두 번째 자리로 옮겨가게 된다. 그렇기 때문에 "시작하며 북쪽으로 나온다."라고 했다. 이것은 첫 번째 악곡이 끝날 때까지의 춤을 뜻한다. 두 번째 악곡이 끝나게 되면, 무용수들은 그 동안 두 번째 자리로부터 세 번째 자리로 옮겨가니, 이것은 은나라를 멸망시켰던 일을 상징한다. 세 번째 악곡이 끝나게 되면, 무용수들은 그 동안 세 번째 자리에서 네 번째 자리로 옮겨가니, 북쪽 자리 중 끝까지 움직이게 되어 반대로 남쪽으로 돌아오게 되므로, 이것은 은나라를 이기고 남쪽으로 되돌아온 일을 상징한다. 네 번째 악곡이 끝나게 되면, 무용수들은 그 동안 북쪽의 끝에 있는 첫 번째 자리로부터 떠나서 두 번째 자리로 옮겨가니, 주임금을 정벌한 이후 남쪽의 나라들을 영토로 확장하여 다스렸던 일을 상징한다. 다섯 번째 악곡이 끝나게 되면, 무용수들은 그 동안 두 번째 자리로부터 세 번째 자리로 옮겨가고, 곧 좌우로 나뉘게 되니, 주공이 좌측 영토를 담당하고 소공이 우측 영토를 담당했던 일을 상징한다. '철(綴)'자는 남쪽 끝에 있는 최초의 자리를 뜻한다. 여섯 번째 악곡이 끝나게 되면 무용수들은 그 동안 세 번째 자리로부터 다시 남쪽에 있는 최초의 자리로 돌아가니, 악(樂)은 여섯 번째 악곡을 끝내게 되면 다시 최초의 자리로 돌아가므로, 이것은 무왕이 공적을

---

2) 『서』「우서(虞書)·익직(益稷)」: 夔曰, 戛擊鳴球, 搏拊琴瑟以詠, 祖考來格, 虞賓在位, 群后德讓, 下管鼗鼓, 合止柷敔, 笙鏞以間, 鳥獸蹌蹌, 簫韶九成, 鳳皇來儀.

이루고서 호경으로 되돌아와 천하의 사람들이 모두 무왕을 천자로 추숭했음을 상징한다.

集說 陳氏曰: 樂終而德尊也.

번역 진씨가 말하길, 악(樂)이 끝나고서 덕을 존숭하게 된 것이다.

大全 嚴陵方氏曰: 六成復綴, 以崇天子者, 復綴則以象功成而還歸焉也. 擧武事者, 旣出於天子, 則成武功者, 可不歸諸天子乎. 歸功, 所以崇之也, 故曰以崇天子.

번역 엄릉방씨가 말하길, 여섯 차례 악곡을 끝내고 대열로 복귀하여 천자를 존숭한다는 것은 대열로 복귀하면 이를 통해 공적을 이루고서 되돌아옴을 상징하게 된다. 전쟁을 일으키는 것은 이미 천자로부터 시작되니, 전쟁을 통해 공적을 이룬 것도 천자에게로 되돌려야 하지 않겠는가? 공적을 되돌리는 것은 존숭하는 방법이다. 그렇기 때문에 "이를 통해 천자를 존숭한다."라고 했다.

鄭注 成, 猶奏也. 每奏武曲一終爲一成. 始奏, 象觀兵盟津時也. 再奏, 象克殷時也. 三奏, 象克殷有餘力而反也. 四奏, 象南方荊蠻之國侵畔者服也. 五奏, 象周公召公分職而治也. 六奏, 象兵還振旅也. 復綴, 反位止也. 崇, 充也. 凡六奏以充武樂也.

번역 '성(成)'자는 "연주한다[奏]."는 뜻이다. 매번 대무(大武)의 악곡을 연주하여 하나의 악곡이 끝나는 것이 일성(一成)이다. 첫 악곡을 연주하는 것은 맹진(盟津)에서 관병식을 했던 때를 상징한다. 두 번째 악곡을 연주하는 것은 은나라를 이겼던 때를 상징한다. 세 번째 악곡을 연주하는 것은 은나라를 여유롭게 이기고서 되돌아간 일을 상징한다. 네 번째 악곡을 연주하는 것은 남쪽의 형만(荊蠻) 지역에 해당하는 나라들 중 침략을 시도했던 자들을 복종시킨 일을 상징한다. 다섯 번째 악곡을 연주하는 것은 주공과 소공이 직무를 나눠서 다스렸던 일을 상징한다. 여섯 번째 악곡을 연주하는 것은 군대가 되돌아와 위엄을 떨친 일을 상징한다. '복철(復綴)'은 자리로 되돌아와 멈춘다는 뜻이다. '숭(崇)'자는 "완전하다[充]."는 뜻이다. 모두 여섯 차례 악곡을 연주하여, 대무의 악곡을 온전히 갖춘다는 뜻이다.

釋文 夫音扶. 綴, 丁劣反, 又丁衛反, 注及下同. 孟, 本亦作盟, 音孟.

번역 '夫'자의 음은 '扶(부)'이다. '綴'자는 '丁(정)'자와 '劣(렬)'자의 반절음이고, 또한 '丁(정)'자와 '衛(위)'자의 반절음도 되며, 정현의 주 및 아래문장에 나온 글자도 그 음이 모두 이와 같다. '孟'자는 판본에 따라서 또한 '盟'자로도 기록하는데, 그 음은 '孟(맹)'이다.

孔疏 ●"且夫"至"以崇". ○正義曰: 此一經孔子爲賓牟賈說武樂六成之意. 上說三者之事已訖, 更別廣說武樂, 故云.

번역 ●經文: "且夫"~"以崇". ○이곳 경문은 공자가 빈무고를 위해 대무(大武)의 악곡을 여섯 차례 연주하는 뜻을 설명한 것이다. 앞서 세 가지 사안에 대한 설명이 끝나자 재차 대무의 악곡에 대해 별도로 설명하며 폭넓게 해설한 것이다. 그렇기 때문에 이처럼 말했다.

孔疏 ●"且夫武, 始而北出"者, 謂初舞位最在於南頭, 從第一位而北出者. 次及第二位稍北出者. 熊氏云: "則前云三步以見方, 是[3]一成也. 作樂一成而舞, 象武王北出觀兵也."

---

3) '시(是)'자에 대하여. '시'자는 본래 '현(見)'자로 기록되어 있었는데, 완원(阮元)의 『교감기(校勘記)』에서는 "혜동(惠棟)의 『교송본(校宋本)』에는 '현'자가 '시'자로 기록되어 있으니, 이곳 판본에는 잘못 기록된 것이며, 『민본(閩本)』·『감본(監本)』·『모본(毛本)』에도 동일하게 잘못 기록되어 있고, 위씨(衛氏)의 『집설(集說)』에는 '차시(此是)'로 기록되어 있다."라고 했다.

번역 ●經文: "且夫武, 始而北出". ○최초 무용수들의 자리는 가장 남쪽 끝에 있는데, 첫 번째 자리로부터 북쪽으로 나오게 된다. 그 다음으로는 두 번째 자리에 이르러 조금 더 북쪽으로 나온다. 웅안생은 "앞에서는 세 걸을 떼어서 방향을 드러낸다고 했는데,[4] 이것이 첫 번째 악곡을 연주한 것이다. 악(樂)을 연주하여 첫 번째 악곡을 마치고 그 사이에 춤을 추는 것은 무왕이 북쪽으로 나아가 관병식을 했던 것을 상징한다."라고 했다.

孔疏 ●"再成而滅商"者, 謂作樂再成舞者從第二位至第三位, 象武王滅商, 則與前文再始以著往爲一也.

번역 ●經文: "再成而滅商". ○악(樂)을 연주하여 두 번째 악곡을 연주하게 되면, 무용수들은 두 번째 자리로부터 세 번째 자리로 옮겨가니, 무왕이 은나라를 멸망시켰던 것을 상징하므로, 앞에서 "재차 시작하여 나아가고자 함을 드러낸다."[5]라고 한 말과 같은 뜻이다.

孔疏 ●"三成而南"者, 謂舞者從第三位至第四位, 極北而南反, 象武王克紂而南還也.

번역 ●經文: "三成而南". ○무용수들이 세 번째 자리로부터 네 번째 자리로 나아가니, 이것은 북쪽으로 끝가지 가서 남쪽으로 되돌아온 것임을 뜻하며, 무왕이 주임금을 정벌하고 남쪽으로 되돌아온 일을 상징한다는 의

---

4) 『예기』「악기」【474c】: 樂者, 心之動也. 聲者, 樂之象也. 文采節奏, 聲之飾也. 君子動其本, 樂其象, 然後治其飾. 是故先鼓以警戒, 三步以見方, 再始以著往, 復亂以飭歸, 奮疾而不拔, 極幽而不隱, 獨樂其志, 不厭其道, 備擧其道, 不私其欲. 是故情見而義立, 樂終而德尊, 君子以好善, 小人以聽過. 故曰, "生民之道, 樂爲大焉."

5) 『예기』「악기」【474c】: 樂者, 心之動也. 聲者, 樂之象也. 文采節奏, 聲之飾也. 君子動其本, 樂其象, 然後治其飾. 是故先鼓以警戒, 三步以見方, 再始以著往, 復亂以飭歸, 奮疾而不拔, 極幽而不隱, 獨樂其志, 不厭其道, 備擧其道, 不私其欲. 是故情見而義立, 樂終而德尊, 君子以好善, 小人以聽過. 故曰, "生民之道, 樂爲大焉."

미이다.

孔疏 ●"四成而南國是疆"者, 謂武曲四成舞者從北頭第一位却至第二位, 象武王伐紂之後, 南方之國於是疆理也.

번역 ●經文: "四成而南國是疆". ○대무(大武)의 악곡을 네 차례 연주하여 무용수들은 북쪽 끝의 첫 번째 자리를 떠나서 두 번째 자리로 옮겨간다는 뜻으로, 무왕이 주임금을 정벌한 이후 남쪽 나라에 대해서 영토로 포함시켜 다스렸던 일을 상징한다는 의미이다.

孔疏 ●"五成而分周公左 · 召公右"者, 從第二位至第三位, 分爲左右, 象周公居左, 召公居右也.

번역 ●經文: "五成而分周公左 · 召公右". ○두 번째 자리로부터 세 번째 자리로 가면 좌우로 나뉘게 됨을 뜻하니, 주공이 좌측을 담당하고, 소공이 우측을 담당했던 일을 상징한다는 의미이다.

孔疏 ●"六成復綴以崇"者, 綴, 謂南頭初位, 舞者從第三位南至本位, 故言復綴以崇. 崇, 充也. 謂六奏充其武樂, 象武王之德充滿天下. 此並熊氏之說也, 而皇氏不云次位. 舞者本在舞位之中, 但到六成而已. 今舞亦然, 義亦通也.

번역 ●經文: "六成復綴以崇". ○'철(綴)'자는 남쪽 끝에 있는 최초의 자리를 뜻하며, 무용수들은 세 번째 자리로부터 남쪽으로 이동하여 본래의 자리로 되돌아간다. 그렇기 때문에 "최초의 자리로 복귀하여 숭(崇)한다." 라고 했다. '숭(崇)'자는 "완전하다[充]."는 뜻이다. 즉 여섯 차례 악곡을 연주하여 대무의 악곡을 온전히 나타내어, 무왕의 덕이 천하에 충만함을 상징한다는 뜻이다. 이것은 모두 웅안생의 주장인데, 황간은 자리를 차례대로 이동하는 것에 대해서는 언급하지 않았다. 즉 무용수들은 본래 춤을 추는 자리에 머물며 단지 여섯 차례 악곡이 끝날 때까지 이동하지 않을 따름이라는 뜻이다. 현재의 춤 또한 이와 같으므로, 그 주장 또한 통용된다.

孔疏 ◎注"成猶"至"樂也". ○正義曰: 成, 謂曲之終成. 每一曲終成而更奏, 故云"成, 猶奏也". 云"復綴, 反位止也"者, 謂最在南第一位, 初舞之時, 從此位入北, 至六成還反復此位. 如鄭所注, 熊氏得之. 云"凡六奏以充武樂也"者, 充, 謂充備. 言六奏其曲, 武樂充備, 故云"六奏以充武樂", 言武樂充備, 是功成大平, 周德充滿於天下也.

번역 ◎鄭注: "成猶"~"樂也". ○'성(成)'자는 악곡의 연주를 끝냈다는 뜻이다. 매번 한 차례 악곡 연주가 끝나고 재차 연주되기 때문에, "'성(成)'자는 '연주한다[奏].'는 뜻이다."라고 말한 것이다. 정현이 "'복철(復綴)'은 자리로 되돌아와 멈춘다는 뜻이다."라고 했는데, 가장 남쪽 끝에 있는 첫 번째 자리는 최초 춤을 추기 시작할 때, 이 자리로부터 북쪽 자리로 나아가고, 여섯 차례 악곡 연주가 끝나면 다시 되돌아와서 이곳 자리로 복귀한다는 뜻이다. 이와 같은 정현의 주석에 대해서는 웅안생의 설명이 옳다. "모두 여섯 차례 악곡을 연주하여, 대무(大武)의 악곡을 온전히 갖춘다는 뜻이다."라고 했는데, '충(充)'자는 온전히 갖춘다는 뜻이다. 즉 여섯 차례 악곡을 연주하면 대무의 악곡이 온전히 갖춰지게 된다는 뜻이다. 그렇기 때문에 "여섯 차례 악곡을 연주하면 대무의 악곡이 온전히 갖춘다."라고 말한 것이니, 이것은 대무의 악곡이 완비되어, 공적을 이루어 태평성세를 가져온다는 것이니, 주나라의 덕이 천하에 충만하게 되었다는 뜻이다.

訓纂 王肅讀"天子"上屬, 謂"作樂六成, 尊崇天子之德矣."

번역 왕숙은 『집설』처럼 구문을 끊어서 '천자(天子)'라는 두 글자를 이곳 문장과 연결시켰으니, "악(樂)을 연주하여 여섯 차례 악곡을 끝내서, 천자의 덕을 존숭한다."는 뜻이다.

訓纂 張守節曰: 武王居鎬在南, 紂居朝歌在河北, 故舞者南來, 持楯向北,尙象之.

번역 장수절이 말하길, 무왕이 호경에 머물러 남쪽에 있었고, 주임금은 조가에 머물러 황하 북쪽에 있었다. 그렇기 때문에 무용수들이 남쪽으로부터 이동하여, 방패를 들고 북쪽으로 이동하니, 이 또한 당시의 모습을 상징한다.

訓纂 劉氏台拱曰: 古讀右聲如以, 右·子爲韻. 王子雍讀勝于鄭矣.

번역 유태공이 말하길, 고자에서는 '우(右)'자를 '이(以)'자처럼 읽었으니, '우(右)'자와 '자(子)'자는 운이 된다. 왕자옹이 구문을 끊었던 것이 정현보다 낫다.

集解 按: 註疏讀"以崇"句絶, "天子"屬下"夾振之"爲句, 非是. 今從王肅讀, "天子"上屬.

번역 살펴보니, 정현의 주와 공영달의 소에서는 '이숭(以崇)'에서 구문을 끊고, '천자(天子)'를 뒤에 있는 '협진지(夾振之)'와 연결시켜서 구문을 끊었는데, 잘못된 주장이다. 현재 왕숙이 끊은 것에 따라 '천자(天子)'를 앞의 구문과 연결시킨다.

集解 成者, 舞之一終也. 武舞爲六表, 而東西列之. 其在西者, 自南而北; 其在東者, 自北而南. 始而北出者, 自西之第一表至西之第二表, 象武王始出伐紂, 至孟津而大會諸侯也. 紂都朝歌, 在周之東北, 故曰"北出". 再成而滅商者, 自西之第二表至西之第三表, 象武王渡河, 至牧野而克商也. 三成而南者, 自西之第三表至東之第一表, 象武王旣克商, 而旋師南向也. 南國, 謂靑·兗二州之諸侯, 在紂都之南, 未服於周者也. 四成而南國是疆者, 自東之第一表至東之第二表, 象旋師而因定南國之未服者也. 五成而分周公左, 召公右者, 自東之第二表至東之第三表, 象天下旣定, 而周公召公分陝而治也. 六成復綴,以崇天子者, 自東之第三表復歸於西之第一表, 象周公召公旣成治功, 而歸其功於天子, 以尊崇之, 若王制言"考禮·正刑·一德, 以尊於天子"也. 孔疏用熊氏之說, 謂武舞立四表, 自南而北, 又自北而南, 以爲六成. 皇氏則謂六成乃舞者更迭出入, 而無立表往反之法. 今以六成復綴推之, 則熊氏爲是, 但其言唯立四表者, 尙未善耳. 自此以下, 又爲賈詳言武舞象成之事. 此一節, 統論一舞之始終也.

번역 '성(成)'자는 춤을 한 차례 마쳤다는 뜻이다. 대무(大武)의 춤은 여섯 대열로 맞추고, 동서 방향으로 정렬하게 된다. 서쪽에 있는 자들은 남쪽으로부터 북쪽으로 이동하고, 동쪽에 있는 자들은 북쪽에서 남쪽으로 이동한다. "처음 시작하여 북쪽으로 나온다."는 말은 서쪽에 있는 첫 번째 줄로부터 서쪽에 있는 두 번째 줄로 나아가서 무왕이 처음 주임금을 정벌하기 위해, 출정하여 맹진에 이르러 제후들과 큰 회합을 가졌던 일을 상징한다. 주임금의 수도는 조가(朝歌)로 당시 주나라의 동북쪽에 있었다. 그렇기 때문에 "북쪽으로 나온다."라고 말했다. "두 번째로 춤을 추어서 은나라를 멸망시킨다."는 말은 서쪽의 두 번째 줄로부터 서쪽의 세 번째 줄로 나아가서 무왕이 황하를 건너서 목야에 이르러 은나라 군대를 물리쳤던 일을 상징한다. "세 번째로 춤을 추어서 남쪽을 간다."는 말은 서쪽의 세 번째 줄로부터 동쪽의 첫 번째 줄로 나아가서 무왕이 은나라를 이긴 뒤 군대를 돌려 남쪽으로 이동했던 일을 상징한다. '남국(南國)'은 청주와 예주에 속한 제후들을 뜻하니, 주임금의 수도 남쪽에 있었던 나라들로, 아직까지 주나라에 복종하지 않았던 자들이다. "네 번째로 춤을 추어서 남쪽의 국가가 영토가 되다."라는 말은 동쪽의 첫 번째 줄로부터 동쪽의 두 번째 줄로 이동하여, 군대를 되돌리고 그 일로 인해 남쪽 나라들 중 아직 복종하지 않았던 자들을 평정했던 일을 상징한다. "다섯 번째로 춤을 추어 나누어서 주공이 좌측을 담당하고 소공이 우측을 담당한다."라는 말은 동쪽의 두 번째 줄로부터 동쪽의 세 번째 줄로 이동하여, 천하가 이미 평정되어, 주공과 소공이 섬땅을 중심으로 좌우를 나누어 다스렸던 일을 상징한다. "여섯 번째로 춤을 추어서 자리로 복귀하여 천자를 존숭한다."라는 말은 동쪽의 세 번째 줄로부터 서쪽의 첫 번째 줄로 다시 되돌아와서, 주공과 소공이 이미 치적을 이루고서 그 공적을 천자에게 돌리고, 이를 통해 존숭했던 일을 상징한다. 이것은 마치 『예기』「왕제(王制)」편에서 "예(禮)를 고찰하고, 형벌을 바로잡고, 덕을 한결같이 해서 천자를 존숭하는 것이다."[6]라는 뜻과 같다. 공영달의 소에서는 웅안생의 주장을 인용하여, 대무의 춤을 출 때에는 네 줄의 자리를 마련하여, 남쪽으로부터 북쪽으로 이동하고, 다시 북쪽으로부터 남쪽으로 이동하는 것이 육성(六成)이 된다고 했다. 황간은 여섯 차례 춤을 추게 되면 무용수들은 번갈아가며 나아가고 들어가지만, 자리를 정하고 왕복하는 법도가 없다고 했다. 현재 여섯 차례 춤을 추어서 본래의 자리로 되돌아간다는 것으로 추론해보면, 웅안생의 주장이 옳다. 다만 네 줄의 자리만을 마련한다고 한 것은 정확한 해설이 아닐 따름이다. 이곳 구문으로부터 그 이하의 내용은 빈무고를 위해 대무의 춤이 공적을 이룬 것을 상징했다는 사안을 상세히 설명하고 있다. 이곳 문단은 춤의 시작과 끝에 대해서 총괄적으로 논의한 것이다.

6) 『예기』「왕제(王制)」【154a】: 天子無事, 與諸侯, 相見曰朝, 考禮, 正刑, 一德以尊于天子.

<table>
<tr><th>구분</th><th>웅안생</th><th>황간</th><th>손희단</th></tr>
<tr><td>1성(成)</td><td>第二位
⇧(北)
第一位</td><td rowspan="6">이동하지 않음</td><td>西之第二表
⇧(北)
西之第一表</td></tr>
<tr><td>2성(成)</td><td>第三位
⇧(北)
第二位</td><td>西之第三表
⇧(北)
西之第二表</td></tr>
<tr><td>3성(成)</td><td>第四位
⇧(北)
第三位</td><td>西之第三表
⇨
東之第一表</td></tr>
<tr><td>4성(成)</td><td>第四位
⇩(南)
第三位</td><td>東之第一表
⇩(南)
東之第二表</td></tr>
<tr><td>5성(成)</td><td>第三位
⇩(南)
第二位</td><td>東之第二表
⇩(南)
東之第三表</td></tr>
<tr><td>6성(成)</td><td>第二位
⇩(南)
第一位</td><td>東之第三表
⇨
西之第一表</td></tr>
</table>

그림 61-1 맹진(孟津) 땅에서의 큰 회맹을 하는 모습

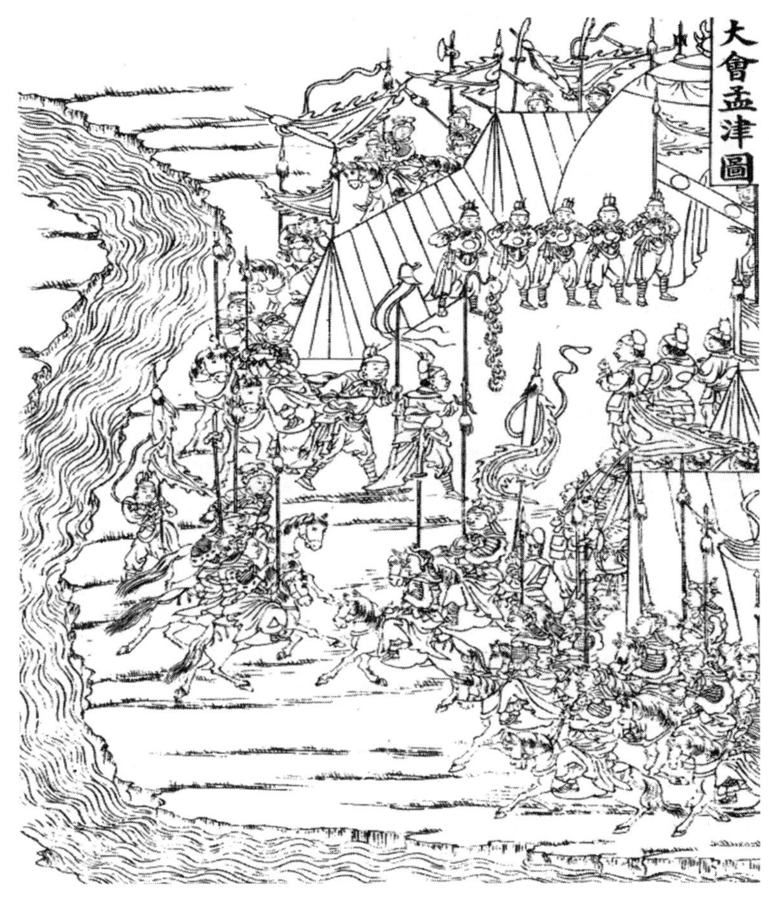

※ 출처: 『흠정서경도설(欽定書經圖說)』 21권 「대회맹진도(大會孟津圖)」

그림 61-2 하북(河北)에서 군사들에게 맹세하는 모습

※ 출처: 『흠정서경도설(欽定書經圖說)』 21권 「하삭서사도(河朔誓師圖)」

그림 61-3 육군(六軍)을 크게 살피는 모습

※ **출처:** 『흠정서경도설(欽定書經圖說)』 21권 「대순육사도(大巡六師圖)」

그림 61-4 목야(牧野)에서 서약하는 모습

※ 출처: 『흠정서경도설(欽定書經圖說)』 22권 「목야서사도(牧野誓師圖)」

그림 61-5 이동하고 내리치며 멈춰서 정돈하는 모습

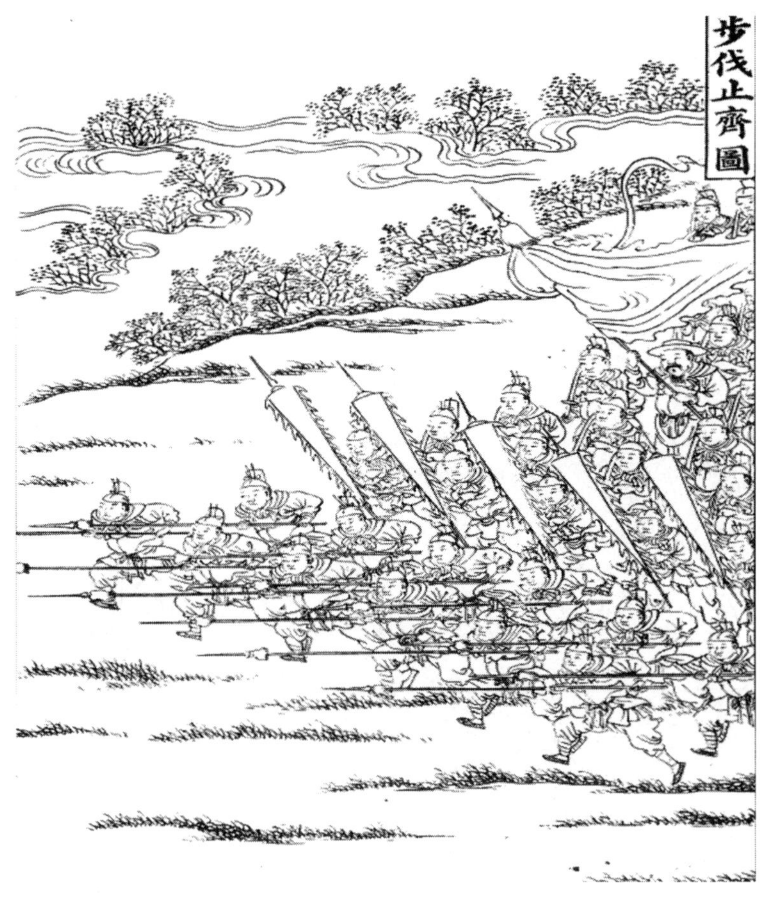

※ 출처: 『흠정서경도설(欽定書經圖說)』 22권 「보벌지제도(步伐止齊圖)」

그림 61-6 아침에 호경으로부터 정벌을 떠나는 모습

※ **출처:** 『흠정서경도설(欽定書經圖說)』 23권 「조보우정도(朝步于征圖)」

그림 61-7 은나라를 정벌하고 그 사실을 아뢰는 모습

※ 출처: 『흠정서경도설(欽定書經圖說)』 23권 「무성고묘도(武成告廟圖)」

그림 61-8 구주(九州)-『서』「우공(禹貢)

※ **출처:** 『흠정사고전서(欽定四庫全書)』「도서편(圖書編)」 31권

그림 61-9 구주(九州)-『주례』

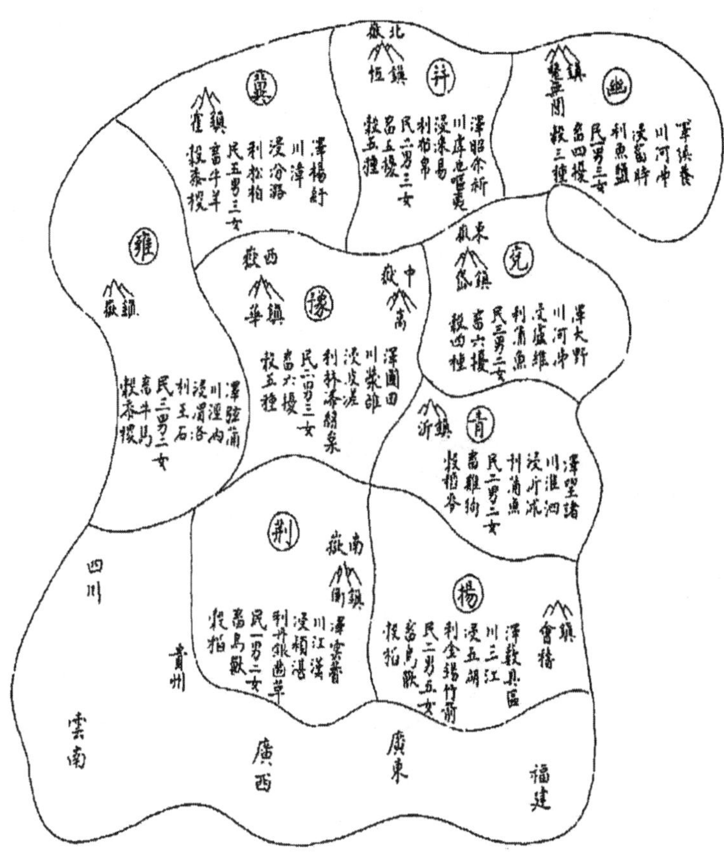

※ 출처: 『주례도설(周禮圖說)』 상권

그림 61-10 옛 청주(靑州)

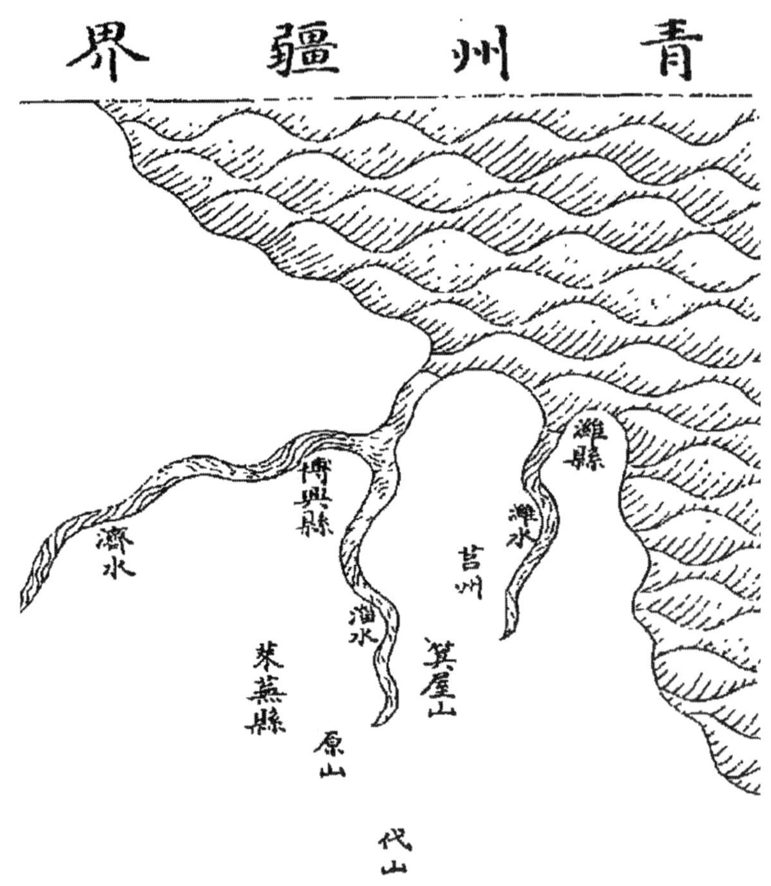

※ 출처: 『흠정사고전서(欽定四庫全書)』「도서편(圖書編)」 31권

그림 61-11 옛 예주(豫州)

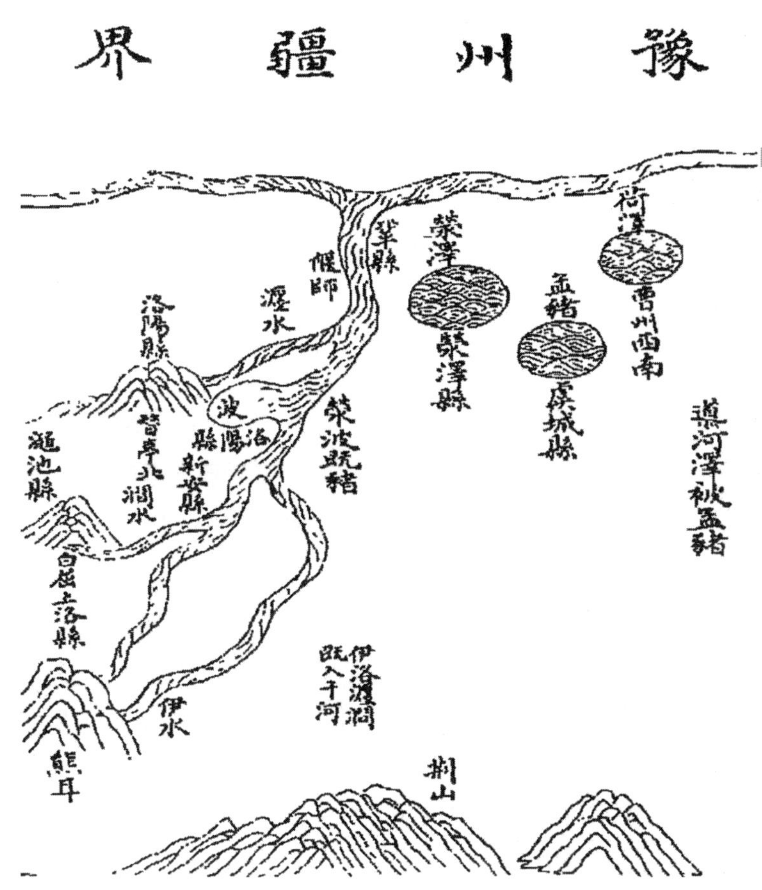

※ **출처:** 『흠정사고전서(欽定四庫全書)』「도서편(圖書編)」 31권

• 제 62 절 •

공자의 답변-협진(夾振)과 사벌(駟伐)

【483c】

"夾振之而駟伐, 盛威於中國也."

직역 "夾振하고 駟伐하여, 中國에 威를 盛합니다."

의역 공자가 계속해서 말해주길, "대무(大武)를 출 때, 두 사람이 무용수를 양쪽에서 끼고 목탁을 두드리고, 무용수들이 창으로 네 차례 치고 때려서, 무왕의 군대가 중국에 위엄을 성대하게 떨쳤음을 나타냅니다."라고 했다.

集說 此又申言武始北出以下事. 二人夾舞者而振鐸以爲節, 則舞者以戈矛四次擊刺, 象伐紂也. 駟, 讀爲四. 伐, 如泰誓四伐五伐之伐. 此象武王之兵所以盛威於中國也. 一說, 引君執干戚就舞位, 讀天子連下句, 但舊註以崇訓充, 則未可通耳. 四伐, 或象四方征伐, 武勝殷而滅國者五十, 則亦有東征西討南征北伐之事矣.

번역 이 내용은 또한 대무(大武)를 출 때 처음에는 북쪽으로 나온다는 것으로부터 그 이하의 일들에 대해서 거듭 설명한 것이다. 두 사람이 무용수를 양쪽에서 끼고 목탁을 울리며 절도를 맞추면, 무용수들은 창으로 네 차례 치고 찌르니, 주임금을 정벌했던 일들을 상징하기 때문이다. '사(駟)'자는 '사(四)'자로 풀이한다. '벌(伐)'자는 『서』「태서(泰誓)」편에서 "네 번 치고 찌르며, 다섯 번 치고 찌른다."[1]고 했을 때의 '벌(伐)'자와 같다. 이것은 무왕의 군대가 중국에서 위엄을 융성하게 떨쳤음을 상징한다. 일설에는

---

1) 『서』「주서(周書)·목서(牧誓)」: 不愆于四伐五伐六伐七伐, 乃止齊焉. 勗哉, 夫子.

군주가 직접 방패와 도끼를 들고 무용수들의 대열로 나아간다고 주장하여, 앞 문장에 나온 '천자(天子)'라는 두 글자를 이곳 구문과 연결해서 해석한다. 다만 옛 주석에서는 '숭(崇)'자를 '충(充)'자로 풀이했으니, 이러한 해석은 뜻이 소통되지 못할 따름이다. '사벌(四伐)'은 혹여 사방을 정벌했던 것을 상징할 수도 있으니, 무왕은 은나라를 정벌하고 멸망시킨 제후국이 오십 여개에 이르렀으니, 또한 동서남북으로 정벌했던 일이 있었던 것이다.

鄭注 夾振之者, 王與大將夾舞者, 振鐸以爲節也. 駟當爲四, 聲之誤也. 武舞, 戰象也. 每奏四伐, 一擊一刺爲一伐. 牧誓曰: "今日之事, 不過四伐五伐."

번역 '협진지(夾振之)'라는 말은 천자와 대장군이 무용수를 양쪽에서 끼고, 목탁을 두드리며 절도를 맞추게 한다는 뜻이다. '사(駟)'자는 마땅히 '사(四)'자가 되어야 하니, 소리가 비슷해서 생긴 오류이다. 대무(大武)의 춤은 전쟁을 상징한다. 매 연주마다 네 차례 벌(伐)을 하니, 한 번 치고 한 번 찌르는 것이 1벌(伐)이다. 『서』「목서(牧誓)」편에서는 "현재의 일은 4벌(伐)과 5벌(伐)을 넘어서는 안 된다."라고 했다.

釋文 夾, 古洽反, 注及下同. 鐸, 大各反. 一刺, 本亦作壹刺, 七亦反.

번역 '夾'자는 '古(고)'자와 '洽(흡)'자의 반절음이고, 정현의 주 및 아래 문장에 나오는 글자도 그 음이 이와 같다. '鐸'자는 '大(대)'자와 '各(각)'자의 반절음이다. '一刺'은 판본에 따라서 또한 '壹刺'로도 기록하는데 '刺'자의 음은 '七(칠)'자와 '亦(역)'자의 반절음이다.

孔疏 ●"天子"至"國也". ○正義曰: "天子夾振之"者, 謂武樂之作, 言天子與大將夾舞者, 振鐸以節之.

번역 ●經文: "天子"~"國也". ○경문의 "天子夾振之"에 대하여. 대무(大武)의 악곡을 연주한다는 뜻이니, 천자가 대장군과 함께 무용수를 양쪽에서 끼고 목탁을 두드리며 절도를 맞춘다는 의미이다.

孔疏 ●"而駟伐"者, 駟當爲四. 四伐, 謂擊刺. 作武樂之時, 每一奏之中, 而四度擊刺. 象武王伐紂四伐也.

번역 ●經文: "而駟伐". ○'사(駟)'자는 마땅히 '사(四)'자가 된다. '사벌(四伐)'의 벌(伐)자는 치고 찌른다는 뜻이다. 즉 대무(大武)의 음악을 연주할 때, 매번 한 차례 연주를 하며 네 번 치고 찌른다는 의미이다. 이것은 무왕이 주임금을 정벌하며 네 차례 벌(伐)을 했던 사안을 상징한다.

孔疏 ●"盛威於中國也"者, 象武王之德, 盛大威武於中國.

번역 ●經文: "盛威於中國也". ○무왕의 덕이 중국에 성대하게 위엄과 무용을 떨쳤음을 상징한다.

孔疏 ◎注"夾振"至"五伐". ○正義曰: "王與大將夾舞者, 振鐸以爲節也"者, 經云"天子夾振", 是兩邊相夾. 天子與大將相對, 明是尊者, 故知王與大將也. 經云"振之", 鐸是所振之物, 故知振鐸以爲舞者之節也. 武樂在庭, 天子尊極, 所以得親夾舞人爲振鐸者, 熊氏按祭統云: "君執干戚就舞位, 冕而總干, 率其群臣以樂皇尸." 又下云: "食三老五更於大學, 冕而總干." 尙得親舞, 何以不得親執鐸乎? 此執鐸爲祭天時也. 皇氏云: "武王伐紂之時, 王與大將親自執鐸以夾軍衆. 今作武樂之時, 令二人振鐸夾舞者, 象武王與大將伐紂之時矣." 皇氏此說, 稍近人情, 理通, 勝於熊氏. 但注云"王與大將夾舞"者, 則似天子親夾舞人, 則皇氏說不便, 未知孰是, 故備存焉. 王肅讀"天子"上屬, 謂"作樂六成, 尊崇天子之德矣". 以是聖證論王肅引家語而難鄭云: "六成而復綴, 以崇其爲天子, 此家語之文也." 馬昭申鄭意, 云: "凡樂之作, 皆所以昭天子之德, 豈特六成之末而崇之乎?" 孔晁又難馬昭云: "天子夾振用舞之法, 在於經典. 今謂天子夾振, 此經之正文, 又親舞總干具." 如熊氏之說, 此則經典之證也. 云"駟當爲四, 聲之誤也"者, 以牧誓有四伐之文, 故讀爲四也. 云"每奏四伐"者, 武樂六奏, 每一奏之中, 舞者以戈矛四度擊刺, 象伐紂時也. 引"牧誓曰: 今日之事, 不過四伐五伐"者, 此武王戒誓士衆, 云"今日戰事, 前進不得過四伐五伐, 乃止齊焉". 今武樂惟用四伐, 不用五伐者, 尙其少也.

번역 ◎鄭注: "夾振"~"五伐". ○정현이 "천자와 대장군이 무용수를 양쪽에서 끼고, 목탁을 두드리며 절도를 맞추게 한다."라고 했는데, 경문에서는 "천자가 끼고서 두드린다."라고 했으니, 이것은 양쪽 측면에서 서로 그 사이를 끼고 있음을 나타낸다. 천자는 대장군과 서로 대비가 되니, 이것은 존귀한 신분을 나타낸다. 그렇기 때문에 천자가 대장군과 이처럼 한다는 사실을 알 수 있다. 경문에서는 '진지(振之)'라고 했는데, 목탁은 두들기는 물건이다. 그렇기 때문에 목탁을 두들겨서 무용수들에 대한 절도로 삼았음을 알 수 있다. 대무(大武)의 악곡은 마당에서 시연하고, 천자는 지극히 존귀한 존재인데, 직접 무용수들을 옆에 끼고서 목탁을 두들길 수 있는 이유에 대해서, 웅안생은 『예기』「제통(祭統)」편을 살펴보면, "군주가 방패와 도끼를 잡고서 무용수들의 대열로 나아가고, 면복(冕服)을 착용하고 방패를 쥐며, 뭇 신하들을 인솔하여 황시(皇尸)[2]를 즐겁게 한다."[3]고 했다. 또 뒤에서는 "대학에서 삼로와 오경에게 식사를 대접하며 면류관을 쓰고 방패를 들고서 춤을 춘다."[4]라고 했다. 이러한 경우에도 오히려 직접 춤을 출 수 있는데, 어찌 직접 목탁을 들지 못하겠는가? 여기에서 목탁을 잡은 것은 하늘에 대한 제사를 지내는 시기이기 때문이다. 황간은 "무왕이 주임금을 정벌했을 때, 천자와 대장군은 직접 목탁을 들고서 군대 양 옆에 있었다. 현재 대무(大武)의 악곡을 연주하는 시기에, 두 사람으로 하여금 목탁을 두드리며 무용수를 양 옆에서 끼도록 했던 것은 무왕과 대장군이 주임금을

2) 황시(皇尸) : '황시'는 본래 군주의 시동에게 붙이는 경칭이다. 또한 일반적으로 시동을 높여 부르는 용어로도 사용되었다.

3) 『예기』「제통(祭統)」【578a】 : 及入舞, 君執干戚就舞位. 君爲東上, 冕而摠干, 率其群臣以樂皇尸. 是故天子之祭也, 與天下樂之. 諸侯之祭也, 與竟內樂之. 冕而摠干, 率其群臣以樂皇尸, 此與竟內樂之之義也.

4) 『예기』「악기」【485a~b】 : 食三老五更於大學, 天子袒而割牲, 執醬而饋, 執爵而酳, 冕而總干, 所以敎諸侯之弟也. 若此, 則周道四達, 禮樂交通, 則夫武之遲久, 不亦宜乎?

정벌했던 때를 상징한다."라고 했다. 황간의 이러한 설명은 인정상 보다 가깝고 이치로도 통용되니, 웅안생의 주장보다 낫다. 다만 정현의 주에서는 "천자와 대장군이 무용수를 양 옆에서 낀다."라고 했으니, 아마도 천자가 직접 무용수들 옆에 있었을 것이므로, 황간의 주장과는 맞지 않는데, 어느 주장이 옳은지는 잘 모르겠다. 그래서 두 주장을 함께 수록해둔다. 왕숙은 '천자(天子)'라는 두 글자를 앞의 문장과 연결해서 구문을 끊었으니, "음악을 연주하며 6성(成)을 하는 것은 천자의 덕을 존숭하기 위해서이다."는 뜻이 된다. 이러한 이유로 『성증론』에서 왕숙은 『공자가어』의 기록을 인용하고 정현을 비판하며, "6성(成)을 하고 대열로 복귀하여 천자가 되었음을 존숭하니, 이것은 『공자가어』의 문장이다.[5)]"라고 했다. 마소는 정현의 주장을 거듭 밝히며, "무릇 악(樂)을 연주할 때에는 모든 경우에 천자의 덕을 드러내는데, 어떻게 6성(成)을 하는 말미에서만 존숭을 하는 것이겠는가?"라고 했다. 공조는 또한 마소의 주장을 비판하며, "천자가 양 옆에서 끼고 목탁을 두드리는 무용의 법도는 경전의 기록에 남아있다. 현재 천자가 양 옆에서 끼고 목탁을 두드린다고 했는데, 이것은 경문에 나온 기록이며, 또한 직접 춤을 추며 방패 등의 무용도구를 잡는 것이다."라고 했다. 웅안생의 주장대로라면 이 내용은 경전의 기록으로 증명이 된다. 정현이 "'사(駟)'자는 마땅히 '사(四)'자가 되어야 하니, 소리가 비슷해서 생긴 오류이다."라고 했는데, 『서』「목서(牧誓)」편에는 '사벌(四伐)'이라는 기록이 있기 때문에 '사(四)'자로 해석한 것이다. 정현이 "매 연주마다 네 차례 벌(伐)을 한다."라고 했는데, 대무(大武)의 악곡은 여섯 차례 연주를 하며, 매번 한 차례 연주를 하며 무용수들은 창으로 네 차례 치고 찌르니, 이것은 주임금을 정벌하는 때를 상징한다. 정현이 "「목서」편에서는 '현재의 일은 4벌(伐)과 5벌(伐)을 넘어서는 안 된다.'"라고 한 말을 인용했는데, 이것은 무왕이 병사들에게 경계를 하며, "오늘의 전투에서 앞으로 나아감에 4벌(伐)과 5벌(伐)을 넘어서는 안 되니, 그렇게 되면 곧 멈추고 대열을 정비해야 한다."라

---

5) 『공자가어(孔子家語)』「변악해(辯樂解)」: 且夫武始成而北出, 再成而滅商, 三成而南反, 四成而南國是疆, 五成而分陜, 周公左, 邵公右, 六成而復綴, 以崇其天子焉.

고 한 것이다. 현재 대무의 악무에서는 오직 4벌(伐)만 사용하고 5벌(伐)을 사용하지 않는데, 적은 것을 숭상하기 때문이다.

그림 62-1 목탁(木鐸)과 금탁(金鐸)

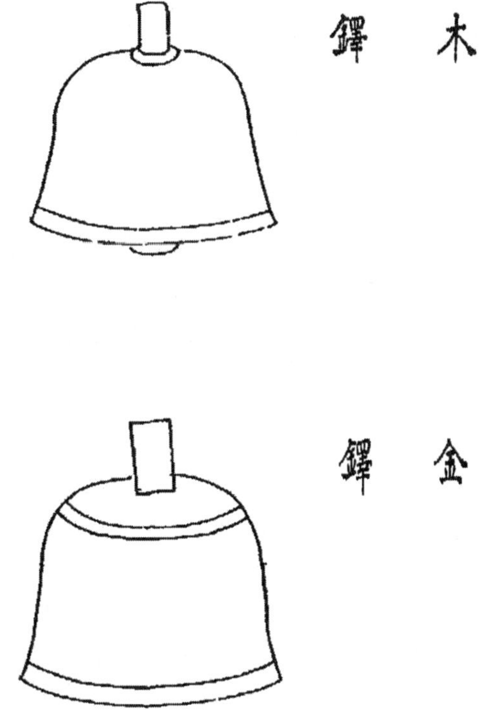

※ **출처:** 『육경도(六經圖)』 5권

• 제 63 절 •

공자의 답변-분협이진(分夾而進)과 구립어철(久立於綴)

【483d】

"分夾而進, 事蚤濟也. 久立於綴, 以待諸侯之至也."

직역 "分夾하고 進하여, 事가 蚤濟합니다. 綴에 久立하여, 이로써 諸侯의 至를 待합니다."

의역 공자가 계속해서 말해주길, "목탁을 두드리는 자는 무용수들의 자리에서 양 옆에서 끼고 나아가서, 무왕의 과업이 조기에 성취됨을 상징합니다. 무용수들이 대열의 자리에서 오래도록 서 있는 것은 이를 통해 무왕이 제후들이 모일 때까지 기다렸던 일을 상징합니다."라고 했다.

集說 分, 部分也. 舞者各有部分, 而振鐸者夾之而進也. 濟, 猶成也. 此於武王之事爲早成也. 舞者久立於行綴之位, 象武王待諸侯之集也.

번역 '분(分)'은 무용수들이 차지하고 있는 일정 자리를 뜻한다. 무용수들은 각각 일정 자리를 차지하고 있고, 목탁을 두드리는 자가 양 옆에서 끼고 나아간다. '제(濟)'자는 "이루다[成]."는 뜻이다. 즉 무왕의 정벌이 조기에 완성된 것이다. 무용수들이 대열의 자리에서 오래도록 서 있는 것은 제후들이 모이기를 무왕이 기다렸던 것을 상징한다.

鄭注 分, 猶部曲也. 事, 猶爲也. 濟, 成也. 舞者各有部曲之列, 又夾振之者, 象用兵務於早成也. 象武王伐紂待諸侯也.

번역 '분(分)'자는 무용수들의 일정 단위를 뜻한다. '사(事)'자는 '위(爲)'

자와 같다. '제(濟)'자는 "이루다[成]."는 뜻이다. 무용수들은 각각 일정 단위로 나열되어 있고, 또 옆에서 끼고 목탁을 두드리니, 이것은 병사를 부림에 과업을 일찍 이루는데 힘씀을 상징한다. 오래도록 서 있는 것은 무왕이 주임금을 정벌하며 제후들을 기다렸던 일을 상징한다.

釋文 分, 扶問反, 注同, 分, 部曲.

번역 '分'자는 '扶(부)'자와 '問(문)'자의 반절음이며, 정현의 주에 나오는 글자도 그 음이 이와 같고, '分'자는 대열 속의 일정 단위를 뜻한다.

孔疏 ●"分夾"至"兵也". ○正義曰: "分夾而進, 事蚤濟也"者, 分, 謂部分; 夾, 謂振鐸夾之. 言舞者各有部分, 振鐸夾之而進也. 事, 爲也. 象武王伐紂爲蚤. 濟, 成也, 象爲事之蚤成, 故前進也.

번역 ●經文: "分夾"~"兵也". ○경문의 "分夾而進, 事蚤濟也"에 대하여. '분(分)'자는 무용수들이 차지하고 있는 일정 자리를 뜻한다. '협(夾)'자는 목탁을 두드리는 자가 양 옆에서 끼고 있다는 뜻이다. 즉 무용수들은 각각 차지하고 있는 일정 자리가 있고, 목탁을 두드리는 자가 그들을 양 옆에서 끼고 나아간다는 뜻이다. '사(事)'자는 '위(爲)'자가 된다. 무왕이 주임금을 정벌했던 일이 빠르게 성취됨을 상징한다. '제(濟)'자는 "이루다[成]."는 뜻이니, 일을 시행함이 빠르게 완성됨을 상징한다. 그렇기 때문에 앞으로 나아가는 것이다.

孔疏 ●"久立於綴, 以待諸侯之至也"者, 言未舞之前舞者, 久立於酇綴, 象武王待諸侯之至.

번역 ●經文: "久立於綴, 以待諸侯之至也". ○아직 춤을 추기 이전의 무용수들은 자기 대열의 자리에서 오래도록 서 있게 되니, 이것은 제후들이 도착할 때까지 무왕이 기다렸던 일을 상징한다는 뜻이다.

集解 愚謂: 此申言再成滅商之事也. 振, 謂振鐸也. 周禮大司馬職曰, "兩司馬振鐸." 又曰, "司馬振鐸, 車徒皆作." 夾振之而四伐, 謂舞者象牧野之戰, 兩司馬夾士卒之兩旁, 振鐸以作之, 而士卒以戈矛四度擊刺也. 盛威於中國者, 牧野之戰, 盛大威武於中國, 書言"我武惟揚", 是也. 分, 部分也. 分夾而進, 謂舞者象將帥部分士卒, 又振鐸夾之而使之進也. 濟, 濟河也. 事蚤濟者, 言所以分夾而進, 欲其急濟河而伐紂也. 久立於綴, 以待諸侯之至者, 言再成將發時, 久立於綴而未卽舞, 象武王將濟河時, 待諸侯之至而俱發, 書言"戊午, 王次于河朔, 群后以師畢會", 是也. 再成時, 始立於綴, 次乃渡河, 次乃四伐, 此乃逆言之, 蓋滅商之功, 成於四伐, 故先言之, 而逆溯以及其前也.

번역 내가 생각하기에, 이 내용은 "2성(成)에 은나라를 멸망시키다."[1]는 사안을 다시 설명한 것이다. '진(振)'자는 목탁을 두드린다는 뜻이다. 『주례』「대사마(大司馬)」편의 직무 기록에서는 "양사마(兩司馬)가 목탁을 두드린다."[2]고 했고, 또 "사마가 목탁을 두드려서, 수레와 병사들이 모두 일어나 움직인다."[3]라고 했다. "양 옆에서 끼고 목탁을 두들기고 네 차례 벌(伐)을 한다."는 말은 무용수들이 목야의 전투에서, 양사마가 병사들의 양쪽 측면에 위치하여 목탁을 두드리며 나아가도록 했고, 병사들이 창으로 네 차례 치고 찔렀던 것을 뜻한다. "중국에 위엄을 성대하게 떨친다."는 말은 목야의 전투는 중국에 위엄과 무용을 성대하게 떨쳤다는 뜻으로, 『서』에서 "우리의 무용을 떨친다."[4]라고 한 말이 이 내용에 해당한다. '분(分)'자는 일정 부분을 뜻한다. '분협이진(分夾而進)'이라는 말은 장수가 각각 병사들을 나누고 또 목탁을 두드리며 양 옆에서 끼고 나아가도록 했던 일

1) 『예기』「악기」【483b】: 且夫武始而北出, 再成而滅商, 三成而南, 四成而南國是疆, 五成而分, 周公左, 召公右, 六成復綴以崇天子.

2) 『주례』「하관(夏官)·대사마(大司馬)」: 中軍以鼙令鼓, 鼓人皆三鼓, 群司馬振鐸, 車徒皆作. 遂鼓行, 徒銜枚而進. 大獸公之, 小禽私之, 獲者取左耳.

3) 『주례』「하관(夏官)·대사마(大司馬)」: 中軍以鼙令鼓, 鼓人皆三鼓, 司馬振鐸, 群吏作旗, 車徒皆作; 鼓行, 鳴鐲, 車徒皆行, 及表乃止; 三鼓, 摝鐸, 群吏弊旗, 車徒皆坐.

4) 『서』「주서(周書)·태서중(泰誓中)」: 我武惟揚, 侵于之疆, 取彼凶殘, 我伐用張, 于湯有光.

을 무용수들이 상징했다는 뜻이다. ‘제(濟)’자는 황하를 건넌다는 뜻이다. ‘사조제(事蚤濟)’라는 말은 나누고 양 옆에서 끼고 나아가는 것은 신속히 황하를 건너서 주임금을 정벌하고자 했기 때문임을 뜻한다. “대열에 오래도록 서 있는 것은 이를 통해 제후들이 도착하기를 기다린 것이다.”는 말은 2성(成)이 시작되려고 할 때, 대열에서 오래도록 서서 아직 춤사위를 나타내지 않는 것이 무왕이 황하를 건너려고 할 때, 제후들이 도착하기를 기다렸다가 함께 군대를 나아가게 했던 일을 상징한다는 뜻으로, 『서』에서는 “무오일에, 왕이 하북(河北)에 머물러 계시니, 제후들이 군대를 이끌고 모여들었다.”[5]고 했다. 2성(成)을 할 때, 처음에는 대열의 자리에 서 있고, 그 다음에는 황하를 건너는 것을 나타내며, 그 다음에는 네 차례 창으로 치고 찌르니, 위의 내용은 역순으로 언급한 것으로, 은나라를 멸망시킨 것은 네 차례 치고 치르는 것에서 완성되었기 때문에, 이것을 먼저 언급하고서 역순으로 언급하여 가장 앞에 있었던 일을 말한 것이다.

5) 『서』「주서(周書)·태서중(泰誓中)」: 惟戊午, 王次于河朔. 群后以師畢會, 王乃徇師而誓.

• 제 64 절 •

공자의 답변-목야(牧野)의 전투와 분봉

【484a】

"且女獨未聞牧野之語乎? 武王克殷反商, 未及下車而封黃帝之後於薊, 封帝堯之後於祝, 封帝舜之後於陳; 下車而封夏后氏之後於杞, 投殷之後於宋, 封王子比干之墓, 釋箕子之囚, 使之行商容而復其位. 庶民弛政, 庶士倍祿."

직역 "且히 女는 獨히 牧野의 語를 未聞입니까? 武王은 殷을 克하고 商에서 反함에, 車를 下함에 未及하고 薊에 黃帝의 後를 封하고, 祝에 帝堯의 後를 封하며, 陳에 帝舜의 後를 封하며; 車에 下하고 杞에 夏后氏의 後를 封하고, 宋에 殷의 後를 投하며, 王子比干의 墓를 封하고, 箕子의 囚을 釋하여, 之를 使하여 商容으로 行하여 그 位를 復했습니다. 庶民에게는 政을 弛하고, 庶士에게는 祿을 倍했습니다."

의역 공자가 계속해서 말해주길, "또한 그대는 아직 목야에서 일어난 일들을 들어보지 못했습니까? 무왕께서는 은나라 군대를 물리치고 그 수도에 이르러서, 아직 수레에서 내리기도 전에 황제의 후손을 계(薊)에 분봉하셨고, 요임금의 후손을 축(祝)에 분봉하셨으며, 순임금의 후손을 진(陳)에 분봉하셨습니다. 또 수레에서 내리셔서는 하후씨의 후손을 기(杞)에 분봉하셨고, 은나라의 후손을 송(宋)으로 옮기셨으며, 왕자인 비간의 묘에 봉분을 쌓으셨고, 감금된 기자를 석방하셔서, 그로 하여금 상용(商容)으로 가도록 하여 그 지위를 회복시켜주셨습니다. 또 백성들에 대해서는 잔혹한 정치를 느슨히 풀어주시고, 말단 관리들에 대해서는 녹봉을 올려주셨습니다."라고 했다.

集說 反, 讀爲及. 言牧野克殷師之後, 卽至紂都也. 殷後不曰封而曰投者,擧而徙置之辭也. 然封微子於宋, 在成王時, 此特歷敍黃帝·堯·舜·禹·湯之次而言之耳. 其曰未及下車而封, 與下車而封, 先後之辭, 讀者不以辭害意可也. 行商容, 卽書所謂"式商容閭"也. 弛政, 解散紂之虐政也. 一說, 謂罷其征役. 倍祿, 祿薄者倍增之也.

번역 '반(反)'자는 "~에 이른다."는 뜻의 '급(及)'자로 풀이한다. 즉 목야의 땅에서 은나라 군대를 물리친 이후, 곧바로 주임금이 있는 수도에 도달했다는 뜻이다. 은나라 후예에 대해서는 '봉(封)'이라고 말하지 않고 '투(投)'라고 말했으니, '투(投)'자는 어떤 것을 들어다가 다른 곳으로 옮겼을 때 쓰는 말이다. 그러나 송(宋)나라에 미자를 분봉했던 것은 성왕 때의 일이니, 이 문장은 단지 황제·요·순·우·탕의 순서에 따라 차례대로 열거했을 뿐이다. "아직 수레에서 내리기도 전에 분봉을 했다."라고 했고, "수레에서 내려서 분봉을 했다."라고 했는데, 이것은 선후를 나타내는 말이니, 독자들은 표현으로 인해 의미를 놓치지 않아야 한다. '행상용(行商容)'이라는 말은 『서』에서 "상용의 마을에 공경의 예를 표한다."[1]라고 한 말에 해당한다. '이정(弛政)'은 주임금이 시행했던 포악한 정치를 느슨하게 풀어준다는 뜻이다. 일설에는 과도한 세금과 요역을 타파한다는 뜻이라고 주장한다. '배록(倍祿)'은 녹봉이 적은 자들에 대해서 배로 늘려준다는 뜻이다.

大全 延平周氏曰: 必封先代之後如此者, 示其無意於天下, 雖曰得之, 亦與先代之後共之也. 書曰釋箕子之囚, 蓋釋箕子而後使之爲臣. 又曰式商容閭, 蓋式之而後復其位也.

번역 연평주씨가 말하길, 이처럼 반드시 이전 왕조의 후예를 분봉한 것은 천하에 대해서 사적인 욕심이 없음을 드러낸 것이니, 비록 천하를 얻었다고 하지만, 이 또한 이전 왕조의 후예들과 공유함을 뜻한다. 『서』에서는 "기자의 감금을 풀어주었다."라고 했는데, 아마도 기자를 풀어준 이후에 그를 신하로 삼았던 것이다. 또 "상용(商容)의 마을에 공경의 예를 표했다."라

---

1) 『서』「주서(周書)·무성(武成)」: 釋箕子囚, 封比干墓, <u>式商容閭</u>.

고 했으니,[2] 아마도 공경의 예를 표한 뒤에 그 지위를 복원했던 것이다.

鄭注 欲語以作武樂之意. "反[3]"當爲"及", 字之誤也. 及商, 謂至紂都也. 牧誓曰: "至于商郊牧野." 封, 謂故無土地者也. 投, 擧徙之辭也. 時武王封紂子武庚於殷墟, 所徙者, 微子也, 後周公更封而大之. 積土爲封. 封比干墓, 崇賢也. 行, 猶視也. 使箕子視商禮樂之官, 賢者所處, 皆令反其居也. 弛政, 去其紂時苛政也. 倍祿, 復其紂時薄者也. 薊或爲續. 祝或爲鑄.

번역 대무(大武)의 악곡을 짓게 된 의미를 설명하고자 한 것이다. '반(反)'자는 마땅히 '급(及)'자가 되어야 하니, 글자가 비슷해서 생긴 오류이다. '급상(及商)'은 주임금이 있는 수도에 도착했다는 뜻이다. 『서』「목서(牧誓)」편에서는 "은나라 교외인 목야에 도착했다."[4]라고 했다. "분봉하다."는 말은 이전에 영지가 없었던 자들에 대한 내용이다. '투(投)'자는 들어서 옮긴다는 말이다. 당시 무왕은 주임금의 자식인 무경을 은허에 분봉했고, 옮겨가게 한 자는 미자였으며, 이후에 주공이 재차 분봉하여 성대하게 대접했다. 흙을 쌓아 봉분을 만드는 것을 '봉(封)'이라고 한다. 비간의 무덤에 대해 봉분을 쌓았던 것은 현명한 자를 존숭했기 때문이다. '행(行)'자는 "살펴보다[視]."는 뜻이다. 기자로 하여금 은나라 예악을 담당했던 관부를 살펴보게 하여, 현명한 자가 머물러 있다면, 그들 모두에 대해서 본래의 자리로 되돌아가도록 했다. '이정(弛政)'은 주임금 시절의 잔혹한 정치를 제거했다는 뜻이다. '배록(倍祿)'은 주임금 시절에 녹봉이 박했던 자들에게 더해주었다는 뜻이다. '계(薊)'자를 다른 판본에서는 '속(續)'자로 기록하기도 한

---

2) 『서』「주서(周書)·무성(武成)」: 釋箕子囚, 封比干墓, 式商容閭.

3) '반(反)'자에 대하여. '반'자 뒤에는 본래 '상(商)'자가 기록되어 있었는데, 완원(阮元)의 『교감기(校勘記)』에서는 "혜동(惠棟)의 『교송본(校宋本)』에는 '상'자가 없다. 『악본(岳本)』·『가정본(嘉靖本)』, 위씨(衛氏)의 『집설(集說)』, 『고문(考文)』에서 인용하고 있는 『족리본(足利本)』에도 동일하게 기록되어 있으니, 이곳 판본에는 '반'자 뒤에 '상'자가 연문으로 들어간 것이며, 『민본(閩本)』·『감본(監本)』·『모본(毛本)』에도 동일하게 잘못 기록되어 있다."라고 했다.

4) 『서』「주서(周書)·목서(牧誓)」: 時甲子昧爽, 王朝至于商郊牧野, 乃誓.

다. '축(祝)'자를 다른 판본에서는 '주(鑄)'자로 기록하기도 한다.

釋文 牧野, 音也, 徐又以汝反. 欲語, 魚據反. 反, 依注音及. 封黃帝之後於薊, 音計, 今涿郡薊縣是也, 即燕國之都也. 孔安國·司馬遷及鄭皆云: "燕國郡." 邵公與周同姓. 按黃帝姓姬, 君奭蓋其後也. 或黃帝之後封薊者, 滅絶而更封燕郡乎. 疑不能明也. 而皇甫謐以邵公爲文王之庶子, 記傳更無所出. 又左傳富辰之言, 亦無燕也. 祝, 之六反. 杞音起. 使之行, 下孟反, 注同, 視也. 商容, 如字, 孔安國云: "殷之賢人也." 鄭云: "商禮樂之官也." 復音伏. 弛, 始氏反, 注同, 廢也. 虛音墟. 令, 力呈反. 去, 起呂反. 苛音何, 本又作荷, 役也. 鑄, 止樹反.

번역 '牧野'에서의 '野'자는 그 음이 '也(야)'이며, 서음(徐音)은 또한 '以(이)'자와 '汝(여)'자의 반절음도 된다. '欲語'에서의 '語'자는 '魚(어)'자와 '據(거)'자의 반절음이다. '反'자는 정현의 주에 따르면 그 음이 '及(급)'이다. '封黃帝之後於薊'에서의 '薊'자는 그 음이 '計(계)'이니, 이 지역은 현재 탁군(涿郡)에 있는 계현(薊縣)에 해당하므로, 곧 연나라의 수도이다. 공안국[5]과 사마천 및 정현은 모두 '연국군(燕國郡)'이라고 했다. 소공은 주나라 왕실과 동성인 자이다. 살펴보니 황제의 성은 희(姬)이니, 군석(君奭: =召公)은 아마도 그의 후손일 것이다. 그것이 아니라면 황제의 후손을 계(薊)에 분봉했던 것은 후손이 끊어져서, 재차 연군에 분봉을 했던 것이다. 그러나 이 문제는 확실히 증명할 수 없다. 그런데 황보밀은 소공을 문왕의 서자라고 여겼는데, 그 주장을 뒷받침해줄 기록이 없다. 또 『좌전』에서 부진이 했던 말 중에도 또한 연(燕)이라는 곳이 없다.[6] '祝'자는 '之(지)'자와 '六(륙)'자의

---

5) 공안국(孔安國, ?~?) : 전한(前漢) 때의 학자이다. 자(字)는 자국(子國)이다. 고문상서학(古文尙書學)의 개조(開祖)로 알려져 있다. 『십삼경주소(十三經注疏)』의 『상서정의(尙書正義)』에는 공안국의 전(傳)이 수록되어 있는데, 통상적으로 이 주석은 후대인들이 공안국의 이름에 가탁하여 붙인 문장으로 인식되고 있다.

6) 『춘추좌씨전』「희공(僖公) 24년」 : 富辰諫曰, 不可. 臣聞之, 大上以德撫民, 其次親親, 以相及也. 昔周公弔二叔之不咸, 故封建親戚以蕃屛周. 管·蔡·郕·霍

반절음이다. '杞'자의 음은 '起(기)'이다. '使之行'에서의 '行'자는 '下(하)'자와 '孟(맹)'자의 반절음이며, 정현의 주에 나오는 글자도 그 음이 이와 같고, 살펴본다는 뜻이다. '商容'은 글자대로 읽으며, 공안국은 "은나라의 현자이다."라고 했고, 정현은 "은나라 때 예악을 담당하는 관부이다."라고 했다. '復'자의 음은 '伏(복)'이다. '弛'자는 '始(시)'자와 '氏(씨)'자의 반절음이며, 정현의 주에 나오는 글자도 그 음이 이와 같고, 폐지한다는 뜻이다. '虛'자의 음은 '墟(허)'이다. '令'자는 '力(력)'자와 '呈(정)'자의 반절음이다. '去'자는 '起(기)'자와 '呂(려)'자의 반절음이다. '苛'자의 음은 '何(하)'이며, 판본에 따라서는 또한 '荷'자로도 기록하니, 부역을 시킨다는 뜻이다. '籌'자는 '止(지)'자와 '樹(수)'자의 반절음이다.

孔疏 ●"且女獨未聞牧野之語乎", 孔子旣爲賓牟賈說武樂之體也, 又欲爲賓牟賈廣論牧野作武樂之意, 故云"且女獨未聞牧野之語乎". 將欲語以牧野之事, 畢周道四達之意也.

번역 ●經文: "且女獨未聞牧野之語乎". ○공자는 이미 빈무고를 위해서 대무(大武)의 악곡 본체에 대해 설명을 해주었고, 또한 빈무고를 위해서 목야의 전투를 통해 대무의 악곡을 짓게 된 뜻을 폭넓게 설명하고자 한 것이다. 그래서 "또한 그대는 아직까지 목야에 대한 설명을 들어보지 못했습니까?"라고 말한 것이다. 이것은 장차 목야에서 일어난 일을 말하고자 해서, 주나라의 도가 사방으로 퍼지게 된 뜻에 대해서 모두 설명하고자 했던 것이다.

孔疏 ●"武王克殷反商", 此孔子爲賓牟賈說牧野克殷後事. 反商者, 反當爲及, 言武王牧野克殷已畢, 及至商紂之都也.

·魯·衛·毛·聃·郜·雍·曹·滕·畢·原·酆·郇, 文之昭也. 邘·晉·應·韓, 武之穆也. 凡·蔣·邢·茅·胙·祭, 周公胤也. 召穆公思周德之不類, 故糾合宗族于成周而作詩.

번역 ●經文: "武王克殷反商". ○이것은 공자가 빈무고를 위해 목야의 전투에서 은나라 군대를 물리친 이후의 일들을 설명해준 것이다. '반상(反商)'이라고 했는데, '반(反)'자는 마땅히 '급(及)'자가 되어야 하니, 무왕이 목야에서 은나라 군대를 모두 물리친 이후, 주임금이 머물고 있었던 상(商)이라는 수도에 도착했다는 뜻이다.

孔疏 ●"未及下車"者, 言速封諸侯, 未遑暇及下車, 卽封黃帝·堯·舜之後也.

번역 ●經文: "未及下車". ○신속히 제후들을 분봉하여, 수레에서 내릴 겨를도 없었다는 뜻으로, 황제·요·순의 후예를 분봉한 것이다.

孔疏 ●"下車而封夏殷之後"者, 以二王之後, 以其禮大, 故待下車而封之. 按周本紀云: 武王以與戰伐紂, 兵皆崩畔. 武王入, 至紂死之所. 周公把大鉞, 畢公把小鉞, 以夾武王. 武王旣入, 立於社南. 召公奭貢兵, 師尙父牽牲. 尹逸祝曰: "殷之末孫季紂, 殄廢先王明德." 又云: 乃封紂子祿父, 使其弟管叔·蔡叔相祿父. 命召公釋箕子之囚. 命畢公釋百姓之囚, 表商容之閭. 命南宮适散鹿臺之財, 發鉅橋之粟. 命閎夭封比干之墓. 武王追思先聖, 乃褒封神農之後於焦, 及封黃帝之後於薊, 封帝堯之後於祝, 封帝舜之後於陳. 大禹與此同. 然如武王追思先聖, 乃封之, 與此未及下車義反, 當以禮記爲正. 此不云封神農者, 擧三恪二代也.

번역 ●經文: "下車而封夏殷之後". ○두 왕조의 후손이므로 융성한 예법으로 대했기 때문에, 수레에서 내린 뒤에야 분봉을 했다. 『사기』「주본기」편을 살펴보면, 무왕은 전투에 나아가 주임금을 정벌하자, 은나라 군사들이 대부분 붕괴되어 은나라를 배반했다. 무왕이 들어가 주임금이 자결한 장소에 도착했다. 주공은 큰 도끼를 들고 필공은 작은 도끼를 들고서 양 옆에서 무왕을 호위했다. 무왕이 들어간 뒤에 사직의 남쪽에 섰다. 소공인 석(奭)이 병장기를 바치고, 사상보가 희생물을 끌고 왔다. 윤일은 축문을 읽으며,

"은나라의 마지막 후예 주는 선왕의 밝은 덕을 모두 없앴도다."라고 했다.[7] 또 「주본기」에서는 곧 주임금의 자식 녹보를 분봉하며, 그의 동생인 관숙과 채숙으로 하여금 녹보를 돕도록 했다. 소공에게 명령하여 기자의 감금을 풀어주도록 했다. 필공에게 명령하여 감금된 백성들을 풀어주도록 했고, 상용의 마을을 세워서 공경의 뜻을 드러냈다. 남궁괄에게 명령하여 녹대에 보관된 재물을 나눠주도록 하고, 거교에 보관된 곡식을 나눠주도록 했다. 굉요에게 명령하여 비간의 무덤에 봉분을 쌓도록 했다. 무왕은 선대 성왕들을 사모하여, 곧 신농의 후손을 초(焦)에 분봉했고, 황제의 후손을 계(薊)에 분봉했으며, 요임금의 후손을 축(祝)에 분봉했고, 순임금의 후손을 진(陳)에 분봉했다.[8] 우임금의 후손을 분봉했던 것은 이곳의 기록과 같다. 그런데 무왕이 선대 성왕을 사모하여 분봉을 했다는 것은 이곳에서 아직 수레에서 내리기 전에 분봉을 했다는 뜻과 상반되니, 마땅히 『예기』의 기록을 올바른 기록으로 삼아야 한다. 이곳에서 신농의 후손을 분봉했다고 말하지 않은 것은 삼각(三恪)과 이대(二代)[9]에 기준을 두었기 때문이다.

---

7) 『사기(史記)』「주본기(周本紀)」 : 其明日, 除道, 脩社及商紂宮. 及期, 百夫荷罕旗以先驅. 武王弟叔振鐸奉陳常車, 周公旦把大鉞, 畢公把小鉞, 以夾武王. 散宜生·太顚·閎夭皆執劍以衛武王. 旣入, 立于社南大卒之左, 右畢從. 毛叔鄭奉明水, 衛康叔封布茲, 召公奭贊采, 師尙父牽牲. 尹佚筴祝曰: "殷之末孫季紂, 殄廢先王明德, 侮蔑神祇不祀, 昏暴商邑百姓, 其章顯聞于天皇上帝." 於是武王再拜稽首, 曰: "膺更大命, 革殷, 受天明命." 武王又再拜稽首, 乃出.

8) 『사기(史記)』「주본기(周本紀)」 : 封商紂子祿父殷之餘民. 武王爲殷初定未集, 乃使其弟管叔鮮·蔡叔度相祿父治殷. 已而命召公釋箕子之囚. 命畢公釋百姓之囚, 表商容之閭. 命南宮括散鹿臺之財, 發鉅橋之粟, 以振貧弱萌隸. 命南宮括·史佚展九鼎保玉. 命閎夭封比干之墓. 命宗祝享祠于軍. 乃罷兵西歸. 行狩, 記政事, 作武成. 封諸侯, 班賜宗彝, 作分殷之器物. 武王追思先聖王, 乃褒封神農之後於焦. 黃帝之後於祝, 帝堯之後於薊, 帝舜之後於陳, 大禹之後於杞. 於是封功臣謀士, 而師尙父爲首封. 封尙父於營丘, 曰齊. 封弟周公旦於曲阜, 曰魯. 封召公奭於燕. 封弟叔鮮於管, 弟叔度於蔡. 餘各以次受封.

9) 삼각이대(三恪二代)는 삼각(三恪)과 이대(二代)를 합친 말이며, 둘 모두 주(周)나라가 왕조를 건립하고 나서, 전대 왕조의 후손들을 분봉해준 나라들을 뜻한다. '삼각'은 황제(黃帝), 요(堯), 순(舜)의 후손들을 분봉해준 나라를 뜻하니, 계(薊), 축(祝), 진(陳)이 그 나라에 해당한다. '이대'는 하(夏)나라와 은(殷)나라의 후손들을 분봉해준 나라를 뜻하니, 기(杞), 송(宋)이 그 나라에 해

孔疏 ●"釋箕子之囚, 使之行商容而復其位"者, 旣釋箕子, 使之行商容者. 行, 視也. 容, 謂禮樂之官. 使箕子檢視殷家禮樂之官, 若有賢者所處, 皆令復居其故位也.

번역 ●經文: "釋箕子之囚, 使之行商容而復其位". ○기자를 풀어주고 나서 그로 하여금 상용(商容)을 행(行)하도록 했다. '행(行)'자는 "살펴보다[視]."는 뜻이다. '용(容)'자는 예악을 담당하는 관부이다. 즉 기자로 하여금 은나라 예악의 관직을 살펴보고 검토하도록 하여, 현명한 자가 있다면, 그들 모두에 대해서 옛 지위를 회복시켜 그 관직에 있도록 했다는 뜻이다.

孔疏 ●"庶民弛政"者, 弛, 去也. 庶民被紂虐政者而放去之也.

번역 ●經文: "庶民弛政". ○'이(弛)'자는 "제거하다[去]."는 뜻이다. 서민들은 주임금의 폭정에 피해를 받았으므로 그것들을 제거했다.

孔疏 ●"庶士倍祿"者, 謂庶士紂時祿薄者而倍益之.

번역 ●經文: "庶士倍祿". ○관리들 중 주임금 때 녹봉이 적었던 자들에 대해서는 배로 늘려주었다는 뜻이다.

訓纂 釋詁: 弛, 易也.

번역 『이아』「석고(釋詁)」편에서 말하길, '이(弛)'자는 "풀어준다[易]."는 뜻이다.[10]

訓纂 王氏引之曰: 弛政之政, 當讀爲征, 謂徭役也. 蓋紂時之苛役, 武王爲

당한다. 『예기』「악기(樂記)」편에는 "武王克殷反商, 未及下車而封黃帝之後於薊, 封帝堯之後於祝, 封帝舜之後於陳, 下車而封夏后氏之後於杞, 投殷之後於宋."이라는 기록이 있다.

10) 『이아』「석고(釋詁)」: 矢, 弛也. 弛, 易也.

庶民去之.

번역 왕인지가 말하길, '이정(弛政)'이라고 할 때의 '정(政)'자는 마땅히 '정(征)'자로 해석해야 하니, 부역을 뜻한다. 무릇 주임금 때에는 부역이 가혹했으므로, 무왕이 백성들을 위해 없앤 것이다.

訓纂 吳幼淸曰: 三恪與夏之後, 皆言封者, 本無國而今始封之. 投, 猶置也. 天下土地, 皆商之所有, 周旣代商, 則置殷之後於宋地, 俾祀其先王. 不曰封而曰投者, 非本無國而今始有國也. 按史記·家語"投"皆作"封". 又荀子"武王封微子於宋", 蓋杞·宋同時而封.

번역 오유청이 말하길, 삼각(三恪)과 하나라의 후예에 대해서 모두 '봉(封)'이라고 한 이유는 본래 소유하고 있던 국가가 없었지만, 현재 처음으로 분봉을 해주었기 때문이다. '투(投)'자는 "두다[置]."는 뜻이다. 천하의 모든 땅은 본래 은나라의 소유였는데, 주나라가 이미 은나라의 천자 지위를 대신하게 되었으니, 은나라의 후예를 송나라 지역에 두어, 그로 하여금 선왕에 대한 제사를 지내도록 했던 것이다. 그런데 '봉(封)'이라고 말하지 않고 '투(投)'라고 말한 이유는 본래 소유하고 있던 국가가 없던 상태에서 현재 처음으로 국가를 소유하게 된 경우가 아니기 때문이다. 『사기』와 『공자가어』를 살펴보면 '투(投)'자를 모두 '봉(封)'자로 기록했다.[11] 또 『순자』는 "무왕이 송나라에 미자를 분봉했다."[12]라고 했으니, 아마도 기와 송은 동시대에 분봉을 받았을 것이다.

集解 今按: 反如字. 使之, 當從家語作"使人". 政當音征.

---

11) 『사기(史記)』「주본기(周本紀)」: 封商紂子祿父殷之餘民. 武王爲殷初定未集, 乃使其弟管叔鮮·蔡叔度相祿父治殷. / 『공자가어(孔子家語)』「변악해(辯樂解)」: 今汝獨未聞牧野之語乎, 武王克殷而反商之政, 未及下車, 則封黃帝之後於薊, 封帝堯之後於祝, 封帝舜之後於陳. 下車又封夏后氏之後於杞, 封殷之後於宋.
12) 『순자(荀子)』「의병(議兵)」: 微子開封於宋, 曹觸龍斷於軍, 殷之服民, 所以養生之者也, 無異周人.

번역 현재 살펴보니, '反'자는 글자대로 읽는다. '사지(使之)'는 『공자가어』의 기록에 따라서 '사인(使人)'으로 기록해야 한다.[13] '政'자는 마땅히 그 음이 '征(정)'이 되어야 한다.

集解 張子曰: 古樂於旅也語, 說此樂之義. 牧野之語, 語武也.

번역 장자가 말하길, 고대에는 여수(旅酬) 때 음악을 연주하며 어(語)를 했으니,[14] 그 음악의 뜻을 설명하는 것이다. 목야에 대한 어(語)는 곧 대무(大武)에 대해 설명하는 것이다.

集解 愚謂: 反商, 謂反紂之虐政, 書所謂"反商政, 政由舊". 下文所言, 皆其事也. 薊, 漢之薊縣, 屬廣陽. 祝, 漢之祝阿縣, 屬平原. 祝或爲"鑄", 左傳"初, 臧宣叔娶於鑄", 杜預云, "今濟北蛇邱縣, 鑄所治也." 投殷之後於宋, 謂封紂子武庚於殷墟也. 其後武庚被誅, 封微子於宋以繼之, 故因謂殷爲宋耳. 武庚未叛之先, 微子行遯未出, 武王未得而封之也. 投猶棄也. 商本天子, 今以諸侯封其後, 故不曰"封"而曰"投"也. 封黃帝·堯·舜之後, 所謂三恪也. 封夏·殷之後, 所謂二代也. 三恪之世遠, 求之宜急, 故未下車而封之. 封二代之禮重, 故封之不可卒行, 故既下車乃封之也. 封比干之墓者, 葬之邱封, 貴賤有等, 比干以誅死, 葬不如禮, 故使人加封於其墓, 以致尊崇之意也. 使人, 謂使畢公也. 行, 謂行視也. 商容, 商賢臣. 史記云, "使畢公釋箕子之囚, 復商容之位." 政讀爲征, 如周禮均人"掌均地政"之政. 弛政, 弛其征役以休息之. 倍祿, 厚其祿稍以優養之也.

번역 내가 생각하기에, '반상(反商)'은 주임금이 시행했던 폭정을 본래대로 되돌린다는 뜻이니, 『서』에서 "은나라의 정사를 되돌려서, 정사가 옛 법도를 따르도록 했다."[15]라고 했던 뜻에 해당한다. 아래문장에서 말한 내

---

13) 『공자가어(孔子家語)』「변악해(辯樂解)」: 封王子比干之墓, 釋箕子之囚, 使人行商容之舊, 以復其位.

14) 『의례』「향사례(鄉射禮)」: 古者於旅也語. 凡旅不洗.

용은 모두 그 사안에 해당한다. '계(薊)'는 한나라 때의 계현(薊縣)으로 광양(廣陽)에 속해 있다. 축(祝)은 한나라 때의 축아현(祝阿縣)으로 평원(平原)에 속해 있다. '축(祝)'자는 '주(鑄)'자로도 기록하는데, 『좌전』에서는 "애초에 장선숙은 주(鑄)에서 아내를 들였다."[16]라고 했고, 두예는 "현재 제북(濟北)의 사구현(蛇邱縣)은 주(鑄)의 관할이었다."라고 했다. "송나라에 은나라의 후예를 투(投)했다."는 말은 주임금의 자식인 무경을 은허에 분봉했다는 뜻이다. 그 이후 무경이 주살되었고 송나라에 미자를 분봉하여 그 뒤를 계승하도록 했기 때문에, 그에 따라 은허를 송나라라고 했을 따름이다. 무경이 아직 반란을 일으키기 이전, 미자는 도피하여 세상 밖으로 나오지 않았기 때문에, 무왕은 그를 분봉할 수 없었다. '투(投)'자는 "버리다[棄]."는 뜻이다. 은나라는 본래 천자의 나라에 해당하는데, 현재는 그 후손을 제후로 삼았기 때문에, '봉(封)'이라고 말하지 않고 '투(投)'라고 말한 것이다. 황제·요·순의 후예를 분봉했다는 것은 이른바 '삼각(三恪)'을 뜻한다. 하·은나라의 후예를 분봉했다는 것은 이른바 '이대(二代)'를 뜻한다. 삼각의 선왕들이 통치하던 시기는 시간적 거리가 멀어서 신속히 구원해야 했기 때문에, 수레에서 내리기도 전에 분봉을 했다. 이대의 후예를 분봉하는 예법은 보다 중대하기 때문에, 분봉함을 급히 처리할 수 없었다. 그렇기 때문에 수레에서 내린 이후에야 분봉을 했다. "비간의 무덤에 봉분을 쌓았다."는 말은 장례를 치르며 봉분을 쌓는 일에는 귀천에 따른 등급이 있었는데, 비간은 주살을 당하여 장례도 본래의 예법대로 치를 수 없었다. 그렇기 때문에 사람을 시켜 그의 무덤에 봉분을 쌓도록 해서, 이를 통해 존숭의 뜻을 다하도록 한 것이다. '사인(使人)'은 필공을 시켰다는 뜻이다. '행(行)'자는 가서 살펴본다는 뜻이다. '상용(商容)'은 은나라 때의 현명한 신하이다. 『사기』에서는 "필공을 시켜서 감금된 기자를 풀어주었고, 상용의 지위를 복원시켰다."[17]라고 했다. '정(政)'자는 '정(征)'자로 풀이해야 하니, 마치 『주례』「균

---

15) 『서』「주서(周書)·무성(武成)」: 乃反商政, 政由舊. 釋箕子囚, 封比干墓, 式商容閭. 散鹿臺之財, 發鉅橋之粟, 大賚于四海, 而萬姓悅服.

16) 『춘추좌씨전』「양공(襄公) 23년」: 初, 臧宣叔娶于鑄, 生賈及爲而死.

17) 『사기(史記)』「은본기(殷本紀)」: 釋箕子之囚, 封比干之墓, 表商容之閭. / 『사

인(均人)」편에서 "땅에 대한 조세를 균평하게 하는 일을 담당한다."[18]라고 했을 때의 '정(政)'자와 같다. '이정(弛政)'은 조세와 부역을 느슨하게 해서 편히 쉬도록 한다는 뜻이다. '배록(倍祿)'은 녹봉을 후하게 내려서 여유롭게 생활하도록 했다는 뜻이다.

기』「주본기(周本紀)」: 已而命召公釋箕子之囚. 命畢公釋百姓之囚, 表商容之閭. / 『공자가어(孔子家語)』「변악해(辯樂解)」: 封王子比干之墓, 釋箕子之囚, 使人行商容之舊, 以復其位.

18) 『주례』「지관(地官)·균인(均人)」: 均人, 掌均地政, 均地守, 均地職, 均人民·牛馬·車輦之力政.

그림 64-1 기자(箕子)를 풀어주는 모습

※ **출처:** 『흠정서경도설(欽定書經圖說)』 23권 「석수례직도(釋囚禮直圖)」

그림 64-2 비간(比干)의 무덤에 봉분을 쌓는 모습

※ 출처: 『흠정서경도설(欽定書經圖說)』 23권 「봉묘표충도(封墓表忠圖)」

그림 64-3 상용(商容)에 예의를 표하는 모습

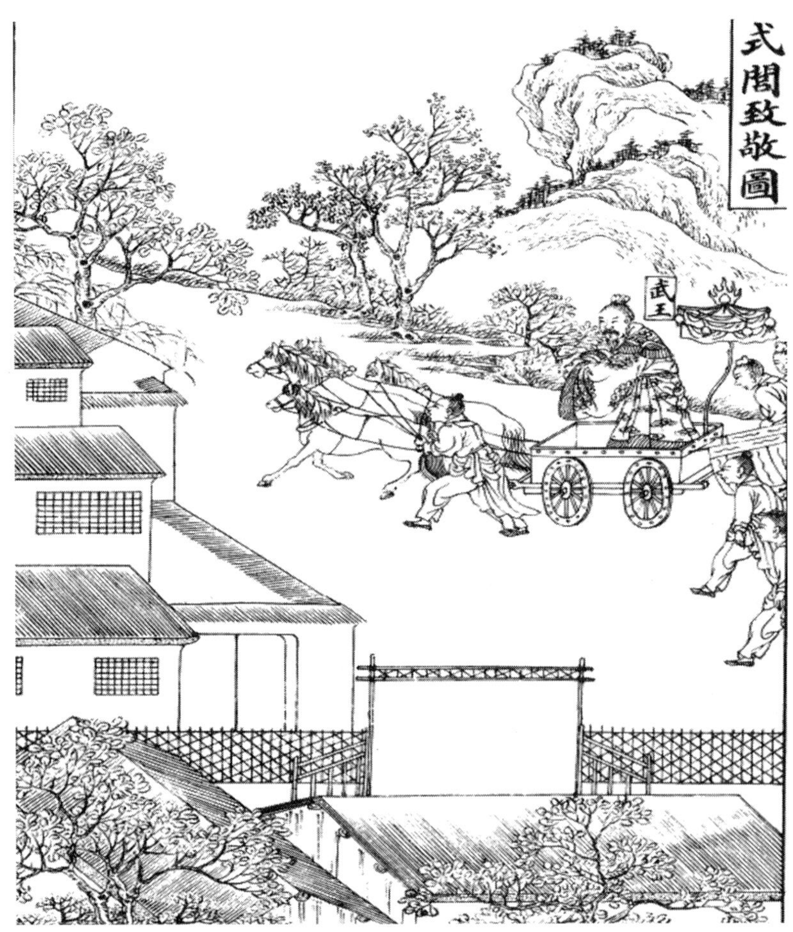

※ 출처: 『흠정서경도설(欽定書經圖說)』 23권 「식려치경도(式閭致敬圖)」

그림 64-4 재물을 나눠주는 모습

※ 출처: 『흠정서경도설(欽定書經圖說)』 23권 「산재발속도(散財發粟圖)」

그림 64-5 제왕전수총도(帝王傳授總圖)

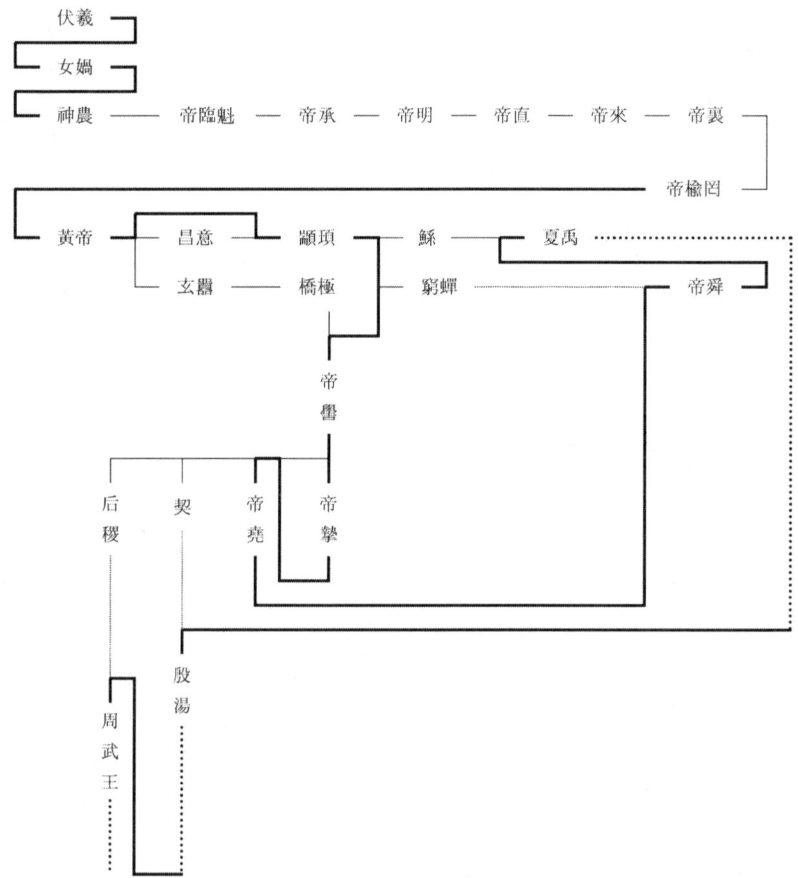

※ 출처: 『역사(繹史)』 1권 「역사세계도(繹史世系圖)」

그림 64-6 황제(黃帝)의 세계도(世系圖)

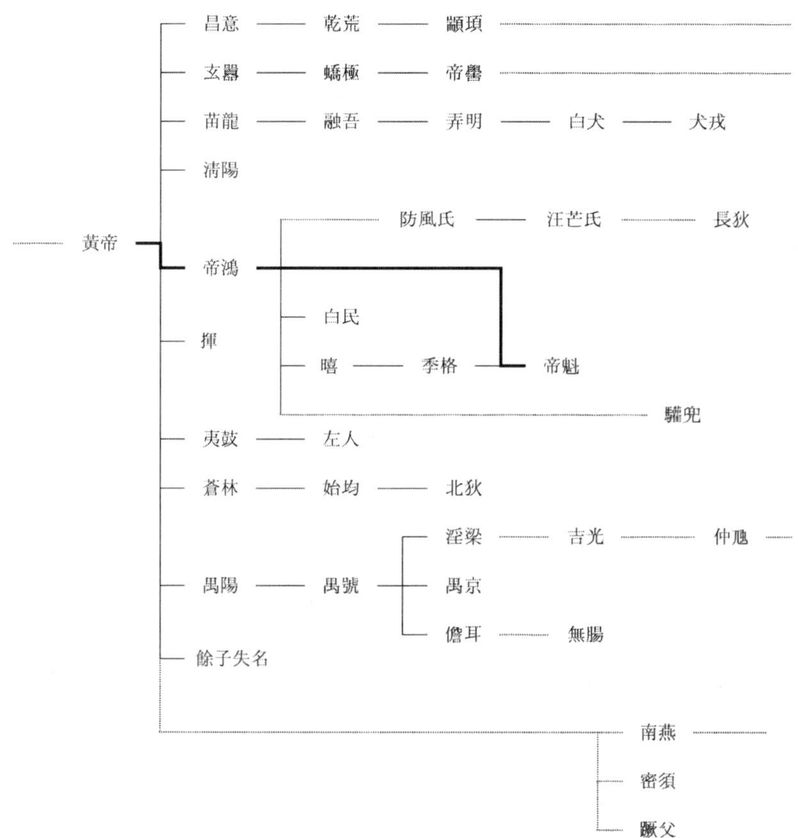

※ **출처:** 『역사(繹史)』 1권 「역사세계도(繹史世系圖)」

그림 64-7 제요(帝堯)의 세계도(世系圖)

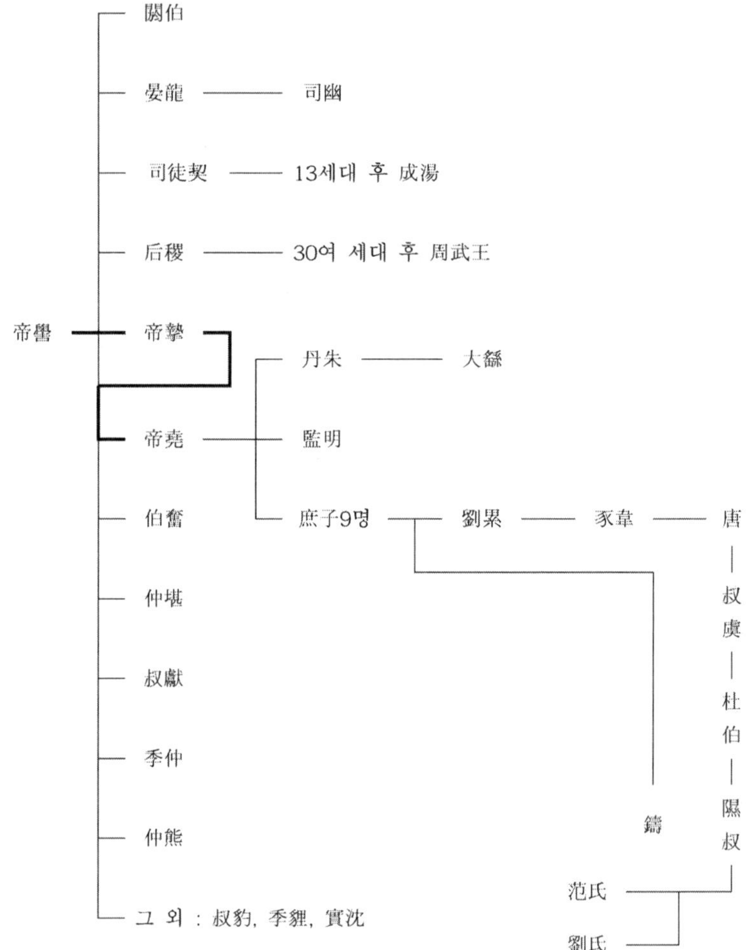

※ **출처:** 『역사(繹史)』 1권 「역사세계도(繹史世系圖)」

그림 64-8 제순(帝舜)의 세계도(世系圖)

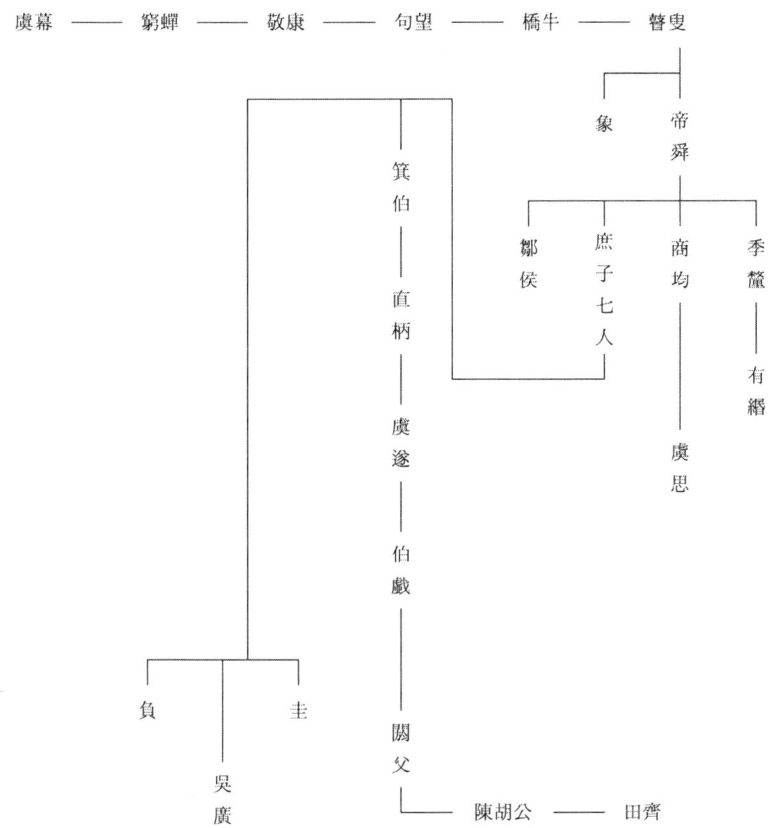

※ 출처: 『역사(繹史)』 1권 「역사세계도(繹史世系圖)」

그림 64-9 하(夏)나라 세계도(世系圖)

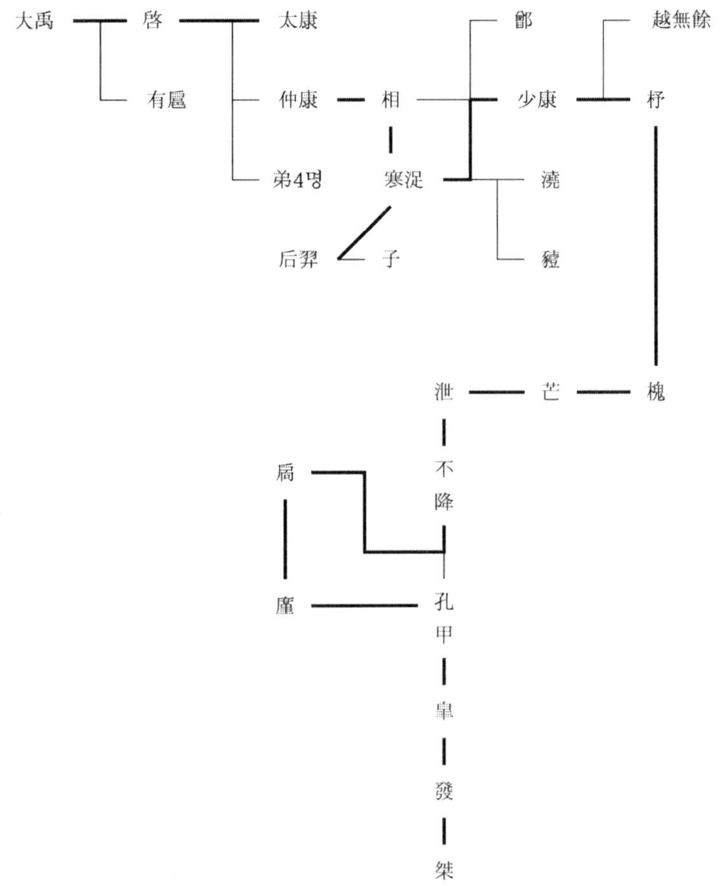

※ **출처:** 『역사(繹史)』 1권 「역사세계도(繹史世系圖)」

그림 64-10 기(杞)나라 세계도(世系圖)

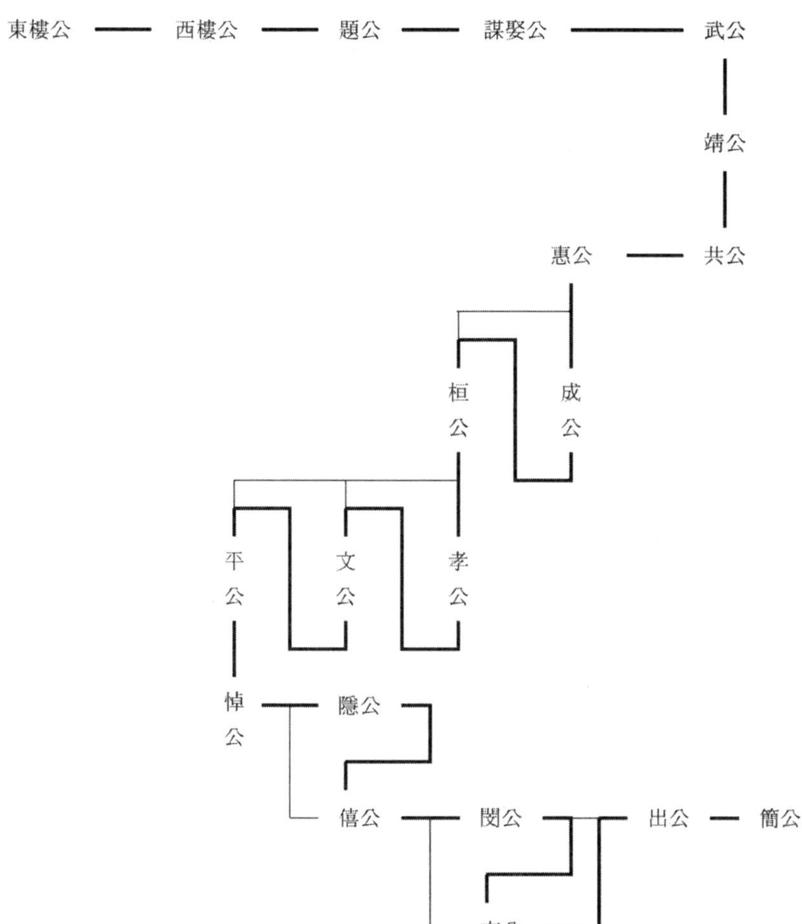

※ 출처: 『역사(繹史)』 1권 「역사세계도(繹史世系圖)」

그림 64-11 은(殷)나라 세계도(世系圖)

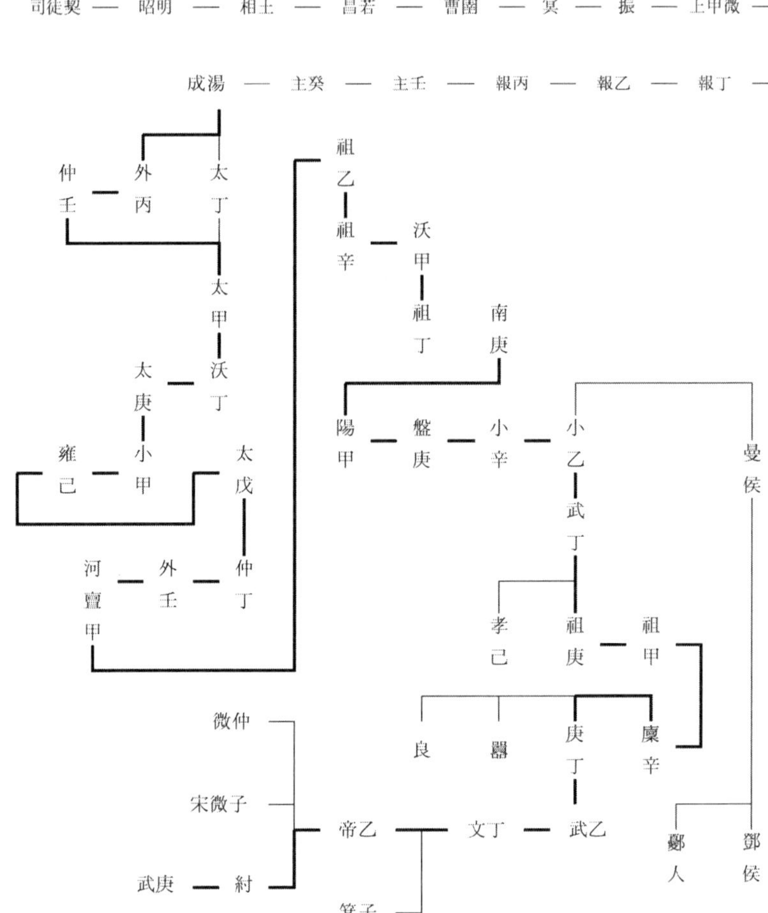

※ 출처: 『역사(繹史)』 1권 「역사세계도(繹史世系圖)」

그림 64-12 송(宋)나라 세계도(世系圖)

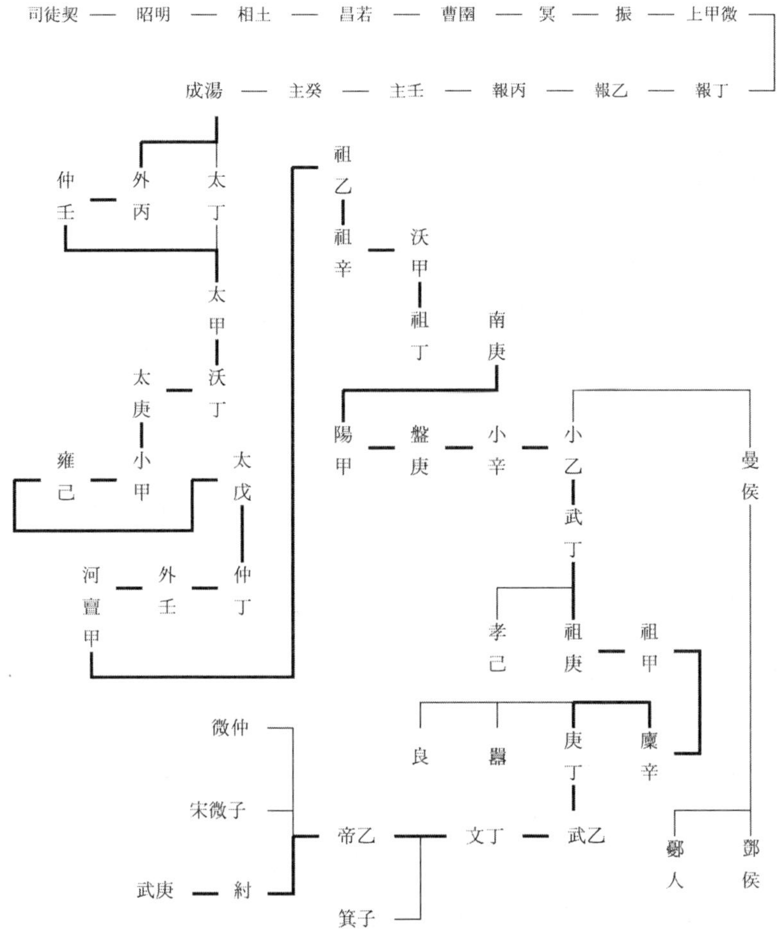

※ 출처: 『역사(繹史)』 1권 「역사세계도(繹史世系圖)」

• 제 65 절 •

공자의 답변-불부용병(不復用兵)

【484b~c

"濟河而西, 馬散之華山之陽而弗復乘, 牛散之桃林之野而弗復服, 車甲衅而藏之府庫而弗復用, 倒載干戈, 包之以虎皮, 將帥之士, 使爲諸侯, 名之曰'建櫜'. 然後天下知武王之不復用兵也."

직역 "河를 濟하여 西해서, 馬는 華山의 陽에 散하고 復乘을 弗하고, 牛는 桃林의 野에 散하고 復服을 弗하며, 車甲은 衅하여 府庫에 藏하고 復用을 弗하고, 干戈는 倒載하여, 包하길 虎皮로써 하며, 將帥의 士는 使하여 諸侯로 爲하니, 名하여 曰 '建櫜'라. 然後에 天下는 武王이 兵을 不復用임을 知라."

의역 공자가 계속해서 말해주길, "황하를 건너 서쪽으로 가서 전쟁에 사용한 말은 화산의 양지바른 곳에 풀어주어, 다시 수레에 멍에를 매지 않았고, 전쟁에 사용한 소는 도림의 들판에 풀어주어 다시 부리지 않았으며, 수레와 갑옷은 피칠을 하여 무기고에 보관하고 재차 사용하지 않았고, 방패와 창은 거꾸로 싣고서 호랑이 가죽으로 감쌌으며, 공로를 세운 장수는 제후로 분봉을 시켰으니, 병장기를 감싸서 보관하는 것을 '건고(建櫜)'라고 불렀습니다. 그런 뒤에야 천하 사람들이 무왕이 재차 전쟁을 일으키지 않으리라는 것을 알았습니다."라고 했다.

集說 釁, 與釁同, 以血塗之也. 凡兵器之載, 出則刃向前, 入則刃向後. 今載還鎬京而刃向後, 有似於倒, 故云倒載也. 建, 讀爲鍵, 鎖也. 櫜, 韜兵器之具. 兵器皆以鍵櫜閉藏之, 示不用也. 封將帥爲諸侯, 賞其功也. 今詳文理, 名之曰建櫜一句, 當在虎皮之下, 將帥之上.

번역 '흔(釁)'자는 '흔(衅)'자와 동일하니, 피를 바른다는 뜻이다. 무릇 병장기를 실을 때, 출정할 경우라면 칼날이 앞을 향하도록 하고, 본국으로 들어오는 경우라면 칼날이 뒤를 향하도록 한다. 현재 병장기를 싣고 호경(鎬京)으로 되돌아오며 칼날이 뒤를 향하도록 한 것은 거꾸로 한 것과 유사한 점이 있다. 그렇기 때문에 "거꾸로 실었다."고 했다. '건(建)'자는 '건(鍵)'자로 풀이하니, 자물쇠[鎖]를 뜻한다. '고(櫜)'는 병장기를 씌우는 기구이다. 병장기를 모두 건고(鍵櫜)로 감싸서 잠그고 보관하니, 사용하지 않음을 보이기 위해서이다. 장수를 제후로 분봉하여 공로에 대해 상을 준 것이다. 현재 문맥의 흐름을 살펴보니, '명지왈건고(名之曰建櫜)'라는 한 구문은 마땅히 '호피(虎皮)' 뒤와 '장수(將帥)' 앞에 와야 한다.

鄭注 散, 猶放也. 桃林, 在華山旁. 甲, 鎧也. 釁, 衅字也, 包干戈以虎皮, 明能以武服兵也. 建, 讀爲鍵, 字之誤也. 兵甲之衣曰櫜. 鍵櫜, 言閉藏兵甲也. 詩曰: "載櫜弓矢." 春秋傳曰: "垂櫜而入." 周禮曰: "櫜之欲其約也."

번역 '산(散)'자는 "놓아주다[放]."는 뜻이다. '도림(桃林)'은 화산의 측면에 있다. '갑(甲)'자는 갑옷[鎧]을 뜻한다. '흔(釁)'자는 '흔(衅)'자이며, 호랑이 가죽으로 방패와 창을 감싸는 것은 무력으로 군대를 복종시킬 수 있음을 나타낸다. '건(建)'자는 '건(鍵)'자로 풀이하니, 글자가 비슷해서 생긴 오류이다. 병장기와 갑옷을 감싸는 천을 '고(櫜)'라고 부른다. '건고(鍵櫜)'는 병장기와 갑옷을 잠그고 보관한다는 뜻이다. 『시』에서는 "활과 화살을 활집에 넣어서 매었다."[1]고 했고, 『춘추전』에서는 "빈 활집만을 매고서 들어갔다."[2]고 했으며, 『주례』에서는 "천을 씌워 보관을 하니, 줄이고자 해서이다."[3]라고 했다.

---

1) 『시』「주송(周頌)·시매(時邁)」: 明昭有周, 式序在位. 載戢干戈, <u>載櫜弓矢</u>. 我求懿德, 肆于時夏. 允王保之.
2) 『춘추좌씨전』「소공(昭公) 1년」: 伍擧知其有備也, 請<u>垂櫜而入</u>. 許之.
3) 『주례』「동관고공기(冬官考工記)·함인(函人)」: 櫜之, 欲其約也.

釋文 華如字, 又戶化反. 而弗復, 扶又反, 下同. 釁, 字又作衅, 同, 許靳反. 倒, 丁老反. 建, 依注讀爲鍵, 其展反, 徐其偃反. 櫜音羔, 注同. 鎧, 苦代反, 又開改反.

번역 '華'자는 글자대로 읽으며, 또한 그 음은 '戶(호)'자와 '化(화)'자의 반절음도 된다. '而弗復'에서의 '復'자는 '扶(부)'자와 '又(우)'자의 반절음이며, 아래문장에 나오는 글자도 그 음이 이와 같다. '釁'자는 그 글자를 또한 '衅'자로도 기록하는데, 두 글자는 모두 '許(허)'자와 '靳(근)'자의 반절음이다. '倒'자는 '丁(정)'자와 '老(로)'자의 반절음이다. '建'자는 정현의 주에 따르면 '鍵'자로 풀이하니, '其(기)'자와 '展(전)'자의 반절음이며, 서음(徐音)은 '其(기)'자와 '偃(언)'자의 반절음이다. '櫜'자의 음은 '羔(고)'이며, 정현의 주에 나오는 글자도 그 음이 이와 같다. '鎧'자는 '苦(고)'자와 '代(대)'자의 반절음이며, 또한 '開(개)'자와 '改(개)'자의 반절음도 된다.

孔疏 ●"車甲釁而藏之府庫"者, 言車甲不復更用, 故以血釁而藏之.

번역 ●經文: "車甲釁而藏之府庫". ○수레와 갑옷을 다시 사용하지 않고자 했기 때문에, 피칠을 해서 보관한다는 뜻이다.

孔疏 ●"倒載干戈"者, 倒載而還鎬京也, 所以倒之者, 熊氏云: "凡載兵之法, 皆刃向外. 今倒載者, 刃向國, 不與常同, 故云倒載也."

번역 ●經文: "倒載干戈". ○거꾸로 싣고서 호경으로 되돌아왔다는 뜻으로, 거꾸로 둔 이유에 대해, 웅안생은 "무릇 병장기를 싣는 법도에 있어서, 모든 경우 칼날은 밖을 향하도록 한다. 현재 거꾸로 싣는 것은 칼날이 본국을 향하도록 한 것이니, 일상적인 경우와는 동일하지 않다. 그렇기 때문에 '거꾸로 실었다.'고 말했다."라고 했다.

孔疏 ●"包之以虎皮"者, 虎皮, 武猛之物也. 用此虎皮包裹兵器, 示武王威猛, 能包制服天下兵戈也. 或以虎皮有文, 欲以見文止武也.

번역 ●經文: "包之以虎皮". ○호랑이 가죽은 강하고 사나운 동물의 일부이다. 이러한 호랑이 가죽을 사용하여 병장기를 감싸는 것은 무왕의 위엄과 용맹함이 천하의 병장기를 감싸서 제압시킬 수 있음을 나타낸다. 혹은 호랑이 가죽에는 무늬가 있으니, 이것을 통해 문(文)이 무(武)를 그치게 함을 드러낸 것이다.

孔疏 ●"將帥之士使爲諸侯, 名之曰建櫜"者, 封爲諸侯者, 以報勞賞其功也. 卽牧誓云"千夫長", 是也. "名之曰建櫜"者, 鍵, 籥牡也. 櫜, 兵鎧之櫜也. 言鎧及兵戈悉櫜韜之, 置於府庫而鍵閉之, 故云"名之曰建櫜"也.

번역 ●經文: "將帥之士使爲諸侯, 名之曰建櫜". ○분봉하여 제후로 삼는 것은 수고에 대해 보답하고 공적에 상을 내린 것이다. 즉 『서』「목서(牧誓)」편에서 '천 명의 병사를 이끄는 장수'[4]라고 한 자에 해당한다. 경문의 "名之曰建櫜"에 대하여. '건(鍵)'자는 자물쇠 중 수컷에 해당한다. '고(櫜)'는 병장기와 갑옷을 넣는 주머니이다. 즉 갑옷과 병장기를 모두 주머니에 넣어 감싸고, 무기고에 두어서 자물쇠를 채운다는 뜻이다. 그렇기 때문에 "'건고(建櫜)'라고 부른다."라고 했다.

孔疏 ●"然後天下知武王之不復用兵也"者, 見其放牛藏器, 故知也.

번역 ●經文: "然後天下知武王之不復用兵也". ○가축을 풀어주고 병장기를 보관한 것을 보았기 때문에, 그러한 사실을 알았다.

孔疏 ◎注"反當"至"約也". ○正義曰: "反當爲及"者, 以下文云"濟河而西", 明知此反商是及至商也. 云"投, 擧徙之詞也"者, 以武王之時, 封紂子武

---

4) 『서』「주서(周書)·목서(牧誓)」: 王曰, 嗟, 我友邦冢君, 御事司徒司馬司空, 亞旅師氏, <u>千夫長</u>百夫長, 及庸蜀羌髳微盧彭濮人. 稱爾戈, 比爾干, 立爾矛. 予其誓.

庚於殷墟. 初克紂, 微子復其故位. 左傳云"武王親釋其縛, 使復其所", 是也. 而暫時復所, 武王卽徙而居宋也, 故云"所徙者, 微子也". 云"後周公更封而大之"者, 以武庚于周公居攝之時作亂被滅, 周公因封微子. 先在於宋, 更封而大之者, 按書序云: "成王旣黜殷命, 命微子啓作微子之命." 是封而大之. 其實封爲五百里, 在制禮之後. 故發墨守云"六年制禮作樂, 封殷之後, 稱公於宋", 是也. 云"使箕子視商禮樂之官"者, 容爲禮樂, 故云"視商禮樂之官". 知容爲禮樂者, 漢書·儒林傳云: "孝文時, 徐生善爲容." 是善禮樂者謂之容也. 而武成篇云"式商容閭", 則商容人名. 鄭不見古文, 故爲禮樂也. 云"釁, 釁字也"者, 以禮傳所云"以血塗物皆爲釁", 故從釁也. 云"建, 讀爲鍵"者, 鍵是管籥閉藏之名, 故讀爲鍵. 或以管籥, 或以櫜衣閉藏兵革, 故云"鍵櫜"也. 引"詩曰: 載櫜弓矢"者, 詩·頌·時邁篇也. 論武王伐紂畢, 載櫜弓矢也. 引"春秋傳: 垂櫜而入"者, 昭元年左傳文. 時楚公子圍聘於鄭, 公孫段云: "請垂櫜而入." 示無弓, 但垂櫜而已. 引"周禮櫜之欲其約也"者, 考工記文, 言以皮爲甲, 櫜中盛之, 欲其約. 所引此諸文者, 證櫜是韜盛之物也.

번역 ◎鄭注: "反當"~"約也". ○정현이 "'반(反)'자는 마땅히 '급(及)'자가 되어야 한다."고 했는데, 아래문장에서 "황하를 건너서 서쪽으로 갔다."라고 했으니, 여기에서 '반상(反商)'이라고 한 말이 은나라의 수도에 도착했다는 뜻임을 명확히 알 수 있다. 정현이 "'투(投)'자는 들어서 옮긴다는 말이다."라고 했는데, 무왕이 생존했을 때 주임금의 아들인 무경을 은허에 분봉했기 때문이다. 최초 주임금을 정벌했을 때 미자는 옛 지위를 회복했다. 『좌전』에서 "무왕이 직접 결박을 풀어주고 옛 지위를 회복시켰다."[5]라고 한 말이 바로 이러한 사실을 나타낸다. 그런데 잠시 후 지위를 회복하게 되자, 무왕은 곧바로 그를 이동시켜 송나라에 머물도록 했다. 그렇기 때문에 "옮겨가게 한 자는 미자였다."고 했다. 정현이 "이후에 주공이 재차 분봉하여 성대하게 대접했다."라고 했는데, 무경은 주공이 섭정을 하고 있을 시기에 반란을 일으켜 죽임을 당했고, 주공은 그로 인해 미자를 제후로 분

---

5) 『춘추좌씨전』「희공(僖公) 6년」: 對曰, "昔武王克殷, 微子啓如是. 武王親釋其縛, 受其璧而祓之, 焚其櫬, 禮而命之, 使復其所."

봉했다. 앞서 송나라에 머물러 있어서, 그를 재차 분봉하여 성대하게 대접한 것이다. 『서서』를 살펴보면, "성왕이 은나라의 명을 내치고서 미자인 계(啓)에게 명령하여 「미자지명(微子之命)」편을 짓도록 했다."[6]고 했다. 이것이 분봉을 하여 성대하게 대접했다는 뜻이다. 실제로 분봉을 했던 땅은 사방 500리(里)의 크기였는데, 그것은 예법을 제정한 이후에 받았기 때문이다. 그래서 『발묵수』에서는 "6년째에 예악을 제정하고, 은나라의 후예를 분봉하고 송나라 제후에 대해서도 공작이라 지칭했다."라고 한 것이다. 정현이 "기자로 하여금 은나라 예악을 담당했던 관부를 살펴보게 했다."고 했는데, '용(容)'은 예악을 의미하기 때문에, "예악을 담당했던 관부를 살펴보다."라고 말한 것이다. '용(容)'이 예악을 뜻한다는 사실을 알 수 있는 이유는 『한서』「유림전」편에서 "효문제 시기에, 서생이 예용을 잘 꾸몄다."[7]라고 했으니, 이것은 예악을 잘하는 것에 대해서 '용(容)'이라고 부른다는 사실을 나타낸다. 그리고 『서』「무성」편에서는 "상용(商容)의 마을에 식(式)을 했다."[8]고 했는데, 이때의 '상용(商容)'은 사람의 이름이다. 정현은 『고문상서』를 보지 않았기 때문에, 예악을 뜻한다고 했다. 정현이 "'흔(釁)'자는 '흔(釁)'자이다."라고 했는데, 『예전』에서는 "피로 사물을 바르는 것에 대해서는 모두 '흔(釁)'이라고 한다."고 했다. 그렇기 때문에 '흔(釁)'이라고 한 것이다. 정현이 "'건(建)'자는 '건(鍵)'자로 풀이한다."라고 했는데, '건(鍵)'자는 자물쇠를 채워서 잠그고 보관한다고 할 때 쓰는 말이다. 그렇기 때문에 '건(鍵)'자로 풀이한 것이다. 어떤 것은 자물쇠로 잠그고, 또 어떤 것은 주머니를 이용하여 병장기와 갑옷을 싸기 때문에, '건고(鍵櫜)'라고 했다. 정현이 "『시』에서는 활과 화살을 활집에 넣어서 매었다."라고 한 말을 인용했는데, 이것은 『시』「주송(周頌) · 시매(時邁)」편의 기록이다. 무왕이 주임금을 정벌한 뒤에 활과 화살을 주머니에 싸서 매었다는 사실을 논

---

6) 『서』「주서(周書) · 미자지명(微子之命)」: 成王既黜殷命, 殺武庚. 命微子啓, 代殷後, 作微子之命.

7) 『한서(漢書)』「유림전(儒林傳)」: 漢興, 魯高堂生傳士禮十七篇, 而魯徐生善爲頌. 孝文時, 徐生以頌爲禮官大夫, 傳子至孫延 · 襄.

8) 『서』「주서(周書) · 무성(武成)」: 釋箕子囚, 封比干墓, 式商容閭. 散鹿臺之財, 發鉅橋之粟, 大賚于四海, 而萬姓悅服.

의하고 있다. 정현이 "『춘추전』에서는 빈 활집만을 매고서 들어갔다."라고 한 말을 인용했는데, 이것은 소공(昭公) 1년에 대한 『좌전』의 문장이다. 당시 초나라 공자 위(圍)는 정나라에 빙례로 찾아갔고, 공손단은 "빈 활집만 매고서 들어가길 청합니다."라고 했으니, 활을 가지고 있지 않음을 드러내고자 했기 때문에, 단지 빈 활집만 맸던 것일 뿐이다. 정현이 "『주례』에서는 천을 씌워 보관을 하니, 줄이고자 해서이다."라고 한 말을 인용했는데, 이것은 『고공기』의 문장으로, 가죽으로 갑옷을 만들고, 주머니 속에 보관해서, 줄이고자 했음을 뜻한다. 정현이 인용한 이러한 여러 기록들은 '고(櫜)'가 어떤 것을 감싸고 담는 사물이 됨을 증명하기 위한 것이다.

訓纂 韋注晉語曰: 櫜, 矢房. 詩彤弓, "受言櫜之." 毛傳, "櫜, 韜也."

번역 『국어』「진어(晉語)」에 대한 위소[9]의 주에서 말하길, '고(櫜)'는 화살통이다. 『시』「동궁(彤弓)」편에서는 "받아서 활살집에 넣어두었도다."[10] 라고 했고, 『모전』에서는 "'고(櫜)'는 활집[韜]이다."라고 했다.

訓纂 王氏引之曰: 凡府庫之藏, 皆有鍵閉, 無以見其爲藏兵革也. 今按建當讀爲鞬, 方言曰, "所以藏弓謂之鞬." 說文曰, "鞬, 所以戢弓矢也." 釋名曰, "鞬, 建也. 弓矢並建立於其中也." 僖二十三年左傳, "左執鞭弭, 右屬櫜鞬", 杜注, "櫜以受箭, 鞬以受弓." 是鞬·櫜皆所以戢弓矢也. 名之曰"鞬櫜", 卽詩"載櫜弓矢"之義. 言藏弓矢而干戈之戢可知. 馬融廣成頌正作"鞬櫜".

번역 왕인지가 말하길, 무릇 창고에 보관할 때에는 모두 잠금장치가 있었지만, 병장기를 보관해두었다는 것은 찾아볼 수 없다. 현재 살펴보니 '건(建)'자는 마땅히 '건(鞬)'자로 풀이해야 하며, 『방언』[11]에서는 "활을 보관

---

9) 위소(韋昭, A.D.204~A.D.273) : 삼국시대(三國時代) 때 오(吳)나라의 학자이다. 자(字)는 홍사(弘嗣)이다. 사마소(司馬昭)의 이름을 피휘하여, 요(曜)로 고쳤다. 저서로는 『국어주(國語注)』 등이 있다.

10) 『시』「소아(小雅)·동궁(彤弓)」: 彤弓弨兮, 受言櫜之. 我有嘉賓, 中心好之. 鐘鼓旣設, 一朝酬之.

해 두는 물건을 '건(鞬)'이라고 한다."라고 했고, 『설문』에서는 "'건(鞬)'은 활과 화살을 보관하는 도구이다."라고 했으며, 『석명』에서는 "'건(鞬)'은 '세우다[建].'는 뜻이다. 활과 화살은 모두 그 속에 세워서 넣어둔다."라고 했다. 희공(僖公) 23년에 대한 『좌전』의 기록에서는 "좌측 손으로는 채찍과 활을 잡고, 우측에는 고(櫜)와 건(鞬)을 두었다."[12]라고 했는데, 두예의 주에서는 "고(櫜)로는 화살을 넣어두고, 건(鞬)으로는 활을 넣어둔다."라고 했다. 이것은 건(鞬)과 고(櫜)가 모두 활과 화살을 넣어둘 때 사용하는 도구임을 나타낸다. '건고(鞬櫜)'라고 부른다고 했는데, 이것은 『시』에서 말한 "활과 화살을 활집에 넣어서 매었다."[13]는 뜻에 해당한다. 즉 활과 화살을 보관하고 방패와 창을 보관했다는 뜻임을 알 수 있다. 마융은 「광성송」에서 '건고(鞬櫜)'라고 바로잡아 기록했다.

訓纂 張守節曰: 薊, 幽州縣地. 陳, 陳州宛丘縣故陳城. 杞, 汴州雍丘縣. 濟河而西, 武王伐紂事畢, 從懷州河陽縣南, 渡黃河至洛州, 從洛城而西歸鎬京也.

번역 장수절이 말하길, '계(薊)'는 유주현(幽州縣)에 속한 지역이다. '진(陳)'은 진주(陳州) 완구현(宛丘縣)에 있는 옛 진성(陳城)에 해당한다. '기(杞)'는 변주(汴州) 옹구현(雍丘縣)에 해당한다. "황하를 건너서 서쪽으로 갔다."는 말은 무왕이 주임금을 정벌했던 일을 모두 끝내고 회주(懷州) 하양현(河陽縣)의 남쪽을

---

11) 『방언(方言)』은 『유헌사자절대어석별국방언(輶軒使者絶代語釋別國方言)』·『별국방언(別國方言)』이라고도 부른다. 한(漢)나라 때의 학자인 양웅(揚雄)이 편찬했다고 전해지는 서적이다. 총 13권으로 구성되어 있었으며, 각 지방에서 온 사신들의 방언을 모았다는 뜻에서, 『유헌사자절대어석별국방언』이라는 제목으로 출간되었고, 또 이 말을 줄여서 『별국방언』·『방언』이라고 부르게 되었다. 현존하는 『방언』은 곽박(郭璞)의 주(注)가 붙어 있는 판본이다. 그러나 『한서(漢書)』 등의 기록에는 양웅의 저술 목록에 『방언』이 포함되어 있지 않으므로, 편찬자에 대한 의혹이 끊임없이 제기되었다.

12) 『춘추좌씨전』「희공(僖公) 23년」: 若不獲命, 其左執鞭·弭, 右屬櫜·鞬, 以與君周旋.

13) 『시』「주송(周頌)·시매(時邁)」: 明昭有周, 式序在位. 載戢干戈, 載櫜弓矢. 我求懿德, 肆于時夏. 允王保之.

따라서 황하를 건너 낙주(洛州)에 이르렀다가 다시 낙성(洛城)을 따라 서쪽으로 이동하여 호경(鎬京)으로 되돌아갔다는 뜻이다.

訓纂 金吉甫曰: 自靈寶西至潼關, 皆桃林塞地.

번역 금길보가 말하길, 영보(靈寶)로부터 서쪽으로 동관(潼關)에 이르기까지의 땅이 모두 도림새(桃林塞)의 지역이다.

集解 愚謂: 牛所以駕重車, 馬所以駕兵車也. 衅與釁同, 磔攘之祭名也. 包之以虎皮者, 凡兵甲之衣, 皆用虎皮爲之, 取其威猛之意, 詩言"虎韔鏤膺", 是也. 此節言武王之偃武, 下二節言武王之脩文, 又所以深明聲淫及商之非也.

번역 내가 생각하기에, 소는 전쟁 때 물자를 수송하는 수레를 끌게 되고, 말은 전쟁용 수레를 끌게 된다. '흔(衅)'자는 '흔(釁)'자와 동일하며, 책양(磔攘)[14]의 제사 명칭이다. "호랑이 가죽으로 감싼다."라고 했는데, 무릇 병장기와 갑옷 등을 담는 것은 모두 호랑이 가죽을 이용해서 만드는데, 위엄과 용맹의 뜻을 취하기 때문이니, 『시』에서 "호피로 만든 활집과 철로 만든 가슴받이로다."[15]라고 한 말이 바로 이것을 가리킨다. 이곳 문단은 무왕이 무(武)를 그치게 했던 뜻을 나타내고 있고, 아래 두 문단은 무왕이 문(文)을 닦았던 뜻을 나타내고 있으며, 또 소리가 음란하여 상(商)에 이르게 된 잘못에 대해서 깊이 나타내고 있다.

【참고】 『시』「주송(周頌) · 시매(時邁)」

時邁其邦, (시매기방) : 때로 그 나라에 가니,

昊天其子之. (호천기자지) : 호천께서 자식처럼 사랑하시는구나.

---

14) 책양(磔禳)은 또한 책양(磔攘)이라고도 한다. 희생물을 부위별로 갈라서 신에게 제사를 지내고, 이를 통해서 상서롭지 못한 기운을 제거하는 것이다.

15) 『시』「진풍(秦風) · 소융(小戎)」: 俴駟孔群, 厹矛鋈錞, 蒙伐有苑, 虎韔鏤膺, 交韔二弓, 竹閉緄縢. 言念君子, 載寢載興. 厭厭良人, 秩秩德音.

實右序有周. (실우서유주) : 실로 주나라를 잇도록 도우셨도다.
薄言震之, (박언진지) : 비로소 진동을 시키니,
莫不震疊. (막불진첩) : 놀라고 두려워하지 않는 자가 없구나.
懷柔百神, (회유백신) : 찾아가 모든 신들을 안심시키니,
及河喬嶽. (급하교악) : 황하와 대종(岱宗)[16]에까지 이르렀구나.
允王維后. (윤왕유후) : 무왕은 진정한 왕이로다.

明昭有周, (명소유주) : 하늘의 아들이 주나라를 세웠음을 밝게 드러내시니,
式序在位. (식서재위) : 뛰어난 자들을 차례대로 지위에 올리셨구나.

載戢干戈, (재집간과) : 방패와 창을 모아서 싣고,
載櫜弓矢. (재고궁시) : 활과 화살을 씌워서 실었다.

我求懿德, (아구의덕) : 우리 무왕께서 아름다운 덕을 구하여,
肆于時夏. (사우시하) : 이에 크게 노래 부르는구나.
允王保之. (윤왕보지) : 진실로 무왕께서는 그들을 보호하시는구나.

[毛序] : 時邁, 巡守告祭柴望也.

[모서] : 「시매」편은 순수(巡守)[17]를 하며 찾아온 사실을 아뢰며 시망(柴

---

16) 대종(岱宗)은 오악(五嶽) 중 동악(東嶽)에 해당하는 태산(泰山)을 가리킨다. 대(岱)자는 태산을 뜻하고, 종(宗)자는 존귀하다는 의미에서 붙여진 것으로 풀이하기도 한다.

17) 순수(巡守)는 '순수(巡狩)'라고도 부른다. 천자가 수도를 벗어나 제후의 나라를 시찰하는 것을 뜻한다. '순수'의 '순(巡)'자는 그곳으로 행차를 한다는 뜻이고, '수(守)'자는 제후가 지키는 영토를 뜻한다. 제후는 천자가 하사해준 영토를 대신 맡아서 수호하는 것이기 때문에, 천자가 그곳에 방문하여, 자신의 영토를 어떻게 관리하고 있는지를 시찰하게 된다. 『서』「우서(虞書)·순전(舜典)」편에는 "歲二月, 東巡守, 至于岱宗, 柴."라는 기록이 있고, 이에 대한 공안국(孔安國)의 전(傳)에서는 "諸侯爲天子守土, 故稱守. 巡, 行之."라고 풀이했으며, 『맹자』「양혜왕하(梁惠王下)」편에서는 "天子適諸侯曰巡狩. 巡狩者, 巡所守也."라고 기록하였다. 한편 『예기』「왕제(王制)」편에는 "天子, 五年, 一巡守."라는 기록이 있고, 『주례』「추관(秋官)·대행인(大行人)」편에는 "十有二歲王巡守殷國."이라는 기록이 있다. 즉 「왕제」편에서는 천자가 5년에 1번 순수를 시행하고, 「대행인」편에서는 12년에 1번 순수를 시행한다고 기록하고 있는데, 이

望)[18]의 제사를 지내는 것을 노래하였다.

그림 65-1 화산에 말을 풀어주는 모습

※ 출처: 『흠정서경도설(欽定書經圖說)』 23권 「귀마화산도(歸馬華山圖)」

러한 차이점에 대해서 정현은 「왕제」편의 주에서 "五年者, 虞夏之制也. 周則十二歲一巡守."라고 풀이했다. 즉 5년에 1번 순수를 하는 제도는 우(虞)와 하(夏)나라 때의 제도이며, 주(周)나라에서는 12년에 1번 순수를 했다.

18) 시망(柴望)은 시(柴)와 망(望)이라는 두 종류의 제사를 뜻한다. '시'는 땔나무를 태워서 하늘에 대한 제사를 뜻하며, '망'은 명산대첩에 제사를 지낸다는 뜻이다. 또한 '시망'은 제사를 범칭하는 용어로도 사용되었다.

그림 65-2 도림에 소를 풀어주는 모습

※ 출처: 『흠정서경도설(欽定書經圖說)』 23권 「방우도림도(放牛桃林圖)」

• 제 66 절 •

공자의 답변-다섯 가지 대교(大教)

【484d】

"散軍而郊射, 左射貍首, 右射騶虞, 而貫革之射息也. 裨冕搢笏, 而虎賁之士說劍也. 祀乎明堂, 而民知孝. 朝覲, 然後諸侯知所以臣. 耕藉, 然後諸侯知所以敬. 五者天下之大教也."

직역 "軍을 散하고 郊에서 射함에, 左射에는 貍首하고, 右射에는 騶虞하여, 革을 貫하는 射가 息이라. 裨冕하고 笏을 搢하여, 虎賁의 士가 劍을 說이라. 明堂에서 祀하여, 民이 孝를 知라. 朝覲한 然後에 諸侯는 臣이 所以함을 知라. 藉을 耕한 然後에 諸侯가 敬이 所以함을 知라. 五者는 天下의 大教라."

의역 공자가 계속해서 말해주길, "군대를 해산하고 교외의 학교에서 활쏘기를 익힘에, 동학(東學)에서 활쏘기를 할 때에는 이수(貍首)의 시가에 절도를 맞추고, 서학(西學)에서 활쏘기를 할 때에는 추우(騶虞)의 시가에 절도를 맞춰서, 갑옷을 뚫는 군대에서의 활쏘기는 그치게 되었습니다. 또 비면(裨冕)을 착용하고 홀을 꼽아서, 용맹한 군사들은 허리에 차고 있던 칼을 풀어놓게 되었습니다. 명당(明堂)[1]에서 제사를 지내서, 백성들은 효를 알게 되었습니다. 조근(朝覲)[2]의 의례를 시행

---

1) 명당(明堂)은 일반적으로 고대 제왕이 정교(政教)를 베풀던 장소를 지칭하는 용어로 사용되었다. 이곳에서는 조회(朝會), 제사(祭祀), 경상(慶賞), 선사(選士), 양로(養老), 교학(教學) 등의 국가 주요 업무가 시행되었다. 『맹자』「양혜왕하(梁惠王下)」편에는 "夫明堂者, 王者之堂也."라는 용례가 있고, 『옥태신영(玉台新詠)』「목난사(木蘭辭)」편에도 "歸來見天子, 天子坐明堂."이라는 용례가 있다. '명당'의 규모나 제도는 시대마다 다르다. 또한 '명당'이라는 건물군 중에서 남쪽의 실(室)을 가리키는 용어로도 사용되었다.

2) 조근(朝覲)은 군주가 신하를 만나보는 예법(禮法)을 뜻한다. 군주가 신하를 만나보는 예법에는 조(朝), 근(覲), 종(宗), 우(遇), 회(會), 동(同) 등이 있었는

하니, 그런 뒤에야 제후들은 자신들이 신하로써 시행해야 할 것들을 알았습니다. 천자가 경작을 시행하니, 그런 뒤에야 제후들이 공경을 실천해야 할 것들을 알았습니다. 이 다섯 가지는 천하의 큰 가르침입니다."라고 했다.

集說 散軍, 放散軍伍也. 郊射, 習射於郊學之中也. 左, 東學也, 在東郊. 東學之射, 歌貍首之詩以爲節. 右, 西學, 在西郊. 西學之射, 則歌騶虞之詩以爲節也. 貫, 穿也. 革, 甲鎧也. 軍中不習禮, 其射但主於穿札, 今旣行禮射, 則此射止而不爲矣. 裨冕, 見曾子問. 搢, 插也. 說劍, 解去其佩劍也.

번역 '산군(散軍)'은 군대를 해산했다는 뜻이다. '교사(郊射)'는 교외에 설치된 학교[3]에서 활쏘기를 익혔다는 뜻이다. '좌(左)'자는 동학(東學)[4]을 뜻하니, 동쪽 교외에 있었기 때문이다. 동학에서 활쏘기를 할 때에는 이수(貍首)의 시가를 노래로 불러서 절도를 맞춘다. '우(右)'자는 서학(西學)[5]을 뜻하니, 서쪽 교외에 있었기 때문이다. 서학에서 활쏘기를 할 때라면, 추우(騶虞)의 시가를 노래로 불러서 절도를 맞춘다. '관(貫)'자는 "꿰뚫다[穿]."는 뜻이다. '혁(革)'자는 갑옷을 뜻한다. 군대에서는 예법에 따른 활쏘기를 익히지 않으니, 활을 쏠 때에는 단지 갑옷 꿰뚫는 것을 위주로 하며, 현재는 이미 예법에 따른 활쏘기를 시행하고 있으니, 군대의 활쏘기는 그치고 시행하지 않는다. '비면(裨冕)'[6]에 대해서는 그 설명이 『예기』「증자문(曾子

데, 이것을 총칭하여 '조근'으로 부르기도 한다. 한편 '조근'은 신하가 군주를 찾아뵙는 예법을 뜻하기도 한다. 고대에는 제후가 천자를 찾아뵐 때, 각 계절별로 그 명칭을 다르게 불렀다. 봄에 찾아뵙는 것을 조(朝)라고 부르며, 여름에 찾아뵙는 것을 종(宗)이라고 부르고, 가을에 찾아뵙는 것을 근(覲)이라고 부르며, 겨울에 찾아뵙는 것을 우(遇)라고 부른다. '조근'은 이러한 예법들을 총칭하는 말이다.

3) 교학(郊學)은 주(周)나라 때 원교(遠郊) 지역에 설치된 소학(小學)을 뜻한다. 참고적으로 향학(鄕學)은 근교(近郊) 안에 위치하였다. 또한 동쪽 교외에 있는 동학(東學)을 왕성의 동쪽에 설치한 대학(大學)으로 여기고, 서쪽 교외에 있는 서학(西學)을 왕성의 서쪽에 있는 소학(小學)으로 여겨서, '교학'을 대학과 소학을 모두 지칭하는 용어로도 사용했다.
4) 동학(東學)은 주나라 때 왕성의 동쪽에 설치된 대학(大學)을 뜻한다.
5) 서학(西學)은 주나라 때 왕성의 서쪽에 설치된 소학(小學)을 뜻한다.

問)」편에 나온다.[7] '진(搢)'자는 "꼽다[揷]."는 뜻이다. '說劒(탈검)'은 허리에 차고 있던 검을 풀어놓는다는 뜻이다.

大全 慶源輔氏曰: 此武王所以偃兵之梗槩也. 貫革之射, 虎賁之劒, 非强以息之說之也, 示之以郊射禮服, 而彼自不能不息不說也. 民知乎孝, 則無犯上作亂之心, 諸侯知所以爲臣, 知所以敬天, 則有尊天子畏上帝之誠. 此兵之所以不復用也. 所以者, 爲自敬天之理也. 知其所以然, 然後能不違也. 孝獨不言所以, 孝無所以也. 子之孝於親, 夫孰知所以然哉? 唯有以感發之而已.

번역 경원보씨가 말하길, 이것은 무왕이 전쟁을 그치게 했던 큰 강령이 된다. 가죽을 꿰뚫는 활쏘기와 용맹한 군사들의 검은 억지로 그치게 하거나 풀어놓게 할 수 있는 것이 아니니, 그들에게 교외 학교에서 실시하는 활쏘기와 예법에 따른 복장을 보여주어, 그들 스스로 그치거나 풀어놓지 않을 수 없게 한 것이다. 백성들이 효에 대해서 알게 되면, 윗사람을 범하거나 난리를 일으키려는 마음이 없게 되고,[8] 제후들이 신하의 도리와 하늘을

---

6) 비면(裨冕)은 비의(裨衣)를 입고 면류관[冕]을 착용하는 것이다. 제후 및 경(卿), 대부(大夫) 등이 조회를 하거나 제사를 지낼 때 착용하는 면복(冕服)을 통칭하는 말이다. 또한 곤면(袞冕)이나 가장 상등의 면복과 상대되는 용어로도 사용되었다. '비의'의 '비(裨)'자는 '비(埤)'자의 뜻으로 낮다는 의미이다. 예를 들어 천자의 육복(六服) 중에서 대구(大裘)가 가장 상등의 복장이 되는데, 나머지 5종류의 복장은 '비의'가 된다. 『의례』「근례(覲禮)」편에는 "侯氏裨冕, 釋幣于禰."라는 기록이 있고, 이에 대한 정현의 주에서는 "裨冕者, 衣裨衣而冠冕也. 裨之爲言埤也. 天子六服, 大裘爲上, 其餘爲裨, 以事尊卑服之, 而諸侯亦服焉."이라고 풀이했다.

7) 『예기』「증자문(曾子問)」【226b】에는 "曾子問曰: 君薨而世子生, 如之何. 孔子曰: 卿大夫士從攝主, 北面於西階南, 大祝裨冕, 執束帛, 升自西階, 盡等, 不升堂, 命毋哭."이라는 기록이 있고, 이에 대한 진호(陳澔)의 『집설(集說)』에서는 "裨冕者, 天子諸侯六服, 大裘爲上, 其餘爲裨服, 裨衣而著冕, 故云裨冕也."라고 풀이했다. 즉 "비면(裨冕)이라는 것은 천자(天子) 및 제후(諸侯)의 육복(六服) 중에서, 대구(大裘)가 가장 좋은 것이 되며, 그 나머지 다섯 가지는 비복(裨服)이 되니, 비복을 입고 면류관을 착용하기 때문에, 비면(裨冕)이라고 부르는 것이다."는 뜻이다.

8) 『논어』「학이(學而)」: 有子曰, "其爲人也孝弟, 而好犯上者, 鮮矣, 不好犯上,

공경해야 할 줄 알게 된다면, 천자를 존숭하고 상제를 외경하는 진실됨이 생긴다. 이것이 바로 군대를 다시 사용하지 않았던 이유이다. '소이(所以)'라는 것은 스스로 하늘을 공경하는 이치이다. 그 이유를 알고 난 뒤에야 어기지 않을 수가 있다. 효에 대해서만 유독 '소이(所以)'라고 언급하지 않은 것은 효에는 까닭이나 원인이 없기 때문이다. 자식이 부모에 대해서 효를 하는데, 그 누가 그렇게 된 까닭을 알아서 하는 것이겠는가? 오직 스스로 느낀 것에 따라 나타낸 것일 뿐이다.

大全 金華應氏曰: 射於郊, 養老於大學, 非有異學也. 大學, 卽在郊之學. 貍首騶虞之節, 雖有天子諸侯之異, 竊意因學而分左右, 非分學而射也. 若分之而天子諸侯各射一處, 則非所以辨尊卑矣. 騶虞, 仁而不殺, 天子包容徧覆之象. 貍首, 義而善搏, 諸侯奔走赴功之象. 故射各以其詩爲節也.

번역 금화응씨가 말하길, 교외에서 활을 쏘고, 대학에서 노인을 봉양한다고 했는데, 이것은 별개의 학교가 있다는 뜻이 아니다. 대학(大學)은 곧 교외에 위치한 학교이다. 이수(貍首)와 추우(騶虞)의 시가로 절도를 맞춘다고 했는데, 비록 천자와 제후에게 적용되는 예법에는 차이가 있지만, 내가 생각하기에 시행되는 학교에 따라서 좌우로 구분을 했던 것이지, 학교를 구분하고서 활쏘기를 했던 것은 아니다. 만약 구분을 하여 천자나 제후가 각각 그 중 한 장소에서만 활쏘기를 했다면, 이것은 신분의 귀천에 따른 변별이 아니다. '추우(騶虞)'는 인자하여 죽이지 못한다는 뜻으로, 천자가 포용하고 두루 덮어주는 것을 상징한다. '이수(貍首)'는 의로워서 잘 화합한다는 뜻으로, 제후가 분주히 공을 세우는데 노력하는 것을 상징한다. 그렇기 때문에 활쏘기를 할 때에는 각각 해당하는 시에 따라서 절도를 맞춘다.

鄭注 郊射, 爲射宮於郊也. 左, 東學也. 右, 西學也. 貍首·騶虞, 所以歌爲節也. 貫革, 射穿甲革也. 裨冕, 衣裨衣而冠冕也. 裨衣, 袞之屬也. 搢, 猶插也.

而好作亂者, 未之有也. 君子務本, 本立而道生. 孝弟也者, 其爲仁之本與!"

賁, 憤怒也. 文王之廟爲明堂制. 耕藉, 藉田也.

번역 '교사(郊射)'는 교외에 사궁(射宮)[9]을 지었다는 뜻이다. '좌(左)'자는 동학(東學)을 뜻한다. '우(右)'자는 서학(西學)을 뜻한다. 이수(貍首)와 추우(騶虞)는 노래로 불러서 절도를 맞추는 것이다. '관혁(貫革)'은 활을 쏘아 갑옷을 꿰뚫는다는 뜻이다. '비면(裨冕)'은 비의(裨衣)를 착용하고 면류관을 쓴다는 뜻이다. '비의(裨衣)'는 곤복(袞服) 등의 부류이다. '진(搢)'자는 "꼽다[插]."는 뜻이다. '분(賁)'자는 사납고 거칠다는 뜻이다. 문왕에 대한 묘(廟)는 명당(明堂)의 제도에 따라 만들었다. '경적(耕藉)'은 적전(藉田)[10]을 뜻한다.

釋文 郊射, 食亦反, "左射"·下"右射"同, 沈皆食夜反. 貍, 力之反. 騶, 側由反. 貫, 古亂反, 後同. 裨, 婢支反. 搢音進. 笏音忽. 賁音奔, 注同. 孔安國云: "虎賁, 若虎賁獸, 言其猛也." 說, 吐活反. 朝, 直遙反. 射穿, 食亦反. 衣裨衣, 上於旣反, 下如字. 而冠, 古亂反. 猶捷, 本亦作插, 初洽反, 徐采協反. 憤, 扶粉反.

번역 '郊射'에서의 '射'자는 '食(식)'자와 '亦(역)'자의 반절음이며, '左射'와 뒤의 '右射'에서의 '射'자 또한 그 음이 이와 같고, 심음(沈音)은 모두 '食(식)'자와 '夜(야)'자의 반절음이라고 했다. '貍'자는 '力(력)'자와 '之(지)'자의 반절음이다. '騶'자는 '側(측)'자와 '由(유)'자의 반절음이다. '貫'자는 '古(고)'자와 '亂(란)'자의 반절음이며, 뒤에 나오는 글자도 그 음이 이와 같다. '裨'자는 '婢(비)'자와 '支(지)'자의 반절음이다. '搢'자의 음은 '進(진)'이다. '笏'자의 음은 '忽(홀)'이다. '賁'자의 음은 '奔(분)'이며, 정현의 주에 나오

9) 사궁(射宮)은 천자가 대사례(大射禮)를 시행하던 장소이며, 또한 이곳에서 사(士)들을 시험하기도 했다. 『춘추곡량전』「소공(昭公) 8년」편에는 "以習射於射宮."이라는 기록이 있고, 『예기』「사의(射義)」편에는 "諸侯歲獻貢士於天子, 天子試之於射宮."이라는 기록이 있다.

10) 적전(藉田)은 적전(籍田)이라고도 부른다. 천자와 제후가 백성들을 동원해서 경작하는 땅이다. 처음 농사일을 시작할 때, 천자와 제후는 이곳에서 직접 경작에 참여함으로써, 농업을 중시한다는 뜻을 보이게 된다.

는 글자도 그 음이 이와 같다. 공안국은 "호분(虎賁)은 마치 호랑이처럼 사나운 짐승과 같다는 뜻으로, 용맹함을 의미한다."라고 했다. '說'자는 '吐(토)'자와 '活(활)'자의 반절음이다. '朝'자는 '直(직)'자와 '遙(요)'자의 반절음이다. '射穿'에서의 '射'자는 '食(식)'자와 '亦(역)'자의 반절음이다. '衣裨衣'에서 앞의 '衣'자는 그 음이 '於(어)'자와 '旣(기)'자의 반절음이며, 뒤의 '衣'자는 글자대로 읽는다. '而冠'에서의 '冠'자는 '古(고)'자와 '亂(란)'자의 반절음이다. '搢捷'에서의 '捷'자는 판본에 따라 또한 '插'자로도 기록하는데, 그 음은 '初(초)'자와 '洽(흡)'자의 반절음이며, 서음(徐音)은 '采(채)'자와 '協(협)'자의 반절음이다. '憤'자는 '扶(부)'자와 '粉(분)'자의 반절음이다.

孔疏 ●"散軍"至"弟也". ○正義曰: 此一經論克商之後脩文敎也.

번역 ●經文: "散軍"~"弟也". ○이곳 경문은 은나라를 정벌한 이후 문(文)과 가르침을 닦았던 일을 논의하고 있다.

孔疏 ●"散軍而郊射"者, 還鎬京, 止武而習文也. 郊射, 射於射宮, 在郊學之中也. 天子於郊學而射, 所以擇士簡德也.

번역 ●經文: "散軍而郊射". ○호경으로 되돌아온 뒤에는 무(武)를 그치고 문(文)을 익혔다. '교사(郊射)'는 사궁에서 활쏘기를 한 것으로, 교학 안에서 시행한 것이다. 천자는 교학에서 활쏘기를 하니 선비를 선택하고 유덕한 자를 가려내기 위한 것이다.

孔疏 ●"左射貍首"者, 左, 東學也, 亦在於東郊. 貍首, 諸侯之所射詩也. 周立虞庠之學於西郊, 故知使諸侯習射於東學, 歌貍首詩也. 所以歌貍首者, 皇氏以爲舊解云: "貍之取物, 則伏下其頭, 然後必得, 言射亦必中, 如貍之取物矣." 鄭注大射云: "貍首, 逸詩. 貍之言不來也, 其詩有射諸侯首不朝者之言, 因以名篇." 不取於貍之伏物. 而皇氏所說違鄭注, 其義非也.

번역 ●經文: "左射貍首". ○'좌(左)'자는 동학(東學)을 뜻하니, 이 또한 동쪽 교외에 있다. '이수(貍首)'는 제후들이 활을 쏘며 노래한 시가이다. 주나라 때에는 서쪽 교외에 우(虞) 때의 학교인 상(庠)을 세웠다. 그렇기 때문에 제후들로 하여금 동학에서 활쏘기를 익히게 하며, 이수의 시가를 노래로 부르도록 했음을 알 수 있다. 이수의 시가를 노래로 불렀던 이유에 대해서 황간은 옛 주석에 따라 "살쾡이가 먹이를 취할 때에는 머리를 숙인 뒤에 반드시 취했으니, 이것은 활쏘기에서도 또한 반드시 적중을 시키는 것이 살쾡이가 먹이를 취하는 것과 같음을 의미한다."라고 해석했다. 『의례』「대사(大射)」편에 대한 정현의 주에서는 "이수는 일실된 시이다. '이(貍)'자는 찾아오지 않는다는 뜻으로, 그 시가에는 '조회에 찾아오지 않은 제후의 머리를 쏜다.'는 구절이 있기 때문에, 그에 따라 편명으로 정한 것이다."[11]라고 했다. 즉 이 해석은 살쾡이가 머리를 숙이고서 먹이를 취한다는 뜻을 취하지 않고 있다. 따라서 황간의 주장은 정현의 주석에 위배되니, 그 의미가 잘못되었다.

孔疏 ●"右射騶虞"者, 右是西學, 在西郊也. 騶虞, 天子於西學中習射也. 騶虞, 白虎黑文, 義應之獸也, 故知唯天子射歌之詩. 其騶虞篇云: "彼茁者葭, 一發五豝." 鄭注射義云: "一發五豝, 喩得賢者多也."

번역 ●經文: "右射騶虞". ○'우(右)'는 서학(西學)으로 서쪽 교외에 있었다. '추우(騶虞)'는 천자가 서학에서 활쏘기를 연습할 때 사용한 시가이다. 추우는 백색의 호랑이로 검은색 무늬가 있었던 것이니, 의로움에 따라 감응해서 나타나는 전설 속의 동물이다. 그렇기 때문에 오직 천자만이 활쏘기를 할 때 노래로 불렀던 시가임을 알 수 있다. 「추우」편에서는 "저 무성한 갈대에, 한 번 화살을 쏘아서 다섯 마리의 암퇘지를 잡노라."[12]라고 되어 있다. 『예기』「사의(射義)」편에 대한 정현의 주에서는 "한 번 화살을

---

11) 이 문장은 『의례』「대사(大射)」편의 "上射揖. 司射退反位. 樂正命大師曰, '奏貍首, 間若一.'"이라는 기록에 대한 정현의 주이다.

12) 『시』「소남(召南)·추우(騶虞)」: 彼茁者葭. 壹發五豝, 于嗟乎騶虞.

쏘아서 다섯 마리의 암퇘지를 잡는 것은 현명한 자를 많이 얻는다는 것을 비유한 말이다."[13]라고 했다.

孔疏 ●"而貫革之射息也"者, 貫, 穿也. 革, 甲鎧也. 所謂軍射也, 言軍中不習於容儀, 又無別物, 但取甲鎧張之而射, 唯穿多重爲善, 謂爲"貫革"也. 春秋養由基射七札是也. 此旣習禮射於學, 故貫革之射止息也.

번역 ●經文: "而貫革之射息也". ○'관(貫)'자는 "꿰뚫다[穿]."는 뜻이다. '혁(革)'자는 갑옷을 뜻한다. 이른바 군대에서의 활쏘기라는 것은 군대 안에서는 예법의 격식에 따라 활쏘기를 익히지 않고, 또 별도의 과녁을 설치하는 일이 없으며, 단지 갑옷을 늘어놓고서 활을 쏘며, 오직 많은 겹의 갑옷을 꿰뚫는 것을 좋게 여기게 되므로, 이것을 "갑옷을 꿰뚫는다."고 한 것이다. 『춘추』에서 양유기가 일곱 겹이 갑옷을 뚫었다고 한 말이 여기에 해당한다.[14] 여기에서는 이미 학교에서 예법에 따른 활쏘기를 익힌다고 했기 때문에, 갑옷을 꿰뚫는 활쏘기 방식을 그치게 된 것이다.

孔疏 ●"裨冕搢笏, 而虎賁之士說劒也"者, 裨冕, 入廟之服也. 搢笏, 插笏也. 虎賁, 言奔走有力, 如虎之在軍. 說劒者旣並習文, 故皆說劒也.

번역 ●經文: "裨冕搢笏, 而虎賁之士說劒也". ○'비면(裨冕)'은 묘(廟)에 들어갈 때 착용하는 복장이다. '진홀(搢笏)'은 홀을 꼽는다는 뜻이다. '호분(虎賁)'은 내달리며 힘을 발휘하는 것이 호랑이가 군대 속에 있는 것과 같다는 뜻이다. 검을 풀어두는 이유는 이미 모두 문(文)을 익히는 것이기 때

---

13) 이 문장은 『예기』「사의(射義)」편의 "其節, 天子以騶虞爲節, 諸侯以貍首爲節, 卿大夫以采蘋爲節, 士以采繁爲節, 騶虞者樂官備也. 貍首者, 樂會時也. 采蘋者, 樂循法也. 采繁者, 樂不失職也, 是故天子以備官爲節, 諸侯以時會天子爲節, 卿大夫以循法爲節, 士以不失職爲節, 故明乎其節之志, 以不失其事, 則功成而德行立. 德行立則無暴亂之禍矣, 功成則國安. 故曰, '射者, 所以觀盛德也.'"라는 기록에 대한 정현의 주이다.

14) 『춘추좌씨전』「성공(成公) 16년」: 癸巳, 潘尫之黨與養由基蹲甲而射之, 徹七札焉.

문에, 모두가 검을 풀어두는 것이다.

孔疏 ●"祀乎明堂, 而民知孝"者, 罷武而教民之行孝於明堂. 明堂是文王之廟也, 於時未有明堂, 而云"明堂"者, 文王廟如明堂之制, 故云"明堂"也. 天子於中祀其父也, 故教民知孝之道矣. 然不於后稷廟, 而於文王廟者, 旣是述父之志, 故初於中祀也.

번역 ●經文: "祀乎明堂, 而民知孝". ○무(武)를 그만두고, 명당(明堂)에서 백성들이 효를 시행하도록 교화한 것이다. 명당은 문왕(文王)의 묘(廟)이니, 당시에는 아직까지 명당을 짓지 않았다. 그런데도 '명당(明堂)'이라고 부른 이유는 문왕의 묘(廟)는 명당의 제도와 동일하게 만들었기 때문에, '명당(明堂)'이라고 한 것이다. 천자는 그 안에서 자신의 부친에 대해 제사를 지내기 때문에, 백성들을 교화하여 효의 도리를 알게끔 한 것이다. 그런데 후직(后稷)[15]의 묘에서 시행하지 않고, 문왕의 묘에서 시행한 이유는 이러한 것들이 이미 부친인 문왕의 뜻을 조술하는 것이기 때문에, 애초부터 문왕의 묘에서 제사를 지낸 것이다.

孔疏 ●"朝覲, 然後諸侯知所以臣"者, 六服更朝, 故諸侯知爲臣之道, 還國而教也.

번역 ●經文: "朝覲, 然後諸侯知所以臣". ○육복(六服)[16]에 속한 제후들

---

15) 후직(后稷)은 전설상의 인물이다. 주(周)나라의 선조(先祖) 중 한 사람이다. 강원(姜嫄)이 천제(天帝)의 발자국을 밟고 회임을 하여 '후직'을 낳았는데, 불길하다고 생각하여 버렸기 때문에, 이름을 기(棄)로 지어졌다 한다. 이후 순(舜)이 '기'를 등용하여 농사를 담당하는 신하로 임명해서, 백성들에게 농사짓는 법을 가르쳤기 때문에, '후직'으로 일컬어지게 되었다. 『시』「대아(大雅)·생민(生民)」편에는 "厥初生民, 時維姜嫄. …… 載生載育, 時維后稷."이라는 기록이 있다. 한편 농사를 주관하는 관리를 '후직'으로 부르기도 한다.

16) 육복(六服)은 천자의 수도를 제외하고, 그 이외의 땅을 9개의 지역으로 구분한 구복(九服) 중에서 6개 지역을 뜻하는데, 천자의 수도로부터 6개 복(服)까지는 주로 중국의 제후들에게 분봉해주는 지역이었고, 나머지 3개의 지역은

이 번갈아가며 조회를 오기 때문에, 제후들이 신하된 자로써 따라야 하는 도리를 알게 되고, 그런 뒤 본국으로 되돌아가서 도리를 가르쳤던 것이다.

孔疏 ●"耕藉, 然後諸侯知所以敬"者, 王自耕藉田, 以供粢盛, 故諸侯見而知其敬, 亦還國而耕也.

번역 ●經文: "耕藉, 然後諸侯知所以敬". ○천자가 직접 적전(藉田)을 경작하여 자성(粢盛)[17]을 공급한다. 그렇기 때문에 제후들이 그 모습을 보고 공경함을 알았고, 또 본국으로 되돌아가서 자신도 직접 경작을 했다.

주로 오랑캐들에게 분봉해주는 지역이었다. 따라서 중국(中國)이라는 개념을 거론할 때 주로 '육복'이라고 말한다. 천하의 정중앙에는 천자의 수도인 왕기(王畿)가 있고, 그 외에는 순차적으로 6개의 '복'이 있는데, 후복(侯服), 전복(甸服), 남복(男服), 채복(采服), 위복(衛服), 만복(蠻服)이 여기에 해당한다. '후복'은 천자의 수도 밖으로 사방 500리(里)의 크기이며, 이 지역에 속한 제후들은 1년에 1번 천자를 알현하며, 제사 때 사용하는 물건을 바친다. '전복'은 '후복' 밖으로 사방 500리의 크기이며, 이 지역에 속한 제후들은 2년에 1번 천자를 알현하고, 빈객(賓客)을 접대할 때 사용하는 물건을 바친다. '남복'은 '전복' 밖으로 사방 500리의 크기이며, 이 지역에 속한 제후들은 3년에 1번 천자를 알현하고, 각종 기물(器物)들을 바친다. '채복'은 '남복' 밖으로 사방 500리의 크기이며, 이 지역에 속한 제후들은 4년에 1번 천자를 알현하고, 의복류를 바친다. '위복'은 '채복' 밖으로 사방 500리의 크기이며, 이 지역에 속한 제후들은 5년에 1번 천자를 알현하고, 각종 재목들을 바친다. '만복'은 '요복(要服)'이라고도 부르는데, '만복'이라는 용어는 변경 지역의 오랑캐들과 접해 있으므로, 붙여진 용어이다. '만복'은 '위복' 밖으로 사방 500리의 크기이며, 이 지역에 속한 제후들은 6년에 1번 천자를 알현하고, 각종 재화들을 바친다. 『주례』「추관(秋官)·대행인(大行人)」편에는 "邦畿方千里, 其外方五百里謂之侯服, 歲壹見, 其貢祀物, 又其外方五百里謂之甸服, 二歲壹見, 其貢嬪物, 又其外方五百里謂之男服, 三歲壹見, 其貢器物, 又其外方五百里謂之采服, 四歲壹見, 其貢服物, 又其外方五百里謂之衛服, 五歲壹見, 其貢材物, 又其外方五百里謂之要服, 六歲壹見, 其貢貨物."이라는 기록이 있다.

17) 자성(粢盛)의 자(粢)자는 곡식의 한 종류인 기장을 뜻하고, 성(盛)자는 그릇에 기장을 풍성하게 채워놓은 모양을 뜻한다. 따라서 '자성'은 제기(祭器)에 곡물을 가득 채워놓은 것을 뜻하며, 제물(祭物)로 사용되었다. 『춘추공양전』「환공(桓公) 14년」편에는 "御廩者何, 粢盛委之所藏也."라는 기록이 있는데, 이에 대한 하휴(何休)의 주에서는 "黍稷曰粢, 在器曰盛."이라고 풀이하였다.

孔疏 ●"五者, 天下之大教也"者, 郊射一, 裨冕二, 祀乎明堂三, 朝覲四, 耕藉五. 此五者大益於天下, 並使諸侯還其本國而爲教, 故云"大教"也.

번역 ●經文: "五者, 天下之大教也". ○교사(郊射)에 대한 것이 첫 번째이고, 비면(裨冕)에 대한 것이 두 번째이며, 명당(明堂)에서 제사를 지내는 것이 세 번째이고, 조근(朝覲) 등의 의례가 네 번째이며, 자전을 경작하는 것이 다섯 번째이다. 이러한 다섯 가지는 천하에 큰 보탬이 되며, 아울러 제후들로 하여금 본국으로 되돌아가 교화를 시행하도록 한다. 그렇기 때문에 '대교(大教)'라고 했다.

孔疏 ◎注"郊射"至"田也". ○正義曰: "郊射, 爲射宮於郊也"者[18], 皇氏云: "於東郊." 熊氏云: "王制篇云: 殷禮: 小學在公宮南之左, 大學在郊." 武王伐紂之後, 猶用殷制, 故小學射貍首, 大學射騶虞也. 言爲射宮於郊者, 據大學也. 云"裨冕, 衣裨衣而冠冕也"者, 覲禮云: "侯氏裨冕." 鄭云: "裨之爲言埤也. 天子六服, 大裘爲上, 其餘爲裨[19]." 故此云: "裨衣, 袞之屬也." 袞謂從袞冕之衣以下皆是也. 言身著衣而首冠冕, 故云: "裨冕, 衣裨衣而冠冕"也. 云"文王之廟爲明堂制"者, 以周公攝政六年始朝諸侯於明堂, 當武王伐紂之時, 未有明堂. 今云"祀乎明堂", 故知是文王之廟制耳, 非正明堂也.

번역 ◎鄭注: "郊射"至"田也". ○정현이 "'교사(郊射)'는 교외에 사궁(射宮)을 지었다는 뜻이다."라고 했는데, 황간은 "동쪽 교외에 있다."라고 했고, 웅안생은 "『예기』「왕제(王制)」편에서는 은나라의 예법에 따르면 소학(小學)은 궁성의 남쪽 좌측에 있고, 대학(大學)은 교외에 있다.[20]"라고 했

---

18) '야자(也者)'에 대하여. '야자'는 본래 '자야(者也)'로 기록되어 있었는데, 완원(阮元)의 『교감기(校勘記)』에서는 "『고문(考文)』에서 인용하고 있는 송나라 때의 판본에서는 '자야'를 '야자'로 기록했다."라고 했다.

19) '비(裨)'자에 대하여. '비'자는 본래 '비(埤)'자로 기록되어 있었는데, 완원(阮元)의 『교감기(校勘記)』에서는 "혜동(惠棟)의 『교송본(校宋本)』에는 '비(埤)'자를 '비(裨)'자로 기록했고, 『의례』「근례(覲禮)」편에 대한 정현의 주를 살펴보면, '비(裨)'자로 기록되어 있다."라고 했다.

20) 『예기』「왕제(王制)」【154d】: 天子命之教然後, 爲學, 小學, 在公宮南之左, 大

다. 무왕은 주임금을 정벌한 이후에도 여전히 은나라 때의 제도를 사용했다. 그렇기 때문에 소학에서 활을 쏠 때 이수(貍首)의 시가를 노래하고, 대학에서 활을 쏠 때 추우(騶虞)의 시가를 노래한 것이다. 그런데 교외에 사궁을 만들었다고 한 말은 대학에 기준을 둔 말이다. 정현이 "'비면(裨冕)'은 비의(裨衣)를 착용하고 면류관을 쓴다는 뜻이다."라고 했는데, 『의례』「근례(覲禮)」편에서는 "제후들이 비면을 착용한다."[21]라고 했고, 정현은 "'비(裨)'자는 '낮다[埤]'는 뜻이다. 천자의 육복(六服)[22] 중에서 대구(大裘)가 가장 상등의 복장이고, 나머지 다섯 복장은 비(裨)가 된다."라고 했다. 그렇기 때문에 이곳에서 "'비의(裨衣)'는 곤복(袞服) 등의 부류이다."라고 말한 것이다. '곤(袞)'은 곤면(袞冕)을 착용할 때의 복장으로부터 그 이하의 복장들을 모두 뜻한다. 즉 몸에는 의복을 걸치고 머리에는 면류관을 쓴다는 뜻이다. 그렇기 때문에 "'비면(裨冕)'은 비의(裨衣)를 착용하고 면류관을 쓴다는 뜻이다."라고 말한 것이다. 정현이 "문왕에 대한 묘(廟)는 명당(明堂)의 제도에 따라 만들었다."라고 했는데, 주공이 섭정을 한 후 6년째에 제후들을 명당에서 조회했으니,[23] 무왕이 주임금을 정벌했을 때에는 아직까지 명당이 없었다. 현재 "명당에서 제사를 지낸다."라고 했기 때문에, 이것은 문

學, 在郊. 天子曰辟雍, 諸侯曰頖宮.

21) 『의례』「근례(覲禮)」: 侯氏裨冕, 釋幣于禰, 乘墨車, 載龍旂弧韣, 乃朝, 以瑞玉有繅.

22) 육복(六服)은 천자나 제후의 여섯 종류 복장을 가리키니, 대구(大裘), 곤의(袞衣), 별의(驚衣), 취의(毳衣), 희의(希衣), 현의(玄衣)이다. 『주례(周禮)』「춘관(春官)·사복(司服)」편에는 "祀昊天上帝, 則服大裘而冕, 祀五帝亦如之. 享先王則袞冕. 享先公, 饗射則驚冕. 祀四望山川則毳冕. 祭社稷五祀則希冕. 祭群小祀則玄冕."이라는 기록이 있다. 즉 호천상제(昊天上帝) 및 오제(五帝)에게 제사지낼 때에는 대구를 입고 면(冕)을 쓰며, 선왕(先王)에게 제사지낼 때에는 곤면(袞冕)을 착용하고, 선공(先公)에 대한 제사 및 향사례(饗射禮)를 시행할 때에는 별면(驚冕)을 착용하며, 산천(山川) 등에 제사지낼 때에는 취면(毳冕)을 착용하고, 사직(社稷) 등에 제사지낼 때에는 희면(希冕)을 착용하며, 기타 여러 제사에는 현면(玄冕)을 착용한다.

23) 『예기』「명당위(明堂位)」 【398d】 昔殷紂亂天下, 脯鬼侯以饗諸侯, 是以周公相武王以伐紂. 武王崩, 成王幼弱, 周公踐天子之位以治天下. 六年朝諸侯於明堂, 制禮作樂頒度量, 而天下大服. 七年致政於成王.

왕에 대한 묘에 해당할 뿐이며, 본래의 명당이 아니라는 사실을 알 수 있다.

訓纂 王注: 郊有學宮, 所以習禮也.

번역 왕숙의 주에서 말하길, 교외에 학교를 두었던 것은 예법을 익히기 위해서이다.

集解 愚謂: 祀乎明堂, 而民知孝, 謂祀上帝於明堂, 而以文王配之也. 祀文王以配上帝, 始於武王, 而孝經以爲周公者, 以周之禮樂皆周公之所贊成也. 如追王大王·王季, 亦在武王時, 而中庸亦以爲周公之事也. 事先主於孝, 事神主於敬, 明堂主於嚴父, 故言"孝", 耕藉兼有外神, 故言"敬", 其實亦互文爾.

번역 내가 생각하기에, "명당(明堂)에서 제사를 지내서 백성들이 효를 알았다."는 말은 명당에서 상제에 대한 제사를 지내며, 문왕(文王)을 함께 배향했다는 뜻이다. 문왕에게 제사를 지내며 상제에게 배향했던 것은 무왕 때 처음으로 시행되었는데, 『효경』에서는 주공이 한 일로 여겼다.[24] 그 이유는 주나라의 예악은 모두 주공이 도와서 완성한 것이기 때문이다. 예를 들어 태왕과 왕계를 추왕(追王)[25]한 것도 역시 무왕 때 있었던 일이지만, 『중용』에서는 또한 이것을 주공이 시행한 일로 여겼다.[26] 선조를 섬길 때에는 효를 위주로 하고, 귀신을 섬길 때에는 공경을 위주로 하는데, 명당에서는 부친을 존경하는데 주안점을 두기 때문에 '효(孝)'라고 말한 것이며, 적전을 경작하는 일에는 외신(外神)[27]에 대한 것도 포함되기 때문에 '경

---

24) 『효경』「성치장(聖治章)」: 昔者周公郊祀后稷以配天. 宗祀文王於明堂以配上帝.

25) 추왕(追王)은 천자의 조상 중 천자의 신분이 아니었지만, 죽은 뒤 그에게 천자의 칭호를 부여한다는 뜻이다.

26) 『중용』「18장」: 武王末受命, <u>周公成文武之德, 追王大王王季</u>, 上祀先公以天子之禮. 斯禮也達乎諸侯大夫及士庶人. 父爲大夫, 子爲士, 葬以大夫, 祭以士. 父爲士, 子爲大夫, 葬以士, 祭以大夫. 期之喪達乎大夫, 三年之喪達乎天子, 父母之喪無貴賤一也.

27) 외신(外神)은 내신(內神)과 상대되는 말이다. 교(郊)나 사(社) 등에서 지내는 제사 대상을 '외신'이라고 부른다. 『예기』「곡례하(曲禮下)」편에 대한 손희단

(敬)'이라고 말한 것이지만, 실제로는 또한 상호 호환이 되는 내용일 따름이다.

【참고】『시』「소남(召南) · 추우(騶虞)」

彼茁者葭, (피줄자가) : 저 무성한 갈대에,
壹發五豝. (일발오파) : 한 번 화살을 쏘아서 다섯 마리의 암퇘지를 잡노라.
于嗟乎騶虞. (우차호추우) : 오호라! 이것이 추우로구나.

彼茁者蓬. (피줄자봉) : 저 무성한 쑥대에,
壹發五豵, (일발오종) : 한 번 화살을 쏘아서 다섯 새끼 돼지를 잡노라.
于嗟乎騶虞. (우차호추우) : 오호라! 이것이 추우로구나.

[毛序] : 騶虞, 鵲巢之應也. 鵲巢之化行, 人倫既正, 朝廷既治, 天下純被文王之化, 則庶類蕃殖, 蒐田以時, 仁如騶虞, 則王道成也.

[모서] : 「추우」편은 「작소」편의 덕에 호응하여 나타난 것을 노래한 시이다. 「작소」편에서는 교화가 시행되어 인륜이 바르게 되고 조정이 다스려져서, 천하 사람들이 문왕의 교화를 크게 입게 되었다고 했으니, 만물이 번식하여 사냥을 농한기에 맞춰 시행하여, 그 인자함이 추우와 같다면, 천조의 도가 완성된 것이다.

(孫希旦)의 『집해(集解)』에서는 오징(吳澄)의 주장을 인용하여, "宗廟所祭者, 一家之神, 內神也, 故曰內事. 郊 · 社 · 山川之屬, 天下一國之神, 皆外神也, 故曰外事."라고 설명하였다. 즉 종묘(宗廟)에서 제사를 지내는 대상은 한 집안의 신(神)으로 '내신'이라고 부르며, 그 제사들을 내사(內事)라고 부른다. 또 교, 사 및 산천(山川) 등에 지내는 제사는 그 대상이 천하 및 한 국가의 신들이기 때문에, 그들을 '외신'이라고 부르며, 그 제사를 외사(外事)라고 부른다.

그림 66-1 천자의 오학(五學)

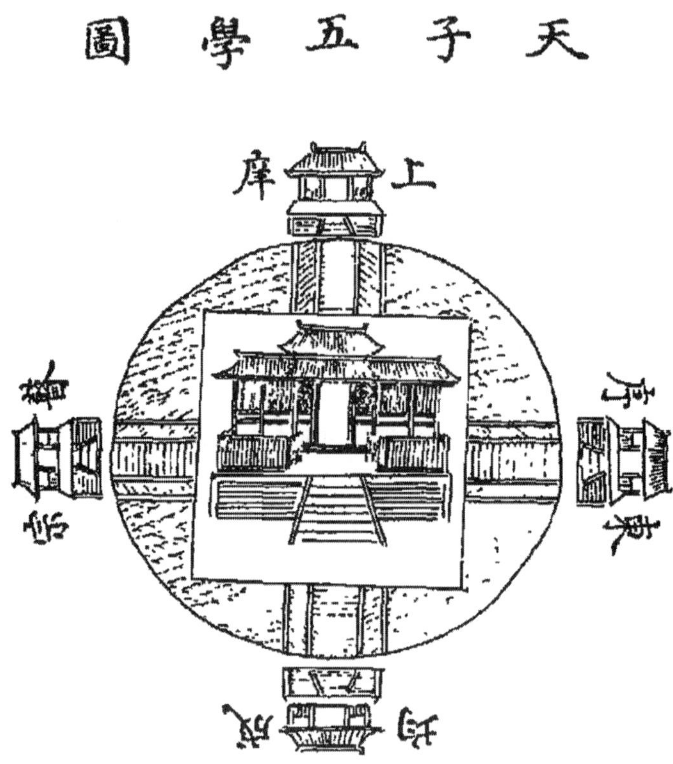

※ **출처:**『가산도서(家山圖書)』

그림 66-2 제후의 반궁(泮宮: =頖宮)

諸侯泮宮圖

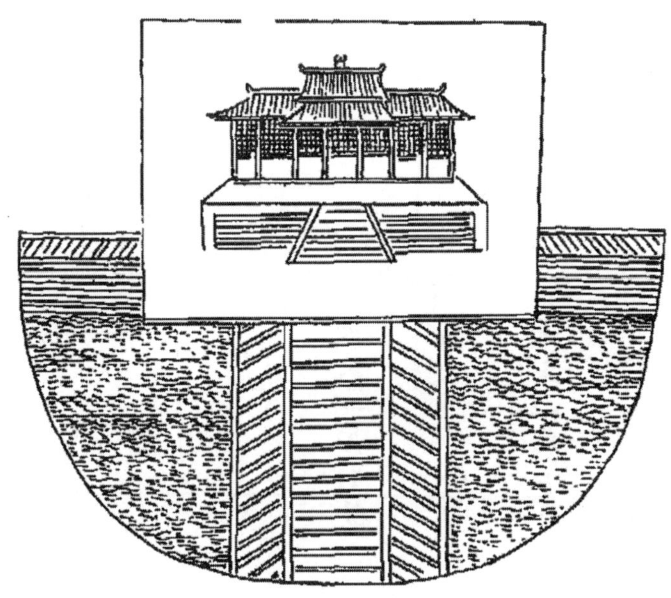

※ **출처:** 『가산도서(家山圖書)』

그림 66-3 홀(笏)

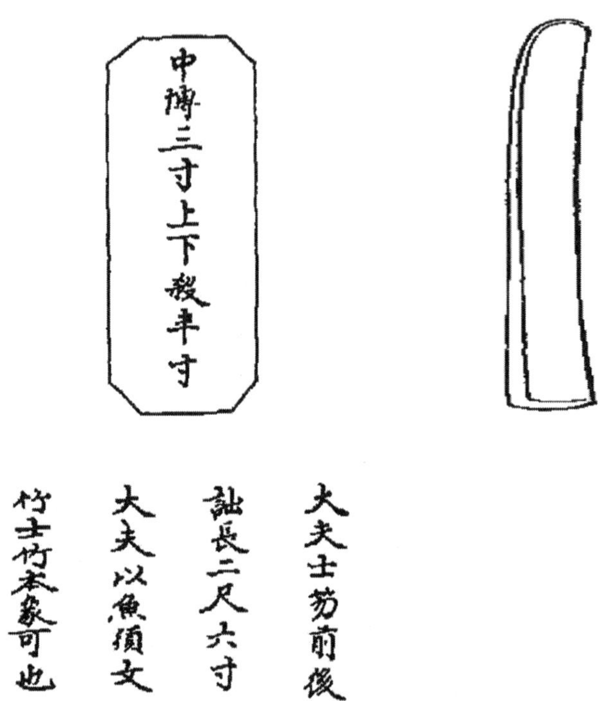

※ 출처: 좌-『삼례도(三禮圖)』 3권
우-『삼재도회(三才圖會)』「기용(器用) 12권

그림 66-4 후직(后稷)

后稷像

※ **출처:** 『삼재도회(三才圖會)』「인물(人物)」 4권

그림 66-5 구복(九服)·육복(六服)·오복(五服)

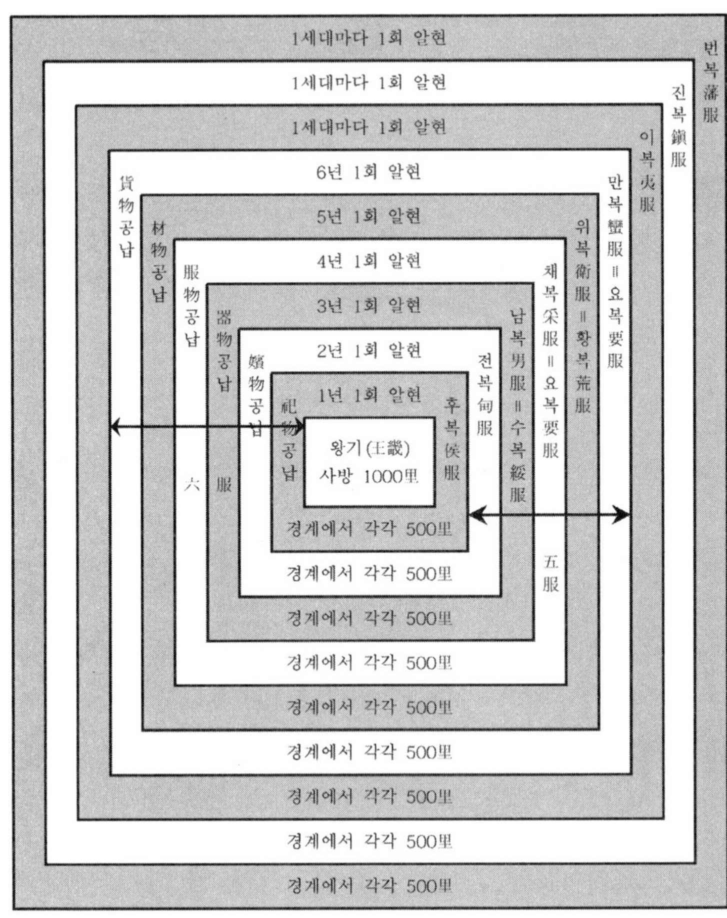

※ 참조: 『삼재도회(三才圖會)』「지리(地理)」 14권

그림 66-6 대구(大裘)

※ **출처:** 『삼례도집주(三禮圖集注)』 1권

• 제 67 절 •

공자의 답변-양로(養老)

【485a~b

"食三老五更於大學, 天子袒而割牲, 執醬而饋, 執爵而酳, 冕而總干, 所以教諸侯之弟也. 若此, 則周道四達, 禮樂交通, 則夫武之遲久, 不亦宜乎?"

직역 "大學에서 三老五更에게 食함에, 天子는 袒하고 牲을 割하며, 醬을 執하고 饋하며, 爵을 執하고 酳하며, 冕하고 干을 總하니, 諸侯에게 弟를 教하는 所以이다. 此와 若하면, 周道가 四達하고, 禮樂이 交通하니, 夫히 武가 遲久함은, 亦히 宜함이 不호아?"

의역 공자가 계속해서 말해주길, "대학에서 삼로와 오경[1]에게 사례(食禮)를

---

1) 삼로오경(三老五更)은 삼로(三老)와 오경(五更)을 뜻한다. 이들은 국가의 요직에 있다가 나이가 들어 퇴직한 자들이다. 정현은 '삼로'와 '오경'은 3명과 5명이 아닌 각각 1명씩이라고 풀이했다. 그리고 1명씩인데도 '삼(三)'자와 '오(五)'자를 붙여서 부르는 이유에 대해서, '삼진(三辰)'과 '오성(五星)'에서 명칭을 빌려왔기 때문이라고 해석하였고, 또한 '삼덕(三德)'과 '오사(五事)'를 알고 있는 자들이기 때문에, 이러한 명칭이 붙었다고 풀이하기도 한다. 『예기』「문왕세자」편에는 "適東序, 釋奠於先老, 遂設三老, 五更, 群老之席位焉."이란 기록이 있는데, 이에 대한 정현의 주에서는 "三老五更各一人也, 皆年老更事致仕者也. 天子以父兄養之, 示天下之孝悌也. 名以三五者, 取象三辰五星, 天所因以照明天下者."라고 풀이했고, 또한 『예기』「악기(樂記)」편에는 "食三老五更於大學."이란 기록이 있는데, 이에 대한 정현의 주에서는 "三老五更, 互言之耳, 皆老人更知三德五事者也."라고 풀이했다. 그리고 참고적으로 공영달(孔穎達)의 소(疏)에서는 "三德謂正直, 剛, 柔. 五事謂貌, 言, 視, 聽, 思也."라고 해석하여, '삼덕'은 정직(正直), 강직함[剛], 부드러움[柔]이라고 풀이했고, 오사(五事)는 '올바른 용모[貌]', '올바른 말[言]', '올바르게 봄[視]', '올바르게 들음[聽]', '올바르게 생각함[思]'이라고 풀이했다.

대접함에, 천자는 직접 옷을 걷어 한쪽 어깨를 드러내고서 희생물을 자르며, 장을 들고서 그들에게 주며, 술잔을 잡고서 입가심하는 술을 따라주며, 면류관을 쓰고 방패를 들고서 춤을 추니, 이것은 제후들에게 공경함을 가르치는 방법입니다. 이처럼 하게 된다면, 주나라의 도가 사방에 두루 통하게 되고, 예악이 서로 통하게 되니, 대무(大武)의 악곡을 오래도록 시연함이 또한 마땅한 일이 아니겠습니까?"라고 했다.

集說 冕而總干, 謂首戴冕而手執干盾也. 餘說各見前篇. 孔子語賓牟賈武樂之詳, 其言止此.

번역 '면이총간(冕而總干)'은 머리에 면류관을 쓰고 손으로는 방패를 잡는다는 뜻이다. 나머지 설명에 대해서는 각각의 내용이 앞 편에 나온다. 공자는 빈무고에게 대무(大武)의 악곡에 대해서 상세하게 설명하였는데, 그 설명은 여기에서 끝난다.

大全 嚴陵方氏曰: 四達者, 東西南北無所不達也. 交通者, 上下內外無所不通也. 唯其道四達, 故禮樂得以交通焉. 周之成功, 若是之遲, 歷時, 若是之久也, 則樂之象成, 亦宜夫遲久矣, 故曰不亦宜乎.

번역 엄릉방씨가 말하길, '사달(四達)'은 동·서·남·북 모두에 두루 통하지 않음이 없다는 뜻이다. '교통(交通)'은 상·하·내·외에 두루 통하지 않음이 없다는 뜻이다. 다만 그 도가 사방에 두루 통하기 때문에, 예악도 상·하·내·외에 두루 통할 수 있다. 주나라가 공적을 이룬 것이 이처럼 더뎠고, 시기를 단계적으로 거쳤던 것도 이처럼 오래되었으니, 악(樂)은 그 공적을 이룸을 나타내므로, 또한 마땅히 더디고 오래도록 시연된다. 그렇기 때문에 "또한 마땅하지 않은가?"라고 말했다.

大全 金華應氏曰: 帝者之德, 尊而其世已遠, 意其淪墜之已久, 故封之尤急. 王者之德, 降而其世猶近, 未至於圮散而無所歸, 故封之爲次. 商容, 閑廢于家, 武王固已親式其閭, 以致敬, 而未敢輕起之而遽任以事也. 故使箕子同類之賢, 先行而訪之, 道達殷勤, 而後復其位, 所以尊賢也. 牛馬縱而遂其性, 則物之勞者逸, 車甲釁而息其神, 則器之動者靜. 干戈倒而包以虎皮, 則昔爲武而今爲文, 將帥俾爲諸侯, 則昔治軍而今治民. 貫革之射則息之, 虎賁之劒則脫之, 所以潛消其暴戾鷙悍之習. 貍首騶虞以爲節, 裨冕執笏以爲容, 明堂朝覲耕籍養老, 所以開導其孝悌敬順之心. 凡此皆所以反前日之所爲而一新天下之觀聽也. 其氣象甚雍容, 其節目甚詳密, 此豈一日之所能爲? 宜乎武舞象之而舒徐遲久也. 然則戒之久立之久, 固無急於富天下之心, 遲之遲而又久又必緩, 以待天下之化. 大武雖武舞也, 實止戈之武也, 實修文之武也, 故武之詩曰勝殷遏劉.

번역 금화응씨가 말하길, 오제(五帝)의 덕은 존귀하지만 그 시대가 이미 너무 멀리 떨어져 있고, 그에 대한 생각도 없어진지 이미 오래되었기 때문에, 분봉하길 매우 급하게 했던 것이다. 삼왕(三王)의 덕은 상대적으로 낮지만 그 시대가 반대로 가깝고, 흩어져 없어져서 귀의할 곳이 없는 지경에는 아직까지 이르지 않았기 때문에, 분봉하길 그 다음 수순으로 했다. 상용(商容)은 집에서 은거하고 있었으니, 무왕은 진실로 미리 그가 속한 마을에 직접 공경의 예를 표해서 공경함을 지극히 나타냈고, 경솔하게 그를 발탁하여 갑작스럽게 임무를 맡기지 않았다. 그렇기 때문에 그와 같은 부류의 현자인 기자를 시켜서, 먼저 찾아가서 방문을 하도록 했고, 충분히 설명하고 돈독해진 뒤에야 그의 지위를 복권시켜주었으니, 현자를 존귀하게 대했기 때문이다. 소와 말을 풀어주어 그것들이 마음대로 활동하도록 했으니, 피로한 것들을 편안히 쉬도록 한 것이며, 수레와 갑옷에는 피칠을 하여 관련 기물들에 대한 신령들의 활동을 그치게 했으니, 한참 사용한 기물을 가만히 놔둔 것이다. 방패와 창은 거꾸로 두고 호랑이 가죽으로 감쌌으니, 이전에는 무(武)를 시행했지만 현재는 문(文)을 시행한 것이며, 장수들을 제후로 만들었으니, 이전에는 군대를 다스렸지만 현재는 백성들을 다스린 것이다. 갑옷을 꿰뚫는 활쏘기는 그치게 했고 용맹한 무사들의 검은 풀어놓도록 했으니, 난폭하고 사나운 용맹 익히는 것을 서서히 줄어들게 한 것이다. 이수(貍首)와 추우(騶虞)로 절도를 맞추고, 비면(裨冕)을 착용하고 홀을 꼽아서 예법에 따른 용모를 꾸미며, 명당에서 제사를 지내고 조근의 의례를 시행하며 경작을 하고 노인을 봉양하는 등등의 일들은 효제(孝悌) 및 공경함과 순종함의 마음을 열어주고 인도하는 것이다. 무릇 이러한 것들은 모두 이전에 시행했던 것들을 반추하여, 천하 사람들의 이목을 새롭게 만든 것이다. 그 기상이 더욱 온화하고 그 절목들이 더욱 세밀하니, 이것이 어찌 하루아침에 할 수 있는 일이겠는가? 따라서 마땅히 대무(大武)의 춤은 그것을 표상하여 천천히 표현하고 오래도록 시연하는 것이다. 그러므로 주의를 주는 것을 오래도록 하고 무용수들이 서서 오래도록 대기하는 것은 진실로 천하 사람들의 마음을 여유롭게 하는데 급급함이 없는 것이며, 더디고 더디게 하며 또 오래도록 하고 또 반드시 천천히 하여, 이를 통해 천하가 교화되기를 기다린 것이다. 따라서 대무는 비록 무무(武舞)에 해당하지만, 실제로는 전쟁을 그치게 하는 무력에 해당하며, 실제로는 문(文)을 닦는 무력에 해당한다. 그렇기 때문에 「무(武)」편의 시에서는 "은나라를 이겨 살육을 저지했다."[2]라고 한 것이다.

鄭注 三老五更, 互言之耳, 皆老人更知三德五事者也. 冕而總干, 親在舞位也. 周名大學於東膠. 言武遲久爲重禮樂.

번역 삼로(三老)와 오경(五更)은 상호 호환이 되도록 말한 것일 뿐이니, 두 계층에 속한 모든 노인들은 삼덕(三德)과 오사(五事)[3]에 대한 일을 알고 있는 자들이다. "면류관을 쓰고 방패를 들었다."는 말은 직접 무용수들의 대열에 섰다는 뜻이다. 주나라 때에는 '대학(大學)'을 '동교(東膠)'라고

2) 『시』「주송(周頌)·무(武)」: 於皇武王, 無競維烈. 允文文王, 克開厥後. 嗣武受之, 勝殷遏劉, 耆定爾功.

3) 오사(五事)는 본래 모(貌), 언(言), 시(視), 청(聽), 사(思)를 뜻한다. 즉 언행, 보고 듣는 것, 사려함을 가리킨다. 또 단순히 이러한 행위만을 뜻하는 것이 아니라 수신(修身)이라는 측면에서 각각의 항목에 규범이 첨가된다. 즉 '오사'가 실질적으로 가리키는 것은 행동을 공손하게 하고, 말은 순리에 따라 하며, 보는 것은 밝게 하고, 듣는 것은 밝게 하며, 생각은 깊게 하는 것이다. 『서』「주서(周書)·홍범(洪範)」편에는 "五事, 一曰貌, 二曰言, 三曰視, 四曰聽, 五曰思. 貌曰恭, 言曰從, 視曰明, 聽曰聰, 思曰睿."라는 기록이 있다.

불렀다. 대무(大武)를 더디고 오래도록 시연하는 것은 예악을 중시여기기 때문이라는 뜻이다.

釋文 食音嗣. 更, 古衡反, 注同. 大學, 音泰, 注"大學"同. 饋, 其愧反. 酳音胤, 又仕覲反. 弟, 大計反. 膠音交. 夫音扶. 爲, 于僞反.

번역 '食'자의 음은 '嗣(사)'이다. '更'자는 '古(고)'자와 '衡(형)'자의 반절음이며, 정현의 주에 나오는 글자도 그 음이 이와 같다. '大學'에서의 '大'자는 그 음이 '泰(태)'이며, 정현의 주에 나오는 '大學'에서의 '大'자도 그 음이 이와 같다. '饋'자는 '其(기)'자와 '愧(괴)'자의 반절음이다. '酳'자의 음은 '胤(윤)'이며, 또한 '仕(사)'자와 '覲(근)'자의 반절음도 된다. '弟'자는 '大(대)'자와 '計(계)'자의 반절음이다. '膠'자의 음은 '交(교)'이다. '夫'자의 음은 '扶(부)'이다. '爲'자는 '于(우)'자와 '僞(위)'자의 반절음이다.

孔疏 ●"天子袒而割牲"者, 謂天子養三老五更之時, 親袒衣而割牲也.

번역 ●經文: "天子袒而割牲". ○천자가 삼로와 오경을 봉양할 때, 직접 옷을 걷어 어깨를 드러내고 희생물을 자른다는 뜻이다.

孔疏 ●"執醬而饋"者, 謂天子親執醬而饋之.

번역 ●經文: "執醬而饋". ○천자가 직접 장을 들고서 준다는 뜻이다.

孔疏 ●"執爵而酳"者, 謂食訖, 天子親執爵而酳口也.

번역 ●經文: "執爵而酳". ○사례(食禮)가 끝나면, 천자는 직접 술잔을 들고 입가심하는 술을 따른다는 뜻이다.

孔疏 ●"冕而總干"者, 謂天子親自著冕, 手持干盾而親舞也. 此冕當鷩冕,享先公以饗射養老之類.

번역 ●經文: "冕而總干". ○천자가 직접 머리에 면류관을 쓰고 손으로 방패를 들고서 친히 춤을 춘다는 뜻이다. 이곳에서 '면(冕)'이라고 한 것은 별면(鷩冕)[4]에 해당하니, 선공들에게 제사를 지내며, 향연 · 사례 · 노인을 봉양하는 등의 의식 때 착용한다.

孔疏 ●"所以教諸侯之弟也"者, 天子親自養老, 則諸侯亦然. 不言教以孝者, 與上互文.

번역 ●經文: "所以教諸侯之弟也". ○천자가 직접 노인을 봉양하게 된다면, 제후 또한 그처럼 하게 된다. 효를 가르친다고 말하지 않은 것은 앞의 문장과 상호 호환이 되기 때문이다.

孔疏 ◎注"三老"至"東膠". ○正義曰: "三老五更, 互言之耳"者, 三老亦五更, 五更亦三老, 故云: "皆老人更知三德五事者也." 三德, 謂正直 · 剛 · 柔. 五事謂貌 · 言 · 視 · 聽 · 思也. 文王世子注云: "象三辰五星"者, 義相包矣. 云"周名大學曰東膠"者, 按王制云: "周人養國老於東膠." 以"養國老", 故知大學也. 此經云"食三老五更於大學", 亦謂殷禮, 周則右射騶虞之處矣.

번역 ◎鄭注: "三老"~"東膠". ○정현이 "삼로(三老)와 오경(五更)은 상호 호환이 되도록 말한 것일 뿐이다."라고 했는데, 범범하게 말하면 삼로는 또한 오경에 해당하고, 오경 또한 삼로에 해당하기 때문에, "두 계층에 속한 모든 노인들은 삼덕(三德)과 오사(五事)에 대한 일을 알고 있는 자들이다."

---

4) 별면(鷩冕)은 별의(鷩衣)와 면류관을 뜻한다. 천자 및 제후가 입던 복장으로, 선공(先公)에 대한 제사 및 향사례(饗射禮)를 시행할 때 착용했다. '별의'에는 꿩의 무늬를 수놓게 되는데, 이 무늬를 화충(華蟲)이라고도 부른다. 상의에는 3종류의 무늬를 수놓고, 하의에는 4종류의 무늬를 수놓게 되어, 총 7가지의 무늬가 들어가게 된다. 『주례(周禮)』「춘관(春官) · 사복(司服)」편에는 "享先公, 饗射則鷩冕."이라는 기록이 있고, 이에 대한 정현의 주에서는 "鷩, 畫以雉, 謂華蟲也. 其衣三章, 裳四章, 凡七也."라고 풀이했다.

라고 말한 것이다. '삼덕(三德)'은 정직(正直), 강직함[剛], 부드러움[柔]이다. '오사(五事)'는 올바른 용모[貌], 올바른 말[言], 올바르게 봄[視], 올바르게 들음[聽], 올바르게 생각함[思]이다. 『예기』「문왕세자(文王世子)」편에 대한 정현의 주에서는 "삼신(三辰)과 오성(五星)[5]을 상징한다."[6]라고 했는데, 이 또한 그 의미가 통한다. 정현이 "주나라 때에는 '대학(大學)'을 '동교(東膠)'라고 불렀다."라고 했는데, 『예기』「왕제(王制)」편을 살펴보면, "주나라 때에는 동교에서 국로(國老)[7]를 봉양했다."[8]라고 하여, "국로를 봉양한다."라고 했기 때문에, 대학에서 시행했다는 사실을 알 수 있다. 이곳 경문에서는 "대학에서 삼로와 오경에게 사례(食禮)를 한다."라고 했는데, 이것은 또한 은나라 때의 예법을 뜻하니, 주나라의 경우라면 서학(西學)에서 활쏘기를 하며 추우(騶虞)라는 시가를 불렀던 장소인 서학에서 시행했다.

孔疏 ●"若此"至"宜乎". ○正義曰: 若, 如也. 言周德如此之後, 則是周之道德四方通達, 禮樂交通, 無所不備也.

번역 ●經文: "若此"~"宜乎". ○'약(若)'자는 "~와 같다[如]."는 뜻이다. 즉 주나라의 덕이 이와 같아진 뒤라면, 이것은 주나라의 도덕이 사방으

---

5) 오성(五星)은 목성(木星), 화성(火星), 토성(土星), 금성(金星), 수성(水星)의 다섯 행성(行星)을 가리킨다. 『사기(史記)』「천관서론(天官書論)」편에는 "水火金木塡星, 此五星者, 天之五佐."라는 기록이 있다. 방위와 이명(異名)으로 설명하자면, '오성'은 동쪽의 세성(歲星: =木星), 남쪽의 형혹(熒惑: =火星), 중앙의 진성(鎭星: =塡星·土星), 서쪽의 태백(太白: =金星), 북쪽의 진성(辰星: =水星)을 가리킨다.

6) 이 문장은 『예기』「문왕세자(文王世子)」【261d~262a】의 "始之養也, 適東序, 釋奠於先老, 遂設三老·五更·群老之席位焉."이라는 기록에 대한 정현의 주이다.

7) 국로(國老)는 노년으로 인해 관직에서 물러난 경(卿)·대부(大夫)·사(士)를 뜻한다. 또한 고위 관직자 중에서도 유덕한 자를 지칭하는 용어로도 사용되며, '국로' 안에서도 삼로(三老)와 오경(五更)으로 분류되는 자들은 더욱 존귀하게 여겨졌다. 후대에는 중신(重臣)들을 지칭하는 용어로도 사용되었다.

8) 『예기』「왕제(王制)」【179a~b】: 周人, 養國老於東膠, 養庶老於虞庠, 虞庠在國之西郊.

로 두루 통하게 된 것이며, 예악이 서로 통하게 되어, 갖춰지지 않은 것이 없게 되었다는 뜻이다.

孔疏 ●"則夫武之遲久, 不亦宜乎"者, 凡功小者易就, 其時速也. 功大者難成, 其時久也. 周之禮樂功大, 故作此大武之樂, 遲停而久. "不亦宜乎"者, 其宜合當然也. 以其功德盛大, 故須遲久重愼之也.

번역 ●經文: "則夫武之遲久, 不亦宜乎". ○무릇 공적이 적은 것에 대해서는 쉽게 성취하므로 걸리는 시간도 빠르다. 그러나 공적이 큰 것에 대해서는 이루기가 어려우며 걸리는 시간도 더디다. 주나라의 예악은 그 공적이 크기 때문에, 대무(大武)의 악곡을 시연할 때에는 더디고 오래 걸리는 것이다. 경문의 "不亦宜乎"에 대하여. 당연히 이처럼 해야 한다는 뜻이다. 공덕이 성대하기 때문에 더디고 오래도록 시연하여 신중히 해야만 한다.

集解 愚謂: 食三老·五更於大學, 謂以食禮養老於大學也. 執醬而饋者, 醬爲食之主, 凡食禮, 主人必親置其醬, 故公食大夫禮"宰夫自東房授醯醬, 公設之", 今天子養老亦然也. 執爵而酳者, 天子親執酒漿之爵, 以供老·更食畢酳口也. 公食禮, "飮酒, 實于觶, 加于豐. 宰夫右執觶, 左執豐, 進設于豆東." 又云, "宰夫執觶漿飮, 與其豐以進, 賓挩手興受. 宰夫設其豐于稻西." 是公食禮酒漿不親執. 今養老, 天子親執爵而酳者, 敬老·更之至, 與尋常食禮異也. 冕而總干, 謂服冕而執干以舞, 所謂"朱干玉戚, 以舞大武"也. 祭祀之禮, 人君袒而割牲, 及親在舞位, 冕而總干, 今養老亦然, 尊敬老·更, 與祭祀之禮同也. 此疑當在上節"五者, 天下之大敎"之上. 韓詩外傳云, "廢軍而郊射, 左射貍首, 右射騶虞, 然後天下知武王之不復用兵也. 祀乎明堂, 而民知孝. 朝覲, 然後諸侯知所以敬. 坐三老於大學, 天子執醬而饋, 執爵而酳, 所以敎諸侯之悌也. 此四者, 天下之大敎也." 以此觀之, 則"散軍郊射", "裨冕搢笏", 當屬於上節, 與"不復用兵"同爲一事, 所以敎天下之禮讓也, 與敎孝·敎臣, 敎敬·敎悌而爲五. 韓詩外傳止言四敎者, 以不及耕藉也.

번역 내가 생각하기에, "대학에서 삼로와 오경에게 사례(食禮)를 한다."는 말은 사례를 통해 대학에서 노인들을 봉양한다는 뜻이다. "장을 들고서 준다."고 했는데, 장은 음식 중에서도 중심이 되니, 모든 사례에서는 주인이 반드시 직접 장을 놓아두게 된다. 그렇기 때문에 『의례』「공사대부례(公食大夫禮)」편에서는 "재부는 동쪽 방으로부터 젓갈을 건네서, 군주가 진설한다."[9]라고 한 것이니, 현재 천자가 노인을 봉양함에 있어서도 또한 이처럼 한다. "술잔을 들고서 입가심하는 술을 따른다."라고 했는데, 천자가 직접 술과 음료가 담긴 술잔을 들고서 삼로와 오경이 식사를 마치고 입가심하는 술을 마실 때 공급한다는 뜻이다. 「공사대부례」편에서는 "술을 마시게 되면, 치(觶)에 술을 따라서 풍(豐) 위에 올려둔다. 재부는 우측 손으로 치를 잡고, 좌측 손으로 풍을 잡고서, 나아가 두(豆)의 동쪽에 진설한다."[10]라고 했고, 또 "재부는 마실 것이 담긴 치를 들고서 그것을 받치고 있는 풍과 함께 들고서 나아가며, 빈객은 손을 씻고 일어나서 받는다. 재부가 쌀밥의 서쪽에 풍을 진설한다."[11]라고 했다. 이것은 군주의 사례에서는 술과 장을 직접 잡지 않는다는 사실을 나타낸다. 그런데 현재는 노인을 봉양하면서 천자가 직접 술잔을 잡고서 입가심하는 술을 따라준다고 했다. 이것은 삼로와 오경을 지극히 공경하여, 일상적으로 시행하는 사례와는 차이점을 둔 것이다. "면류관을 쓰고 방패를 잡는다."는 말은 면복(冕服)을 착용하고 방패를 들고서 춤을 춘다는 뜻이니, 이른바 "적색의 방패와 옥으로 장식한 도끼를 들고서, 대무(大武)를 춤춘다."[12]는 뜻에 해당한다. 제사의 예법에서, 군주는 단(袒)[13]을 하고 희생물을 자르며, 직접 무용수들의 대열에 참

---

9) 『의례』「공사대부례(公食大夫禮)」: 公降盥. 賓降, 公辭. 卒盥, 公壹揖, 壹讓, 公升, 賓升. <u>宰夫自東房授醯醬. 公設之</u>.

10) 『의례』「공사대부례(公食大夫禮)」: 飮酒實于觶, 加于豐. 宰夫右執觶, 左執豐, 進設于豆東.

11) 『의례』「공사대부례(公食大夫禮)」: <u>宰夫執觶漿飮與其豐以進. 賓挩手, 興受. 宰夫設其豐于稻西</u>. 庭實設. 賓坐祭, 遂飮, 奠於豐上.

12) 『예기』「명당위(明堂位)」【400d】: 升歌淸廟, 下管象. <u>朱干玉戚, 冕而舞大武</u>. 皮弁素積, 裼而舞大夏. 昧, 東夷之樂也. 任, 南蠻之樂也. 納夷蠻之樂於太廟, 言廣魯於天下也. / 『예기』「제통(祭統)」【587b】: 昔者周公旦有勳勞於天下, …… 夫大嘗禘升歌淸廟, 下而管象, <u>朱干玉戚以舞大武</u>, 八佾以舞大夏.

여하여, 면류관을 쓰고 방패를 들게 되는데, 현재 노인을 봉양하면서도 또한 이처럼 했으니, 삼로와 오경을 존경하여 제사 때의 예법과 동일하게 따른 것이다. 이 내용은 아마도 앞 문단의 "다섯 가지는 천하의 큰 가르침이다."[14]라고 한 구문 앞으로 와야 할 것 같다. 『한시외전』[15]에서는 "군대를 없애고 교학에서 활을 쏘는데, 좌학에서 활을 쏠 때에는 이수(貍首)를 사용하고, 우학에서 활을 쏠 때에는 추우(騶虞)를 사용하며, 그런 뒤에야 천하 사람들이 무왕이 다시 전쟁을 일으키지 않으리라는 것을 알았다. 명당에서 제사를 지내서 백성들이 효를 알았다. 조근의 의례를 시행한 뒤에야 제후들이 공경해야 할 줄 알았다. 대학에 삼로를 앉히고, 천자가 직접 장을 들어 놓아두고, 술잔을 들고서 입가심하는 술을 따르니, 제후들에게 공경을 가르치는 방법이다. 이 네 가지는 천하의 큰 가르침이다."라고 했다. 이러한 기록을 통해 살펴보면, "군대를 해산하여 교학에서 활을 쏜다."라는 말과 "비면(裨冕)을 착용하고 홀을 꽂는다."라는 말은 마땅히 앞 문단에 포함되어야 하니, "다시 군대를 사용하지 않았다."라는 것과 동일한 사안이 되므로, 천하 사람들에게 예법과 겸양을 가르치는 방법이며, 이것과 효를 가르치고, 신하의 도리를 가르치며, 공경을 가르치고, 공손을 가르치는 것까지가 모두 다섯 가지가 된다. 『한시외전』에서 단지 네 가지 가르침만 언급한 것은 군주가 경작하는 일을 언급하지 않았기 때문이다.

集解 愚謂: 樂以象成. 武王戡亂之勤已如彼, 致治之備又如此, 其功非一朝夕之所成, 則所以象其成者, 安得而不遲久乎?

---

13) 단(袒)은 상중(喪中)에 남자들이 취하는 복장 방식이다. 상의 중 좌측 어깨쪽을 드러내는 방법이다. 한편 일반적인 의례절차에서도 단(袒)의 복장 방식을 취하는 경우가 있다.

14) 『예기』「악기」【484d】: 散軍而郊射, 左射貍首, 右射騶虞, 而貫革之射息也. 裨冕搢笏, 而虎賁之士說劍也. 祀乎明堂, 而民知孝. 朝覲, 然後諸侯知所以臣. 耕藉, 然後諸侯知所以敬. 五者天下之大敎也.

15) 『한시외전(韓詩外傳)』은 한(漢)나라 때 한영(韓嬰)이 지은 책이다. 이 책은 본래 내전(內傳) 4권과 외전(外傳) 6권으로 구성되어 있었는데, 내전은 산일되어 없어졌고, 외전만이 남아 있다. 남아 있는 부분을 『한시외전(韓詩外傳)』이라고 부른다.

번역 내가 생각하기에, 악(樂)은 성취된 공적을 상징한다. 무왕은 난리를 평정하며 앞의 기록처럼 이미 부지런히 힘썼고, 다스림의 제도를 갖춤에 있어서도 또한 이처럼 소상히 했으니, 그 공적은 하루아침에 이룰 수 있는 것이 아니므로, 성취된 공적을 상징하는 것도 어떻게 더디고 오래하지 않을 수 있겠는가?

集解 右賓牟賈篇第九. <史記樂書第十.>

번역 여기까지는 「빈무고(賓牟賈)」 제 9편이다. <『사기』「악서(樂書)」에서는 제 10편으로 분류했다.>

【참고】『시』「주송(周頌) · 무(武)」

於皇武王, (오황무왕) : 오호라 군주이시구나 무왕이여,
無競維烈. (무경유열) : 은나라를 이긴 공적을 강요치 않으시는구나.
允文文王, (윤문문왕) : 진실로 문덕을 갖추신 왕이거늘,
克開厥後. (극개궐후) : 후손들을 기틀을 열어주셨도다.

嗣武受之, (사무수지) : 계승자이신 무왕은 문왕의 업적으로 계승하시어,
勝殷遏劉, (승은알류) : 은나라를 정벌하여 살육을 저지하시니,
耆定爾功. (기정이공) : 노년이 되어서야 네 공을 확정했도다.

[毛序] : 武, 奏大武也.

[모서] : 「무」편은 대무의 악곡을 연주하며 노래하는 시이다.

그림 67-1 별면(鷩冕)

※ 출처: 『삼례도집주(三禮圖集注)』 1권

그림 67-2 치(觶)

※ 출처: 좌-『삼재도회(三才圖會)』「기용(器用)」 1권
상우-『삼례도집주(三禮圖集注)』 12권 ; 하우-『육경도(六經圖)』 9권

그림 67-3 풍(豐)

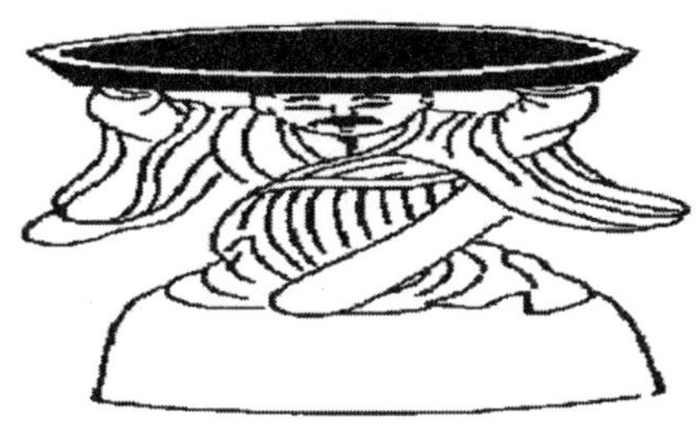

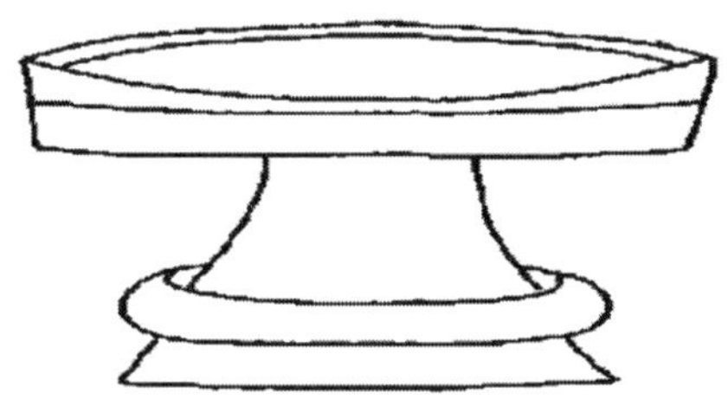

※ **출처:** 상-『삼례도집주(三禮圖集注)』 12권
하-『삼례도(三禮圖)』 4권

제10편

악화(樂化)

• 제 68 절 •

치악(致樂)과 치심(治心)

【485c】

君子曰, "禮樂不可斯須去身." 致樂以治心, 則易直子諒之心油然生矣. 易直子諒之心生則樂, 樂則安, 安則久, 久則天, 天則神. 天則不言而信, 神則不怒而威, 致樂以治心者也.

직역 君子는 曰, "禮樂은 斯須히 身에 去함이 不可하다." 樂을 致하여 心을 治하면, 易直子諒의 心이 油然히 生한다. 易直子諒의 心이 生하면 樂하고, 樂하면 安하며, 安하면 久하고, 久하면 天하며, 天하면 神한다. 天하면 不言이라도 信하고, 神하면 不怒라도 威하니, 樂을 致하여 心을 治한 者이다.

의역 군자는 "예악은 자신에게서 잠시도 떨어트려 놓을 수 없다."라고 했다. 악(樂)을 지극히 연구하여 마음을 다스린다면, 온화하고 곧으며 자애롭고 참된 마음이 융성하게 생겨난다. 온화하고 곧으며 자애롭고 참된 마음이 생겨나면 즐겁게 되고, 즐거우면 편안하게 되며, 편안하면 오래할 수 있고, 오래할 수 있으면 하늘의 이치를 깨달으며, 하늘의 아치를 깨달으면 신묘하게 된다. 하늘의 이치를 깨닫게 되면 말을 하지 않아도 사람들이 믿고, 신묘하게 되면 화를 내지 않아도 저절로 위엄이 생기니, 이것이 바로 악(樂)을 지극히 연구하여 마음을 다스린다는 것이다.

集說 致, 謂硏窮其理也. 樂由中出, 故以治心言之. 子諒, 從朱子說讀爲慈良. 樂之感化人心, 至於天而且神, 可以識窮本知變之妙矣.

번역 '치(致)'자는 그 이치를 연구하여 궁구히 하는 것이다. 악(樂)은 마음에서 도출되기 때문에,[1] 마음을 다스린다고 말한 것이다. '자량(子諒)'은 주자의 주장에 따르면 '자량(慈良)'으로 해석한다. 악(樂)이 사람의 마음을 감화시켜서 하늘에 이르고 또 신묘하게 되니, 근본을 궁구히 하고 변화를 아는 오묘함[2]을 깨우칠 수 있다.

集說 朱子曰: 易直子諒之心一句, 從來說得無理會, 却因見韓詩外傳, 子諒作慈良字, 則無可疑矣.

번역 주자가 말하길, '이직자량지심(易直子諒之心)'이라는 한 구문은 기존의 해석에 따르면 이해를 할 수 없고, 『한시외전』을 살펴보면, '자량(子諒)'을 '자량(慈良)'이라고 기록했으니, '자량(慈良)'으로 해석해야 함을 의심할 수 없다.

大全 西山眞氏曰: 古之君子, 以禮樂爲治身心之本, 故斯須不可去之. 致者, 極其至之謂也. 樂之音和平中正, 故致此以治心, 則易直子諒油然而生, 生則樂, 善端之萌, 自然悅豫也. 樂則安, 樂之然後安也. 安則久, 安之然後能久也. 久則天, 渾然天成, 無所作爲也. 天則神, 變化無方, 不可度思也. 天雖何言, 人自信之, 以其不忒也. 神雖不怒, 人自畏之, 以其不測也. 生樂久安, 猶孟子所謂善信美大也. 至於天且神, 則大而化之矣.

번역 서산진씨가 말하길, 고대의 군자는 예악을 자신의 몸과 마음을 다스리는 근본으로 여겼다. 그렇기 때문에 잠시라도 떨어트려 놓을 수가 없다. '치(致)'자는 지극함을 이룬다는 뜻이다. 악(樂)의 소리가 화평하고 중정하기 때문에, 이러한 것들을 이루어서 마음을 다스린다면, 온화하고 곧으며 자애롭고 참된 마음이 융성하게 생겨나고, 이러한 것들이 생겨나면 즐거워하게 되니, 선한 단서의 맹아가 자연스럽게 기뻐하도록 만들기 때문이다.

---

1) 『예기』「악기」【461b~c】: 樂由中出, 禮自外作. 樂由中出故靜, 禮自外作故文. 大樂必易, 大禮必簡. 樂至則無怨, 禮至則不爭. 揖讓而治天下者, 禮樂之謂也. 暴民不作, 諸侯賓服, 兵革不試, 五刑不用, 百姓無患, 天子不怒, 如此則樂達矣. 合父子之親, 明長幼之序, 以敬四海之內, 天子如此, 則禮行矣.

2) 『예기』「악기」【476b~c】: 窮本知變, 樂之情也. 著誠去僞, 禮之經也. 禮樂偩天地之情, 達神明之德, 降興上下之神, 而凝是精粗之體, 領父子君臣之節.

즐거워하게 되면 편안해지니, 즐겁게 된 이후에야 편안해지기 때문이다. 편안하면 오래할 수 있으니, 편안해진 뒤에야 오래할 수 있기 때문이다. 오래할 수 있으면 하늘의 이치에 통하니, 순수하고 고르게 하늘의 이치에 부합하여 인위적으로 하는 것이 없기 때문이다. 하늘의 이치에 통하면 신묘하게 되니, 변화무쌍하여 헤아릴 수 없기 때문이다. 하늘의 이치에 통하게 되면 비록 어떤 말인들 하지 않더라도, 사람들이 스스로 그를 믿게 되니, 어그러지지 않았기 때문이다. 신묘하게 되면 비록 성을 내지 않더라도, 사람들이 스스로 외경하게 되니, 그의 깊이를 헤아릴 수 없기 때문이다. 생겨나고 즐거워하며 오래할 수 있고 편안하다는 말은 『맹자』에서 선인(善人)·신인(信人)·미인(美人)·대인(大人)이라고 한 말과 같다. 또 하늘의 이치에 통하고 신묘하게 되는 것은 대인이면서도 저절로 변화됨을 뜻한다.[3)]

鄭注 致, 猶深審也. 子, 讀如不子之子. 油然, 新生好貌也. 善心生則寡於利欲, 寡於利欲則樂矣. 志明行成, 不言而見信如天也, 不怒而見畏如神也. 樂由中出, 故治心.

번역 '치(致)'자는 깊이 살핀다는 뜻이다. '자(子)'자는 "자식처럼 사랑하지 않는다."라고 할 때의 '자(子)'자처럼 해석한다. '유연(油然)'은 처음으로 생겨나는 좋은 모습을 뜻한다. 선한 마음이 생겨나면 이로움을 따르는 욕심을 줄이게 되고, 이로움을 따르는 욕심을 줄이게 되면 즐거워하게 된다. 뜻이 밝아지고 행실이 완성되어, 특별한 말을 하지 않더라도 사람들이 하늘을 믿듯이 신임을 받게 되며, 성을 내지 않더라도 사람들이 신을 외경하듯이 존경을 받게 된다. 악(樂)은 마음으로부터 도출되기 때문에 마음을 다스리는 것이다.

釋文 易, 以豉反, 下及注皆同. 子諒, 子如字, 徐將吏反, 諒音亮. 油音由.

3) 『맹자』「진심하(盡心下)」: 可欲之謂善, 有諸己之謂信, 充實之謂美, 充實而有光輝之謂大, 大而化之之謂聖, 聖而不可知之之謂神. 樂正子, 二之中, 四之下也.

行, 下孟反, 下同.

번역 '易'자는 '以(이)'자와 '豉(시)'자의 반절음이며, 아래문장 및 정현의 주에 나오는 글자도 모두 그 음이 이와 같다. '子諒'에서의 '子'자는 글자대로 읽으며, 서음(徐音)은 '將(장)'자와 '吏(리)'자의 반절음이고, '諒'자의 음은 '亮(량)'이다. '油'자의 음은 '由(유)'이다. '行'자는 '下(하)'자와 '孟(맹)'자의 반절음이며, 아래문장에 나오는 글자도 그 음이 이와 같다.

孔疏 ●"君子"至"者也". ○正義曰: 自此以下至"可謂盛矣", 名爲樂化, 言樂能化人, 始至於善, 故名樂化. 各隨文解之.

번역 ●經文: "君子"~"者也". ○이곳 문단으로부터 그 이하로 "성대하다고 평할 수 있다."[4]라는 구문까지는 「악화(樂化)」편이라고 부르니, 악(樂)이 사람들을 교화시켜서 비로소 선에 도달할 수 있음을 뜻한다. 그렇기 때문에 '악화(樂化)'라고 편명을 정했다. 각각의 문장에 따라서 풀이하겠다.

孔疏 ○此一經明樂以治心, 記者引君子之言, 故云"君子曰: 禮樂不可斯須去身"者, 言禮樂是治身之具, 不可斯須去離於身也.

번역 ○이곳 경문은 악(樂)이 마음을 다스린다는 내용을 밝히고 있다. 『예기』를 기록한 자는 군자의 말을 인용했기 때문에, "군자가 예악은 잠시도 몸에서 떨어트려 놓을 수 없다."라고 말했으니, 예악은 자신을 다스리는 도구이므로, 잠시도 자신에게서 떨어트려 놓을 수 없음을 뜻한다.

孔疏 ●"致樂以治心, 則易·直·子·諒之心油然生矣"者, 致, 謂深致詳審. 易, 謂和易. 直, 謂正直. 子, 謂子愛. 諒, 謂誠信. 言能深遠詳審此樂以治正

---

4) 『예기』「악기」【488d】: 夫樂者, 先王之所以飾喜也. 軍旅鈇鉞者, 先王之所以飾怒也. 故先王之喜怒, 皆得其儕焉. 喜則天下和之, 怒則暴亂者畏之. 先王之道, 禮樂可謂盛矣.

其心, 則和易 · 正直 · 子愛 · 誠信之心油油然從內而生矣. 言樂能感人, 使善心生也.

번역 ●經文: "致樂以治心, 則易 · 直 · 子 · 諒之心油然生矣". ○'치(致)'자는 심도 있게 연구하고 상세히 살핀다는 뜻이다. '이(易)'자는 온화하다는 뜻이다. '직(直)'자는 정직하다는 뜻이다. '자(子)'자는 자식처럼 사랑한다는 뜻이다. '양(諒)'자는 진실되다는 뜻이다. 즉 이러한 악(樂)에 대해서 심도 있게 연구하고 상세히 살펴서 마음을 올바르게 다스릴 수 있다면, 온화하고 정직하며 자애롭고 진실된 마음이 샘물처럼 내면으로부터 생겨나온다는 뜻이다. 즉 악(樂)이 사람들을 감동시켜서 사람들로 하여금 선한 마음이 생겨나도록 한다는 의미이다.

孔疏 ●"易 · 直 · 子 · 諒之心生則樂"者, 四善之心生, 則令人和樂.

번역 ●經文: "易 · 直 · 子 · 諒之心生則樂". ○네 가지 선한 마음이 생겨난다면, 사람들을 조화롭고 즐겁게 만든다.

孔疏 ●"樂則安"者, 心樂故體安而不躁也.

번역 ●經文: "樂則安". ○마음이 즐겁기 때문에, 몸이 편안하여 조급하지 않다.

孔疏 ●"安則久"者, 旣身不躁, 故性命長久也.

번역 ●經文: "安則久". ○이미 몸이 조급하지 않기 때문에, 본성에 따르는 것도 오래도록 할 수 있다.

孔疏 ●"久則天"者, 志明行成, 久而不改, 則人信之如天.

번역 ●經文: "久則天". ○뜻이 밝아지고 행실이 완성되어 오래도록 바꾸지 않는다면, 사람들이 하늘을 대하듯 믿는다.

孔疏 ●"天則神"者, 旣爲人所信如天, 故又爲人所畏如神也.

번역 ●經文: "天則神". ○이미 사람들에게 하늘과 같은 믿음을 얻었기 때문에, 또한 사람들이 신처럼 외경하게 된다.

孔疏 ●"天則不言而信"者, 謂四時不失.

번역 ●經文: "天則不言而信". ○사계절이 알맞은 때를 잃지 않은 것과 같다는 뜻이다.

孔疏 ●"神則不怒而威"者, 言宗廟社稷之中, 而民自敬, 是"不怒而威也". 言聖王旣能用樂和心, 故不言而信似天也, 不怒而威似神也. "致樂以治心者也". 言聖王所以能如此者, 正由詳審於樂以和治民心, 遂能如此.

번역 ●經文: "神則不怒而威". ○종묘와 사직 안에서는 백성들이 스스로 공경의 마음을 나타낸다는 뜻이다. 이것은 "성을 내지 않아도 위엄을 갖춘다."는 뜻에 해당한다. 즉 성왕은 이미 악(樂)을 사용하여 마음을 조화롭게 할 수 있기 때문에, 말을 하지 않아도 사람들이 하늘처럼 믿고, 성을 내지 않아도 신을 대하듯 외경한다는 뜻이다. 경문의 "致樂以治心者也"에 대하여. 성왕이 이처럼 할 수 있는 것은 바로 악(樂)을 상세히 살펴서 이를 통해 백성들의 마음을 조화롭게 다스려서, 결국 이처럼 할 수 있다는 뜻이다.

孔疏 ◎注"致猶"至"治心". ○正義曰: "致, 猶深審也"者, 言深遠詳審樂之道理, 能致如此, 故云"致, 猶深審也". 云"子, 讀如不子之子"者, 按尙書云: "啓呱呱而泣, 予弗子." 是子愛之義. 而此經"子"亦是慈愛, 故讀如不子之子. 云"油然, 新生好貌也", 書傳: "箕子歌云: 禾黍之油油", 潤澤好之貌. 然善心內生, 其貌美好油然也. 云"善心生則寡於利欲"者, 凡利欲之發, 由貪鄙而來.

心若思利欲, 則神勞形苦. 今善心旣生, 則利欲寡少, 利欲旣少, 則情性和樂. 云"志明行成"者, 不貪於利, 用是志意清明, 神和性樂, 是善行得成矣. 云"不言而見信, 如天也. 不怒而見畏, 如神也"者, 以其志明行成之後, 故人皆信其德行, 敬其威重, 不須言, 見信之如天, 不須怒, 而見畏如神也. 但天之與神, 其事是一, 俱不言而信, 不怒而威. 天則有形, 事似稍近; 神則無體, 理如幽深. 故經先云"久則天", 後云"天則神"也. 但天者四時不失, 故云"不言而信". 神是人所畏敬, 故云"不怒而威", 其實一也, 所從之異耳. 云"樂由中出, 故治心"者, 解"樂以治心"之意也.

번역 ◎鄭注: "致猶"~"治心". ○정현이 "'치(致)'자는 깊이 살핀다는 뜻이다."라고 했는데, 이것은 악(樂)의 도리에 대해서 심도 깊이 연구하고 상세히 살펴서 이처럼 할 수 있다는 뜻이다. 그렇기 때문에 "'치(致)'자는 깊이 살핀다는 뜻이다."라고 말한 것이다. 정현이 "'자(子)'자는 '자식처럼 사랑하지 않는다.'라고 할 때의 '자(子)'자처럼 해석한다."라고 했는데, 『상서』를 살펴보면, "계(啓)가 어린아이처럼 울부짖었지만, 저는 자식처럼 사랑하지 못했습니다."[5]라고 했는데, 이것이 바로 자식처럼 사랑한다는 뜻이다. 그리고 이곳 경문에서 '자(子)'자로 기록한 것 또한 자애롭게 대한다는 뜻이기 때문에, "자식처럼 사랑하지 않는다."라고 할 때의 '자(子)'자처럼 해석한 것이다. 정현이 "'유연(油然)'은 처음으로 생겨나는 좋은 모습을 뜻한다."라고 했는데, 『서전』에서는 "기자가 노래를 부르며, 벼와 기장이 유유(油油)하구나."라고 했는데, 이때의 '유유(油油)'는 윤택이 나고 좋은 모습을 뜻한다. 그러므로 선한 마음은 내부로부터 생겨나는데, 그 모습이 아름답고 좋아서 윤택이 나는 것과 같다. 정현이 "선한 마음이 생겨나면, 이로움을 따르는 욕심을 줄이게 된다."라고 했는데, 무릇 이로움을 따르는 욕심이 발생하는 것은 탐욕과 비루함으로부터 나타난다. 마음이 만약 이로움을 따르는 욕망을 그리워하게 된다면, 정신이 고달프고 육신이 고달프게 된다. 현재 선한 마음이 이미 생겨난 상태이니 이로움을 따르는 욕심도 줄어들게

5) 『서』「우서(虞書)·익직(益稷)」: 予創若時, 娶于塗山, 辛壬癸甲, 啓呱呱而泣, 予弗子.

되고, 이로움을 따르는 욕심이 이미 줄어들었다면 성정이 조화롭고 즐겁게 된다. 정현이 “뜻이 밝아지고 행실이 완성되었다.”라고 했는데, 이로움에 대해 탐내지 않고, 이러한 맑고 밝은 뜻에 따르며, 조화로운 정신과 즐거운 본성을 따르니, 선함이 시행되어 행실을 완성할 수 있게 된다. 정현이 “특별한 말을 하지 않더라도 사람들이 하늘을 믿듯이 신임을 받게 되며, 성을 내지 않더라도 사람들이 신을 외경하듯이 존경을 받게 된다.”라고 했는데, 뜻이 밝고 행실이 완성된 이후이기 때문에, 사람들이 모두 그의 덕행을 믿고 그의 장중함을 공경하게 되니, 특별한 말을 하지 않아도 하늘을 대하는 것처럼 믿음을 받게 되고, 성을 내지 않아도 신을 대하는 것처럼 외경을 받게 된다. 다만 하늘과 신은 그 사안이 동일하므로, 둘 모두 특별한 말을 하지 않아도 믿게 되고, 성을 내지 않아도 외경하게 된다. 그러나 하늘의 경우에는 형체가 드러나서 그 사안이 좀 더 사람과 친숙하고, 반면 신은 형체가 없으니 이치가 그윽하고 오묘하기 때문에, 경문에서는 먼저 “오래할 수 있으면 하늘의 이치에 통한다.”라고 말하고, 그 이후에 “하늘의 이치에 통하면 신묘하게 된다.”라고 말한 것이다. 다만 하늘의 경우에는 사계절이 알맞은 시기를 놓치지 않음과 같기 때문에, “말을 하지 않아도 믿는다.”라고 말한 것이고, 신의 경우에는 사람들이 외경하는 대상이기 때문에, “성을 내지 않아도 외경한다.”라고 말한 것인데, 실제로는 동일한 뜻이며, 주안점을 둔 것이 다를 뿐이다. 정현이 “악(樂)은 마음으로부터 도출되기 때문에 마음을 다스리는 것이다.”라고 했는데, 이것은 “악(樂)으로 마음을 다스린다.”라고 한 뜻을 풀이한 말이다.

集解 朱子云, “子諒當從韓詩外傳作慈良”, 今從之.

번역 주자는 “‘자량(子諒)’은 마땅히 『한시외전』의 기록에 따라서 ‘자량(慈良)’이라고 기록해야 한다.”고 했는데, 현재 그에 따른다.

• 제69절 •

치례(致禮)와 치궁(治躬)

【486a】

致禮以治躬則莊敬, 莊敬則嚴威. 心中斯須不和不樂, 而鄙詐之心入之矣. 外貌斯須不莊不敬, 而易慢之心入之矣.

직역 禮를 致하여 躬을 治하면 莊敬하고, 莊敬하면 嚴威한다. 心中이 斯須라도 不和하고 不樂하면, 鄙詐의 心이 入한다. 外貌가 斯須라도 不莊하고 不敬하면, 易慢의 心이 入한다.

의역 예(禮)를 지극히 연구하여 몸을 다스린다면 장엄하고 공경스럽게 되고, 장엄하고 공경스럽게 되면 위엄을 갖추게 된다. 마음이 잠시라도 조화롭지 못하고 즐겁지 못하다면, 비루하고 거짓된 마음이 침입하게 된다. 모습이 잠시라도 장엄하지 못하고 공경스럽지 못하다면, 태만한 마음이 침입하게 된다.

集說 禮自外作, 故以治躬言之. 此言著誠去僞之心, 不可少有間斷.

번역 예(禮)는 외부로부터 만들어지기 때문에,[1] 이를 통해 몸을 다스린다고 말했다. 이 내용은 진실됨을 드러내어 거짓됨을 제거하는 마음[2]에 조금이라도 틈이 생겨서는 안 된다는 뜻이다.

---

1) 『예기』「악기」【461b~c】: 樂由中出, 禮自外作. 樂由中出故靜, 禮自外作故文. 大樂必易, 大禮必簡. 樂至則無怨, 禮至則不爭. 揖讓而治天下者, 禮樂之謂也. 暴民不作, 諸侯賓服, 兵革不試, 五刑不用, 百姓無患, 天子不怒, 如此則樂達矣. 合父子之親, 明長幼之序, 以敬四海之內, 天子如此, 則禮行矣.

2) 『예기』「악기」【476b~c】: 窮本知變, 樂之情也. 著誠去僞, 禮之經也. 禮樂偩天地之情, 達神明之德, 降興上下之神, 而凝是精粗之體, 領父子君臣之節.

大全 朱子曰: 心要平易無艱深險阻, 所以說不和不樂, 則鄙詐之心入之矣, 不莊不敬, 則慢易之心入之矣. 入之一字, 正見得外誘使然, 非本心實有此惡. 雖非本有, 然旣爲所奪, 而得以爲主於內, 則非心而何?

번역 주자가 말하길, 마음은 평탄하고 온화하게 해서 어렵고 험함이 없어야 하니, 이것이 조화롭지 못하고 즐겁지 못하면 비루하고 거짓된 마음이 침입하며, 장엄하지 못하고 공경스럽지 못하면 태만한 마음이 침입한다고 말한 이유이다. '입(入)'이라는 한 글자는 바로 외적인 유혹으로 인해 그처럼 된 것이지, 본래의 마음에 진실로 이러한 악함이 있지 않다는 것을 나타낸다. 그러나 비록 본래부터 가지고 있었던 것이 아니더라도, 이미 그것에 의해 빼앗겨서 이것을 자기 마음의 중심으로 삼게 된다면, 그 마음이 아니고 무엇이겠는가?

大全 李氏曰: 不和則鄙, 不樂則詐, 不莊則易, 不敬則慢. 不和不樂不莊不敬生者, 生于內者也, 鄙詐慢易入者, 入自外者也.

번역 이씨가 말하길, 조화롭지 못하면 비루하게 되고, 즐겁지 못하면 거짓되며, 장엄하지 못하면 소홀하게 되고, 공경스럽지 못하면 태만하게 된다. 조화롭지 못하고 즐겁지 못하며 장엄하지 못하고 공경스럽지 못함이 생겨나는 것은 내부에서 만들어지는 것이고, 비루하고 거짓되며 태만하고 소홀함이 유입되는 것은 외부로부터 들어오는 것이다.

鄭注 躬, 身也. 禮自外作, 故治身. 鄙詐, 是貪多詐僞. 易, 輕易也.

번역 '궁(躬)'은 몸[身]을 뜻한다. 예(禮)는 외부로부터 만들어지기 때문에 몸을 다스린다. '비사(鄙詐)'는 탐욕이 많고 거짓되다는 뜻이다. '이(易)'자는 소홀하다는 뜻이다.

孔疏 ●"致禮"至"之矣". ○正義曰: "致禮以治躬, 則莊敬, 莊敬則嚴威"者,前經云"致樂", 此經云"致禮而治躬", 謂致禮意以治躬, 外貌則莊嚴而恭敬. 若能莊嚴而恭敬, 則嚴肅威重也. 言內心莊嚴恭敬, 則人懼之嚴肅威重.

번역 ●經文: "致禮"~"之矣". ○경문의 "致禮以治躬, 則莊敬, 莊敬則嚴威"에 대하여. 앞의 경문에서는 "악(樂)을 지극히 연구한다."라고 했고, 이곳 경문에서는 "예(禮)를 지극히 연구해서 몸을 다스린다."라고 했으니, 예(禮)의 뜻을 지극히 연구하여 자신의 몸을 다스리면, 외적으로 장엄하고 공경스럽게 된다는 뜻이다. 만약 장엄하고 공경스럽게 할 수 있다면 엄숙하고 장엄하게 된다. 즉 마음에 장엄함과 공경함을 갖춘다면 사람들이 그를 두려워하여 엄숙하고 장엄하게 된다는 뜻이다.

孔疏 ●"心中斯須不和不樂, 而鄙詐之心入之矣"者, 前經明致樂治心, 則向善心生. 此經明樂治心, 失則怨心起. 言不能致樂治心, 心中斯須不能調和, 則不能喜樂, 而有鄙吝詐僞之心入於內矣. 由貪欲多, 故鄙詐起也.

번역 ●經文: "心中斯須不和不樂, 而鄙詐之心入之矣". ○앞의 경문에서는 악(樂)을 지극히 연구하여 마음을 다스린다고 밝혔으니, 선을 지향하는 마음이 생겨난 것이다. 이곳 경문에서는 악(樂)이 마음을 다스리는데 잘못을 범하게 된다면 원망하는 마음이 발생함을 나타내고 있다. 즉 악(樂)을 지극히 연구하여 마음을 다스리지 못하여, 마음이 잠시라도 조화롭게 될 수 없다면, 좋아하고 기뻐할 수 없게 되고, 비루하고 거짓된 마음이 내부로 침입하게 된다는 뜻이다. 이것은 탐욕이 많아짐으로부터 비롯된 것이기 때문에 비루하고 거짓됨이 발생하는 것이다.

孔疏 ●"外貌斯須不莊不敬, 而慢易之心入之矣"者, 前經致禮以治躬, 得則莊敬起. 此經明致禮以治躬, 失則易慢生. 故云"外貌斯須不莊不敬", 不能致禮治躬, 故輕易怠慢之心從外而入內矣.

번역 ●經文: "外貌斯須不莊不敬, 而慢易之心入之矣". ○앞의 경문에서는 예(禮)를 지극히 연구하여 몸을 다스리고, 잘 다스리게 되면 장엄함과 공경함이 발생한다고 했다. 이곳 경문에서는 예(禮)를 지극히 연구하여 몸을 다스리는데 잘못을 범하게 된다면 태만함이 발생한다고 나타내고 있다. 그렇기 때문에 "모습이 잠시라도 장엄하고 공경스럽지 못하다."라고 말한 것이니, 예(禮)를 지극히 연구하여 몸을 다스릴 수 없기 때문에 소홀하고 태만한 마음이 외부로부터 내부로 유입하는 것이다.

集解 愚謂: 人之身心, 其和樂者爲樂, 其莊敬者爲禮. 禮樂之器, 有時而離, 而禮樂之理, 則無時而可去也. 致者, 極至之謂. 致樂以治心者, 無斯須之失其和樂; 致禮以治身者, 無斯須之失其莊敬也. 易 · 直 · 慈 · 良之心, 人之善心也. 樂者, 樂於此而不厭也; 安者, 安於此而不遷也; 久者, 久於此而不息也. 久則體性自然, 而無作爲之勞, 故曰"天". 天則神妙不測, 而無擬議之迹, 故曰"神". 自然, 故不言而人自信; 不測, 故不怒而人自畏. 莊敬, 言其敬德之具於身; 嚴威, 言其儀象之接於物.

번역 내가 생각하기에, 사람의 몸과 마음에 있어서, 조화롭고 즐겁게 되는 것은 악(樂)에 해당하고, 장엄하고 공경스럽게 되는 것은 예(禮)에 해당한다. 예악의 형식은 때때로 자신과 떨어질 수 있지만, 예악의 이치는 어느 때이건 자신과 떨어질 수 없다. '치(致)'자는 지극히 한다는 뜻이다. "악(樂)을 지극히 해서 마음을 다스린다."는 말은 잠시라도 조화와 즐거움을 잃어서는 안 된다는 뜻이며, "예(禮)를 지극히 해서 몸을 다스린다."는 말은 잠시라도 장엄함과 공경함을 잃어서는 안 된다는 뜻이다. 온화하고 정직하며 자애롭고 참된 마음은 사람의 선한 마음에 해당한다. 즐거워한다는 것은 이러한 것들을 즐거워하여 싫증을 내지 않는다는 뜻이다. 편안하다는 말은 이러한 것들을 편안하게 여기며 그 마음을 바꾸지 않는다는 뜻이다. 오래할 수 있다는 말은 이러한 것들을 오래도록 실천하며 그치지 않는다는 뜻이다. 오래할 수 있다면 품성이 자연스럽게 나타나서 인위적인 수고로움이 없게 된다. 그렇기 때문에 '천(天)'이라고 말한 것이다. 하늘과 같이 자연스럽게 된다면 신묘하여 헤아릴 수 없고 시비를 따지는 흔적이 없게 된다. 그렇기 때문에 '신(神)'이라고 말한 것이다. 자연스럽기 때문에 말을 하지 않아도 사람들이 스스로 믿게 되며, 헤아릴 수 없기 때문에 성을 내지 않아도 사람들이 스스로 외경하게 된다. 장엄하고 공경하다는 것은 공경스러운 덕성을 자신이 구비하고 있다는 뜻이다. 위엄이 있다는 말은 예법에 따른 모습이 외부 사물을 접하며 나타난다는 뜻이다.

集解 眞氏德秀曰: 禮之治躬, 止於嚴威, 不若樂之至於天且神者, 何也? 樂之於人, 能變化其氣質, 消融其渣滓, 故禮以順之於外, 而樂以和之於中. 此表裏交養之功, 而養於中者實爲之主, 故聖門之教, 立之以禮, 而成之以樂也.

번역 진덕수가 말하길, 예(禮)가 몸을 다스림은 위엄을 갖추는 데에서 그치니, 악(樂)이 하늘의 이치에 통달하고 신묘하게 되는 경지에 이르는 것만 못한데, 이것은 어째서인가? 악(樂)은 사람에게 있어서 그 기질을 변화시켜 찌꺼기를 제거할 수 있기 때문에, 예(禮)가 외적인 것을 순화하지만, 악(樂)은 내적으로 조화롭게 만드는 것이다. 이것은 겉과 속을 함께 배양하는 노력인데, 내적인 면을 배양하는 것을 위주로 삼았다. 그렇기 때문에 유학의 가르침에 있어서는 예(禮)를 통해 도리를 세우지만, 완성을 할 때에는 악(樂)을 통해서 하게 된다.[3)]

集解 斯須, 暫時也. 此言禮樂之所以不可斯須去也.

번역 '사수(斯須)'는 잠시라는 뜻이다. 이 내용은 예악을 잠시라도 떨어트릴 수 없는 이유를 설명하고 있다.

3) 『논어』「태백(泰伯)」: 子曰, "興於詩, 立於禮, 成於樂."

• 제 70 절 •

악(樂)의 내동(內動), 예(禮)의 외동(外動)

【486a~b

故樂也者, 動於內者也. 禮也者, 動於外者也. 樂極和, 禮極順, 內和而外順, 則民瞻其顔色而弗與爭也, 望其容貌而民不生易慢焉. 故德煇動於內而民莫不承聽, 理發諸外而民莫不承順. 故曰, "致禮樂之道, 擧而錯之天下無難矣."

직역 故로 樂이라는 者는 內에서 動하는 者이다. 禮라는 者는 外에서 動하는 者이다. 樂이 和를 極하고, 禮가 順을 極하여, 內가 和하고 外가 順하면, 民은 그 顔色을 瞻하여 與하여 爭함이 弗하고, 그 容貌를 望하여 民은 易慢이 不生한다. 故로 德이 內에서 煇動하어 民에 承聽을 不함이 莫하고, 理가 外에 發하여 民에 承順을 不함이 莫한다. 故로 曰, "禮樂의 道를 致하여, 擧해서 天下에 錯함에 難이 無하다."

의역 그러므로 악(樂)이라는 것은 내적으로 움직이게 하는 것이다. 예(禮)라는 것은 외적으로 움직이게 하는 것이다. 악(樂)을 통해 조화로움을 지극히 하고, 예(禮)를 통해 순종함을 지극히 하여, 내적으로 조화롭고 외적으로 순종하게 되면, 백성들이 그의 안색을 살펴서 서로 다투지 않게 되고, 그 모습을 바라보면, 백성들에게 태만함이 생겨나지 않는다. 그렇기 때문에 덕이 마음에서 빛나게 움직이면 백성들 중에는 그의 말을 받들어 따르지 않는 자가 없게 되고, 이치가 밖으로 발현되면, 백성들 중에는 그를 받들고 순종하지 않는 자가 없게 된다. 그래서 "예악의 도리를 지극히 하여, 이것을 천하에 시행하는 데에는 어려움이 없다."고 했다.

集說 動於內, 則能治心矣. 動於外, 則能治躬矣. 極和極順, 則無斯須之不和不順矣. 所以感人動物, 其效如此. 德以煇言, 乃英華發外之驗. 理發諸外, 是動容周旋之中禮. 君子極致禮樂之道, 其於治天下乎何有?

번역 안에서 움직이게 한다면 마음을 다스릴 수 있다. 밖에서 움직이게 한다면 몸을 다스릴 수 있다. 조화로움을 지극히 하고 순종함을 지극히 하면, 잠시라도 조화롭지 않거나 순종하지 않는 때가 없게 된다. 예악이 사람과 사물을 감동시키는 효과가 이와 같다. 덕에 대해서 "빛나다[煇]."라고 말했으니, 영화로움이 밖으로 나타난 것을 증명한 것이다. 이치가 밖으로 드러난 것은 행동거지가 예법에 맞다는 뜻이다. 군자는 예악의 도를 지극히 하니, 천하를 다스리는데 있어서 어떤 어려움이 있겠는가?

大全 金華邵氏曰: 禮樂何以能感民如此哉? 蓋聖人與斯民均備是禮樂於一性之中. 特聖人先得我心之同然, 故一擧而措之天下, 則此以心感彼以心應, 宜其易易而無難矣.

번역 금화소씨가 말하길, 예악은 어떻게 이와 같이 백성들을 감동시킬 수 있는가? 무릇 성인과 백성들은 이러한 예악을 동일한 본성 속에 모두 갖추고 있다. 다만 성인은 먼저 내 마음에 있는 동일함을 체득했기 때문에, 이것을 들어서 천하에 시행하면, 본인은 이 마음을 통해서 감동시키고, 상대는 이 마음을 통해서 호응하니, 마땅히 쉽고 쉬워서 어려움이 없게 된다.

鄭注 德煇, 顔色潤澤也. 理, 容貌之進止也.

번역 '덕휘(德煇)'는 안색이 윤택하다는 뜻이다. '이(理)'는 모습으로 나타나는 나아감과 그침을 뜻한다.

釋文 爭, 爭鬪之爭. 煇音輝.

번역 '爭', '쟁투(爭鬪)'라고 할 때의 '爭'자이다. '煇'자의 음은 '輝(휘)'이다.

孔疏 ●"故樂"至"承順". ○正義曰: 此一經言聖人用禮樂以治身, 內外兼備, 使德煇動於內, 而民順於外.

번역 ●經文: "故樂"~"承順". ○이곳 경문은 성인이 예악을 사용하여 자신을 다스려서, 내외에 모두 갖추게 하여, 내적으로는 덕이 밝게 움직이도록 만들고, 외적으로는 백성들이 따르게 만든다는 뜻이다.

孔疏 ●"故樂也者, 動於內者也"者, 但樂從心起, 故感動於內.

번역 ●經文: "故樂也者, 動於內者也". ○다만 악(樂)은 마음을 통해 나타나기 때문에, 내적으로 감동시킨다.

孔疏 ●"禮也者, 動於外者也", 禮從外生, 故發動於外也.

번역 ●經文: "禮也者, 動於外者也". ○예(禮)는 외부를 통해 생겨나기 때문에, 외적으로 발현하여 움직이도록 만든다.

孔疏 ●"樂極和"者, 樂能感人心, 故極益於和也.

번역 ●經文: "樂極和". ○악(樂)은 사람들의 마음을 감동시킬 수 있기 때문에, 조화로움을 지극히 한다.

孔疏 ●"禮極順"者, 禮以檢貌, 故極益於順也.

번역 ●經文: "禮極順". ○예(禮)를 통해 모습을 단속하기 때문에 순종함을 지극히 한다.

孔疏 ●"內和而外順, 則民瞻其顔色而弗與爭也"者, 由心內和, 色和於外順之, 能望其顔色, 而弗與爭. 內和色見於外, 故不爭矣. 此覆結上"內和"也.

번역 ●經文: "內和而外順, 則民瞻其顔色而弗與爭也". ○마음이 내적으

로 조화로운 것에 연유하여 안색도 외적으로 조화롭고 그에 따르게 되니, 안색을 살펴서 다투지 않을 수 있다. 내적인 조화로움은 안색을 통해 외적으로 드러나기 때문에 다투지 않는다. 이것은 앞에서 "내적으로 조화롭다." 고 한 말을 거듭 결론 맺은 것이다.

孔疏 ●"望其容貌而民不生易慢焉"者, 外貌和順, 故民不生易慢. 此覆結"外順"也.

번역 ●經文: "望其容貌而民不生易慢焉". ○외모가 조화롭고 순종적이기 때문에, 백성들에게는 태만함이 생겨나지 않는다. 이것은 "외적으로 순종적이다."라고 한 말을 거듭 결론 맺은 것이다.

孔疏 ●"故德煇動於內, 而民莫不承聽"者, 由樂以和心, 故德煇美發動於內, 而民莫不承奉聽從也.

번역 ●經文: "故德煇動於內, 而民莫不承聽". ○악(樂)을 통해 마음을 조화롭게 하기 때문에, 덕이 빛나고 아름답게 되어 내부에서 움직이고, 백성들 중에는 받들고 따르지 않는 자가 없다.

孔疏 ●"理發於外, 而民莫不承順"者, 由禮以治貌, 故理發見於外, 而民莫不承奉敬順也.

번역 ●經文: "理發於外, 而民莫不承順". ○예(禮)를 통해 모습을 다스리기 때문에, 이치가 밖으로 드러나서, 백성들 중에는 받들고 공경하며 따르지 않는 자가 없다.

孔疏 ◎注"德煇"至"止之". ○正義曰: "德煇, 顏色潤澤也", 由內心和順, 故和順之德, 煇然發見於顏色, 是德煇由動於內而來也. 云"理, 容貌之進止也"者, 以經云"理發諸外". 凡道理從內心而生, 今云"理發諸外", 非道理之理,止謂容貌進止之理. 鄭恐有道理之謙, 故云"容貌之進止也".

번역 ◎鄭注: "德煇"~"止之". ○정현이 "'덕휘(德煇)'는 안색이 윤택하다는 뜻이다."라고 했는데, 내적인 마음이 조화롭고 순종적인 것에 연유하기 때문에, 조화롭고 순종적인 덕이 안색을 통해 빛나게 나타나니, 이것은 덕의 빛남은 내적으로 움직이는 것으로부터 나타난다는 뜻이다. 정현이 "'이(理)'는 모습으로 나타나는 나아감과 그침을 뜻한다."라고 했는데, 경문에서는 "이(理)가 밖으로 나타난다."라고 했다. 무릇 도리는 내부의 마음을 통해서 생겨나는데, 현재 "이(理)가 밖으로 나타난다."라고 했으니, 이것은 도리(道理)라고 할 때의 이(理)를 뜻하는 것이 아니며, 단순히 동작의 나아가고 그침을 뜻하는 이(理)를 의미한다. 정현은 아마도 도리를 뜻한다고 의심할 것을 염려했기 때문에, "모습으로 나타나는 나아감과 그침을 뜻한다."라고 말했다.

孔疏 ●"故曰"至"難矣". ○正義曰: 此一經總結致備禮樂之道也. 言聖人若能詳審極致禮樂之道, 擧而錯置於天下, 悉皆敬從, 無復有難爲之事也.

번역 ●經文: "故曰"~"難矣". ○이곳 경문은 예악의 도를 온전히 갖추는 것에 대해서 총괄적으로 결론을 맺고 있다. 즉 성인이 만약 예악의 도를 상세히 살피고 지극히 하여, 그것을 들어 천하에 시행할 수 있다면, 천하가 모두 존경하고 따르게 되어, 재차 어렵게 시행할 일이 없게 된다는 뜻이다.

訓纂 方性夫曰: 顔色指其面目, 容貌則兼手足言之.

번역 방성부가 말하길, '안색(顔色)'은 얼굴과 눈을 가리키는 것이고, '용모(容貌)'는 손과 발을 함께 언급한 것이다.

訓纂 陳晉之曰: 子張問政, 孔子曰, "君子明於禮樂, 擧而措之而已." 然則致禮樂之道, 擧而錯之天下, 則安上治民, 移風易俗, 猶反掌耳. 爲政豈難哉?

번역 진진지가 말하길, 자장이 정치에 대해서 묻자, 공자는 "군자가 예악을 해박하게 알아서, 이것을 들어 시행할 따름이다."라고 했다.[1] 그러므로 예악의 도를 지극히 하여 이것을 들어 천하에 시행한다면, 위를 편안히 하고 백성들을 다스려서, 풍속을 좋은 쪽으로 바꿀 수 있는 것이 마치 손바닥을 뒤집는 것과 같을 따름이다. 따라서 정치를 시행하는데 어찌 어려울 수 있겠는가?

訓纂 錯本亦作"措", 七路反.

번역 '錯'자는 판본에 따라서 또한 '措'자로도 기록하는데, 그 음은 '七(칠)'자와 '路(로)'자의 반절음이다.

集解 樂曰"極和", 而禮不曰"極敬"者, 蓋禮之用, 和爲貴, 禮之順, 卽敬之根於心而行之以從容不迫者也. 德煇見於外, 而本乎內之和樂, 故曰"動於內." 理具於內, 而著爲外之節文, 故曰"發於外." 禮樂交錯, 內外互養, 而根心生色, 睟面盎背, 故見之者自然敬信而莫不順聽也.

번역 악(樂)에 대해서는 "조화로움을 지극히 한다."라고 했는데, 예(禮)에 대해서는 "공경함을 지극히 한다."라고 말하지 않은 이유는 예(禮)의 운용은 조화로움을 존귀하게 여기므로, 예(禮)에 따른 순종함은 곧 공경함이 마음에 근본을 두고서, 그것을 실천하길 차분하며 급박하게 하지 않는 것이다. 덕의 빛남은 밖으로 드러나지만 내적인 조화로움과 즐거움에 근본을 두고 있다. 그렇기 때문에 "안에서 움직인다."라고 말했다. 이치는 내면에 구비되어 있지만 그것이 드러나면 외적인 형식이 된다. 그렇기 때문에 "밖으로 나타난다."라고 말했다. 예악이 교차하여 내외가 서로 배양되니, 마음에 뿌리를 두고 온화한 안색이 나타나서 온화함이 얼굴에 가득하고 등에 가득하다. 그러므로 그것을 본 자는 자연히 공경하고 믿게 되며, 따르

---

1) 『예기』「중니연거(仲尼燕居)」【603d】: 子張問政, 子曰, "師乎! 前! 吾語女乎! 君子明於禮樂, 擧而錯之而已."

지 않는 자가 없게 된다.

集解 右第一章, 言人以禮樂治身心, 則可以化民也.

번역 여기까지는 제 1장으로, 군주가 예악을 통해 몸과 마음을 다스린다면, 백성들을 교화할 수 있음을 뜻한다.

• 제 71 절 •

악(樂)의 영(盈)·반(反), 예(禮)의 감(減)·보(報)

【486c】

樂也者, 動於內者也. 禮也者, 動於外者也. 故禮主其減, 樂主其盈. 禮減而進, 以進爲文; 樂盈而反, 以反爲文. 禮減而不進則銷, 樂盈而不反則放, 故禮有報而樂有反. 禮得其報則樂, 樂得其反則安. 禮之報, 樂之反, 其義一也.

직역 樂이라는 者는 內에서 動하는 者이다. 禮라는 者는 外에서 動하는 者이다. 故로 禮는 그 減을 主하고, 樂은 그 盈을 主한다. 禮는 減하되 進하니, 進으로써 文을 爲하고; 樂은 盈하되 反하니, 反으로써 文을 爲한다. 禮가 減하되 不進하면 銷하고, 樂이 盈하되 不反하면 放하니, 故로 禮에는 報가 有하고 樂은 反이 有하다. 禮는 그 報를 得하면 樂하고, 樂은 그 反을 得하면 安하다. 禮의 報와 樂의 反은 그 義가 一이다.

의역 악(樂)이라는 것은 내적으로 움직이게 하는 것이다. 예(禮)라는 것은 외적으로 움직이게 하는 것이다. 그러므로 예(禮)는 줄임을 위주로 하고 악(樂)은 채움을 위주로 한다. 예(禮)는 줄이되 나아가니 나아감을 형식으로 삼고, 악(樂)은 채우되 되돌리니 되돌림을 형식으로 삼는다. 예(禮)가 줄이기만 하고 나아가지 않는다면 사라지게 되고, 악(樂)이 채우기만 하고 되돌리지 않는다면 방만하게 된다. 그렇기 때문에 예(禮)에는 보답함이 있고 악(樂)에는 되돌림이 있다. 예(禮)가 보답함을 얻는다면 즐겁게 되고, 악(樂)이 되돌림을 얻는다면 편안하게 된다. 예(禮)의 보답함과 악(樂)의 되돌림은 의미가 동일하다.

集說 馬氏曰: 以體言之, 禮減樂盈; 以用言之, 禮進樂反. 樂動於內, 故其體主盈, 蓋樂由中出, 而爲人心之所喜; 禮動於外, 故其體主減, 蓋禮自外作, 而疑先王有以强世也. 禮主減, 故勉而作之, 而以進爲文; 樂主盈, 故反而抑之, 而以反爲文. 故七介以相見, 不然則已慤; 三辭三讓而至, 不然則已蹙. 一獻之禮, 而賓主百拜, 日莫人倦而齊莊正齊, 此皆勉而進之者也. 進旅退旅, 以示其和; 弦匏笙簧, 會守拊鼓, 以示其統. 治亂則以相, 訊疾則以雅, 作之以柷, 止之以敔, 此皆反而抑之者也. 減而不進, 則幾於息矣, 故銷; 盈而不反, 則至於流矣, 故放. 先王知其易偏, 故禮則有報, 樂則有反. 禮有報者, 資於樂也. 樂有反者, 資於禮也.

번역 마씨가 말하길, 본체로써 말을 하면 예(禮)는 줄이고 악(樂)은 채우며, 작용으로써 말을 하면 예(禮)는 나아가고 악(樂)은 되돌아온다. 악(樂)은 내적으로 움직이게 하기 때문에 그 본체는 채움을 위주로 하니, 무릇 악(樂)은 마음으로부터 도출되어, 사람의 마음에 기뻐하는 대상이 된다. 예(禮)는 외적으로 움직이게 하기 때문에 그 본체는 줄임을 위주로 하니, 무릇 예(禮)는 외부로부터 작용해서, 아마도 선왕은 이를 통해 세상의 기초를 굳세게 다질 수 있었을 것이다.[1] 예(禮)는 줄임을 위주로 하기 때문에 독려하고 진작시켜 나아감을 형식으로 삼고, 악(樂)은 채움을 위주로 하기 때문에 되돌리고 억눌러서 되돌림을 형식으로 삼는다. 그러므로 7명의 부관을 거느리고 서로 만나보는 것이니, 그렇게 하지 않는다면 너무 소박하게 되며, 세 차례 사양을 하고 양보를 하여 도달하게 되니, 그렇게 하지 않는다면 너무 재촉하게 된다.[2] 한 차례 술을 바치는 의례에서라도 빈객과 주인은 수차례 절을 하고,[3] 해가 저물어서 사람들이 피로해져도 장엄하게

1) 『예기』「악기」【461b~c】: 樂由中出, 禮自外作. 樂由中出故靜, 禮自外作故文. 大樂必易, 大禮必簡. 樂至則無怨, 禮至則不爭. 揖讓而治天下者, 禮樂之謂也. 暴民不作, 諸侯賓服, 兵革不試, 五刑不用, 百姓無患, 天子不怒, 如此則樂達矣. 合父子之親, 明長幼之序, 以敬四海之內, 天子如此, 則禮行矣.

2) 『예기』「예기(禮器)」【308b】: 是故, 君子之於禮也, 非作而致其情也, 此有由始也. 是故, 七介以相見也, 不然則已慤; 三辭三讓而至, 不然則已蹙.

3) 『예기』「악기」【468c】: 夫豢豕爲酒, 非以爲禍也. 而獄訟益繁, 則酒之流生禍也. 是故先王因爲酒禮. 壹獻之禮, 賓主百拜, 終日飮酒而不得醉焉. 此先王之所以備酒禍也. 故酒食者, 所以合歡也. 樂者, 所以象德也. 禮者, 所以綴淫也. 是故

단정한 자세를 취하니,[4] 이러한 것들은 모두 독려하여 나아가게 하는 것들이다. 단체로 나아가고 물러나서 이를 통해 조화로움을 드러내고, 현(弦)·포(匏)·생(笙)·황(簧) 등의 악기들을 부(拊)와 고(鼓)의 박자에 맞춰서 연주하여, 이를 통해 통솔됨을 드러낸다. 악절의 끝을 맞출 때에는 부(拊) 소리에 맞추고, 춤사위가 지나치게 빠르지 않도록 조절하는 것은 아(雅) 소리에 맞추며, 축(柷)을 통해 동시에 연주하고, 어(敔)를 통해 동시에 그치니, 이러한 것들은 모두 되돌려서 억누르는 것들이다.[5] 줄이되 나아가지 않는다면 거의 그치게 된다. 그렇기 때문에 사라진다. 채우되 되돌리지 않으면 방탕한 곳으로 흐른다. 그렇기 때문에 방만해진다. 선왕은 쉽게 치우치게 될 것임을 알았기 때문에 예(禮)를 통해 보답함을 두었고 악(樂)을 통해 되돌림을 두었다. 예(禮)에 보답함이 있는 것은 악(樂)에 힘입는다. 악(樂)에 되돌림이 있는 것은 예(禮)에 힘입는다.

集說 劉氏曰: 禮之儀動於外, 必謙卑退讓以自牧, 故主於減殺; 樂之德動于中, 必和順充積而後形, 故主於盈盛. 蓋樂由陽來, 故盈; 禮自陰作, 故減也. 然禮之體雖主於退讓, 而其用則貴乎行之以和, 故以進爲文也; 樂之體雖主於充盛, 而其用則貴乎抑之以節, 故以反爲文也. 禮若過於退讓而不進, 則威儀銷沮, 必有禮勝則離之失; 樂過於盛滿而不反, 則意氣放肆, 必有樂勝則流之弊. 故禮必有和以爲減之報. 報者, 相濟之意也. 樂必有節以爲盈之反. 反者, 知止之謂也. 禮減而得其和以相濟, 則從容欣愛而樂矣, 此樂以和禮也. 樂盈而得其節以知止, 則優柔平中而安矣, 此禮以節樂也. 禮樂相須並用, 而一歸於無過無不及之中, 而合其事理之宜, 故曰禮之報, 樂之反, 其義一也.

先王有大事, 必有禮以哀之; 有大福, 必有禮以樂之. 哀樂之分, 皆以禮終. 樂也者, 聖人之所樂也, 而可以善民心. 其感人深, 其移風易俗, 故先王著其教焉.

4) 『예기』「빙의(聘義)」【718b~d】: 聘射之禮, 至大禮也. 質明而始行事, …… 日莫人倦, 齊莊正齊, 而不敢解惰. 以成禮節, 以正君臣, 以親父子, 以和長幼.

5) 『예기』「악기」【477d~478a】: 魏文侯問於子夏曰, "吾端冕而聽古樂, 則唯恐臥; 聽鄭衛之音, 則不知倦. 敢問古樂之如彼何也? 新樂之如此何也?" 子夏對曰, "今夫古樂, 進旅退旅, 和正以廣, 弦匏笙簧, 會守拊鼓, 始奏以文, 復亂以武, 治亂以相, 訊疾以雅. 君子於是語, 於是道古, 修身及家, 平均天下, 此古樂之發也."

번역 유씨가 말하길, 예(禮)에 따른 의례 절차는 외적으로 시행되니, 반드시 겸손하게 낮추고 물러나 사양하여 스스로 다스려야 한다. 그렇기 때문에 줄임을 위주로 한다. 악(樂)의 덕은 마음에서 움직이니, 반드시 온화하고 순종하며 가득 채운 이후에야 형체를 드러낸다. 그렇기 때문에 채움을 위주로 한다. 무릇 악(樂)은 양(陽)으로부터 도래하기 때문에 채운다. 예(禮)는 음(陰)으로부터 만들어지기 때문에 줄인다.[6] 그러나 예(禮)의 본체가 비록 물러나고 사양하는 것을 위주로 하지만, 그 활용은 조화로움으로써 시행하는 것을 존귀하게 여긴다. 그렇기 때문에 나아감을 형식으로 삼는다. 악(樂)의 본체가 비록 채움을 위주로 하지만, 그 활용은 절도로써 억누르는 것을 존귀하게 여긴다. 그렇기 때문에 되돌림을 형식으로 삼는다. 예(禮)가 만약 물러나고 사양하는 것에 지나쳐서 나아가지 못한다면, 격식에 맞는 행동과 위엄이 사라지게 되어, 반드시 예(禮)가 지나쳐 사이가 멀어지는 잘못을 범하게 된다. 악(樂)이 만약 채우는 것에 지나쳐서 되돌리지 못한다면, 뜻과 기운이 방만해져서, 반드시 악(樂)이 지나쳐서 방탕한 데로 흐르는 폐단이 발생한다.[7] 그렇기 때문에 예(禮)에서는 반드시 조화로움을 두어 이것을 줄임에 대한 보답으로 삼는다. '보(報)'라는 것은 서로 구제한다는 뜻이다. 또 악(樂)은 반드시 절도를 두어서 이것을 채움에 대한 되돌림으로 삼는다. '반(反)'이라는 것은 그칠 줄 안다는 뜻이다. 예(禮)에 따라 줄이더라도 조화로움을 얻어 이를 통해 서로 구제한다면, 차분하고 기뻐하며 좋아하고 즐겁게 되니, 이것은 악(樂)을 통해 예(禮)를 조화롭게 하는 것이다. 악(樂)에 따라 채우더라도 절도를 얻어 이를 통해 그칠 줄 안다면, 여유롭고 화평하며 알맞아서 편안하게 되니, 이것은 예(禮)를 통해 악(樂)을 조절하는 것이다. 예악은 서로를 필요로 하며 함께 사용되고, 한결같이

---

6) 『예기』「교특생(郊特牲)」【319b~c】: 賓入大門而奏肆夏, 示易以敬也, 卒爵而樂闋. 孔子屢歎之. 奠酬而工升歌, 發德也. 歌者在上, 匏竹在下, 貴人聲也. 樂由陽來者也, 禮由陰作者也, 陰陽和而萬物得.

7) 『예기』「악기」【461a】: 樂者爲同, 禮者爲異. 同則相親, 異則相敬. 樂勝則流, 禮勝則離. 合情飾貌者, 禮樂之事也. 禮義立, 則貴賤等矣. 樂文同, 則上下和矣. 好惡著, 則賢不肖別矣. 刑禁暴, 爵擧賢, 則政均矣. 仁以愛之, 義以正之, 如此則民治行矣.

지나치거나 모자람도 없는 알맞음으로 귀결되어, 사리의 합당함에 맞기 때문에, "예(禮)의 보답함과 악(樂)의 되돌림은 그 의미가 동일하다."라고 했다.

大全 慶源輔氏曰: 禮主其減, 減所以裁節於外也. 樂主其盈, 盈則充盛於內也. 樂而不盈, 則無以形於外, 禮而不減, 則無以合於內. 來而不往, 非禮也, 往而不來, 非禮也. 故曰禮有報. 來往不已, 是亦進之意.

번역 경원보씨가 말하길, 예(禮)는 줄임을 위주로 하니, 줄임은 외적으로 제재하고 조절하는 것이다. 악(樂)은 채움을 위주로 하니, 채움은 내적으로 충만하게 하는 것이다. 악(樂)에 따르되 채우지 않는다면 겉으로 드러남이 없고, 예(禮)에 따르되 줄이지 않는다면 내적으로 합치됨이 없다. 오기만 하고 가지 않음은 비례이고, 가기만 하고 오지 않음은 비례이다.[8] 그렇기 때문에 "예(禮)에는 보답함이 있다."라고 말했다. 오고 감이 그치지 않는 것 또한 나아간다는 뜻이다.

鄭注 禮主其[9]減, 人所倦也. 樂主其盈, 人所歡也. 進, 謂自勉强也. 反, 謂自抑止也. 文, 猶美也, 善也. 放於[10]淫聲, 樂不能止也. 報讀曰褒, 猶進也. 得, 謂曉其義, 知其吉凶之歸. 俱趨立於中, 不銷不放也.

번역 예(禮)는 줄임을 위주로 하니, 사람들이 피로해 하는 것이다. 악

---

8) 『예기』「곡례상(曲禮上)」【11c】: 太上貴德, 其次務施報. 禮尙往來, 往而不來, 非禮也; 來而不往, 亦非禮也.

9) '기(其)'자에 대하여. 『십삼경주소(十三經注疏)』 북경대 출판본에서는 "'기'자는 본래 '어(於)'자로 기록되어 있었는데, 문맥 및 『예기훈찬(禮記訓纂)』에 따라서 글자를 수정하였다."라고 했다.

10) '어(於)'자에 대하여. '어'자는 본래 없던 글자인데, 완원(阮元)의 『교감기(校勘記)』에서는 "혜동(惠棟)의 『교송본(校宋本)』, 『송감본(宋監本)』에는 모두 '어'자가 기록되어 있고, 『악본(岳本)』·『가정본(嘉靖本)』, 위씨(衛氏)의 『집설(集說)』에도 동일하게 기록되어 있으니, 이곳 판본에는 '어'자가 누락된 것이며, 『민본(閩本)』·『감본(監本)』·『모본(毛本)』에도 동일하게 누락되어 있다."라고 했다.

(樂)은 채움을 위주로 하니 사람들이 즐거워하는 것이다. 나아감은 스스로 노력하고 굳세게 함을 뜻한다. 되돌림은 스스로 억누르고 그친다는 뜻이다. '문(文)'자는 "아름답다[美]."는 뜻이며, "선하다[善]."는 뜻이다. 음란한 소리에 방종하면 악(樂)은 그칠 수 없게 된다. '보(報)'자는 '포(褒)'자로 풀이하니, "나아간다[進]."는 뜻이다. '득(得)'자는 그 의미를 깨우친다는 뜻이니, 길흉의 귀결점을 안다는 의미이다. 예악에 대해서 알맞은 경지에 서서 그치거나 방만하지 않은 것이다.

釋文 錯, 本亦作措, 同, 七路反. 減, 胡斬反, 又古斬反, 注及下同. 强, 其丈反, 又其兩反. 銷音消. 報, 依注讀曰褒, 音保毛反, 下同. 樂樂, 上音洛, 下音岳.

번역 '錯'자는 판본에 따라서 또한 '措'자로도 기록하니, 두 글자는 모두 '七(칠)'자와 '路(로)'자의 반절음이다. '減'자는 '胡(호)'자와 '斬(참)'자의 반절음이며, 또한 '古(고)'자와 '斬(참)'자의 반절음도 되고, 정현의 주 및 아래 문장에 나오는 글자도 그 음이 이와 같다. '强'자는 '其(기)'자와 '丈(장)'자의 반절음이며, 또한 '其(기)'자와 '兩(량)'자의 반절음도 된다. '銷'자의 음은 '消(소)'이다. '報'자는 정현의 주에 따르면 '褒'자로 풀이하니, 그 음은 '保(보)'자와 '毛(모)'자의 반절음이고, 아래문장에 나오는 글자도 그 음이 이와 같다. '樂樂'에서 앞의 '樂'자는 그 음이 '洛(낙)'이고, 뒤의 '樂'자는 그 음이 '岳(악)'이다.

孔疏 ●"樂也"至"一也". ○正義曰: 此一節論樂[11]之體, 或減或盈, 其事各異, 王者當各依其事而和節之也.

번역 ●經文: "樂也"~"一也". ○이곳 문단은 예악의 본체가 어떤 것은

11) '악(樂)'자에 대하여. 『십삼경주소(十三經注疏)』 북경대 출판본에서는 "'악'자를 『민본(閩本)』에서는 동일하게 기록하고 있는데, 『고문(考文)』에서 인용하고 있는 송나라 때의 판본에서는 '예(禮)'라고 기록했고, 『감본(監本)』·『모본(毛本)』 및 위씨(衛氏)의 『집설(集說)』에서는 '예악(禮樂)'이라고 기록했다."라고 했다.

줄이고 어떤 것은 채워서, 그 사안이 각각 다르지만, 천자는 마땅히 각각 그 사안에 따라서 조화롭게 절제해야 한다는 사실을 논의하고 있다.

孔疏 ●"故禮主其減"者, 行禮在於困匱, 主在減損, 謂人不能行也.

번역 ●經文: "故禮主其減". ○예(禮)를 시행하는 것이 궁핍한 상황에 있으면, 줄이거나 덜어내는 것을 위주로 하니, 사람들이 시행할 수 없다는 뜻이다.

孔疏 ●"樂主其盈"者, 作樂, 人所歡樂, 言樂主於盈滿, 人皆欲得聞也.

번역 ●經文: "樂主其盈". ○악(樂)을 만든 것은 사람들이 즐거워하는 대상으로 하니, 악(樂)은 채우는 것을 위주로 하여, 사람들이 모두 듣고자 한다는 뜻이다.

孔疏 ●"禮減而進, 以進爲文"者, 禮旣減損, 當須勉勵於前進. 文, 謂美善之名. 若能前進, 則爲美善也.

번역 ●經文: "禮減而進, 以進爲文". ○예(禮)는 이미 줄이는 것을 위주로 하니, 마땅히 앞으로 전진하는 것에 힘쓰고 독려해야 한다. '문(文)'자는 아름답고 선하다는 명칭이다. 만약 앞으로 전진할 수 있다면, 아름답고 선하게 된다.

孔疏 ●"樂盈而反以反爲文"者, 樂主其盈, 當須抑退而自反, 則爲美善也.

번역 ●經文: "樂盈而反以反爲文". ○악(樂)은 채우는 것을 위주로 하니, 마땅히 억누르고 물러서 스스로 되돌리게 된다면, 아름답고 선하게 된다.

孔疏 ●"禮減而不進則銷"者, 覆明前經禮須進之意. 禮旣減損, 若不勉强自進, 則禮道銷衰也.

번역 ●經文: "禮減而不進則銷". ○앞의 경문에서 예(禮)는 마땅히 전진해야 한다고 했던 뜻을 재차 설명한 것이다. 예(禮)는 이미 덜어내는 것을 위주로 하는데, 만약 스스로 나아가는데 노력하지 않는다면, 예(禮)의 도가 쇠락하게 된다.

孔疏 ●"樂盈而不反則放"者, 言樂主盈滿, 若不反自抑損, 則樂道流放也.

번역 ●經文: "樂盈而不反則放". ○악(樂)은 채움을 위주로 하니, 만약 되돌리고 스스로 덜어내지 못한다면, 악(樂)의 도가 방만하게 흐르게 된다.

孔疏 ●"故禮有報而樂有反"者, 報讀爲褒, 褒, 猶進也. 以其病害如此, 故行禮之道, 須有自進, 作樂之道, 須有自退反也.

번역 ●經文: "故禮有報而樂有反". ○'보(報)'자는 '포(褒)'자로 풀이하니, '포(褒)'자는 "나아간다[進]."는 뜻이다. 그 폐해가 이와 같기 때문에, 예(禮)를 시행하는 도에서는 스스로 나아감이 있어야 하며, 악(樂)을 일으키는 도에서는 스스로 물려서 되돌림이 있어야 한다.

孔疏 ●"禮得其報則樂"者, 言禮能曉其義理而自進, 則和樂不至困苦, 故和樂也.

번역 ●經文: "禮得其報則樂". ○예(禮)에 따라 그 의리를 깨우쳐서 스스로 나아갈 수 있다면, 조화롭고 즐겁게 되어 곤궁한 지경에 이르지 않기 때문에, 조화롭고 즐겁게 된다는 뜻이다.

孔疏 ●"樂得其反, 則安"者, 言樂能知吉凶之歸而得其反, 則安靜而不流放也.

번역 ●經文: "樂得其反, 則安". ○악(樂)에 따라 길흉의 귀결점을 알아서 되돌릴 수 있다면, 안정되고 고요하여 방만하게 흐르지 않는다는 뜻이다.

孔疏 ●"禮之報, 樂之反, 其義一也"者, 言禮能自進, 樂能自反, 其義於中和之義一也. 言俱得其中, 故云"一也".

번역 ●經文: "禮之報, 樂之反, 其義一也". ○예(禮)에 따라 스스로 나아갈 수 있고, 악(樂)에 따라 스스로 되돌릴 수 있는데, 그 의리는 알맞고 조화롭다는 의리에 있어서는 동일하다는 뜻이다. 즉 둘 모두 알맞음을 얻었기 때문에, "동일하다."라고 말했다.

孔疏 ◎注"得謂"至"之歸". ○正義曰: "得, 謂曉其義"者, 言禮樂俱有義理. 云"知其吉凶之歸"者, 謂禮之與樂俱有吉凶, 行禮得所爲吉, 失禮則凶; 爲樂美善則吉, 爲樂惡則凶. 今按注意分明, 兼解禮樂, 故鄭唯言"得, 謂曉其義", 是兼解"禮得"·"樂得"之字, 則自然吉凶之言解禮樂. 皇氏之意, 乃謂"曉其義"者解"禮", "知其吉凶所歸"解"樂", 其義非也.

번역 ◎鄭注: "得謂"~"之歸". ○정현이 "'득(得)'자는 그 의미를 깨우친다는 뜻이다."라고 했는데, 예악 모두 의리를 갖추고 있다는 의미이다. 정현이 "길흉의 귀결점을 안다."라고 했는데, 예(禮)와 악(樂)은 모두 길흉의 측면을 가지고 있는데, 예(禮)를 시행한 것이 알맞으면 길함이 되고 예(禮)의 도리를 잃게 되면 흉하게 되며, 악(樂)을 시행한 것이 아름답고 선하면 길하게 되고 악(樂)을 시행한 것이 악하면 흉하게 된다는 뜻이다. 현재 정현의 주에 나타난 의미를 자세히 살펴보면, 예악에 대해서 함께 풀이하고 있다. 그렇기 때문에 정현은 단지 "'득(得)'자는 그 의미를 깨우친다는 뜻이다."라고 말한 것이니, 이것은 경문에 나온 '예득(禮得)'과 '악득(樂得)'을 함께 풀이한 것으로, 자연히 길흉에 대한 말은 예악을 풀이한 것이 된다. 황간의 주장은 곧 "그 의미를 깨우친다."는 말이 '예(禮)'를 풀이한 것이고, "길흉의 귀결점을 안다."는 말이 '악(樂)'을 풀이한 것이라고 했는데, 그 설명은 잘못되었다.

訓纂 朱子曰: 禮主於撙節·退遜·檢束, 然以其難行, 故須勇猛力進始得, 故以進爲文. 樂主於舒暢發越, 然一向如此, 必至於流蕩, 故以反爲文. 禮之進, 樂之反, 便得性情之正.

번역 주자가 말하길, 예(禮)는 절제하고 겸손하게 물리며 자신을 단속하는 것을 위주로 하지만, 그것은 시행하기 어렵기 때문에 용감하게 힘써 정진해야만 이룰 수 있다. 그렇기 때문에 나아감을 형식으로 삼는다. 악(樂)은 여유롭고 두루 퍼지는 것을 위주로 하지만, 시종일관 이처럼만 하게 되면 방탕한 데로 흐르게 된다. 그렇기 때문에 되돌림을 형식으로 삼는다. 예(禮)의 나아감과 악(樂)의 되돌림을 이루게 되면 성정을 올바르게 할 수 있다.

集解 今按: 報如字.

번역 현재 살펴보니, '報'자는 글자대로 읽는다.

集解 愚謂: 禮動於外而接於人者, 以撙節退讓爲敬, 故主其減. 樂動於內而發於己者, 以欣喜歡愛爲和, 故主其盈. 減則恐其煩苦而易倦, 故以進爲美, 嚴而用之以和也. 盈則恐其流宕而不止, 故以反爲美, 和而濟之以節也. 禮減而不進, 則有見於嚴, 無見於和, 必至於倦略, 故銷. 樂盈而不反, 則有見於和, 無見於節, 必至於流宕, 故放. 於禮上言"進"而下變言"報"者, 蓋進者由己而進, 報者因物而報, 言"進", 猶有勉强易倦之意, 言"報", 則見我之行禮皆因情之不容已於物者而起, 而有不得不勉者矣. 禮得其報, 則有以達我之情, 故樂. 樂得其反, 則有以止乎其節, 故安. 樂則不至於銷, 安則不至於放, 故曰"其義一也."

번역 내가 생각하기에, 예(禮)는 밖에서 움직여서 상대를 대하는 것이니, 절제하고 겸손하게 하는 것을 공경함으로 삼는다. 그렇기 때문에 줄임을 위주로 한다. 악(樂)은 안에서 움직여서 자신에게서 나타나는 것이니, 즐겁고 기쁜 것을 조화로움으로 삼는다. 그렇기 때문에 채움을 위주로 한다. 줄이기만 하면 고달프게 되어 쉽게 피로해짐이 염려되기 때문에, 나아감을 아름다움으로 삼고 위엄을 갖춰서 조화로움을 통해 사용한다. 채우기만 하면 방탕하게 흘러 멈출 줄 모르게 됨이 염려되기 때문에, 되돌림을 아름다움으로 삼고 조화롭게 시행하되 절도에 따라 가지런히 한다. 예(禮)를 시행하되 줄이기만 하고 나아가지 않는다면 엄격함만 나타나고 조화로움은 나타나지 않아서, 반드시 피로하게 만들고 너무 소략한 지경에 이르기 때문에 사라지게 된다. 악(樂)을 시행하되 채우기만 하고 되돌리지 않는다면 조화로움만 나타나고 절제함이 나타나지 않아서, 반드시 방탕한 지경에 이르기 때문에 방만하게 된다. 예(禮)에 대해서는 앞서 "나아간다."라고 말했고 그 뒤의 악(樂)에 대해서는 "보답한다."라고 말한 이유는 나아감은 자신을 통해서 나아가는 것이고 보답함은 대상에 따라서 보답하는 것이니, "나아간다."라고 말한 것에는 쉽게 피로해지는 것에 대해서 힘써 노력해서 극복한다는 뜻이 있고, "보답한다."라고 말했다면 본인이 예법을 시행할 때 모두 상대에 대해서 그만둘 수 없는 정감에 따라 일어난다는 것을 보고서 힘쓰지 않을 수 없는 점이 있다. 예(禮)가 보답함을 얻게 된다면 나의 정감을 통하게 할 수 있기 때문에 즐겁다. 악(樂)이 되돌림을 얻게 된다면 절도에 따라 그칠 수 있어서 편안하다. 즐겁다면 사라지는 지경에는 이르지 않고 편안하다면 방만한 지경에는 이르지 않기 때문에, "그 도의가 동일하다."라고 말했다.

集解 右第二章, 承上章而言禮樂之用, 又當有以救其偏也.

번역 여기까지는 제 2장으로, 1장을 이어서 예악의 쓰임과 마땅히 이를 통해 편향된 것을 구제할 수 있음을 말하고 있다.

• 제 72 절 •

입악지방(立樂之方)-락(樂)

【487b~c】

夫樂者樂也, 人情之所不能免也. 樂必發於聲音, 形於動靜, 人之道也. 聲音動靜, 性術之變盡於此矣. 故人不耐無樂, 樂不耐無形. 形而不爲道, 不耐無亂. 先王恥其亂, 故制雅頌之聲以道之, 使其聲足樂而不流, 使其文足論而不息, 使其曲直繁瘠廉肉節奏, 足以感動人之善心而已矣, 不使放心邪氣得接焉. 是先王立樂之方也.

직역 夫히 樂者는 樂이니, 人情의 免이 不能한 所이다. 樂하면 必히 聲音에 發하고, 動靜에 形하니, 人의 道이다. 聲音과 動靜은 性術의 變이 此에 盡이라. 故로 人은 無樂이 不耐하며, 樂은 無形이 不耐라. 形하되 道가 不爲하면, 無亂이 不耐이라. 先王은 그 亂이 恥라, 故로 雅頌의 聲을 制하여 道해서, 그 聲이 足히 樂하되 不流를 使하고, 그 文이 足히 論하되 不息을 使하며, 그 曲直 · 繁瘠 · 廉肉 · 節奏를 使하여, 足히 이로써 人의 善心을 感動했을 따름이며, 放心과 邪氣가 接을 得함을 不使라. 是는 先王이 樂을 立한 方이라.

의역 무릇 악(樂)이라는 것은 즐거움이니, 사람의 정감상 없을 수 없는 것이다. 즐겁다면 반드시 소리와 음을 통해서 나타나고, 움직이거나 가만히 있는 동작을 통해 나타나니, 이것이 사람의 도리이다. 소리와 음 및 움직이거나 가만히 있는 것은 성정의 변화가 여기에 모두 나타난 것이다. 그렇기 때문에 사람에게는 즐거운 마음이 없을 수 없고, 즐겁다면 형체로 나타나지 않을 수가 없다. 형체로 나타나되 도리에 맞게끔 인도할 수 없다면, 혼란이 없을 수 없다. 선왕은 혼란하게 될 것을 염려했기 때문에, 아(雅)와 송(頌) 등의 음악을 제정하여 인도를 해서, 소리는 충분히 즐겁되 방탕하게 흐르지 않게끔 했고, 형식은 충분히 논의를 할 수 있되 그치지 않게끔 했으며, 아울러 소리에 있어서는 부드럽고 강직하며, 섞이고 순일하며, 맑고 탁하며, 절제하고 합주하도록 하여, 사람의 선한 마음을 감동시킬 수 있도록 했을 뿐이며, 방만한 마음과 사벽한 기운이 접촉하지 못하도록 했다. 이것이 바로 선왕이 악(樂)을 세운 방도이다.

集說 方氏曰: 聲足樂者, 樂其道; 文足論者, 論其理也. 道所以制用而有節, 故雖樂而不至於流; 理所以明義而無窮, 故可論而不至於息. 曲者, 聲之柔, 若絲是也. 直者, 聲之剛, 若金是也. 繁者, 聲之雜, 若笙是也. 瘠者, 聲之純, 若磬是也. 廉者, 聲之淸, 若羽是也. 肉者, 聲之濁, 若宮是也. 節者, 聲之制, 若徵是也. 奏者, 聲之作, 若合是也.

번역 방씨가 말하길, "소리가 충분히 즐겁다."는 말은 그 도를 즐거워한다는 뜻이며, "형식이 충분히 논의할 수 있다."는 말은 그 이치를 논의한다는 뜻이다. 도는 쓰임을 제재하고 절도가 있게끔 하기 때문에 비록 즐겁더라도 방탕한 데로 흐르지 않고, 이치는 의미를 밝힘에 끝이 없기 때문에 논의하되 그침에 이르지 않을 수 있다. '곡(曲)'은 소리 중에서도 부드러운 것이니, 현악기와 같은 것이 여기에 해당한다. '직(直)'은 소리 중에서도 강직한 것으로, 쇠로 만든 악기들이 여기에 해당한다. '번(繁)'은 소리 중에서도 소리가 섞인 것으로, 생황과 같은 것이 여기에 해당한다. '척(瘠)'은 소리 중에서도 순일한 것으로, 석경과 같은 것이 여기에 해당한다. '염(廉)'은 소리 중에서도 맑은 것으로, 우음(羽音)과 같은 것이 여기에 해당한다. '육(肉)'은 소리 중에서도 탁한 것으로, 궁음(宮音)과 같은 것이 여기에 해당한다. '절(節)'은 소리 중에서도 절제된 것으로, 치음(徵音)과 같은 것이 여기에 해당한다. '주(奏)'는 소리 중에서도 진작시키는 것이니, 합주하는 것들이 여기에 해당한다.

集說 劉氏曰: 人情有所樂而發於詠歌, 詠歌之不足而不知手舞足蹈, 則性情之變盡於此矣. 故人情不能無樂, 樂於中者不能不形於外而爲歌舞. 形於歌舞而不爲文辭以道之於禮義, 則必流於荒亂矣. 先王恥其然, 故制爲雅頌之聲詩以道迪之, 使其聲音足以爲娛樂, 而不至於流放; 使其文理足以爲講明, 而不至於怠息; 使其樂律之淸濁高下, 或宛轉而曲, 或徑出而直, 或豐而繁, 或殺而瘠, 或稜隅而廉, 或圓滑而肉, 或止而節, 或作而奏, 皆足以感發人之善心, 而不使放肆之心邪僻之氣, 得接於吾身焉. 是乃先王立樂之方法也.

번역 유씨가 말하길, 사람의 정감에 즐거워하는 점이 있으면 노래로 나타나고, 노래로도 부족하면 자신도 모르게 손과 발이 제멋대로 움직이니, 성정의 변화는 이곳에서 모두 드러나게 된다. 그렇기 때문에 사람의 정감에는 즐거움이 없을 수 없고 마음에 있는 즐거움은 겉으로 형체를 드러내지 않을 수가 없어서 노래를 부르고 춤을 추게 된다. 노래와 춤으로 나타났지만 형식과 제도를 만들어서 예의(禮義)로 인도하지 못한다면, 반드시 황망하고 문란한 지경으로 흐르게 된다. 성인은 그렇게 될 것을 염려했기 때문에, 아(雅)와 송(頌) 등의 음악 및 시를 제정하여 인도를 해서, 소리와 음이 충분히 즐거움이 될 수 있도록 하되 방만한 곳으로 흐르지 않도록 했고, 형식이 충분히 강론하여 밝힐 수 있도록 하되 태만하고 없어지는 지경에 이르지 않도록 했으며, 음률의 맑고 탁함 높고 낮음으로 하여금 어떤 경우에는 완곡하게 흘러 부드럽게 했고 어떤 경우에는 곧바로 나와서 곧게 했으며 어떤 경우에는 풍부하게 해서 섞이게 했고 어떤 경우에는 줄여서 순일하게 했으며 어떤 경우에는 모가 나게 해서 꺾이게 했고 어떤 경우에는 매끄럽게 해서 둥글게 했으며 어떤 경우에는 그쳐서 절도에 맞게끔 했고 어떤 경우에는 진작시켜 연주를 하도록 했으니, 이 모두는 사람의 선한 마음을 감동시키고 나타나게 하고, 방만한 마음과 사벽한 기운이 나 자신에게 접촉되지 않게끔 할 수 있다. 이것은 곧 선왕이 악(樂)을 제정한 방도이다.

大全 長樂陳氏曰: 王政廢興, 在雅不在風. 盛德形容, 在頌不在雅. 制爲雅頌之聲以道之, 則審樂足以知政, 聞樂足以知德, 使其聲足樂而不流, 文足論而不息也. 聲足樂而不流故安, 文足論而不息故久, 中正之雅, 不過是爾. 蓋廉直之音作而民肅敬, 繁簡之音作而民康樂, 肉好之音作而民慈愛, 先王制爲雅頌, 以道曲直繁瘠廉肉之聲, 抑又節奏合而成文, 其有不足感動人之善心耶?

번역 장락진씨가 말하길, 왕도 정치의 성패는 아(雅)에 있는 것이지 풍(風)에 있는 것이 아니다. 융성한 덕성이 나타나는 것은 송(頌)에 있는 것이지 아(雅)에 있는 것이 아니다.[1] 아(雅)와 송(頌)의 음악을 제정하여 인도를 한다면, 악(樂)의 도리를 살펴서 정치의 도리를 알 수 있고 악(樂)을 듣고서 덕을 알 수 있으니, 그 소리는 충분히 즐겁게 하되 방탕하게 흐르지 않도록 하고, 그 형식은 충분히 논의할 수 있되 그치지 않도록 한 것이다. 소리가 충분히 즐겁고 방탕하게 흐르지 않기 때문에 편안하며, 형식이 충분히 논의할 수 있고 그치지 않기 때문에 오래할 수 있으니, 알맞고 바른 아(雅)는 이것에 불과할 따름이다. 무릇 반듯하고 강직한 음이 연주되면 백성들은 정숙하고 공손하게 되며,[2] 문채가 많고 가락이 간략한 음이 연주되면 백성들은 안심하면서도 즐거워하고,[3] 옥처럼 매끄럽고 빛이 나는 음이 연주되면 백성들은 자애롭게 되니,[4] 선왕이 아(雅)와 송(頌)을 제정하여, 부드럽고 강직하며, 다채롭고 간략하며, 반듯하고 매끄러운 소리로 인도한 것이며 또한 절도에 맞게 연주하고 합주하여 문채를 이루도록 했으니, 사람의 선한 마음을 감동시키기에 부족한 점이 있겠는가?

鄭注 免, 猶自止也. 人道, 人之所爲也. 性術, 言此出於性也. 盡於此, 不可過. 形, 聲音動靜也. 耐, 古書"能"字也, 後世變之, 此獨存焉. 古以能爲三台字. 流, 謂淫放也. 文, 篇辭也. 息, 猶銷也. 曲直, 歌之曲折也. 繁瘠·廉肉, 聲之鴻殺也. 節奏, 闋作進止所應也. 方, 道也.

번역 '면(免)'자는 스스로 그친다는 뜻이다. '인도(人道)'는 사람이 시행

---

1) 『시』「주남(周南)·관저(關雎)」의 모서(毛序) : 雅者, 正也, 言王政之所由廢興也. 政有小大, 故有小雅焉, 有大雅焉. 頌者, 美盛德之形容, 以其成功告於神明者也.
2) 『예기』「악기」【469c】: 廉直勁正莊誠之音作, 而民肅敬.
3) 『예기』「악기」【469b】: 嘽諧慢易繁文簡節之音作, 而民康樂.
4) 『예기』「악기」【469c】: 寬裕肉好順成和動之音作, 而民慈愛.

하는 것이다. '성술(性術)'은 이러한 것들이 본성에서 나타났다는 뜻이다. '진어차(盡於此)'는 지나치게 할 수 없다는 뜻이다. '형(形)'은 소리와 음 및 움직임과 고요함을 뜻한다. '내(耐)'자는 고문으로, 현재의 '능(能)'자에 해당하는데, 후대에는 이 글자를 모두 '능(能)'자로 고쳤지만, 여기에 유독 '능(能)'자의 고자인 '내(耐)'자가 남아있는 것이다. 고대의 '능(能)'자는 세 개의 '태(台)'자를 합쳐서 기록했다. '유(流)'자는 음란하고 방만하다는 뜻이다. '문(文)'은 편(篇)과 장(章)을 뜻한다. '식(息)'자는 "사라진다[銷]."는 뜻이다. '곡직(曲直)'은 노래의 곡절을 뜻한다. '번척(繁瘠)'과 '염육(廉肉)'은 소리의 거칠고 큰 것 및 미세하고 작은 것을 뜻한다. '절주(節奏)'는 끝과 시작 및 나아감과 그침이 호응하는 것이다. '방(方)'자는 도(道)이다.

釋文 耐, 古能字, 下及注同. 台, 味才反. 以道, 音導. 瘠, 在亦反. 肉, 如又反, 注同. 邪, 似差反. 折, 之設反. 鴻, 本亦作洪. 殺, 色戒反, 徐所例反. 闋, 苦穴反.

번역 '耐'자는 고대의 '能'자이며, 아래문장 및 정현의 주에 나오는 글자도 그 음이 이와 같다. '台'자는 '味(미)'자와 '才(재)'자의 반절음이다. '以道'에서의 '道'자는 그 음이 '導(도)'이다. '瘠'자는 '在(재)'자와 '亦(역)'자의 반절음이다. '肉'자는 '如(여)'자와 '又(우)'자의 반절음이며, 정현의 주에 나오는 글자도 그 음이 이와 같다. '邪'자는 '似(사)'자와 '差(차)'자의 반절음이다. '折'자는 '之(지)'자와 '設(설)'자의 반절음이다. '鴻'자는 판본에 따라서 또한 '洪'자로도 기록한다. '殺'자는 '色(색)'자와 '戒(계)'자의 반절음이며, 서음(徐音)은 '所(소)'자와 '例(례)'자의 반절음이다. '闋'자는 '苦(고)'자와 '穴(혈)'자의 반절음이다.

孔疏 ●"夫樂"至"此矣". ○"夫樂者, 樂也"者, 言樂之爲體, 是人情所歡樂也.

번역 ●經文: "夫樂"~"此矣". ○경문의 "夫樂者, 樂也"에 대하여. 악(樂)의 본체는 사람의 정감이 즐거워하는 것이라는 뜻이다.

孔疏 ●"人情之所不能免也"者, 免, 猶止退也. 言喜樂動心, 是人情之所不能自抑退也.

번역 ●經文: "人情之所不能免也". ○'면(免)'자는 그치고 물러난다는 뜻이다. 즉 기쁘고 즐거워함이 마음을 움직이는 것은 사람의 정감상 제 스스로 억누르거나 물러나게 할 수 없다는 뜻이다.

孔疏 ●"樂必發於聲音"者, 言人歡樂之事, 發見於聲音, 言內心歡樂, 聲音發見, 前[5]"嗟嘆之, 咏歌之", 是也.

번역 ●經文: "樂必發於聲音". ○사람이 즐거워하는 일은 소리와 음을 통해 나타난다는 뜻이다. 즉 내적으로 마음이 즐거워하게 되면 소리와 음이 나타나게 되니, "탄미하고 노래로 읊조린다."라고 한 뜻에 해당한다.

孔疏 ●"形於動靜"者, 形, 見也. 內心歡樂, 發見於外貌動靜, 則"不知手之舞之, 足之蹈之", 是也.

번역 ●經文: "形於動靜". ○'형(形)'자는 "드러나다[見]."는 뜻이다. 안에 있는 마음이 즐거워하여 겉모습의 동작으로 나타나니, "손이 너울거리고 발이 춤사위를 밟는 것을 모른다."라고 한 뜻에 해당한다.

孔疏 ●"人之道也"者, 謂內心歡樂, 發見聲音動靜, 是人道自然之常.

번역 ●經文: "人之道也". ○안에 있는 마음이 즐거워하여 소리와 동작으로 나타나는 것은 사람의 도리상 자연스러운 상도(常道)에 해당한다는 뜻이다.

---

5) '전(前)'자에 대하여. 『십삼경주소(十三經注疏)』 북경대 출판본에서는 "'전'자를 『민본(閩本)』·『감본(監本)』·『모본(毛本)』에서는 동일하게 기록했는데, 혜동(惠棟)의 『교송본(校宋本)』과 위씨(衛氏)의 『집설(集說)』에서는 '즉(則)'자로 기록했고, 『예기훈찬(禮記訓纂)』에도 동일하게 기록되어 있다."라고 했다.

孔疏 ●"聲音動靜, 性術之變, 盡於此矣"者, 術, 謂道路. 變, 謂變動. 言口爲聲音, 貌爲動靜, 是人性道路之變轉, 竭盡於此矣, 而不可過也. 內心善則變轉出音聲, 善外貌變轉爲動靜, 此自然情性爲變改, 不過於此度. 此外不復更有餘事, 故云"盡於此矣".

번역 ●經文: "聲音動靜, 性術之變, 盡於此矣". ○'술(術)'자는 도로를 뜻한다. '변(變)'자는 변화하여 움직인다는 뜻이다. 즉 입으로는 소리와 음을 나타내고 겉으로는 움직이거나 가만히 있는 것은 사람의 본성이 드러나는 길의 변화 및 조화가 여기에서 모두 나타나므로 지나칠 수 없다는 뜻이다. 안에 있는 마음이 선하다면 변화와 조율도 음과 소리로 나타나고, 선한 모습이 변화와 조율을 이루어 움직이거나 가만히 있게 되니, 이것은 자연스러운 성정의 변화가 되며 이러한 법도에서 벗어날 수 없다. 이 외에는 재차 다른 일들이 있을 수 없기 때문에 "여기에서 다한다."라고 했다.

孔疏 ●"故人"至"無亂". ○正義曰: 此一節明人稟自然之性而有喜樂.

번역 ●經文: "故人"~"無亂". ○이곳 문단은 사람이 자연의 본성을 품수받아서 기뻐하고 즐거워함이 있음을 논의하였다.

孔疏 ●"故人不耐無樂"者, 言人感五常之性, 自然之常, 若見好事, 內心不能無喜樂也.

번역 ●經文: "故人不耐無樂". ○사람이 오상(五常)의 본성을 느끼는 것은 자연스러운 상도(常道)이니, 만약 좋은 일을 보게 되면 마음에 좋아하고 기뻐함이 없을 수 없다는 뜻이다.

孔疏 ●"樂不耐無形"者, 內既歡樂, 不能無形見於外, 謂聲音動靜而見於外也.

번역 ●經文: "樂不耐無形". ○마음이 이미 기뻐하면 겉으로 형체를 드러내지 않을 수가 없으니, 소리와 음 및 움직임과 고요함으로 표현되어 겉으로 나타난다는 뜻이다.

孔疏 ●"形而不爲道, 不耐無亂"者, 歡樂旣形於外, 而不依道理, 或歌舞不節, 俾晝作夜, 是不依道理. 旣不爲道, 不能無淫亂之事, 以至於亡國喪家也.

번역 ●經文: "形而不爲道, 不耐無亂". ○기뻐하고 즐거워함이 이미 겉으로 드러났는데 도리에 따르지 않으면, 간혹 노래와 춤이 절도에 맞지 않아서 하루 종일 시연되니, 이것은 도리에 따른 것이 아니다. 이미 도리를 위배하였으므로 음란한 일이 발생하지 않을 수가 없어, 국가를 잃고 가문을 망하게 하는 지경에 이른다.

孔疏 ◎注"耐古"至"台字". ○正義曰: 言經之"耐"字, 是古書"能"字之義, 言古書"能"字皆作"耐"字. 云"後世變之"者, 言後世以來變耐爲能, 不作耐字也. 云"此獨存焉"者, 言此樂記獨存"耐"字以爲"能"也. 云"古以'能'爲三台字"者, 言古時以今"能"字爲三台之字, 是古者之"耐"字爲今之"能"字, "能"字爲三台之字, 後世以來廢古"耐"字, 以三台之"能"替"耐"字之變而爲"能"也, 又更作三台之字, 是今古變也.

번역 ◎鄭注: "耐古"~"台字". ○경문에서 '내(耐)'라고 기록한 글자는 고서의 '능(能)'자의 뜻에 해당한다는 의미이니, 즉 고서에서는 '능(能)'자를 모두 '내(耐)'자로 기록했다는 뜻이다. 정현이 "후대에는 바꿨다."라고 했는데, 즉 후대로 내려가면서 '내(耐)'자를 '능(能)'자로 고쳐서, '내(耐)'자로 기록하지 않았다는 뜻이다. 정현이 "여기에 유독 남아있다."라고 했는데, 이곳 「악기」편에서 유독 '내(耐)'자를 남겨두고 있는데, 이것은 '능(能)'자를 뜻한다는 의미이다. 정현이 "고대의 '능(能)'자는 세 개의 '태(台)'자를 합쳐서 기록했다."라고 했는데, 고대에는 현재의 '능(能)'자를 세 개의 태(台)자를 합한 형태로 기록했다는 의미로, 이것은 고서에 기록된 '내(耐)'자가 현재의 '능(能)'자에 해당하며, '능(能)'자는 세 개의 태(台)자가 합쳐진 형태가 되어, 후세에는 고자인 '내(耐)'자를 폐기하고, 세 개의 태(台)자가 합쳐진 '능(能)'자를 이용해서 '내(耐)'자의 대체자로 바꿔, '능(能)'자가 되었다는 뜻이며, 또한 다시금 세 개의 태(台)자 형태로 기록하는 것은 고문과 금문의 바뀐 점에 해당한다는 뜻이다.

孔疏 ●"先王"至"方也". ○正義曰: 此一節論先王恥惡其亂, 故立正樂以節之.

번역 ●經文: "先王"~"方也". ○이곳 문단은 선왕이 음란하게 될 것을 싫어했기 때문에, 올바른 악(樂)을 제정하여 절제했다는 사실을 논의하고 있다.

孔疏 ●"使其聲足樂而不流"者, 言先王制其雅·頌之聲, 作之有節, 使人愛樂, 不至流逸放蕩也.

번역 ●經文: "使其聲足樂而不流". ○선왕이 아(雅)와 송(頌)의 음악을 제정하여, 연주를 할 때 절도가 있게끔 해서, 사람들로 하여금 좋아하고 즐거워하되 방만하고 음탕한 지경에 이르지 않도록 했다는 뜻이다.

孔疏 ●"使其文足論而不息"者, 文, 謂樂之篇章. 足可談論義理而不息止也.

번역 ●經文: "使其文足論而不息". ○'문(文)'자는 악(樂)에 대한 편(篇)과 장(章)이다. 즉 이것들에 대해서 그 의리를 충분히 담론할 수 있고 그치지 않게 한다는 뜻이다.

孔疏 ●"使其曲直·繁瘠·廉肉·節奏, 足以感動人之善心而已矣"者, 曲, 謂聲音回曲. 直, 謂聲音放直. 繁, 謂繁多. 瘠, 謂省約. 廉, 謂廉稜. 肉, 謂肥滿. 節奏, 謂或作或止, 作則奏之, 止則節之. 言聲音之內, 或曲或直, 或繁或瘠, 或廉或肉, 或節或奏, 隨分而作, 以會其宜. 但使會其宜, 足以感動人之善心, 如此而已.

번역 ●經文: "使其曲直·繁瘠·廉肉·節奏, 足以感動人之善心而已矣". ○'곡(曲)'자는 소리가 굽은 것을 뜻한다. '직(直)'자는 소리가 곧은 것을 뜻한다. '번(繁)'자는 번다하다는 뜻이다. '척(瘠)'자는 생략되었다는 뜻이다. '염(廉)'자는 모가 진다는 뜻이다. '육(肉)'자는 풍만하다는 뜻이다. '절주(節奏)'는 일으키거나 그친다는 뜻으로, 일으키게 되면 연주를 하고 그치게 되면 제재를 한다는 의미이다. 즉 소리 중에서 어떤 것은 굽거나 곧고 어떤 것은 번다하거나 간략하며 어떤 것은 모가 지거나 풍만하고 어떤 것은 제재를 하거나 연주를 하여, 각각 그 구분에 따라 일어나 합당함에 맞다는 뜻이다. 다만 합당함에 맞게끔 하면, 이처럼 사람들의 선한 마음을 감동시킬 수 있을 따름이다.

孔疏 ●"不使放心邪氣得接焉"者, 放心, 謂放恣之心. 邪氣, 謂淫邪之氣. 旣節之以雅·頌, 又調之以律呂, 貌得其敬, 心得其和, 故放心邪氣, 不得接於情性矣.

번역 ●經文: "不使放心邪氣得接焉". ○'방심(放心)'은 방자한 마음을 뜻한다. '사기(邪氣)'는 음란하고 삿된 기운을 뜻한다. 이미 아(雅)와 송(頌)으로 조절을 하고, 또 율려(律呂)로 조화를 이루도록 하여, 모습은 공경하게 되고 마음은 조화롭게 된다. 그렇기 때문에 방자한 마음과 사벽한 기운이 성정에 접촉할 수 없게 된다.

孔疏 ●"是先王立樂之方也"者, 方, 猶道也. 言此上來之事, 是先王立樂之道也.

번역 ●經文: "是先王立樂之方也". ○'방(方)'자는 도(道)를 뜻한다. 즉 이곳 문장으로부터 그 이상의 일들은 선왕이 악(樂)을 세운 도에 해당한다는 뜻이다.

孔疏 ◎注"流猶"至"道也". ○正義曰: "流, 猶淫放也"者, 謂樂聲流動, 淫邪放逸. 聲旣如此感動人心, 人若聽之, 心亦流移淫放也. 云"息, 猶銷也", 言樂德深遠, 論量義理而不可銷盡, 故云論而不息. 云"曲直, 歌之曲折也", 言爲歌之體, 其聲須有曲時, 有折時, 故云"歌之曲折"也. 云"繁瘠·廉肉, 聲之鴻殺也"者, 鴻, 謂麤大. 殺, 謂細小. 言樂聲須弘大而多, 則肉與繁聲是也. 殺, 謂聲音細小, 則瘠與廉聲是也. 言聲音之宜, 或須繁多肉滿者, 或須瘠少廉瘦者. 凡樂器大而弦麤者, 其聲鴻, 器小而弦細者, 其聲殺矣. 云"節奏, 闋作進止所應也", 闋, 謂樂息. 作, 謂樂動. 進則作也, 止則闋也, 故云"進止所應也".

번역 ◎鄭注: "流猶"~"道也". ○정현이 "'유(流)'자는 음란하고 방만하다는 뜻이다."라고 했는데, 악(樂)의 소리가 방탕하게 요동쳐서 음란하고 사벽하며 방만하게 되었다는 뜻이다. 소리가 이미 이와 같이 사람의 마음을 움직이게 만드는데, 사람이 만약 그 소리를 듣게 된다면 마음 또한 음탕하게 흘러 방만하게 된다. 정현이 "'식(息)'자는 '사라진다[銷].'는 뜻이다."라고 했는데, 악(樂)의 덕은 심원하여 그 의리를 논의하고 헤아리더라도 모두 다 할 수 없다. 그렇기 때문에 "논의하되 그치지 않는다."고 했다. 정현이 "'곡직(曲直)'은 노래의 곡절을 뜻한다."라고 했는데, 노래의 본체로 나타나면 그 소리에는 완곡한 때도 있어야 하고 꺾이는 때도 있어야 한다. 그렇기 때문에 "노래의 곡절이다."라고 했다. 정현이 "'번척(繁瘠)'과 '염육(廉肉)'은 소리의 거칠고 큰 것 및 미세하고 작은 것을 뜻한다."라고 했는데, '홍(鴻)'자는 거칠고 크다는 뜻이다. '쇄(殺)'자는 미세하고 작다는 뜻이다. 즉 악(樂)의 소리에는 크고도 많게 할 필요가 있으니, 매끄럽고 번다한 소리가 여기에 해당한다. 또 '쇄(殺)'는 소리와 음이 미세하고 작은 것을 뜻하니, 생략하고 모가 지도록 하는 소리가 여기에 해당한다. 즉 소리와 음의 마땅함에는 어떤 때에는 번다하고 매끄럽고 풍만하게 함도 필요하고, 또 어떤 경우에는 생략하고 적게 하며 모가 지도록 함도 필요하다는 뜻이다. 무릇 악기 중 몸체가 크고 현이 굵은 것은 그 소리가 크고, 악기의 몸체가 작고 현이 가는 것은 그 소리가 줄어든다. 정현이 "'절주(節奏)'는 끝과 시작 및 나아감과 그침이 호응하는 것이다."라고 했는데, '결(闋)'은 악(樂)을 마친다는 뜻이다. '작(作)'은 악(樂)을 연주한다는 뜻이다. 나아가게 되면 연주하고 그치게 되면 마치기 때문에, "나아감과 그침이 호응한다."고 했다.

訓纂 惠氏棟曰: 荀子"瘠"作"省". 按省與眚通, "繁省"爲長.

번역 혜동[6]이 말하길, 『순자』에서는 '척(瘠)'자를 '생(省)'자로 기록했다.[7] 살펴보니 '생(省)'자와 '생(眚)'자는 통용되니, '번생(繁省)'이라고 기록하는 것이 더 낫다.

訓纂 王氏念孫曰: 曲與直對, 繁與省對, 廉與肉對. 繁省, 猶多少也. 廉肉, 猶肥瘠也. 鄭注"繁瘠廉肉", 亦當作"繁省". 荀子樂論·史記樂書竝作"繁省". 樂書集解引鄭注亦作"繁省".

번역 왕념손이 말하길, 곡(曲)과 직(直)이 대비되고, 번(繁)과 생(省)이 대비되며, 염(廉)과 육(肉)이 대비된다. '번생(繁省)'은 많고 적음을 뜻한다. '염육(廉肉)'은 풍부하고 빈약하다는 뜻이다. 정현의 주에서 '번척렴육(繁瘠廉肉)'이라고 기록했는데, 이때에도 마땅히 '번척(繁瘠)'은 '번생(繁省)'으로 기록해야 한다. 『순자』「악론」 및 『사기』「악서」에서는 모두 '번생(繁省)'으로 기록했다.[8] 그리고 『악서집해』에서 정현의 주를 인용할 때에도 또한

---

6) 혜동(惠棟, A.D.1697~A.D.1758) : 청(淸)나라 때의 학자이다. 자(字)는 송애(松崖)·정우(定宇)이다. 조부는 혜주척(惠周惕)이고, 부친은 혜사기(惠士奇)이다. 가학(家學)을 전승하여, 한대(漢代) 경학(經學)을 부흥시키는 데 주력하였다. 역학(易學)에도 조예가 깊었다. 『구경고의(九經古義)』 등의 저서가 있다.

7) 『순자(荀子)』「악론(樂論)」 : 夫樂者, 樂也, 人情之所必不免也. 故人不能無樂, 樂則必發於聲音, 形於動靜; 而人之道, 聲音動靜, 性術之變盡是矣. 故人不能不樂, 樂則不能無形, 形而不爲道, 則不能無亂. 先王惡其亂也, 故制雅頌之聲以道之, 使其聲足以樂而不流, 使其文足以辨而不諰, 使其曲直繁省廉肉節奏, 足以感動人之善心, 使夫邪汚之氣無由得接焉. 是先王立樂之方也, 而墨子非之奈何!

8) 『사기(史記)』「악서(樂書)」 : 先王惡其亂, 故制雅頌之聲以道之, 使其聲足以樂而不流, 使其文足以綸而不息, 使其曲直繁省廉肉節奏, 足以感動人之善心而已矣, 不使放心邪氣得接焉, 是先王立樂之方也.

‘번생(繁省)’으로 기록했다.

集解 愚謂: 論, 謂樂終合語, 論說其義也. 雅頌之義理深遠, 故足以論說而不息也. 肉, 與“寬裕肉好”之肉同, 謂聲之圓轉, 廉之反對也.

번역 내가 생각하기에, ‘논(論)’자는 악(樂)의 연주를 모두 끝내고서 합어(合語)를 한다는 뜻이니, 그 의미를 설명한다는 뜻이다. 아(雅)와 송(頌)의 의리가 심원하기 때문에, 합어를 하더라도 끝나지 않는다는 뜻이다. ‘육(肉)’자는 “관대하고 윤택하다.”[9]라고 했을 때의 ‘육(肉)’자와 뜻이 같으니, 소리가 모지지 않고 둥글다는 의미로, “모지다.”는 뜻의 ‘염(廉)’자와는 반대의 뜻이 된다.

---

9) 『예기』「악기」【469c】: 寬裕肉好順成和動之音作, 而民慈愛.

• 제 73 절 •

입악지방(立樂之方)-화경(和敬)

【488b】

是故樂在宗廟之中, 君臣上下同聽之, 則莫不和敬; 在族長鄉里之中, 長幼同聽之, 則莫不和順; 在閨門之內, 父子兄弟同聽之, 則莫不和親. 故樂者審一以定和, 比物以飾節, 節奏合以成文, 所以合和父子君臣附親萬民也. 是先王立樂之方也.

직역 是故로 樂이 宗廟의 中에 在하여, 君臣과 上下가 同히 聽하면, 和敬을 不함이 莫하며; 族長鄕里의 中에 在하여, 長幼가 同히 聽하면, 和順을 不함이 莫하고; 閨門의 內에 在하여, 父子와 兄弟가 同히 聽하면, 和親을 不함이 莫한다. 故로 樂者는 一을 審하여 和를 定하고, 物을 比하여 節을 飾하며, 節奏를 合하여 文을 成하니, 父子와 君臣을 合和하고 萬民을 附親하는 所以이다. 是는 先王이 樂을 立한 方이라.

의역 이러한 까닭으로 종묘 안에서 악(樂)을 연주하여, 군주와 신하 및 상하계층이 함께 듣게 된다면, 조화롭고 공경하지 않는 자가 없게 된다. 또 족장이나 향리 등의 마을 안에서 악(樂)을 연주하여, 어른과 젊은이들이 함께 듣게 된다면, 조화롭고 순종하지 않는 자가 없게 된다. 또 한 집안 안에서 악(樂)을 연주하여, 부모와 자식 및 형제들이 함께 듣게 된다면, 조화롭고 친애하지 않는 자가 없게 된다. 그러므로 악(樂)이라는 것은 모두가 가지고 있는 한결같은 마음을 자세히 살펴서, 조화롭도록 정하고, 사물에 견주어 절도를 꾸미며, 음의 가락을 합주하여 문채를 완성하니, 이러한 것들은 부자 및 군신관계를 화합시키고, 모든 백성들을 친애하는 방법이 된다. 이것이 바로 선왕이 음악을 세운 방도이다.

集說 應氏曰: 一者, 心也. 心一而所應者不一, 守一以凝定其和, 雜比以顯飾其節, 及其成文, 可以合和至親至嚴之倫, 附親其至疎至衆者, 蓋樂發於吾心, 而感於人心, 無二理也.

번역 응씨가 말하길, '일(一)'은 마음을 뜻한다. 마음은 모두가 동일하지만 호응하는 것은 동일하지 않으니, 한결같음을 지켜서 조화로움을 안정시키고, 섞고 견주어서 그 절도를 현저하게 꾸미니, 문채를 이룸에 이르게 되면, 지극히 친애해야 하고 지극히 엄존해야 하는 인륜의 도리를 화합시키고, 지극히 소원하고 지극히 많은 자들에 대해서 친근하게 대할 수 있으니, 무릇 악(樂)은 내 마음에서 나타나지만 사람의 마음을 감동시키니, 여기에는 별개의 이치가 없다.

集說 劉氏曰: 作樂之道, 先審人聲之所形, 或風或雅或頌, 或喜或敬或愛, 各從一體, 以定其調度之和, 然後比之樂器之物, 以飾其節奏. 此一條, 言樂以和禮也.

번역 유씨가 말하길, 악(樂)을 만든 도는 먼저 사람의 소리에 나타나는 것을 살피니, 어떤 것은 풍(風)이 되고 어떤 것은 아(雅)가 되며 어떤 것은 송(頌)이 되고, 어떤 것은 기쁨이 되며 어떤 것은 공경함이 되고 어떤 것은 친애함이 되니, 각각 하나의 본체를 따라서 정도에 맞는 조화로움을 결정한다. 그런 뒤에 악기라는 기물에 붙여서 이를 통해 음의 가락을 수식한다. 이 한 조목은 악(樂)을 통해서 예(禮)를 조화롭게 한다는 뜻을 나타내고 있다.

大全 張氏曰: 正樂流行, 故隨所在而各盡其善. 宗廟有君臣, 所主在和敬, 鄕里有長幼, 所主在和順, 閨門有父子, 所主在和親. 前章使親疎貴賤長幼男女之理, 皆形見於樂, 是也.

번역 장씨가 말하길, 올바른 악(樂)이 두루 유행하기 때문에 그것이 연주되는 곳에 따라서 각각 그 선함을 다하게 된다. 종묘에는 군주와 신하가 있고 위주로 하는 것은 조화롭게 공경함이며, 마을에는 어른과 젊은이가 있고 위주로 하는 것은 조화롭게 순종함이며, 한 집안 안에는 부모와 자식이 있고 위주로 하는 것은 조화롭게 친애하는 것이다. 앞에서 "친소·귀천·장유·남녀의 이치를 모두 악(樂)에서 드러나도록 했다."[1]라고 한 뜻에 해당한다.

鄭注 審一, 審其人聲也. 比物, 謂雜金·革·土·匏之屬也. 以成文, 五聲八音, 克諧相應和.

번역 '심일(審一)'은 사람의 소리를 살핀다는 뜻이다. '비물(比物)'은 쇠·가죽·흙·박으로 만든 악기 등에 뒤섞어서 나타낸다는 뜻이다. '이성문(以成文)'은 오성과 팔음이 모두 화합하고 서로 호응하여 조화로운 것을 뜻하다.

釋文 長, 丁丈反. 閨音圭. 比, 毗惑反, 注同, 雜也. 飾音式, 又音敕.

번역 '長'자는 '丁(정)'자와 '丈(장)'자의 반절음이다. '閨'자의 음은 '圭(규)'이다. '比'자는 '毗(비)'자와 '惑(혹)'자의 반절음이며, 정현의 주에 나오는 글자도 그 음이 이와 같고, 섞는다는 뜻이다. '飾'자의 음은 '式(식)'이며, 또한 그 음은 '敕(칙)'도 된다.

孔疏 ●"是故"至"方也". ○正義曰: 此一經覆說聖王立樂之事, 使君臣上下同聽之, 則莫不和敬者. 以君臣主敬, 故君臣上下同聽之, 則莫不和敬也. 鄉里主順, 故云"莫不和順". 父子主親, 故云"莫不和親"也.

번역 ●經文: "是故"~"方也". ○이곳 경문은 성왕이 악(樂)을 제정한

---

1) 『예기』「악기」【470a】: 是故先王本之情性, 稽之度數, 制之禮義, 合生氣之和, 道五常之行, 使之陽而不散, 陰而不密, 剛氣不怒, 柔氣不懾, 四暢交於中, 而發作於外, 皆安其位而不相奪也. 然後立之學等, 廣其節奏, 省其文采, 以繩德厚, 律小大之稱, 比終始之序, 以象事行, 使親疏貴賤長幼男女之理, 皆形見於樂. 故曰, "樂觀其深矣."

사안을 재차 설명하였으니, 군주와 신하 및 상하계층이 함께 듣도록 한다면, 조화롭게 공경하지 않는 자가 없게 된다는 뜻이다. 군주와 신하의 관계에서는 공경함을 위주로 하기 때문에, 군주와 신하 및 상하계층이 함께 듣게 된다면 조화롭게 공경하지 않는 자가 없게 된다. 마을에서는 순종함을 위주로 하기 때문에 "조화롭게 순종하지 않는 자가 없게 된다."라고 했다. 부자관계에서는 친애함을 위주로 하기 때문에 "조화롭게 친애하지 않는 자가 없게 된다."라고 했다.

孔疏 ●"故樂者, 審一以定和"者, 一, 謂人聲, 言作樂者詳審人聲, 以定調和之音. 但人聲雖一, 其感有殊, 或有哀樂之感, 或有喜怒之感, 當須詳審其聲, 以定調和之曲矣.

번역 ●經文: "故樂者, 審一以定和". ○'일(一)'자는 사람의 소리를 뜻하니, 악(樂)을 만들 때 사람의 소리를 상세히 살펴서, 이를 통해 조화로운 음을 제정했다는 뜻이다. 다만 사람의 소리가 비록 동일하더라도, 느끼는 것에 있어서는 차이가 있어서 어떤 경우에는 슬프고 즐거운 느낌도 있고, 또 어떤 경우에는 기쁘고 성내는 느낌도 있으니, 마땅히 그 소리를 상세히 살펴서 조화로운 악곡을 제정해야 한다.

孔疏 ●"比物以飾節"者, 物謂金 · 石 · 匏 · 土之屬. 言須比八音之物, 以飾音曲之節也.

번역 ●經文: "比物以飾節". ○'물(物)'은 쇠 · 돌 · 박 · 흙 등으로 만든 악기를 뜻한다. 즉 이러한 팔음에 해당하는 악기들에 견주어서 악곡의 마디를 수식한다는 뜻이다.

孔疏 ●"節奏合以成文"者, 謂奏作其樂, 或節止其樂, 使音聲和合, 成其五聲之文也. 所以合和父子君臣者, 則上文"君臣同聽, 莫不和敬; 父子同聽, 莫不和親", 是也.

번역 ●經文: "節奏合以成文". ○이러한 악(樂)을 연주할 때, 어떤 경우에는 악(樂)에 절도에 맞추고 그치게 하여, 음과 소리가 서로 화합하도록 하여 오성의 문채를 이루게 한다는 뜻이다. 부자 및 군신관계를 화합시키는 것은 앞에서 "군주와 신하가 함께 듣게 되면 조화롭게 공경하지 않는 자가 없고, 부모와 자식이 함께 듣게 되면 조화롭게 친애하지 않는 자가 없게 된다."라고 한 말에 해당한다.

孔疏 ●"附親萬民也"者, 則上文"族長鄕里之中, 長幼同聽, 莫不和順"之屬. 言親以及疏, 言近以至[2]遠, 是"親附萬民"也.

번역 ●經文: "附親萬民也". ○앞 문장에서 "족장과 향리 등의 마을 안에서 연주를 하여, 어른과 젊은이가 함께 듣게 되면, 조화롭게 순종하지 않는 자가 없게 된다."라고 했던 부류들에 해당한다. 즉 친근한 자로부터 소원한 자에 이르고 가까운 자로부터 관계가 먼 자에 이르게 된다는 뜻으로, 이것이 "모든 백성들을 친근하게 대한다."는 뜻에 해당한다.

訓纂 王氏引之曰: 族長, 皆鄕黨之屬. 大司徒之職, "五家爲比", "五比爲閭", "四閭爲族". 管子乘馬篇, "五家而伍, 十家而連, 五連而暴, 五暴而長, 命之曰某鄕." 是百家爲族, 二百五十家爲長也. 故與"鄕里"並言.

번역 왕인지가 말하길, '족(族)'과 '장(長)'은 모두 향당(鄕黨)에 속한 하위 행정 단위이다. 『주례』「대사도(大司徒)」편의 직무 기록에서는 "5개의 가(家)를 1비(比)로 삼는다."라고 했고, "5개의 비(比)를 1여(閭)로 삼는다."라고 했으며, "4개의 여(閭)를 1족(族)으로 삼는다."라고 했다.[3] 그리고 『관자』「승마(乘馬)」편에서는 "5개의 가(家)는 1오(伍)가 되고, 10개의 가(家)

---

2) '지(至)'에 대하여. '지'자 뒤에는 본래 '친(親)'자가 기록되어 있었는데, 완원(阮元)의 『교감기(校勘記)』에서는 "'친'자는 잘못 들어간 연문이다."라고 했다.
3) 『주례』「지관(地官)·대사도(大司徒)」: 令五家爲比, 使之相保; 五比爲閭, 使之相受; 四閭爲族, 使之相葬; 五族爲黨, 使之相救; 五黨爲州, 使之相賙; 五州爲鄕, 使之相賓.

는 1연(連)이 되며, 5개의 연(連)은 1포(暴)가 되고, 5개의 포(暴)는 1장(長)이 되니, 이것을 '아무개 향(鄉)'이라고 부른다."[4]라고 했다. 이것은 100개의 가(家)가 1족(族)이 되고, 250개의 가(家)가 1장(長)이 됨을 나타낸다. 그렇기 때문에 '향리(鄉里)'와 함께 열거한 것이다.

集解 愚謂: 一者, 謂中聲之所止也. 左傳云, "先王之樂, 所以節百事也. 故有五節, 遲速本末以相及, 中聲以降, 五降之後, 不容彈矣. 於是有煩手淫聲, 慆堙心耳, 乃忘平和." 蓋五聲下不踰宮, 高不過羽, 若下踰於宮, 高過於羽, 皆非所謂和也. 故審中聲者, 所以定其和也. 然五聲皆爲中聲, 而宮聲乃中聲之始, 其四聲者皆由此而生, 而爲宮聲之用焉, 則審中聲以定和者, 亦審乎宮聲而已, 此所以謂之一也. 比, 合也. 審一以定和, 而以之上下相生, 以爲五聲, 而又比合於樂器, 以飾其節奏也.

번역 내가 생각하기에, '일(一)'이라는 것은 알맞은 소리가 머물러 있는 것을 뜻한다. 『좌전』에서는 "선왕이 만든 악(樂)은 모든 일들을 절제하는 것입니다. 그렇기 때문에 오성(五聲)에 따른 가락을 두어서, 더디고 빠름 및 근본과 말단이 서로 미치게 되며, 알맞은 소리로써 내려오고, 오성이 내려온 이후에는 다시 연주해서는 안 됩니다. 이때 손을 놀려서 소리를 넘치게 하면 마음과 귀를 방만하게 하고 막히게 하여, 균평함과 조화로움을 잊게 됩니다."[5]라고 했다. 무릇 오성은 밑으로 궁(宮)을 벗어나지 않고 위로 우(羽)를 벗어나지 않으니, 만약 밑으로 궁(宮)을 벗어나고 위로 우(羽)를 벗어나면, 이 모두는 이른바 조화롭다는 것이 아니다. 그렇기 때문에 알맞은 소리를 살피는 것은 조화로움을 확정하는 방법이다. 그러나 오성은 모두 알맞은 소리가 되니, 궁(宮)성은 곧 알맞은 소리의 시작이 되고 나머

---

4) 『관자(管子)』「승마(乘馬)」: 五家而伍, 十家而連, 五連而暴. 五暴而長, 命之曰某鄉. 四鄉命之曰都, 邑制也, 邑成而制事.

5) 『춘추좌씨전』「소공(昭公) 1년」: 節之. 先王之樂, 所以節百事也, 故有五節; 遲速本末以相及, 中聲以降. 五降之後, 不容彈矣. 於是有煩手淫聲, 慆堙心耳, 乃忘平和, 君子弗聽也. 物亦如之.

지 4성도 모두 이를 통해 파생하여 궁(宮)성의 쓰임이 되니, 알맞은 소리를 살펴서 조화로움을 정한다는 것은 또한 궁(宮)성을 살피는 것일 따름이므로, 이것이 바로 '일(一)'이라고 한 이유이다. '비(比)'자는 "합하다[合]."는 뜻이다. 알맞은 소리를 살펴서 조화로움을 정하고, 이를 통해 상하관계에서 서로 파생이 되는 것을 오성으로 삼고, 또 이것을 악기에 부합시켜서 이를 통해 음의 가락을 수식한다.

集解 朱子聲律辨曰: 宮最大而沈濁, 羽最細而輕淸, 商之大次宮, 徵之細次羽, 而角居四者之中焉. 然世之論中聲者, 不以角而以宮, 何也? 曰: 凡聲, 陽也, 自下而上, 未及其半, 則屬於陰而未暢, 故不可用. 上而及半, 然後屬於陽而始和, 故卽其始而用之以爲宮, 因其每變而益上, 則爲商, 爲角, 爲變徵, 爲徵, 爲羽, 爲變宮, 而皆以爲宮之用焉. 蓋以其正當衆聲, 和與未和, 用與未用, 陰陽際會之中, 所以爲盛. 若角, 則雖當五音之中, 而非衆聲之會, 且以七均論之, 又有變徵以居焉, 亦非五聲之所取正也. 然自其聲之始和者推而上之, 亦至於變宮而止耳. 自是以上, 則又過乎輕淸而不可以爲宮, 於是就其兩間而細分之, 則其別又十有二, 以其最大而沈濁者爲黃鐘, 其極細而輕淸者爲應鐘. 及其旋相爲宮, 而上下相生, 以極乎五聲二變之用, 則宮聲常不越乎十二之中, 而四聲者或時出乎其外, 以取諸律半聲之管, 然後七均備而一調成也. 黃鐘之與餘律, 其所以爲貴賤者亦然. 若諸半聲以上, 則又過乎輕淸之甚, 而不可以爲樂矣. 蓋黃鐘之宮, 始之始, 中之中也. 十律之宮, 始之次而中少過也. 應鐘之宮, 始之終而中已盡也. 諸律半聲過乎輕淸, 始之外而中之上也. 半聲之外過乎輕淸之甚, 則又外之外, 上之上, 而不可以爲樂者也. 由是言之, 則審音之難, 不在於聲而在於律, 不在於宮而在於黃鐘. 蓋不以十二律節之, 則無以著夫五聲之實, 不得黃鐘之正, 則十一律者又無所受以爲本律之宮也.

번역 주자의 「성률변」에서 말하길, 궁(宮)은 가장 소리가 크지만 매우 탁하고, 우(羽)는 가장 소리가 미약하지만 매우 맑으며, 상(商)의 소리 크기는 궁(宮)의 다음이 되고, 치(徵)의 소리 작기는 우(羽)보다 조금 큰데, 각(角)은 네 소리의 가운데 있다. 그러나 세간에서 중성(中聲)을 논의하는 것들이 각(角)을 중성으로 여기지 않고 궁(宮)을 중성으로 여기는 것은 어째서인가? 대답해보자면, 무릇 오성(五聲)은 양(陽)에 해당하지만, 아래로부터 위로 올라가서 아직 그 반절에 이르지 않았다면, 음(陰)에 속하여 아직 펼쳐지지 못한다. 그렇기 때문에 사용할 수 없다. 계속해서 위로 올라가 반절에 이른 뒤에야 양(陽)에 속하여 처음으로 조화롭게 된다. 그렇기 때문에 그 처음이 됨에 나아가 사용을 하는 것을 궁(宮)으로 여기며, 이를 통해 매번 변음이 되어 더욱 위로 올라가게 되면, 상(商)이 되고 각(角)이 되며 변치(變徵)가 되고 치(徵)가 되며 우(羽)가 되고 변궁(變宮)이 되지만, 이 모두는 궁(宮)의 쓰임으로 여긴다. 무릇 올바른 소리로 뭇 소리들에 접목시키면, 조화롭거나 조화롭지 않음 및 쓰이거나 쓰이지 않음은 음양이 회합하는 가운데에서 융성하게 된다. 각(角)과 같은 경우 비록 오음의 가운데에 해당하더라도 뭇 소리들이 만나는 곳이 아니고, 또 7개의 음계로 논의를 해보면, 또한 변치(變徵)가 있어서 가운데 있으니 이것은 또한 오성이 취한 올바른 소리가 아니다. 그러나 그 소리가 최초 조화롭게 되는 것을 통해 미루어 올라가면, 또한 변궁(變宮)에 이르러 그칠 따름이다. 이로부터 그 이상이 되면, 또한 가볍고 맑음이 지나쳐서 궁(宮)으로 여길 수 없고, 여기에서 두 사이에 나아가 세분하게 된다면, 별도로 12개의 율(律)이 있으니, 가장 크고 탁한 소리를 황종(黃鐘)으로 삼고, 가장 작고 맑은 소리를 응종(應鐘)으로 삼는다. 또 순환하여 서로의 궁(宮)이 되는 것에 있어서, 상하의 음들이 서로 파생되어, 오성과 두 변음의 쓰임을 지극히 한다면, 궁(宮)성은 항상 12율 안에서 벗어날 수 없지만, 나머지 4성은 간혹 때에 따라 그 밖으로 벗어나서, 여러 율 중 반성(半聲)에 해당하는 율관에서 그 음을 취한 뒤에야 7개의 음계가 갖춰져서 하나의 율조를 완성한다. 황종과 너머지 11개 율에 있어서 귀천을 변별하는 것 또한 이와 같다. 만약 여러 반성으로부터 그 이상의 경우라면, 또한 가볍고 맑음이 지나치게 되어, 음악으로 여길 수 없다. 무릇 황종(黃鐘)의 궁(宮)음은 시작 중의 시작이며, 가운데 중에서도 가운데이다. 나머지 10율 중의 궁(宮)은 처음의 다음이 되고, 가운데보다 조금 벗어난 것이 된다. 황종(黃鐘)의 궁(宮)음은 시작의 끝이며 가운데가 이미 지극한 것이다. 나머지 율의 반성은 가볍고 맑음이 지나쳐서 시작에서 벗어나고, 가운데보다 위에 있다. 반성 이외의 음들은 가볍고 맑음이 너무 지나쳐서 또한 벗어난 것 중에서도 벗어난 것이며, 위로 간 것 중에서도 위로 간 것이어서, 음악으로 여길 수 없다. 이를 통해 말해본다면, 음을 살피는 어려움이란 오성에 있는 것이 아니라 십이율에 있는 것이고, 궁(宮)에 있는 것이 아니라 황종(黃鐘)에 있는 것이다. 무릇 십이율을 통해서 절제하지 않는다면 오성의 실질을 드러낼 수 없고, 황종의 올바름을 얻지 못한다면 나머지 11개의 율도 또한 받아서 그 율의 궁(宮)으로 삼을 것이 없게 된다.

集解 愚謂: 朱子此辨, 所以發明中聲之義者最爲詳盡, 而西山蔡氏亦曰, “律者, 致中和之用, 寫其所謂黃鐘一聲而已. 雖有十二律·六十調, 然實一黃鐘也.” 觀於此, 則所謂“審一以定和”者可識矣.

번역 내가 생각하기에, 주자의 이러한 논변은 중성의 뜻을 가장 세밀하게 밝힌 것인데, 서산채씨[6]는 또한 “십이율은 중화의 쓰임을 지극히 한 것이지만, 황종(黃鐘)이라는 한 소리를 베낀 것일 뿐이다. 비록 십이율과 육십개의 율조가 있더라도, 실질은 황종이라는 한 소리에 해당한다.”라고 했다. 이를 통해 살펴본다면, “일(一)을 살펴서 조화로움을 정한다.”는 뜻을 확인할 수 있다.

---

6) 채원정(蔡元定, A.D.1135~A.D.1198) : =서산채씨(西山蔡氏). 송(宋)나라 때의 성리학자이다. 자(字)는 계통(季通)이고, 호(號)는 서산(西山)이며, 시호(諡號)는 문절(文節)이다. 채발(蔡發)의 아들이자, 채침(蔡沈)의 아버지이다. 그의 학문은 의리학과 상수학을 겸비하여, 『역(易)』을 이용해서 『황극경세서(皇極經世書)』를 주해하였다.

그림 73-1 『주례』의 왕성(王城)·육향(六鄕)·육수(六遂)

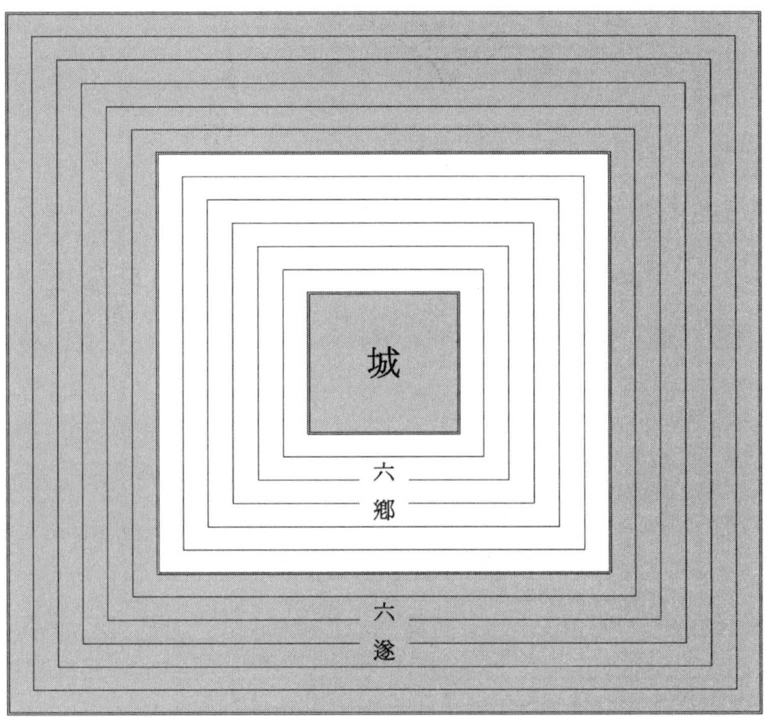

그림 73-2 『주례』의 향(鄕)-행정구역 및 담당자

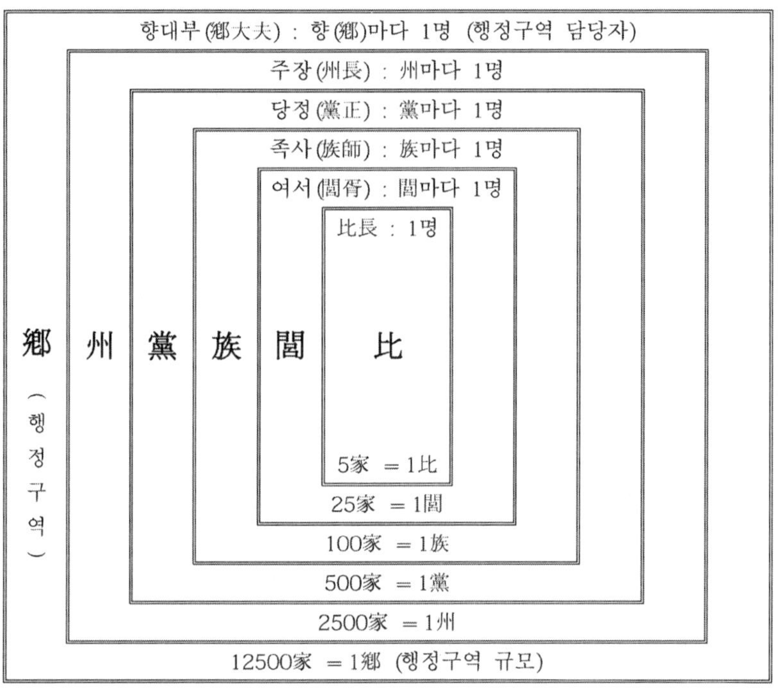

그림 73-3 『주례』의 수(遂)-행정구역 및 담당자

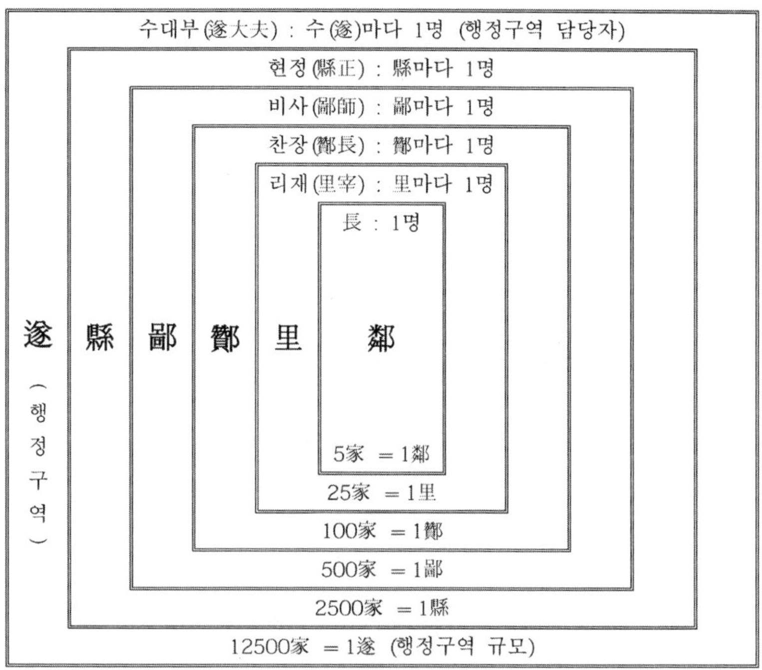

그림 73-4 『관자』의 읍제(邑制)

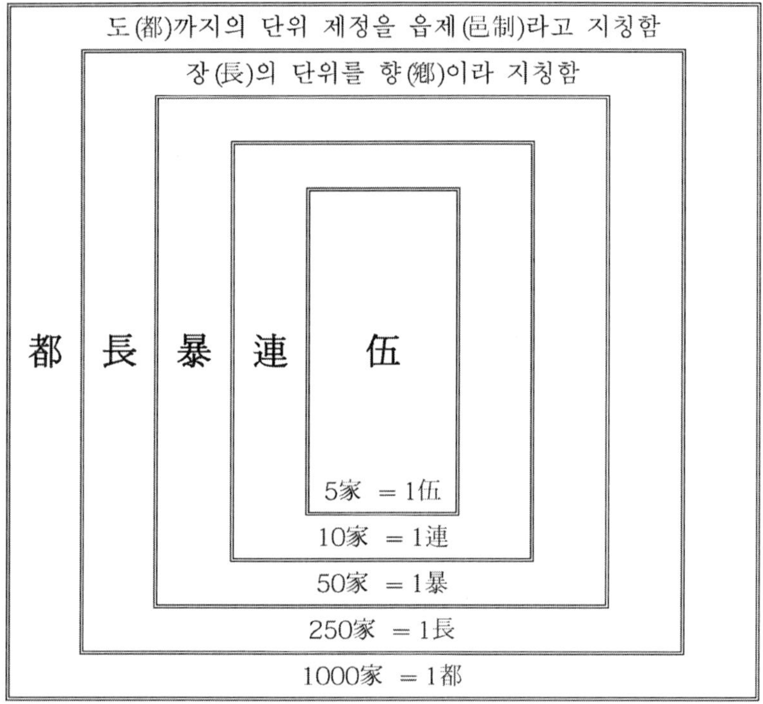

• 제 74 절 •

악(樂)과 천지(天地) · 중화(中和) · 인정(人情)

【488c】

故聽其雅頌之聲, 志意得廣焉. 執其干戚, 習其俯仰詘伸, 容貌得莊焉. 行其綴兆, 要其節奏, 行列得正焉, 進退得齊焉. 故樂者, 天地之命, 中和之紀, 人情之所不能免也.

직역 故로 그 雅頌의 聲을 聽하면, 志意가 廣을 得한다. 그 干戚을 執하고, 그 俯仰과 詘伸을 習하면, 容貌가 莊을 得한다. 그 綴兆를 行하고, 그 節奏를 要하면, 行列이 正을 得하고, 進退가 齊를 得한다. 故로 樂者는 天地의 命이며, 中和의 紀이니, 人情의 免을 不能하는 所이다.

의역 그러므로 아(雅)와 송(頌)의 소리를 들으면 뜻이 넓어진다. 무용도구인 방패와 도끼를 들고 숙이며 치켜들고 굽히며 펴는 동작을 익히면 그 모습이 장중하게 된다. 무용수들의 대열 속에서 움직이고 음악의 가락에 맞추면, 대열이 올바르게 되고 나아가고 물러나는 동작이 가지런하게 된다. 그렇기 때문에 악(樂)은 천지의 명령이며, 중화의 기틀이 되어, 사람의 정감이 벗어날 수 없는 것이다.

集說 天地之敎命, 中和之統紀, 所以防範人心者在是. 曰莊, 曰正, 曰齊, 曰紀, 皆言禮之節樂.

번역 천지의 가르침과 명령이 되고 중화의 기강과 기준이 되니, 사람의 마음이 잘못되는 것을 막고 올바르게 하는 것이 여기에 달려있는 이유이다. “장중하다.”라고 말하고, “올바르다.”고 말하며, “가지런하다.”라고 말하고, “기강이 된다.”라고 말한 것들은 모두 예(禮)가 악(樂)을 절제하는 것을 뜻한다.

大全 延平周氏曰: 樂能官天地, 而天地不得之, 則或幾乎息, 故曰天地之命. 又能道中和, 而中和得之, 則各有條理, 故曰中和之紀. 雖大而命天地, 小而紀中和, 而其歸於樂則一而已, 所謂樂者人情之所不能免也.

번역 연평주씨가 말하길, 악(樂)은 천지의 도리를 다스릴 수 있지만, 천지가 그것을 얻지 못한다면 간혹 거의 그치는 지경에 이른다. 그렇기 때문에 "천지의 명령이다."라고 말했다. 또 악(樂)은 중화를 인도할 수 있으니, 중화의 기운이 악(樂)을 얻게 된다면 각각 조리를 갖추게 된다. 그렇기 때문에 "중화의 기틀이다."라고 말했다. 비록 크게는 천지의 명이 되고 작게는 중화의 기틀이 되지만, 악(樂)으로 귀결된다는 측면에서는 동일할 따름이니, 이것이 바로 "악(樂)은 사람의 정감이 벗어날 수 없는 것이다."는 뜻이 된다.

鄭注 綴, 表也, 所以表行列也. 詩云: "荷戈與綴." 兆, 域也, 舞者進退所至也. 要, 猶會也. 命, 教也. 紀, 總要之名也.

번역 '철(綴)'은 무용수들의 자리를 뜻하니, 대열의 위치를 표시하는 것이다. 『시』에서는 "창을 메고 대열에 참여한다."[1]라고 했다. '조(兆)'자는 구역을 뜻하니, 무용수들이 나아가고 물러나며 도달하는 장소이다. '요(要)'자는 "회합하다[會]."는 뜻이다. '명(命)'자는 가르침[教]을 뜻한다. '기(紀)'자는 총괄한다는 뜻의 글자이다.

釋文 詘, 丘勿反. 要, 一遙反, 注"要, 猶會"同. 行, 戶剛反, 注同. 荷, 本又作何, 胡可反, 一音河. 綴, 詩作祋, 同, 都外反.

번역 '詘'자는 '丘(구)'자와 '勿(물)'자의 반절음이다. '要'자는 '一(일)'자

1) 『시』「조풍(曹風)·후인(候人)」: 彼候人兮, 何戈與祋. 彼其之子, 三百赤芾.

와 '遙(요)'자의 반절음이며, 정현의 주에 나오는 "要, 猶會"에서의 '要'자도 그 음이 이와 같다. '行'자는 '戶(호)'자와 '剛(강)'자의 반절음이며, 정현의 주에 나오는 글자도 그 음이 이와 같다. '荷'자는 판본에 따라서 또한 '何'자로도 기록하며, 그 음은 '胡(호)'자와 '可(가)'자의 반절음이고, 다른 음은 '河(하)'이다. '綴'자를 『시』에서는 '祋'자로 기록했는데, 두 글자는 모두 '都(도)'자와 '外(외)'자의 반절음이다.

孔疏 ●"故聽"至"免也". ○正義曰: 此一經論先王制樂得天地之和, 則感動人心, 使之和善.

번역 ●經文: "故聽"~"免也". ○이곳 경문은 선왕이 악(樂)을 제정하여 천지의 조화로움을 얻었다면, 사람의 마음을 감동시켜서 조화롭고 선하게 할 수 있음을 논의하였다.

孔疏 ●"故聽其雅 · 頌之聲, 志意得廣焉"者, 雅以施正道, 頌以贊成功, 若聽其聲, 則淫邪不入, 故志意得廣焉.

번역 ●經文: "故聽其雅 · 頌之聲, 志意得廣焉". ○아(雅)로써 올바른 도리를 베풀고 송(頌)으로써 공적을 이룬 것에 대해 찬미를 하는데, 만약 그 소리를 듣게 된다면 음란하고 사벽함이 침입하지 못하기 때문에 뜻이 폭넓게 된다.

孔疏 ●"執其干戚, 習其俯仰詘伸, 容貌得莊焉"者, 干戚是威儀之容, 俯仰詘伸, 以禮進退, 動止必以禮, 故容貌得莊敬焉.

번역 ●經文: "執其干戚, 習其俯仰詘伸, 容貌得莊焉". ○방패와 도끼는 위엄을 나타내는 예법에 따른 행동거지를 상징하며, 숙이고 치켜들고 굽히며 펴서 예(禮)에 따라 나아가고 물러나니, 동작함을 반드시 예(禮)에 맞춰서 하기 때문에 용모가 장중하고 공경스럽게 된다.

孔疏 ●"行其綴兆, 要其節奏, 行列得正焉, 進退得齊焉"者, 綴, 表也. 兆, 域也. 言舞者綴表兆域, 方正得其所矣. 節, 謂曲節. 奏, 謂動作. 言作樂或節或奏, 是依其綴兆, 故行列得正, 由隨其節奏, 故進退得齊焉.

번역 ●經文: "行其綴兆, 要其節奏, 行列得正焉, 進退得齊焉". ○'철(綴)'자는 자리를 뜻한다. '조(兆)'자는 영역을 뜻한다. 즉 무용수들이 서는 대열과 춤추는 구역이 제자리를 얻어 올바르게 된다는 뜻이다. '절(節)'자는 음악의 곡절을 뜻한다. '주(奏)'자는 무용수들의 동작을 뜻한다. 즉 악(樂)을 시연할 때에는 어떤 경우 가락을 통해 나타내고 또 어떤 경우에는 춤을 통해 나타내니, 이러한 것들은 무용수들의 대열과 춤추는 영역에 따르기 때문에, 대열이 올바르게 되는 것은 바로 음악의 가락에 따르는 것에 연유한다. 그러므로 나아가고 물러남이 가지런하게 된다.

孔疏 ●"故樂者, 天地之命"者, 命, 教也. 言樂者感天地之氣, 是天地之教命也.

번역 ●經文: "故樂者, 天地之命". ○'명(命)'자는 가르침이다. 즉 악(樂)이라는 것은 천지의 기운을 느끼는 것이니, 이것은 천지의 가르침에 해당한다는 뜻이다.

孔疏 ●"中和之紀"者, 紀, 謂綱紀總要之所言. 樂和律呂之聲, 是中和紀綱, 總要之所言也.

번역 ●經文: "中和之紀". ○'기(紀)'자는 기강이 되고 총괄한다는 뜻의 말이다. 악(樂)이 율려의 소리를 조화롭게 하는 것은 중화의 기강이 되니, 총괄한다는 뜻에서 한 말이다.

孔疏 ●"人情之所不能免也"者, 人感天地而生, 又感陰陽之氣. 樂既合天地之命, 協中和之紀, 感動於人, 是人情不能自免退. 言人感樂聲, 自然敬愛[2]也.

---

2) '애(愛)'자에 대하여. '애'자는 본래 '외(畏)'자로 기록되어 있었는데, 완원(阮

번역 ●經文: "人情之所不能免也". ○사람은 천지의 기운을 느껴서 생겨나고, 또한 음양의 기운을 느껴서 만들어진다. 악(樂)은 이미 천지의 가르침에 부합하고 중화의 기강에 합치되니, 사람을 감동시키는 것은 사람의 정감상 제 스스로 벗어날 수 없는 것이다. 이것은 사람이 음악의 소리에 감동하여, 자연스럽게 공경하고 친애하게 된다는 뜻이다.

孔疏 ◎注"綴表"至"名也". ○正義曰: 引"詩云: 荷戈與綴"者, 證綴爲表也. 今按詩"荷戈與祋", 不同者, 蓋鄭所見齊 · 魯 · 韓詩本不同也. 云"紀, 總要之名也"者, 紀是綱紀衆物之名, 與衆物爲總要, 言樂者與中和之聲爲總要也.

번역 ◎鄭注: "綴表"~"名也". ○정현이 "『시』에서는 창을 메고 대열에 참여한다고 했다."라는 말을 인용했는데, 이것은 '철(綴)'자가 무용수들의 대열이 됨을 증명하기 위한 것이다. 그런데 『시』의 기록을 살펴보면, '하과여대(荷戈與祋)'라고 기록되어, 글자가 동일하지 않다. 그 이유는 정현이 참고한 『제시』 · 『노시』 · 『한시』의 판본이 동일하지 않았기 때문이다. 정현이 "'기(紀)'자는 총괄한다는 뜻의 글자이다."라고 했는데, '기(紀)'자는 뭇 사물들의 기강이 된다는 뜻의 글자이니, 뭇 사물들에 대해서 총괄하게 된다. 즉 악(樂)이라는 것은 중화의 소리에 대해서 총괄하게 된다는 의미이다.

訓纂 史記樂書作"天地之齊", 荀子樂論作"天下之大齊".

번역 '천지지명(天地之命)'을 『사기』「악서」에서는 '천지지제(天地之齊)'라고 기록했고,[3] 『순자』「악론」에서는 '천하지대제(天下之大齊)'라고 기록했다.[4]

元)의 『교감기(校勘記)』에서는 "혜동(惠棟)의 『교송본(校宋本)』에는 '외'자가 '애'자로 기록되어 있으니, 이곳 판본에서는 잘못 기록한 것이며, 『민본(閩本)』 · 『감본(監本)』 · 『모본(毛本)』에도 동일하게 잘못 기록되어 있다."라고 했다.

3) 『사기(史記)』「악서(樂書)」 : 故樂者天地之齊, 中和之紀, 人情之所不能免也.

4) 『순자(荀子)』「악론(樂論)」 : 故樂者, 天下之大齊也, 中和之紀也, 人情之所必不免也. 是先王立樂之術也, 而墨子非之奈何!

訓纂 王氏念孫曰: 作齊者, 是也. 齊, 同也. 上文曰, "樂者爲同, 禮者爲異." 又曰, "流而不息, 合同而化, 而樂興焉." 是樂爲天地之同也. 荀子作"天下之大齊", 亦謂天下之大同也. 紀與齊, 皆是統同之義.

번역 왕념손이 말하길, '제(齊)'자로 기록하는 것이 옳다. '제(齊)'자는 "동일하게 하다[同]."는 뜻이다. 앞 문장에서는 "악(樂)은 동일하게 만들고 예(禮)는 다르게 만든다."[5]라고 했고, 또 "두루 흘러 그치지 않고, 합하고 같아져서 변화를 하여 악(樂)이 흥성하게 된다."[6]라고 했다. 이것은 악(樂)이 천지의 같게 하는 작용이 됨을 나타낸다. 『순자』에서는 '천하지대제(天下之大齊)'라고 기록했는데, 이 또한 천하의 크게 같게 하는 작용을 뜻한다. '기(紀)'자와 '제(齊)'자는 모두 통괄하여 동일하게 한다는 뜻이다.

訓纂 張守節曰: 雅·頌是發於聲音, 執其干戚是形於動靜.

번역 장수절이 말하길, 아(雅)와 송(頌)은 소리와 음을 통해 나타나는 것이고, 방패와 도끼를 잡는 것은 동작을 통해 형상화되는 것이다.

訓纂 陳晉之曰: 雅·頌之聲, 詩之歌也. 干戚, 舞之器也. 俯仰詘伸, 舞之容也. 綴兆, 舞之位也. 節奏, 聲之飾也. 言雅頌, 則風擧矣. 言干戚, 則羽籥擧矣. 言俯仰詘伸, 則舒疾擧矣. 言綴兆, 則遠短擧. 言節奏, 則文采擧矣.

번역 진진지가 말하길, 아(雅)와 송(頌)의 소리는 시를 노래하는 것에 해당한다. 방패와 도끼는 무용도구이다. 숙이고 치켜 올리며 굽히고 펴는

---

5) 『예기』「악기」【461a】: 樂者爲同, 禮者爲異. 同則相親, 異則相敬. 樂勝則流, 禮勝則離. 合情飾貌者, 禮樂之事也. 禮義立, 則貴賤等矣. 樂文同, 則上下和矣. 好惡著, 則賢不肖別矣. 刑禁暴, 爵擧賢, 則政均矣. 仁以愛之, 義以正之, 如此則民治行矣.

6) 『예기』「악기」【464d~465a】: 天高地下, 萬物散殊, 而禮制行矣. 流而不息, 合同而化, 而樂興焉. 春作夏長, 仁也. 秋斂冬藏, 義也. 仁近於樂, 義近於禮. 樂者敦和, 率神而從天; 禮者別宜, 居鬼而從地. 故聖人作樂以應天, 制禮以配地. 禮樂明備, 天地官矣.

것은 무용수들의 동작이다. '철조(綴兆)'는 무용수들의 자리이다. '절주(節奏)'는 소리의 꾸밈이다. 즉 아(雅)와 송(頌)이라고 했다면 풍(風)도 포함되는 것이다. 방패와 도끼라고 했다면 깃털과 피리도 포함되는 것이다. 숙이고 치켜 올리며 굽히고 편다고 했다면 느리고 빠름도 포함되는 것이다. 철조(綴兆)를 말했다면 멀고 짧은 것도 포함된 것이다. 절주(節奏)라고 했다면 문채도 포함되는 것이다.

集解 愚謂: 雅·頌之聲, 發於聲音者也. "干戚"至"節奏", 形於動靜者也. 天地之命, 以其本於性者而言. 中和之紀, 以其發爲情者而言. 紀, 言其各有條理也.

번역 내가 생각하기에, 아(雅)와 송(頌)의 소리는 소리와 음을 통해 나타난 것들이다. '방패와 도끼'로부터 '절주(節奏)'에 이르기까지는 모두 움직임과 고요함을 통해 형상화된 것들이다. '천지지명(天地之命)'은 본성에 근본해서 한 말이다. '중화지기(中和之紀)'는 정감으로 발현된 것에 근본해서 한 말이다. '기(紀)'자는 각각에 조리가 있음을 말한다.

集解 右第三章, 言先王之立樂, 因人情所不能自已者而導之於和也.

번역 여기까지는 제 3장으로, 선왕이 악(樂)을 제정한 것이 사람의 정감에서 스스로 그만둘 수 없는 것에 연유하여, 조화로움으로 인도한 것임을 뜻한다.

• 제 75 절 •

예악(禮樂)의 융성함

【488d】

夫樂者, 先王之所以飾喜也. 軍旅鈇鉞者, 先王之所以飾怒也. 故先王之喜怒, 皆得其儕焉. 喜則天下和之, 怒則暴亂者畏之. 先王之道, 禮樂可謂盛矣.

직역 夫히 樂者는 先王이 喜를 飾한 所以이다. 軍旅와 鈇鉞者는 先王이 怒를 飾한 所以이다. 故로 先王의 喜怒는 皆히 그 儕를 得이라. 喜하면 天下가 和하고, 怒하면 暴亂者가 畏라. 先王의 道에, 禮樂은 可히 盛이라 謂라.

의역 무릇 악(樂)이라는 것은 선왕이 공적인 기쁨을 꾸며서 나타낸 것이다. 군대나 도끼들은 선왕이 공적인 성냄을 꾸며서 나타낸 것이다. 그러므로 선왕의 기쁨과 성냄은 모두 해당하는 부류를 얻게 되었다. 따라서 선왕이 기뻐하게 되면 천하가 조화롭게 되었고, 성내게 되면 난폭하고 혼란을 일으키는 자가 두려워하였다. 선왕의 도 중에 예악은 성대하다고 평할 수 있다.

集說 皆得其儕, 言各從其類, 喜非私喜, 怒非私怒也.

번역 '개득기제(皆得其儕)'는 각각 그 부류에 따른다는 뜻이니, 기쁨은 사적인 기쁨을 뜻하는 것이 아니며, 성냄은 사적인 성냄을 뜻하는 것이 아니다.

大全 馬氏曰: 以樂飾喜而不爲汰者, 以喜當其類也. 以軍旅鈇鉞飾怒而不以爲暴者, 以怒當其類也. 喜而當其類, 則天下和之, 怒而當其類, 則暴亂者畏之. 先王治天下之道, 非一端可盡, 而其大要則在於禮樂, 故先王之道, 禮樂可謂盛矣.

번역 마씨가 말하길, 악(樂)을 통해서 기쁨을 수식하되 너무 화려하게 하지 않는 것은 기쁨이 해당 부류에 맞기 때문이다. 군대와 도끼 등의 병장기가 성냄을 수식하되 난폭하게 되지 않는 것은 성냄이 해당 부류에 맞기 때문이다. 기뻐하되 해당 부류에 맞다면 천하 사람들이 조화롭게 되고, 성내되 해당 부류에 맞다면 난폭하고 혼란을 일으키는 자들이 두려워한다. 선왕이 천하를 다스리는 도는 하나의 단서로 모두 나타낼 수 있는 것이 아니지만, 그것의 큰 요체는 예악에 달려 있다. 그렇기 때문에 선왕의 도 중에서 예악을 성대하다고 평가할 수 있다.

鄭注 儕, 猶輩類. 天子之於天下喜怒, 節之以禮樂, 則兆民和從而畏敬之. 禮樂, 王者所常興則盛矣.

번역 '제(儕)'자는 무리를 뜻한다. 천자는 천하 사람들의 기쁨과 성냄에 대해서 예악을 통해서 절제를 하니, 모든 백성들이 조화롭게 따르고 외경하게 된다. 예악은 천자가 항상 흥성하게 해야 하는 것이므로 성대하다.

釋文 鈇, 方夫反, 又音甫. 鉞音越. 儕, 仕皆反. 輩, 布內反.

번역 '鈇'자는 '方(방)'자와 '夫(부)'자의 반절음이며, 또한 그 음은 '甫(보)'도 된다. '鉞'자의 음은 '越(월)'이다. '儕'자는 '仕(사)'자와 '皆(개)'자의 반절음이다. '輩'자는 '布(포)'자와 '內(내)'자의 반절음이다.

孔疏 ●"夫樂"至"盛矣". ○正義曰: 此一經覆說樂道之盛.

번역 ●經文: "夫樂"~"盛矣". ○이곳 경문은 악(樂)의 도가 성대하다는 사실을 재차 설명한 것이다.

孔疏 ●"故先王之喜怒, 皆得其儕焉"者, 言樂以飾喜, 非喜不樂, 是喜得其儕類焉. 鈇鉞飾怒, 非怒不可橫施鈇鉞, 是怒得其儕類焉. 是樂非合喜不喜, 鈇鉞非合怒不怒也.

번역 ●經文: "故先王之喜怒, 皆得其儕焉". ○악(樂)을 통해서 기쁨을 수식하니, 기쁘지 않은 것에 대해서는 악(樂)을 제정하지 않는다는 뜻으로, 이것은 기쁨이 해당하는 부류에 맞음을 의미한다. 도끼는 성냄을 표시하니, 공적인 분노가 아니라면 병장기를 마음대로 사용할 수 없으므로, 이것은 성냄이 해당하는 부류에 맞음을 의미한다. 즉 악(樂)이 공적인 기쁨에 합치되지 않으면 기뻐하지 못하고, 도끼가 공적인 분노에 합치되지 않으면 성내지 못함을 의미한다.

孔疏 ●"喜則天下和之"者, 以心內而喜, 故天下和也.

번역 ●經文: "喜則天下和之". ○마음으로 기뻐하기 때문에 천하 사람들이 조화롭게 된다.

孔疏 ●"怒則暴亂者畏之"者, 非惡不怒, 故暴亂者畏之.

번역 ●經文: "怒則暴亂者畏之". ○악한 자가 아니라면 성내지 않기 때문에, 난폭하고 혼란을 일으키는 자들이 두려워하게 된다.

孔疏 ●"先王之道, 禮樂可謂盛矣"者, 上經以來, 但論樂, 此兼云禮者, 以此一章總兼禮樂, 故於章末總以"禮樂"結之.

번역 ●經文: "先王之道, 禮樂可謂盛矣". ○앞의 경문으로부터 그 이하의 문장에서는 단지 악(樂)에 대해서만 논의하고 있는데, 이곳에서는 예(禮)에 대해서도 함께 언급하고 있다. 그 이유는 이 장은 예악에 대해서 함께 총괄하기 때문에, 이 장 끝에서 총괄적으로 '예악(禮樂)'이라고 하여 결론을 맺은 것이다.

訓纂 一切經音義: 字林, "儕, 等也."

번역 『일체경음의』[1]에서 말하길, 『자림』에서는 "'제(儕)'자는 동류를 뜻한다."라고 했다.

訓纂 王氏引之曰: 儕, 當讀爲齊. 爾雅曰, "齊, 中也." 小雅小宛傳曰, "齊, 正也." 當喜而喜, 當怒而怒, 則得其中正矣. 齊, 正字. 儕, 借字. 鄭據借字解爲輩類, 失之. 荀子樂論·史記樂書正作"齊".

번역 왕인지가 말하길, '제(儕)'자는 마땅히 '제(齊)'자로 풀이해야 한다. 『이아』에서는 "'제(齊)'자는 알맞다는 뜻이다."[2]라고 했고, 『시』「소아·소완」편의 전문에서는 "'제(齊)'자는 올바르다는 뜻이다."라고 했다. 마땅히 기뻐해야만 해서 기뻐하고 마땅히 성내야만 해서 성낸다면 중정함에 맞게 된다. '제(齊)'자는 정자이며 '제(儕)'자는 가차자이다. 정현은 가차자에 근거해서 부류라고 풀이를 했으니, 잘못된 해석이다. 『순자』「악론」[3]과 『사기』「악서」[4]에서는 '제(齊)'자로 고쳐서 기록했다.

集解 方氏慤曰: 軍旅鈇鉞, 軍禮也. 五禮特言"軍"者, 對喜而言怒故也. 喜

---

1) 『일체경음의(一切經音義)』는 당(唐)나라 때의 승려인 혜림(慧琳)이 찬술한 음운학 서적이다. 불경(佛經)에 나타난 난해한 글자들을 선별하여, 움과 뜻을 설명한 책이다. 한편 당나라 때의 승려인 현응(玄應)이 찬술한 음운학 서적을 뜻하기도 한다. 『현응음의(玄應音義)』라고도 부른다. 한(漢)나라 때의 고운(古韻)을 인용하고 있기 때문에, 고대 음운학 연구에 있어서는 중요한 서적이 된다.

2) 『이아』「석언(釋言)」: 殷·齊, 中也.

3) 『순자(荀子)』「악론(樂論)」: 且樂者, 先王之所以飾喜也; 軍旅鈇鉞者, 先王之所以飾怒也. 先王喜怒皆得其齊焉. 是故喜而天下和之, 怒而暴亂畏之. 先王之道, 禮樂正其盛者也. 而墨子非之. 故曰, 墨子之於道也, 猶瞽之於白黑也, 猶聾之於淸濁也, 猶欲之楚而北求之也.

4) 『사기(史記)』「악서(樂書)」: 夫樂者, 先王之所以飾喜也; 軍旅鈇鉞者, 先王之所以飾怒也. 故先王之喜怒皆得其齊矣. 喜則天下和之, 怒則暴亂者畏之. 先王之道禮樂可謂盛矣.

合於樂, 則非作好; 怒合於禮, 則非作惡.

번역 방각이 말하길, 군대와 도끼 등은 오례(五禮)[5] 중에서도 군례(軍禮)[6]에 해당한다. 오례 중에서 단지 군례만을 언급한 것은 기쁨과 대비해서 성냄을 언급하고자 했기 때문이다. 기쁨이 악(樂)에 합치된다면 사사롭게 좋아하는 것이 아니며, 성냄이 예(禮)에 합치된다면 사사롭게 미워하는 것이 아니다.[7]

集解 愚謂: 軍旅所以征討, 鈇鉞所以刑殺. 儕猶類也. 左傳曰, "喜怒以類者鮮." 先王之喜怒, 惟義理之所在, 而己不與焉. 故喜則飾之以羽旄干戚, 而天下莫不和; 怒則飾之以軍旅鈇鉞, 而天下莫不畏. 先王之喜怒, 非禮樂不足以達之, 禮樂達而天下莫不和且畏焉, 其道豈不盛乎?

번역 내가 생각하기에, 군대는 정벌을 할 때 사용하는 것이고, 도끼는 형벌로 주살할 때 사용하는 것이다. '제(儕)'자는 부류를 뜻한다. 『좌전』에서는 "기쁨과 성냄을 해당하는 부류에 따라서 하는 자는 드물다."[8]라고 했

---

5) 오례(五禮)에 대해서는 대체로 두 가지 뜻이 있다. 첫 번째 뜻은 공작[公]·후작[侯]·백작[伯]·자작[子]·남작[男] 등 다섯 등급에 속한 제후들이 천자를 조빙(朝聘)하는 예법(禮法)을 뜻한다. 『서』「우서(虞書)·고요모(皐陶謨)」편에는 "天秩有禮, 自我五禮, 有庸哉."라는 기록이 있는데, 이에 대한 공안국(孔安國)의 전(傳)에서는 "天次秩有禮, 當用我公·侯·伯·子·男五等之禮以接之, 使有常."이라고 풀이하였다. 두 번째 뜻은 고대부터 전해져 온 다섯 종류의 예제(禮制)를 뜻한다. 즉 길례(吉禮), 흉례(凶禮), 군례(軍禮), 빈례(賓禮), 가례(嘉禮)를 가리킨다. 『주례』「춘관(春官)·소종백(小宗伯)」편에는 "掌五禮之禁令與其用等."이라는 기록이 있는데, 이에 대한 정현의 주에서는 정사농(鄭司農)의 주장을 인용하여, "五禮, 吉·凶·軍·賓·嘉."라고 풀이했다.

6) 군례(軍禮)는 오례(五禮) 중 하나로, 군대와 관련된 예제(禮制)를 뜻한다. 참고적으로 고대 중국에서는 각 계절마다 군대와 관련된 의식을 시행하였는데, 봄에 하는 것을 진려(振旅)라고 불렀고, 여름에 하는 것을 발사(拔舍)라고 불렀으며, 가을에 하는 것을 치병(治兵)이라고 불렀고, 겨울에 하는 것을 대열(大閱)이라고 불렀다. 이러한 의식들이 모두 '군례'에 포함된다.

7) 『서』「주서(周書)·홍범(洪範)」: 無偏無陂, 遵王之義, 無有作好, 遵王之道, 無有作惡, 遵王之路.

8) 『춘추좌씨전』「선공(宣公) 17년」: 變乎! 吾聞之, 喜怒以類者鮮, 易者實多.

다. 선왕의 기쁨과 성냄은 오직 의리에 따라서 하는 것이니, 자신의 사적인 것이 끼어들지 않는다. 그렇기 때문에 선왕이 기뻐하면 그것을 깃털과 꼬리털 및 방패와 도끼 등의 무용도구로 수식하고 천하에 조화롭지 않은 자가 없게 되며, 성내게 되면 군대와 도끼로 수식을 하고 천하에 외경하지 않는 자가 없게 된다. 선왕의 기쁨과 성냄은 예악이 아니라면 통하기에 부족하니, 예악이 두루 통하면 천하에 조화롭거나 외경하지 않는 자가 없게 되므로, 그 도가 어찌 성대하지 않겠는가?

集解 右第四章, 言禮樂之化之盛也.

번역 여기까지는 제 4장으로, 예악의 교화가 성대하다는 뜻이다.

集解 右樂化篇第十. <史記樂書第八.>

번역 여기까지는 「악화(樂化)」 제 10편이다. <『사기』「악서」에서는 제 8편으로 분류했다.>

제11편

사을(師乙)

• 제76절 •

악사 을의 답변-가(歌)의 종류와 의미

【489a~b

子贛見師乙而問焉, 曰, "賜聞聲歌各有宜也. 如賜者宜何歌也?" 師乙曰, "乙, 賤工也, 何足以問所宜? 請誦其所聞, 而吾子自執焉. 寬而靜, 柔而正者, 宜歌頌. 廣大而靜, 疏達而信者, 宜歌大雅. 恭儉而好禮者, 宜歌小雅. 正直而靜, 廉而謙者, 宜歌風. 肆直而慈愛者, 宜歌商. 溫良而能斷者, 宜歌齊. 夫歌者, 直己而陳德也, 動己而天地應焉, 四時和焉, 星辰理焉, 萬物育焉.[1]

직역 子贛이 師乙을 見하고 問하여, 曰, "賜는 聞하길 聲歌에는 各히 宜가 有라 합니다. 賜와 如한 者는 宜히 何를 歌입니까?" 師乙이 曰, "乙은 賤工이니, 何히 足히 宜한 所를 問입니까? 請컨대 그 聞한 所를 誦하니, 吾子가 自히 執하십시오. 寬하고 靜하며, 柔하고 正한 者는 宜히 頌을 歌입니다. 廣大하고 靜하며, 疏達하고 信한 者는 宜히 大雅를 歌합니다. 恭儉하고 禮를 好한 者는 宜히 小雅를 歌합니다. 正直하고 靜하며, 廉하고 謙한 者는 宜히 風을 歌합니다. 肆直하고 慈愛한 者는 宜히 商을 歌합니다. 溫良하고 能히 斷하는 者는 宜히 齊를 歌합니다. 夫히 歌者는 己에 直하고 德을 陳하며, 己를 動하고 天地가 應하며, 四時가 和하고, 星辰이 理하며, 萬物이 育합니다."

---

1) 경문의 '관이정(寬而靜)'으로부터 '만물육언(萬物育焉)'에 이르기까지, 『예기정의(禮記正義)』에서는 "愛者宜歌商, 溫良而能斷者宜歌齊. 夫歌者, 直己而陳德也, 動己而天地應焉, 四時和焉, 星辰理焉, 萬物育焉. 故商者, 五帝之遺聲也. 寬而靜, 柔而正者, 宜歌頌. 廣大而靜, 疏達而信者, 宜歌大雅. 恭儉而好禮者, 宜歌小雅. 正直而靜, 廉而謙者, 宜歌風. 肆直而慈愛."라고 기록하여, 구문의 배열이 다르다.

의역 자공이 악사인 을을 보고 묻기를, "저는 소리와 노래에 각각 합당한 부류가 있다고 들었습니다. 저와 같은 자는 어떤 노래를 불러야 합니까?"라고 했다. 그러자 악사 을은 "저는 미천한 악공에 지나지 않는데, 어떻게 저에게 합당한 것들에 대해 물어보실 수 있겠습니까? 다만 청컨대 제가 들었던 내용을 조술하겠으니, 그대께서 직접 고르시기 바랍니다. 관대하고 정적이며 부드럽고 올바른 자는 마땅히 송(頌)에 해당하는 시가를 노래로 불러야 합니다. 광대하고 고요하며 두루 통하고 신의가 있는 자는 마땅히 대아(大雅)에 해당하는 시가를 노래로 불러야 합니다. 공손하고 예법을 좋아하는 자는 마땅히 소아(小雅)에 해당하는 시가를 노래로 불러야 합니다. 정직하고 고요하며 검소하고 겸손한 자는 마땅히 풍(風)에 해당하는 시가를 노래로 불러야 합니다. 너그러우면서도 강직하고 자애로운 자는 마땅히 상(商)에 해당하는 시가를 노래로 불러야 합니다. 온순하고 어질며 결단을 할 수 있는 자는 마땅히 제(齊)에 해당하는 시가를 노래로 불러야 합니다. 무릇 시가라는 것은 자신을 바르게 하고 덕을 펼치는 것이며, 자신의 본성을 두루 퍼지게 하여 천지가 호응하도록 하며, 사계절이 조화롭게 되고, 별들의 운행이 이치에 맞게 되며, 만물이 자라나게 되는 것을 나타냅니다."라고 했다.

集說 子贛, 孔子弟子端木賜也. 樂師名乙. 各有宜, 言取詩之興趣以理其情性, 使合於宜也. 有此德而宜此歌, 是正直己身而敷陳其德也, 故曰直己而陳德. 動己, 性天之流行也. 動天地, 感鬼神, 莫近於詩, 故有四者之應.

번역 '자공(子贛)'은 공자의 제자인 단목사(端木賜)이다. 악사(樂師)의 이름이 '을(乙)'이다. "각각 합당한 것이 있다."는 말은 시가에 나타나는 흥과 멋에 따라 성정을 다스려서, 합당함에 맞도록 한다는 뜻이다. 이러한 덕을 가지고 있으면 마땅히 이러한 시가를 부르는 것이 자신을 정직하게 하여 그 덕을 넓게 펼치는 것이다. 그렇기 때문에 "자신을 바르게 하고 덕을 펼친다."라고 했다. '동기(動己)'는 천성이 두루 흐르는 것을 뜻한다. 천지를 움직이게 하고 귀신을 감동시키는 것은 시가보다 가까운 것이 없다. 그렇기 때문에 이 네 가지의 호응이 포함되어 있다.

集說 方氏曰: 肆, 寬大而舒緩也. 商音剛決, 故性之柔緩者宜歌之, 而變其柔爲剛斷. 齊音柔緩, 故性剛決者宜歌之, 而終至於柔遜. 蓋各濟其所偏, 而融會之於平和之地也.

번역 방씨가 말하길, '사(肆)'자는 관대하면서도 여유롭다는 뜻이다. 상(商)음은 굳세고 결단력이 있어서, 성품이 부드럽고 여유로운 자는 마땅히 이것을 노래로 불러서, 부드러운 성질을 굳세고 결단력이 있게 변화시켜야 한다. 제(齊)음은 부드럽고 여유롭기 때문에, 성품이 굳세고 과감한 자는 마땅히 이것을 노래로 불러서, 끝내 부드럽고 자신을 겸손하게 낮추는 경지에 도달해야 한다. 무릇 각각 한쪽으로 치우친 점을 바로잡아서 균평하고 조화로운 경지로 융합시켜야 한다.

大全 金華邵氏曰: 人之一身, 凡天地四時星辰萬物之理, 莫不畢備. 今也直己而陳德於歌, 宜其或應或和, 或理或育, 有不期然而然者, 非歌能使之也. 德寓於歌, 聞其歌而感之也. 直己者, 無所掩覆, 致直而行之也.

번역 금화소씨가 말하길, 사람의 한 몸에는 무릇 천지 · 사시 · 성신 · 만물의 이치가 모두 구비되어 있다. 현재 자신을 바르게 하고 시가에 덕을 드러낸다고 했는데, 마땅히 어떤 것은 호응하고 어떤 것은 조화로우며, 또 어떤 것은 다스려지고 어떤 것은 길러지니, 기약하지 않아도 그처럼 되는 것은 시가 자체가 그렇게 할 수 있는 것은 아니다. 덕은 시가에 짝하니 그 시가를 듣게 되면 감화되기 때문이다. 자신을 바르게 한다는 것은 가리거나 숨기는 것 없이 곧음을 지극히 해서 시행한다는 뜻이다.

大全 金華應氏曰: 師乙賤工, 而誦其所聞, 有非後世儒者所及. 蓋先王之澤未散, 人多習聞聲樂之理, 及夫子正樂而感發益深, 不但學者有所悟解, 而工師之職, 亦皆講肄而精通之, 故師摯之始, 關雎之亂, 洋洋乎盈耳. 而師乙之對聲歌, 亦可觀也. 其後樂益僭亂, 而繚于師摯之徒, 皆逃而去入于河海, 豈偶然哉?

번역 금화응씨가 말하길, 악사 을은 미천한 악공에 해당하지만, 그가 들었던 내용을 조술한 것에는 후세 학자들이 미칠 수 없는 점이 있다. 무릇 선왕의 은택이 아직 널리 퍼지지 않았던 때라도, 사람들은 대부분 소리와 음악의 이치를 익히고 들었으며, 공자에 이르러 음악을 올바르게 하여, 감동하여 나타나는 것들이 더욱 깊어졌으니, 단지 학자들만이 깨달을 수 있었던 것이 아니라, 악사와 같은 미천한 직무를 갖고 있던 자라도 또한 모두들 강론하고 익혀서 정밀히 알고 있었다. 그렇기 때문에 "악사 지(摯)가 처음 관직에 올랐을 때, 그가 연주하던 「관저(關雎)」의 마지막 장이 한없이 울려 귀에 가득하구나."[2]라고 한 것이다. 그러므로 악사 을이 대답한 소리와 시가에 대한 내용에서도 또한 이러한 사실을 살펴볼 수 있다. 그 이후 음악은 더욱 참람되고 혼란스럽게 되어, 악사 지와 같은 무리들을 얽어매어, 모두들 도피해서 멀리 떠나버린 것이 어찌 우연한 일이겠는가?

鄭注 子贛, 孔子弟子. 師, 樂官也. 乙, 名. 聲歌各有宜, 氣順性也. 樂人稱工. 執, 猶處也. 此文換簡失其次. "寬而靜"宜在上, "愛者宜歌商"宜承此下行讀云"肆直而慈愛者宜歌商". 肆, 正也[3]. 商, 宋詩也. 愛, 或爲哀. "直己而陳德"者, 因其德, 歌所宜. 育, 生也.

번역 '자공(子贛)'은 공자의 제자이다. '사(師)'는 악관(樂官)을 뜻한다. '을(乙)'은 이름이다. 소리와 시가에는 각각 합당한 점이 있으니, 기운이 본성에 따른다는 뜻이다. 악공에 대해서는 '공(工)'이라고 지칭한다. '집(執)'자는 "처리하다[處]."는 뜻이다. 이곳 문장은 문장의 배열이 바뀌어 본래의 순서를 잃었다. '관이정(寬而靜)'이라는 구문은 마땅히 앞으로 가야 한다. '애자의가상(愛者宜歌商)'이라는 구문은 마땅히 아래에 있는 구문과 연결해서, '사직이자애자의가상(肆直而慈愛者宜歌商)'이라고 읽어야 한다. '사

---

2) 『논어』「태백(泰伯)」: 子曰, "師摯之始, 關雎之亂, 洋洋乎, 盈耳哉!"
3) '사정야(肆正也)'에 대하여. 이 세 글자는 본래 없던 글자인데, 완원(阮元)의 『교감기(校勘記)』에서는 "『사기집해(史記集解)』에서는 '사정야'라는 세 글자가 기록되어 있는데, 나머지 판본에는 모두 누락되어 있다."라고 했다.

(肆)'자는 "바르다[正]."는 뜻이다. '상(商)'은 송나라의 시가이다. '애(愛)'자를 다른 판본에서는 '애(哀)'자로도 기록한다. '직기이진덕(直己而陳德)'이라는 말은 그 덕에 따라서 합당한 것을 노래해야 한다는 뜻이다. '육(育)'자는 "생장하다[生]."는 뜻이다.

釋文 贛音貢. 請, 七潁反, 徐音情. 好, 呼報反. 換, 戶亂反. 行, 戶剛反. 處, 昌慮反.

번역 '贛'자의 음은 '貢(공)'이다. '請'자는 '七(칠)'자와 '潁(영)'자의 반절음이고, 서음(徐音)은 '情(정)'이다. '好'자는 '呼(호)'자와 '報(보)'자의 반절음이다. '換'자는 '戶(호)'자와 '亂(란)'자의 반절음이다. '行'자는 '戶(호)'자와 '剛(강)'자의 반절음이다. '處'자는 '昌(창)'자와 '慮(려)'자의 반절음이다.

孔疏 ●"子貢"至"問樂". ○正義曰: 子貢見師乙, 依別錄是師乙之章.

번역 ●經文: "子貢"~"問樂". ○자공이 악사인 을을 만나본 것으로, 『별록』에 따르면 '사을(師乙)'장에 해당한다.

孔疏 ●"聞聲歌各有宜也"者, 子貢問師乙, 言凡聲歌各逐人性所宜者也.

번역 ●經文: "聞聲歌各有宜也". ○자공이 악사 을에게 물어본 것으로, 무릇 소리와 시가는 각각 사람의 본성에 합당한 것을 따른다는 뜻이다.

孔疏 ●"如賜者[4], 宜何歌也"者, 如賜同之氣性, 宜作何歌? 是欲令師乙觀

---

4) '자(者)'자에 대하여. 『십삼경주소(十三經注疏)』 북경대 출판본에서는 "'자'자 앞에는 본래 '동(同)'자가 기록되어 있었는데, 완원(阮元)의 『교감기(校勘記)』에서는 '『감본(監本)』에는 동(同)자가 기록된 곳에 공백이 있고, 『모본(毛本)』에는 동(同)자가 없다.'라고 했다. 살펴보니, 이곳 소(疏)의 기록은 경문을 인용한 것인데, 경문에는 '동'자가 없으니, 그 기록에 근거해서 글자를 삭제했다."라고 했다.

己氣性, 宜聽何歌也.

번역 ●經文: "如賜者, 宜何歌也". ○자공과 같은 기운과 본성을 가진 자는 마땅히 어떤 시가를 노래해야 하느냐는 뜻이다. 즉 이것은 악사 을로 하여금 자신의 기운과 성질을 파악하여, 마땅히 어떤 노래를 불러야 하는지를 듣고자 한 것이다.

孔疏 ●"請誦其所聞, 而吾子自執焉"者, 此師乙答子貢, 請爲論述. 不敢定其所宜, 故請誦其所聞之詩, 令子貢自量己性, 執處所宜之歌. 但此經倒錯, 上下失敍, 今依鄭之所注, 次而解之. 所次, 依史記·樂書也.

번역 ●經文: "請誦其所聞, 而吾子自執焉". ○이것은 악사 을이 자공에게 대답한 내용으로, 청해서 논증하며 기술하겠다는 뜻이다. 감히 합당한 것들에 대해서 확정하지 않았기 때문에, 자신이 들었던 시가에 대한 내용을 청해서 조술하고, 자공으로 하여금 직접 자신의 본성을 파악하여, 합당한 시가를 고르도록 한 것이다. 다만 이곳 경문은 순서가 바뀌고 착간된 점이 있어, 앞뒤의 문맥이 맞지 않으니, 현재 정현의 주석에 따라서 차례대로 해석한다. 새롭게 배열한 순서는 『사기』「악서」에 따른 것이다.

孔疏 ●"寬而靜, 柔而正者, 宜歌頌"者, 寬, 謂德量寬大. 靜, 謂安靜. 柔, 謂和柔. 正, 謂正直. 頌成功德澤弘厚, 若性寬柔靜正者, 乃能包含, 故宜歌頌也.

번역 ●經文: "寬而靜, 柔而正者, 宜歌頌". ○'관(寬)'자는 덕과 재량이 크다는 뜻이다. '정(靜)'자는 편안하고 고요하다는 뜻이다. '유(柔)'자는 조화롭고 부드럽다는 뜻이다. '정(正)'자는 정직하다는 뜻이다. 송(頌)은 공적을 이루고 덕과 은정이 크고 두터움을 노래한 것이니, 본성이 관대하고 부드러우며 고요하고 정직한 자여야만 포용할 수 있다. 그렇기 때문에 이러한 사람은 마땅히 송(頌)을 노래해야 한다.

孔疏 ●"廣大而靜, 疏達而信者, 宜歌大雅"者, 廣大, 謂志意宏大而安靜. 疏達, 謂疏朗通達而誠信. 大雅者, 歌其大正, 故性廣大疏達, 宜[5]歌大雅, 但廣大而不寬, 疏達而不柔, 包容未盡, 故不能歌頌.

번역 ●經文: "廣大而靜, 疏達而信者, 宜歌大雅". ○'광대(廣大)'는 뜻이 크고 편안하고 고요하다는 뜻이다. '소달(疏達)'은 트여서 두루 통하고 진실하다는 뜻이다. '대아(大雅)'는 크고 올바름을 노래한 것이기 때문에, 본성이 크고 두루 통한 자는 마땅히 대아를 노래해야 하는데, 크기만 하고 너그럽지 못하며 두루 통하기만 하고 부드럽지 못하면, 포용함이 미진하기 때문에 송(頌)을 노래할 수 없다.

孔疏 ●"恭儉而好禮者, 宜歌小雅"者, 恭, 謂以禮自持. 儉, 謂以約自處. 若好禮而動, 不越法也. 小雅者, 王者小正, 性旣恭儉好禮而守分, 不能廣大疏通, 故宜歌小雅者也.

번역 ●經文: "恭儉而好禮者, 宜歌小雅". ○'공(恭)'자는 예(禮)에 따라 스스로를 단속한다는 뜻이다. '검(儉)'자는 자신을 단속함으로 처신한다는 뜻이다. 마치 예(禮)를 좋아해서 움직이되 법도를 벗어나지 않는 경우와 같다. '소아(小雅)'라는 것은 천자의 상대적으로 작은 올바름을 나타내고 있으니, 성품이 이미 공손하고 검약하며 예법을 좋아하고 분수를 지킨다고 하더라도, 광대하고 두루 통하지 못하기 때문에 마땅히 소아를 노래해야 한다.

孔疏 ●"正直而靜, 廉而謙者, 宜歌風"者, 正直而不能包容, 靜退卽不知機變, 廉約自守, 謙恭卑退, 不能好禮自處, 其德狹劣, 故宜歌諸侯之風, 未能聽

---

5) '의(宜)'자에 대하여. 『십삼경주소(十三經注疏)』 북경대 출판본에서는 "'의'자는 본래 '직(直)'자로 기록되어 있었는데, 살펴보니, 앞의 경문 및 뒤의 소(疏) 기록에서 경문을 인용하는 곳에서는 모두 '의'자로 기록했다. 따라서 그 기록에 근거해서 글자를 고쳤다."라고 했다.

天子之雅矣.

번역 ●經文: "正直而靜, 廉而謙者, 宜歌風". ○정직하지만 포용할 수 없고, 고요하고 자신을 겸손하게 물리지만 변화의 기미를 알지 못하고, 검약하게 스스로 분수를 지키며 공손하게 자신을 낮추지만, 예법을 좋아하여 스스로 처신할 수 없으니, 그 덕은 상대적으로 협소하고 작다. 그렇기 때문에 마땅히 제후국에서 만든 풍(風)을 노래해야 하며, 천자에 대한 내용인 아(雅)에 대해서는 아직 부를 수 없다.

孔疏 ●"肆直而慈愛者, 宜歌商"者, 謂情性四放質直, 慈心愛敬者, 宜歌商. 商者, 五帝之遺聲, 言五帝道大, 故肆直慈愛者宜歌之, 以慈愛故也.

번역 ●經文: "肆直而慈愛者, 宜歌商". ○성정이 사방으로 두루 퍼지고 질박하고 강직하며 자애로운 마음을 갖고 사랑하고 공경함을 나타내는 자는 마땅히 상(商)을 노래해야 한다. '상(商)'은 오제(五帝) 때의 남겨진 소리로, 오제의 도가 크다는 뜻을 나타낸다. 그렇기 때문에 두루 통하고 강직하고 자애로운 자는 마땅히 이것을 노래해야 하니, 그가 자애롭기 때문이다.

孔疏 ●"溫良而能斷者, 宜歌齊"者, 齊, 三代之遺聲. 三代干戚所起, 裁斷是非, 故溫良能斷者, 宜歌齊也.

번역 ●經文: "溫良而能斷者, 宜歌齊". ○'제(齊)'는 삼대(三代) 때의 남겨진 소리이다. 삼대 때에는 전쟁이 일어나서 제단하고 결단하여 시비를 가렸다. 그렇기 때문에 온순하고 선량하며 결단을 할 수 있는 자는 마땅히 제(齊)를 노래해야 한다.

孔疏 ●"夫歌者, 直己而陳德也"者, 言夫歌者, 當直己身而陳論其德, 謂己有此德而宜此歌, 亦是正直己身而敷陳其德, 故云"直己而陳德也".

번역 ●經文: "夫歌者, 直己而陳德也". ○무릇 시가라는 것은 자신을 강

직하게 하고 그 덕을 진술하고 논의해야 한다는 뜻이니, 자신에게 이러한 덕이 있으므로 마땅히 그에 해당하는 노래를 불러야 하는 것은 또한 자신을 정직하게 만들고 그 덕을 두루 펼치는 것에 해당한다는 뜻이다. 그렇기 때문에 "자신을 강직하게 하고 덕을 펼친다."고 했다.

孔疏 ●"動己而天地應焉"者, 言能直己陳德, 故有四事而來應之, 言歌者運動己德, 而天地應焉.

번역 ●經文: "動己而天地應焉". ○자신을 강직하게 하고 덕을 펼칠 수 있기 때문에 이러한 네 가지 사안이 도래하며 호응하는 것이다. 즉 시가가 자신의 덕을 드러내어 천지가 호응했다는 의미이다.

孔疏 ●"四時和焉"者, 謂陰陽順也.

번역 ●經文: "四時和焉". ○음양이 순조롭게 운행한다는 뜻이다.

孔疏 ●"星辰理焉"者, 謂不悖逆也.

번역 ●經文: "星辰理焉". ○운행질서를 거스르지 않는다는 뜻이다.

孔疏 ●"萬物育焉"者, 謂群生所得也.

번역 ●經文: "萬物育焉". ○뭇 생명들이 제자리를 얻어서 생장한다는 뜻이다.

孔疏 ◎注"商, 宋詩也". ○正義曰: 以下文"商人識之", "齊人識之", 皆據其代也. 故知此商謂宋人所歌之詩, 宋是商後也.

번역 ◎鄭注: "商, 宋詩也". ○아래의 문장에서 "상나라 사람들이 알고 있다."라고 했고, "제나라 사람들이 알고 있다."라고 했는데,[6] 이 모두는 그 세대에 근거한 것이다. 그렇기 때문에 이곳에서 '상(商)'이라고 한 것은 송나라 사람들이 노래로 불렀던 시가를 뜻한다는 사실을 알 수 있으니, 송나라는 은나라의 후예국이기 때문이다.

集解 自"寬而靜"至"慈愛"四十九字, 舊在"五帝之遺聲也"之下. 鄭氏云, "此文換簡失其次, '寬而靜'宜在上, '愛者宜歌商'宜承此下行, 讀云'肆直而慈愛者宜歌商.'" 今考史記樂書, "寬而靜"至"慈愛", 在"者宜歌商"之上, 正如鄭氏之說, 今移正. 又樂書云"肆直而慈愛者", 此疊衍"愛"字.

번역 '관이정(寬而靜)'으로부터 '자애(慈愛)'까지의 49개 글자는 옛 판본에 '오제지유성야(五帝之遺聲也)' 뒤에 기록되어 있었다. 정현은 "이곳 문장은 문장의 배열이 바뀌어 본래의 순서를 잃었다. '관이정(寬而靜)'이라는 구문은 마땅히 앞으로 가야 하며, '애자의가상(愛者宜歌商)'이라는 구문은 마땅히 이곳 뒤와 연결해서, '사직이자애자의가상(肆直而慈愛者宜歌商)'이라고 읽어야 한다."라고 했다. 현재 『사기』「악서」를 살펴보니, '관이정(寬而靜)'으로부터 '자애(慈愛)'까지는 '자의가상(者宜歌商)' 앞에 기록되어 있으니, 정현의 주장과 같으므로, 현재 그에 따라 순서를 옮겨서 바로잡았다. 또 「악서」에서는 '사직이자애자(肆直而慈愛者)'라고 기록했으니, 이곳에서는 연문으로 '애(愛)'자를 중복해서 기록했다.[7]

集解 愚謂: 寬宏而安靜, 和柔而中正者, 頌之德也, 故德如此者宜歌頌. 廣大而安靜, 疏朗通達而誠信者, 大雅之德也, 故德如此者宜歌大雅. 恭儉而好

---

6) 『예기』「악기」【489c~d】: 故商者, 五帝之遺聲也, 商人識之, 故謂之商. 齊者, 三代之遺聲也, 齊人識之, 故謂之齊. 明乎商之音者, 臨事而屢斷; 明乎齊之音者, 見利而讓. 臨事而屢斷, 勇也. 見利而讓, 義也. 有勇有義, 非歌孰能保此?

7) 『사기(史記)』「악서(樂書)」: 子貢見師乙而問焉, 曰, "賜聞聲歌各有宜也, 如賜者宜何歌也?" 師乙曰, "乙, 賤工也, 何足以問所宜. 請誦其所聞, 而吾子自執焉. 寬而靜, 柔而正者宜歌頌; 廣大而靜, 疏達而信者宜歌大雅; 恭儉而好禮者宜歌小雅; 正直清廉而謙者宜歌風; 肆直而慈愛者宜歌商; 溫良而能斷者宜歌齊. 夫歌者, 直己而陳德; 動己而天地應焉, 四時和焉, 星辰理焉, 萬物育焉.

禮者, 小雅之德也, 故德如此者宜歌小雅. 正直而安靜, 廉潔而謙讓者, 國風之德也, 故德如此者宜歌風. 明乎商之音者, 臨事而屢斷, 肆直而慈愛, 則能斷事, 故宜歌商. 明乎齊之音者, 見利而讓, 溫良而能斷, 則能讓利, 故宜歌齊. 皆因其德性之所近而歌以合之也. 國風·雅·頌, 此以詩而論其德性之所近者也. 商聲·齊聲, 此以聲而論其德性之所近者也. 然商聲·齊聲, 亦必有所歌之詩. 淮南子云"寧戚商歌車下", 而其辭則非今三百篇之詩. 是商與齊別有所歌之詩矣. 或三百篇之詩亦可以商聲歌之而謂之商, 以齊聲歌之而謂之齊與. 直己而陳德, 謂直己之所行, 而用歌以陳列之也. 天地萬物皆我一體, 故歌者動己之志氣, 而天地·四時·星辰·萬物皆與之相應, 蓋莫非德之所感也.

번역 내가 생각하기에, 관대하고 도량이 크고 편안하고 고요하며 조화롭고 부드러우며 알맞고 바른 것은 송(頌)의 덕에 해당한다. 그렇기 때문에 이와 같은 덕을 가진 자는 마땅히 송(頌)을 노래해야 한다. 광대하고 편안하고 고요하며 탁 트여서 소통되고 진실한 것은 대아(大雅)의 덕에 해당한다. 그렇기 때문에 이와 같은 덕을 가진 자는 마땅히 대아(大雅)를 노래해야 한다. 공손하고 검소하며 예법을 좋아하는 것은 소아(小雅)의 덕에 해당한다. 그렇기 때문에 이와 같은 덕을 가진 자는 마땅히 소아(小雅)를 노래해야 한다. 정직하며 편안하고 고요하고 청렴하고 결백하며 겸손한 것은 국풍(國風)의 덕에 해당한다. 그렇기 때문에 이와 같은 덕을 가진 자는 마땅히 풍(風)을 노래해야 한다. 상(商)의 음에 밝은 자는 어떤 사안에 임하여 누차 결단을 하니, 정직하고 자애로우면 어떤 사안에 대해서 결단할 수 있다. 그렇기 때문에 마땅히 상(商)을 노래해야 한다. 제(齊)의 음에 밝은 자는 이로움을 보면 사양하니, 온순하고 선량하며 결단을 할 수 있다면 이로움에 대해서 사양을 할 수 있다. 그렇기 때문에 마땅히 제(齊)를 노래해야 한다. 이 모두는 그의 덕성과 가까운 것에 따라서 노래를 불러서 합치되도록 한 것이다. 국풍(國風)·아(雅)·송(頌)은 모두 『시』를 기준으로 덕성 중 근접한 것들을 논의했다. 상성(商聲)과 제성(齊聲)은 소리를 기준으로 덕성 중 근접한 것들을 논의했다. 그러므로 상성(商聲)과 제성(齊聲) 또한 반드시 노래로 불렀던 해당 시가 있었을 것이다. 『회남자』에서는 "영척(寧戚)은 수레 아래에서 상가(商歌)를 불렀다."[8]라고 했는데, 그 가사는 현재 남아있는 삼백 여 편의 『시』에는 해당하지 않는다. 이것은 상(商)과 제(齊)에도 별도로 해당하는 시가의 가사가 있었음을 나타낸다. 그것이 아니라면 현재 남아있는 삼백 여 편의 『시』에서 또한 상성(商聲)에 따라 노래로 부를 수 있었던 것을 상(商)이라고 부르고, 제성(齊聲)에 따라 노래로 부를 수 있었던 것을 '제(齊)'라고 불렀을 것이다. "자신을 강직하게 하고 덕을 펼친다."는 말은 자신의 행실을 강직하게 하고 노래를 사용하여 그 내용을 두루 펼친다는 뜻이다. 천지와 만물은 모두 나와 한 몸체가 된다. 그렇기 때문에 시가가 자신의 뜻과 기운을 움직이고, 천지 · 사시 · 성신 · 만물도 모두 그와 함께 서로 호응하니, 무릇 덕성에 따라 감동시키지 않은 것이 없기 때문이다.

구 분	덕성
송(頌)	寬而靜, 柔而正
대아(大雅)	廣大而靜, 疏達而信
소아(小雅)	恭儉而好禮,
풍(風)	正直而靜, 廉而謙
상(商)	肆直而慈愛
제(齊)	溫良而能斷

8) 『회남자(淮南子)』「주술훈(主術訓)」 : 甯戚商歌車下, 桓公喟然而寤, 至精入人深矣.

그림 76-1 자공(子貢)

※ 출처: 『성현상찬(聖賢像贊)』

• 제 77 절 •

악사 을의 답변-상(商)과 용(勇), 제(齊)와 의(義)

【489c~d】

"故商者, 五帝之遺聲也[1], 商人識之, 故謂之商. 齊者, 三代之遺聲也, 齊人識之, 故謂之齊. 明乎商之音者, 臨事而屢斷; 明乎齊之音者, 見利而讓. 臨事而屢斷, 勇也. 見利而讓, 義也. 有勇有義, 非歌孰能保此?"

직역 "故로 商者는 五帝의 遺聲이며, 商人이 識이라, 故로 商이라 謂합니다. 齊者는 三代의 遺聲이며, 齊人이 識이라, 故로 齊라 謂합니다. 商의 音에 明한 者는 事에 臨하여 屢히 斷하며; 齊의 音에 明한 者는 利를 見하고 讓합니다. 事에 臨하여 屢히 斷함은 勇입니다. 利를 見하고 讓함은 義입니다. 勇이 有하고 義가 有하더라도, 歌가 非하면 孰히 能히 此를 保합니까?"

의역 계속하여 악사 을이 대답하길, "그러므로 상(商)이라는 것은 오제 때 있었던 시가이며, 은나라의 후예들이 기억하고 있으므로 '상(商)'이라고 부릅니다. '제(齊)'라는 것은 삼대 때 있었던 시가이며, 제나라 사람들이 기억하고 있으므로 '제(齊)'라고 부릅니다. 상의 시가에 밝은 자는 어떤 사안에 임하여 누차 결단을 하며, 제의 시가에 밝은 자는 이로움을 보면 사양을 합니다. 일에 임하여 누차 결단을 하는 것은 용기에 해당합니다. 이로움을 보고 사양을 하는 것은 의로움에 해당합니다. 용맹함이 있고 의로움이 있더라도, 해당하는 시가가 아니라면 그 누가 이것들을 편안하게 여길 수 있겠습니까?"라고 했다.

---

1) 경문의 "故商者, 五帝之遺聲也."를 『예기정의(禮記正義)』에서는 "商之遺聲也."라고 기록하고 있다.

集說 保, 猶安也. 言安於勇安於義而不移也.

번역 '보(保)'자는 "편안하다[安]."는 뜻이다. 즉 용맹함에 대해 편안하게 여기고 의로움에 대해 편안하게 여겨서, 다른 곳으로 옮겨가지 않는다는 뜻이다.

集說 疏曰: 宋是商後, 此商人謂宋人也.

번역 공영달의 소(疏)에서 말하길, 송나라는 은나라의 후예국이니, 여기에서 말한 상인(商人)은 송나라 사람들을 뜻한다.

大全 嚴陵方氏曰: 明者, 不爲物蔽之謂. 肆直慈愛, 而不蔽於慈愛, 是明乎商之音者也, 故臨事而屢斷, 以慈愛之蔽在於無斷故也. 溫良能斷, 而不蔽於能斷, 是明乎齊之音者也, 故見利而讓, 以能斷之蔽在於無讓故也. 唯有勇乃能斷事, 唯有義乃能讓利, 歌五帝之遺聲, 則可以保其勇, 歌三代之遺聲, 則可以保其義, 故曰有勇有義, 非歌孰能保此. 蓋勇義人之所有非明乎歌之音, 則不足以保全之故也.

번역 엄릉방씨가 말하길, '명(明)'은 대상에 의해 가려지지 않는다는 뜻이다. 강직하고 자애롭지만 자애로움에 의해 가려지지 않는 것은 상(商)의 시가에 밝은 자이다. 그렇기 때문에 어떤 사안에 임하여 누차 결단을 하니, 지나친 자애로움으로 인해 생긴 폐단은 결단함이 없는데 있기 때문이다. 온순하고 선량하며 결단을 잘하되 지나치게 결단을 잘함에 의해 가려지지 않는 것은 제(齊)의 시가에 밝은 자이다. 그렇기 때문에 이로움을 보고 사양을 하니, 지나친 결단으로 인해 생긴 폐단은 사양함이 없는데 있기 때문이다. 오직 용맹함이 있어야만 어떤 사안에 대해서 결단을 잘 할 수 있고, 오직 의로움이 있어야만 이로움에 대해서 사양을 할 수 있는데, 오제 때의 남겨진 시가를 노래 부른다면 용맹함을 보존할 수 있고, 삼대 때의 남겨진 시가를 노래 부른다면 의로움을 보존할 수 있다. 그렇기 때문에 "용맹함이 있고 의로움이 있더라도, 시가가 아니면 그 누가 이것들을 보존할 수 있겠는가?"라고 했다. 무릇 용맹함과 의로움을 갖춘 사람이라도 시가에 대해 밝지 못한 점이 있다면, 온전히 보존하기에는 부족하기 때문이다.

鄭注 云"商之遺聲也", 衍字也. 又誤, 上所云"故商者, 五帝之遺聲也", 當居此衍字處也. 屢, 數也. 數斷事, 以其肆直也. 見利而讓, 以其溫良能斷也. 斷, 猶決也. 保, 猶安也, 知也.

번역 '상지유성야(商之遺聲也)'라고 한 말은 연문이다. 또한 순서가 잘못되어, 앞에서 '고상자오제지유성야(故商者五帝之遺聲也)'라고 한 구문은 마땅히 이곳 연문이 기록된 곳으로 와야 한다. '누(屢)'자는 자주[數]라는 뜻이다. 자주 일을 결단하니 강직하기 때문이다. 이로움을 보고 사양을 하는 것은 온순하고 선량하여 결단을 잘하기 때문이다. '단(斷)'자는 "결단하다[決]."는 뜻이다. '보(保)'자는 "편안하다[安]."는 뜻이며, "안다[知]."는 뜻이다.

釋文 斷, 丁亂反, 下及注同. 屢, 力住反. 數, 色角反, 下同.

번역 '斷'자는 '丁(정)'자와 '亂(란)'자의 반절음이며, 아래문장 및 정현의 주에 나오는 글자도 그 음이 이와 같다. '屢'자는 '力(력)'자와 '住(주)'자의 반절음이다. '數'자는 '色(색)'자와 '角(각)'자의 반절음이며, 아래문장에 나오는 글자도 그 음이 이와 같다.

孔疏 ●"故商者, 五帝之遺聲也"者, 言五帝德旣顯盛, 遺聲在於後代矣.

번역 ●經文: "故商者, 五帝之遺聲也". ○오제의 덕은 이미 현저하게 드러나고 성대하므로, 그때 남겨진 시가 중 후세에 있었던 것을 뜻한다.

孔疏 ○其"肆直而慈愛"者, 宜聽之耳, 未能行五帝之德也.

번역 ○"강직하고 자애롭다."라고 했던 자는 마땅히 따를 뿐이며, 오제의 덕을 시행할 수는 없다.

孔疏 ●"商之"至"之齊", "商之遺聲也"者, 此五字鄭云衍字者, 上已有"商者, 五帝遺聲", 故此云"商人識之", 故云"謂之商"矣.

번역 ●經文: "商之"~"之齊". ○경문의 "商之遺聲也"에 대하여. 이 다섯 글자에 대해서 정현은 연문이라고 했는데, 앞에서 이미 "'상(商)'이라는 것은 오제 때의 남겨진 시가이다."라고 했기 때문에, 이곳에서 "상나라 사람들이 알고 있다."라고 했고, "이것을 '상(商)'이라고 부른다."라고 한 것이다.

孔疏 ●"齊者, 三代之遺聲"者, 前經云"溫良而能斷者, 宜歌齊", 故此云"齊者, 三代之遺聲也".

번역 ●經文: "齊者, 三代之遺聲". ○앞의 경문에서는 "온순하고 선량하며 결단을 잘하는 사람은 마땅히 제(齊)를 노래 부른다."라고 했다. 그렇기 때문에 이곳에서는 "'제(齊)'는 삼대 때의 남겨진 시가이다."라고 했다.

孔疏 ●"齊人識之", 旣識其音曲, 故謂之齊矣. 言三王德備, 五帝道盛, 但遺聲於後代, 故溫良而能斷者宜歌之. 言宜聽歌聲, 非謂能行三代之德也.

번역 ●經文: "齊人識之". ○이미 그 악곡을 알고 있기 때문에 '제(齊)'라고 부른다. 즉 삼왕의 덕은 완비되었고 오제의 도는 융성했지만, 후대에 남겨진 시가이기 때문에 온순하고 선량하며 결단을 잘하는 자가 마땅히 노래로 불러야 한다는 뜻이다. 시가를 마땅히 따라야 한다는 뜻이지, 삼대의 덕을 시행할 수 있다는 뜻은 아니다.

孔疏 ●"明乎商之音"者, 以其肆直而慈愛, 故臨事屢斷也.

번역 ●經文: "明乎商之音". ○강직하고 자애롭기 때문에 어떤 일에 임하여 누차 결단을 한다.

孔疏 ●"明乎齊之音"者, 見利而讓者, 以其溫良能斷, 故見利而讓, 不私於己也.

번역 ●經文: "明乎齊之音". ○이로움을 보고 사양을 하는 자는 온순하고 선량하고 결단을 잘 할 수 있기 때문에, 이로움을 보고 사양을 하고, 자신의 사사로운 이익으로 취하지 않는다.

孔疏 ●"臨事而屢斷, 勇也"者, 臨危疑之事, 數能斷割, 是勇也.

번역 ●經文: "臨事而屢斷, 勇也". ○위태롭고 의심스러운 사안에 임하여 수차례 결단을 하니, 이것은 용맹함에 해당한다.

孔疏 ●"見利而讓, 義也"者, 言見利能讓, 是有義也.

번역 ●經文: "見利而讓, 義也". ○이로움을 보고 사양을 할 수 있는 것은 의로움을 갖췄다는 의미이다.

孔疏 ●"有勇有義, 非歌孰能保此"者, 保, 猶安也, 知也. 故有勇有義之人, 不是歌聲辨之, 誰能知其有勇有義? 言觀其所宜之歌, 宜歌商者, 知其有勇; 宜歌齊者, 知其有義.

번역 ●經文: "有勇有義, 非歌孰能保此". ○'보(保)'자는 "편안하다[安]."는 뜻이며, "안다[知]."는 뜻이다. 그렇기 때문에 용맹함을 갖추고 의로움을 갖춘 자라도, 시가로 변별을 하지 않으면 누가 그의 용맹함과 의로움에 대해서 알 수 있겠느냐는 뜻이다. 즉 마땅히 불러야하는 시가를 보게 되면, 상(商)을 불러야 마땅한 자에 대해서는 그가 용맹함을 갖췄다는 것을 알게 되고, 제(齊)를 불러야 마땅한 자에 대해서는 그가 의로움을 갖췄다는 것을 알게 된다는 뜻이다.

孔疏 ◎注"云商"至"處也". ○正義曰: 此經中"商之遺聲也"五字, 言無此五字, 以上經云"商者, 五帝之遺聲", 故此經不得更有"商之遺聲也", 故知衍字. 云"商者, 五帝之遺聲也, 當居此衍字處也"者, 前云"商者, 五帝之遺聲", 當居此商之處也.

번역 ◎鄭注: "云商"~"處也". ○이곳 경문에는 '상지유성야(商之遺聲也)'라는 다섯 글자가 있는데, 정현은 이 다섯 글자가 없어야 한다고 한 것이니, 앞의 경문에서 "상(商)은 오제 때의 남겨진 시가이다."라고 했기 때문에, 이곳 경문에서 재차 '상지유성야(商之遺聲也)'라는 기록이 있어서는 안 된다. 그렇기 때문에 연문임을 알 수 있다. 정현이 "'상자오제지유성야(商者五帝之遺聲也)'라고 한 구문은 마땅히 이곳 연문이 기록된 곳으로 와야 한다."라고 했는데, 앞에서 "상(商)은 오제 때의 남겨진 시가이다."라고 한 말은 마땅히 이곳 '상(商)'에 대한 기록으로 와야 한다는 뜻이다.

集解 愚謂: 上節歷言國風·雅·頌與商聲·齊聲, 此獨以商聲·齊聲申言之者, 豈非國風·雅·頌學者之所常弦誦, 而二者之聲, 或有不能盡識者與? 保, 謂保其德性之美也.

번역 내가 생각하기에, 앞 문단에서는 국풍(國風)·아(雅)·송(頌) 및 상성(商聲)·제성(齊聲)을 차례대로 열거했는데, 이곳에서는 유독 상성(商聲)과 제성(齊聲)만 거듭 언급했으니, 국풍(國風)·아(雅)·송(頌)은 학생들이 항상 현악기로 연주하고 암송하는 것이며, 나머지 상성(商聲)과 제성(齊聲)은 완전히 알 수 없는 점이 있었기 때문이 아니겠는가? '보(保)'자는 그 덕성의 아름다움을 보존한다는 뜻이다.

• 제 78 절 •

악사 을의 답변-가(歌)의 음(音)과 무(舞)

【489d~490a】

"故歌者, 上如抗, 下如隊, 曲如折, 止如槀木, 倨中矩, 句中鉤, 纍纍乎端如貫珠. 故歌之爲言也, 長言之也. 說之, 故言之; 言之不足, 故長言之; 長言之不足, 故嗟嘆之; 嗟嘆之不足, 故不知手之舞之足之蹈之也." 子貢問樂.

직역 "故로 歌者는 上하여 抗과 如하고, 下하여 隊와 如하며, 曲하여 折과 如하고, 止하여 **槀**木과 如하며, 倨하여 矩에 中하고, 句하여 鉤에 中하여, **纍纍**하게 端하여 貫珠와 如합니다. 故로 歌의 言이 爲함은 長히 言합니다. 說이라, 故로 言하고; 言이 不足이라, 故로 長히 言하며; 長히 言함이 不足이라, 故로 嗟嘆하고; 嗟嘆함이 不足이라, 故로 手가 舞하고 足이 蹈함도 不知합니다." 子貢問樂이라.

의역 계속하여 악사 을이 대답하길, "그러므로 시가라는 것을 부를 때, 높은 음은 마치 무언가를 들어 올리듯 위로 퍼지고, 낮은 음은 마치 무언가를 떨어트리듯 밑에서 울리며, 꺾이는 음은 마치 무언가가 꺾어지듯 퍼지고, 그치는 것은 마치 고사한 나무처럼 멈추며, 조금 완곡한 것은 곱자가 휘어진 것 같고, 크게 완곡한 것은 갈고리가 휘어진 것 같으며, 끊없이 이어져 단정한 것은 마치 구슬을 꿰어놓은 것과 같습니다. 그래서 시가라는 말은 길게 말을 한다는 뜻입니다. 기뻐하기 때문에 말을 하게 되고, 말하는 것으로는 부족하기 때문에 길게 말하게 되며, 길게 말하는 것으로는 부족하기 때문에 탄식을 하게 되고, 탄식을 하는 것으로는 부족하기 때문에, 손을 너울거리고 발로 춤사위를 밟는데도 스스로 깨닫지 못하는 것입니다."라고 했다. 여기까지는 「자공문악」편이다.

集說 上如抗, 下如隊, 言歌聲之高者如抗擧, 其下者如墜墮也. 槀木, 枯木也. 倨, 微曲也. 句, 甚曲也. 端, 正也. 長言之, 所謂歌永言也.

번역 "위로 울리는 것이 마치 들어 올리는 것 같고, 아래로 울리는 것이 마치 밑으로 떨어트리는 것과 같다."는 말은 노랫소리 중 높은 음은 마치 높이 든 것과 같이 퍼지고, 낮은 음은 마치 추락하는 것과 같이 울린다는 뜻이다. '고목(槀木)'은 고사한 나무이다. '거(倨)'자는 약간 굽어진 것이다. '구(句)'자는 심하게 굽어진 것이다. '단(端)'자는 "올바르다[正]."는 뜻이다. '장언지(長言之)'는 이른바 "노래는 말을 길게 읊조리는 것이다."[1]는 뜻이다.

集說 朱子曰: 看樂記大段形容得樂之氣象, 當時許多名物度數, 人人曉得, 不須說出, 故止說樂之理如此其妙. 今許多度數都沒了, 只有許多樂之意思是好, 只是沒頓放處. 又曰: 今禮樂之書皆亡, 學者但言其義, 至於器數, 則不復曉, 蓋失其本矣.

번역 주자가 말하길, 「악기」편을 살펴보면, 대체로 악(樂)의 기상에 대해서 형용하고 있는데, 당시에 수많은 명칭·사물·법칙 등에 대해서는 사람들이 모두 깨우치고 있었으므로, 별도로 설명할 필요가 없었다. 그렇기 때문에 단지 악(樂)의 이치가 이처럼 오묘하다고 설명한 것이다. 현재는 그 수많은 법칙들에 대한 내용이 모두 없어졌는데, 악(樂)의 뜻에 대한 많은 기록이 남아 있는 것은 그나마 다행이지만, 그것들을 실천할 방법이 없어졌다. 또 말하길, 현재 예악에 대한 기록들이 모두 없어져서, 학자들은 단지 그 의미만을 언급하고 구체적인 기물과 법칙에 대해서는 깨우칠 수 없으니, 근본을 잃어버린 것이다.

大全 嚴陵方氏曰: 此先長言, 而後嗟嘆, 詩則先嗟嘆, 而後永歌者, 言先嗟

---

1) 『서』「우서(虞書)·순전(舜典)」: 帝曰, 夔, 命汝典樂, 教胄子, 直而溫, 寬而栗, 剛而無虐, 簡而無傲, 詩言志, 歌永言, 聲依永, 律和聲, 八音克諧, 無相奪倫, 神人以和.

嘆, 則以嗟嘆而唱之也, 後嗟嘆, 則以嗟嘆而和之也. 彼以詩爲主, 而詩者樂之始, 故以唱爲序, 此以樂爲主, 而樂者詩之終, 故以和爲序, 非有不同意, 各有所主也.

번역 엄릉방씨가 말하길, 이곳에서는 먼저 "길게 말한다."라고 했고, 이후에 "탄식을 한다."라고 했는데, 『시』의 경우에는 먼저 "탄식을 한다."라고 했고, 이후에 "길게 노래한다."라고 했다.[2] 먼저 탄식을 한다고 했다면 탄식을 하듯 선창을 한다는 뜻이며, 뒤에 탄식을 한다고 했다면 탄식을 하듯 소리를 내어 조화를 이룬다는 뜻이다. 『시』에서는 시를 중심으로 했는데, 시는 악(樂)의 시작이 되기 때문에 선창하는 것으로 순서를 정했고, 이곳에서는 악(樂)을 중심으로 했는데, 악(樂)은 시의 마지막이 되기 때문에 조화를 이루는 것으로 순서를 정했다. 따라서 이것은 차이점이 있는 것이 아니라 각각 주안점을 두고 있는 것이 다른 것이다.

大全 金華邵氏曰: 歌之爲義, 長其言之謂也. 方其人有所悅乎中則言之, 言不足以盡其悅, 故長言之, 至於長言不足, 而聲嗟氣嘆, 嗟嘆不足, 而手舞足蹈, 樂至於此, 蓋有非歌之所能盡者, 故終之曰子貢問樂.

번역 금화소씨가 말하길, 노래라는 뜻은 말을 길게 부른다는 뜻이다. 그 사람에게 속으로 기뻐하는 점이 있으면 말을 하게 되고, 말로는 그 기쁨을 다 드러내기에 부족하기 때문에, 말을 길게 내빼서 노래를 부르며, 노래를 부르는 것으로도 부족하면, 소리를 탄식하듯 내뱉게 되고, 탄식으로도 부족하여, 손과 발로 춤을 추듯 움직이니, 악(樂)이 이러한 상황에 이르게 되는 것은 아마도 노래로는 다할 수 없는 점이 있을 것 같기 때문에, 끝에서 "자공이 음악에 대해서 물었다."라고 했다.

鄭注 言歌聲之著, 動人心之審, 如有此事. 長言之, 引其聲也. 嗟歎, 和續

2) 『시』「주남(周南)·관저(關雎)」의 모서(毛序) : 情動於中而形於言, 言之不足, 故嗟歎之, 嗟歎之不足, 故永歌之, 永歌之不足, 不知手之舞之足之蹈之也.

之也. "不知手之舞之, 足之蹈之", 歡之至也. 上下同美之也.

번역 노래의 소리가 드러남을 말한 것으로, 사람의 마음을 감동시키는 것이 이처럼 상세하여, 마치 앞서 언급한 일들이 생기는 것이다. '장언지(長言之)'는 소리를 길게 늘어트린다는 뜻이다. '차탄(嗟歎)'은 화답하며 소리가 연속되게 한다는 뜻이다. "손이 너울거리고 발이 춤사위를 밟는 것도 모른다."는 말은 기쁨이 지극한 것이다. 앞뒤의 말들에 대해서 모두 찬미를 한 것이다.

釋文 上, 時掌反. 抗, 苦浪反. 隊, 直愧反. 折, 之設反. 槁, 苦老反. 倨音據. 中, 丁仲反. 句, 紀具反. 鉤, 古侯反. 纍, 本又作累, 力追反. 說音悅. 和, 胡臥反.

번역 '上'자는 '時(시)'자와 '掌(장)'자의 반절음이다. '抗'자는 '苦(고)'자와 '浪(랑)'자의 반절음이다. '隊'자는 '直(직)'자와 '愧(괴)'자의 반절음이다. '折'자는 '之(지)'자와 '設(설)'자의 반절음이다. '槁'자는 '苦(고)'자와 '老(로)'자의 반절음이다. '倨'자의 음은 '據(거)'이다. '中'자는 '丁(정)'자와 '仲(중)'자의 반절음이다. '句'자는 '紀(기)'자와 '具(구)'자의 반절음이다. '鉤'자는 '古(고)'자와 '侯(후)'자의 반절음이다. '纍'자는 판본에 따라서 또한 '累'자로도 기록하며, 그 음은 '力(력)'자와 '追(추)'자의 반절음이다. '說'자의 음은 '悅(열)'이다. '和'자는 '胡(호)'자와 '臥(와)'자의 반절음이다.

孔疏 ●"故歌"至"貫珠", 此一經論感動人心形狀, 如此諸事.

번역 ●經文: "故歌"~"貫珠". ○이곳 경문은 사람의 마음을 감동시켜서 형상으로 나타나 이와 같은 여러 사안들이 발생한다는 것을 논의하였다.

孔疏 ●"上如抗"者, 言歌聲上饗, 感動人意, 使之如似抗擧也.

번역 ●經文: "上如抗". ○노래의 소리가 위로 울려서, 사람들의 뜻을 감동시켜 그들로 하여금 마치 무언가를 들어 올리는 것처럼 만든다는 뜻이다.

孔疏 ●"下如隊"者, 言音聲下響, 感動人意, 如似隊落之下也.

번역 ●經文: "下如隊". ○음과 소리가 아래로 울려서, 사람들의 뜻을 감동시켜 마치 무언가를 떨어트려 밑으로 내려가는 것처럼 된다는 뜻이다.

孔疏 ●"曲如折"者, 言音聲迴曲, 感動人心, 如似方折也.

번역 ●經文: "曲如折". ○음과 소리가 휘어지고 굽어서, 사람들의 마음을 감동시키는데, 마치 모가 나게 꺾인 것처럼 된다는 뜻이다.

孔疏 ●"止如槁木"者, 言音聲止靜, 感動人心, 如似枯槁之木, 止而不動也.

번역 ●經文: "止如槁木". ○음과 소리가 멈추고 고요해서, 사람들의 마음을 감동시키는데, 마치 고사한 나무처럼 그쳐서 움직이지 않는 것처럼 된다는 뜻이다.

孔疏 ●"倨中矩"者, 言其音聲雅曲, 感動人心, 如中當於矩也.

번역 ●經文: "倨中矩". ○음과 소리가 아치를 그리며 굽어져서, 사람들의 마음을 감동시키는데, 마치 마음이 곱자에 맞도록 휘어지는 것처럼 된다는 뜻이다.

孔疏 ●"句中鉤"者, 謂大屈也, 言音聲大屈曲, 感動人心, 如中當於鉤也.

번역 ●經文: "句中鉤". ○크게 굽어 있다는 뜻이니, 음과 소리가 크게 굽어져 있어서, 사람들의 마음을 감동시키는데, 마치 마음이 갈고리에 맞도록 크게 휘어지는 것처럼 된다는 뜻이다.

孔疏 ●"纍纍乎端如貫珠"者, 言聲之狀纍纍乎, 感動人心, 端正其狀, 如貫於珠, 言聲音感動於人, 令人心想形狀如此.

번역 ●經文: "纍纍乎端如貫珠". ○소리의 모습이 연속되어 사람들의 마음을 감동시키고 그 모습을 단정하게 하니, 마치 구슬을 실로 꿴 것처럼 된다는 뜻으로, 소리와 음이 사람을 감동시켜서 사람의 마음으로 하여금 생각을 이처럼 나타내도록 한다는 의미이다.

孔疏 ●"故歌"至"之也", 上論歌之形狀, 此論歌之始終相生, 至於舞蹈.

번역 ●經文: "故歌"~"之也". ○앞에서는 노래가 형상하는 것들을 논의했고, 이곳에서는 노래가 시종일관 서로 파생되어 나타나 춤을 추는 지경에 이르게 됨을 논의하였다.

孔疏 ●"故歌之爲言也, 長言之也"者, 言歌之爲言, 引液其聲, 長遠而言之.

번역 ●經文: "故歌之爲言也, 長言之也". ○노래는 그 소리를 길게 늘여서 늘어트려 말하는 것처럼 한다는 뜻이다.

孔疏 ●"說之, 故言之"者, 此更覆說歌意, 前境有可說之事來感己情, 則言之.

번역 ●經文: "說之, 故言之". ○이것은 재차 노래의 뜻을 설명한 것인데, 내 앞에 기뻐할 만한 사안이 나타나 내 감정을 감동시키게 되면 말로 표현한다는 뜻이다.

孔疏 ●"言之不足, 故長言之"者, 直言之不足, 更宣暢己意, 故引液長言之也.

번역 ●經文: "言之不足, 故長言之". ○직접적으로 말하기에 부족하므로, 재차 그 뜻을 훤히 드러내며 울려 퍼지게 한다. 그렇기 때문에 소리를 늘려서 길게 늘어트려 말한다.

孔疏 ●"長言之不足, 故嗟歎之"者, 以長言永歌之, 意猶不足, 故嗟歎之,美而和續之.

번역 ●經文: "長言之不足, 故嗟歎之". ○길게 늘어트려서 읊조리듯 노래로 불러도, 그 뜻에 아직 부족한 점이 있기 때문에 탄식을 하니, 찬미를 하며 화답해서 소리가 이어지도록 하는 것이다.

孔疏 ●"嗟歎之不足, 故不知手之舞之, 足之蹈之也"者, 言雖復嗟歎, 情猶[3]未滿, 故不覺揚手舞之, 擧足蹈之, 而手舞其體, 足蹈其地也. "之"是助句辭也. 按詩先云[4]"嗟歎", 後云"咏歌之", 此先云"長言之", 後云"嗟歎之", 文先後不同者何也? 但詩序是屬文之體, 又略言之, 故彼云"言之不足, 故嗟歎之. 嗟歎之不足, 故永歌之". 此經委曲說歌之狀, 其言備具, 故"言之, 言之不足, 故長言之, 長言之不足", 故後始云"嗟歎之"矣.

번역 ●經文: "嗟歎之不足, 故不知手之舞之, 足之蹈之也". ○비록 재차 탄식을 하더라도 정감에는 여전히 만족스럽지 못한 점이 있다. 그렇기 때문에 자신도 깨닫지 못하는 사이에 손을 들어 춤을 추고 발을 들어 춤사위를 밟는데, 손으로는 몸을 흔들어 춤추게 하고, 발로는 그 땅을 내딛게 된다. '지(之)'자는 어조사이다. 『시』를 살펴보면, 먼저 "탄식을 한다."라고 말했고 이후에 "읊조리며 노래한다."라고 했다. 이곳에서는 먼저 "길게 말한다."라고 했고 이후에 "탄식을 한다."라고 했다. 두 문장의 순서가 다른 것은 어째서인가? 다만 『시서』에서는 문장을 이어지게 기록한 것이고 또 생략해서 말했다. 그렇기 때문에 『시서』에서는 "말로도 부족하기 때문에 탄

---

3) '유(猶)'자에 대하여. '유'자는 본래 '유(由)'자로 기록되어 있었는데, 완원(阮元)의 『교감기(校勘記)』를 살펴보면, "혜동(惠棟)의 『교송본(校宋本)』에는 '유(猶)'자로 기록되어 있고, 위씨(衛氏)의 『집설(集說)』에도 동일하게 기록되어 있으니, 이곳 판본에서는 '유(猶)'자를 '유(由)'자로 잘못 기록한 것이며, 『민본(閩本)』·『감본(監本)』·『모본(毛本)』에도 동일하게 잘못 기록되어 있다."라고 했다.

4) '선운(先云)'에 대하여. '선운'은 본래 '운선(云先)'으로 기록되어 있었는데, 완원(阮元)의 『교감기(校勘記)』를 살펴보면, "『모본(毛本)』에는 '운선'이 '선운'으로 기록되어 있다."라고 했다.

식을 한다. 탄식으로도 부족하기 때문에 읊조리며 노래한다."라고 했다. 이곳 경문은 노래로 나타나는 상황을 자세히 설명하고 있고, 그 문장도 상세히 갖춰져 있다. 그러므로 "말을 하고, 말로도 부족하기 때문에 길게 말하며, 길게 말하는 것으로도 부족하다."라고 했고, 그런 뒤에야 비로소 "탄식을 한다."라고 했다.

訓纂 說文: 毌, 穿物持之也. 貫, 錢貝之貫也.

번역 『설문』에서 말하길, '모(毌)'자의 자형은 사물을 뚫어서 지지하는 모양이다. '관(貫)'자는 화폐인 조개를 꿰뚫은 모양이다.

訓纂 方性夫曰: 抗, 言聲之發揚. 隊, 言聲之重濁. 曲, 言其回轉而齊也. 止, 言其闋後而定也. 倨則不動, 不動者方之體, 故中矩. 句則不直, 不直者曲之體, 故中鉤. 纍纍乎, 聲相繫屬. 端如貫珠, 言其終始兩端相貫, 而各有成也.

번역 방성부가 말하길, '항(抗)'자는 소리가 드날린다는 뜻이다. '대(隊)'자는 소리가 무겁고 탁하다는 뜻이다. '곡(曲)'자는 굽이쳐 돌되 가지런하다는 뜻이다. '지(止)'자는 음악이 끝난 이후 안정된다는 뜻이다. 굽어지면 움직이지 않고 움직이지 않는 것은 모가 진 것의 몸체가 된다. 그렇기 때문에 곱자에 맞는다. 구부러지면 곧지 않고 곧지 않은 것은 굽은 것의 몸체가 된다. 그렇기 때문에 갈고리에 맞는다. '류류호(纍纍乎)'는 소리가 서로 연속된다는 뜻이다. 단정함이 구슬을 꿴 것과 같다는 말은 시작과 끝의 양 끝단이 서로 연결되어 있되 각각 이루는 점이 있다는 뜻이다.

訓纂 方性夫曰: 終言子貢問樂, 蓋題上事, 與文王世子言周公踐阼同義.

번역 방성부가 말하길, 끝에서 '자공문악(子貢問樂)'이라고 했는데, 이것은 아마도 앞의 내용에 대한 표제에 해당하는 것 같으니, 『예기』「문왕세자(文王世子)」편에서 '주공천조(周公踐阼)'[5]라고 기록한 것과 같은 뜻이다.

集解 郝氏敬曰: 此七者, 歌之法也. 上者聲高, 下者聲卑, 曲者聲回, 止者聲絶.

번역 학경[6]이 말하길, 여기에서 말한 일곱 가지 사안은 노래의 법도에 해당한다. '상(上)'은 소리가 높은 것이고, '하(下)'는 소리가 낮은 것이며, '곡(曲)'은 소리가 휘감아 도는 것이고, '지(止)'는 소리가 그치는 것이다.

集解 愚謂: 上下七句, 方氏 · 郝氏皆以歌聲言, 是也. 回轉謂之曲, 小折謂之倨, 大折謂之句. 纍纍者, 相連繫而不絶也. 此節形容歌聲之妙如此, 此所以直己陳德, 而可以感動天地萬物者也.

번역 내가 생각하기에, 앞뒤의 7개 구문에 대해서, 방씨와 학씨는 모두 노래의 소리를 기준으로 설명했는데, 이것은 옳은 주장이다. 휘감아 도는 것을 '곡(曲)'이라고 부르며, 조금 꺾인 것을 '거(倨)'라고 부르고, 크게 꺾인 것을 '구(句)'라고 부른다. '유유(纍纍)'는 서로 연속되어 끊어지지 않는다는 뜻이다. 이곳 문단은 노래의 소리가 이처럼 오묘하다는 것을 형용했으니, 이것이 바로 자신을 강직하게 하고 덕을 펼치며 천지와 만물을 감동시킬 수 있는 이유이다.

集解 愚謂: 歌之引聲者, 謂之長言, 虞書言"歌永言", 是也. 歌之歎和流連者, 謂之嗟歎, 賓牟賈篇所謂"詠歎之, 淫液之", 是也. 此言歌之所由生, 出於長言 · 嗟歎之不能自已, 此所以抑揚高下而有上文所言七者之聲也. 至於嗟歎之不足, 而至於手之舞之, 足之蹈之, 則又由歌而爲舞, 而性術之變盡矣.

번역 내가 생각하기에, 노래를 부를 때 소리를 길게 내빼는 것을 '장언(長言)'이라고 부르니, 『서』「우서(虞書)」에서 "노래는 말을 길게 읊조린

5) 『예기』「문왕세자(文王世子)」【256c】 : 周公踐阼.

6) 학경(郝敬, A.D.1558~A.D.1639) : =학중여(郝仲輿). 명(明)나라 때의 학자이다. 자(字)는 중여(仲輿)이고, 호(號)는 초망(楚望)이다. 경학에 능통하여, 수많은 저서를 남겼다.

다."라고 한 말에 해당한다. 노래를 부르며 탄식을 하듯 화답하여 끊임없이 흘러 연속되도록 하는 것을 '차탄(嗟歎)'이라고 부르는데, 「빈무고」편에서 말한 "소리를 길게 내서 노래하고, 물이 흐르듯 소리가 연속되어 끊이지 않는다."[7]라고 한 말에 해당한다. 이것은 노래가 말미암아 생겨나는 것들은 말을 길게 하고 탄식하는 것을 스스로 그만둘 수 없는 것에서 도출된다는 뜻이니, 이것이 바로 누르거나 휘날리고 높이거나 낮춰서, 앞에서 말한 일곱 가지 사안에 대한 소리가 생기는 이유이다. 탄식을 하는 것으로도 부족함에 이르게 되어, 손으로 너울거리고 발로 춤사위를 밟는데 이르게 되면, 또한 노래로 인해 춤을 추게 된 것이니, 본성이 나타나는 변화가 여기에서 다하게 된다.

集解 此篇題之名. 古書篇題皆在篇末, 此十一篇蓋皆有之. 先儒合十一篇爲一篇, 而刪去其每篇末篇題之名, 獨此失於刪去, 故尙存耳.

번역 '자공문악(子貢問樂)'이라고 했는데, 이것은 편명이다. 고대의 기록에서 편명은 모두 그 편의 기록 마지막에 있었다. 이곳 「악기」에 포함된 11개 편에는 아마도 이러한 편명이 모두 있었을 것이다. 다만 선대 학자들은 11개 편을 하나의 편으로 합쳐서, 매편 끝에 있던 편명을 삭제했는데, 유독 이곳 기록에 대해서만 실수로 삭제를 하지 못했기 때문에, 여전히 남아있는 것일 뿐이다.

集解 右師乙篇第十一.

번역 여기까지는 「사을(師乙)」 제 11편이다

7) 『예기』「악기」【482a】: "咏歎之, 淫液之, 何也?" 對曰, "恐不逮事也."

樂記 人名 및 用語 辭典

ㄱ

◎ **가정본(嘉靖本)** : 『가정본(嘉靖本)』에는 간행한 자의 정보가 기록되어 있지 않다. 『십삼경주소(十三經注疏)』의 판본이다. 20권으로 구성되어 있으며, 각 권의 뒤편에는 경문(經文)과 그에 따른 주(注)를 간략히 기록하고 있다. 단옥재(段玉裁)는 이 판본이 가정(嘉靖) 연간에 송본(宋本)을 모방하여 간행된 것이라고 여겼다.

◎ **각(刻)** : '각'은 시간의 단위이다. 고대에는 물통에 작은 구멍을 내서, 물이 떨어진 양을 보고 시간을 헤아렸다. 하루를 100'각'으로 나누었는데, 한(漢)나라 애제(哀帝) 건평(建平) 2년(-5년) 때에는 20'각'을 더해서, 하루의 길이를 총 120'각'으로 정하였다. 『한서(漢書)』「애제기(哀帝紀)」편에는 "漏刻以百二十爲度."라는 기록이 있는데, 이에 대한 안사고(顔師古)의 주에서는 "舊漏晝夜共百刻, 今增其二十."이라고 풀이하였다. 그리고 남북조(南北朝) 시기 양(梁)나라 무제(武帝)는 8'각'을 1진(辰)으로 정하여, 낮과 밤의 길이를 각각 12'진' 96'각'으로 정하였다.

◎ **간무(干舞)** : '간무'는 고대의 사용되었던 무무(武舞) 중 하나이다. 무용수들이 방패를 들고 추는 춤이었으며, 주(周)나라 때에는 여섯 가지 소무(小舞) 중 하나로 여겼다. 또한 '간무'는 병장기를 들고 추는 춤이기 때문에, '병무(兵舞)'라고도 불렀다. 『주례』「춘관(春官)·악사(樂師)」편에는 "樂師掌國學之政, 以教國子小舞. 凡舞, 有帗舞, 有羽舞, 有皇舞, 有

旄舞, 有干舞, 有人舞."라는 기록이 있는데, 이에 대한 정현의 주에서는 정사농(鄭司農)의 주장을 인용하여, "干舞者, 兵舞."라고 풀이했다.

◎ **감본(監本)** : 『감본(監本)』은 명(明)나라 국자감(國子監)에서 간행한 『십삼경주소(十三經注疏)』의 판본이다.

◎ **개성석경(開成石經)** : 『개성석경(開成石經)』은 당(唐)나라 만들어진 석경(石經)을 뜻한다. 돌에 경문(經文)을 새겼기 때문에, '석경'이라고 부른다. 당나라 때 만들어진 '석경'은 대화(大和) 7년(A.D.833)에 만들기 시작하여, 개성(開成) 2년(A.D.837)에 완성되었기 때문에, '개성석경'이라고도 부르는 것이다.

◎ **건안진씨(建安眞氏)** : =서산진씨(西山眞氏)

◎ **경성(景星)** : '경성'은 대성(大星)·덕성(德星)·서성(瑞星)으로도 부른다. 도덕이 갖춰진 나라에게만 나타난다는 상서로운 징표의 별이다. 『문자(文子)』「정성(精誠)」편에는 "故精誠內形氣動于天, 景星見, 黃龍下, 鳳凰至, 醴泉出, 嘉穀生, 河不滿溢, 海不波涌."이라는 용례가 있다.

◎ **경원보씨(慶源輔氏, ?~?)** : =보광(輔廣)·보한경(輔漢卿). 남송(南宋) 때의 학자이다. 자(字)는 한경(漢卿)이고, 호(號)는 잠암(潛庵)·전이(傳貽)이다. 여조겸(呂祖謙)과 주자(朱子)에게서 학문을 배웠다. 저서로는 『사서찬소(四書纂疏)』, 『육경집해(六經集解)』 등이 있다.

◎ **고공기(考工記)** : 『고공기(考工記)』는 『동관고공기(冬官考工記)』라고도 부른다. 공인(工人)들에 대한 공예기술(工藝技術) 서적이다. 작자는 미상이다. 강영(江永)은 『고공기』의 작자를 제(齊)나라 사람으로 추정하였고, 곽말약(郭沫若)은 춘추시대(春秋時代) 말기에 제나라에서 제작된 관서(官書)와 관련이 깊다고 추정하였다. 『주례(周禮)』는 천관(天官), 지관(地官), 춘관(春官), 하관(夏官), 추관(秋官), 동관(冬官) 등 육관(六官)의 체제로 구성되어 있는데, 그 중 '동관'에 대한 기록이 누락되어 있어서, 한(漢)나라 무제(武帝) 때, 『고공기』를 가지고 누락된 부분을 보충하게 되었다. 그렇기 때문에 『고공기』를 또한 『동관고공기』라고도 부르는 것이다. 각종 공인들의 직책과 직무들이 기록되어 있다.

◎ **고문송판(考文宋板)** : 『고문송판(考文宋板)』은 일본 학자 산정정(山井鼎) 등이 출간한 『칠경맹자고문보유(七經孟子考文補遺)』에 수록된 『예기정의(禮記正義)』를 뜻한다. 산정정은 『예기정의』를 수록할 때, 송(宋)나라 때의 판본을 저본으로 삼았다.

◎ **고염무(顧炎武, A.D.1613~A.D.1682)** : 명말(明末) 때의 학자이다. 자(字)는 영인(寧人)이고, 호(號)는 정림(亭林)이다. 경학과 사학(史學) 분야에 뛰어났다. 『일지록(日知錄)』 등의 저서가 있다.

◎ **고유(高誘, ?~?)** : 후한(後漢) 때의 경학자(經學者)이다. 어려서부터 노식(盧植)에게서 수학하였다고 전해진다.

◎ **곤면(袞冕)** : '곤면'은 곤룡포와 면류관을 뜻한다. 본래 천자의 제사복장으로, 비교적 중요한 제사 때 입는다. 윗옷과 아랫도리에 새겨진 무늬 등은 9가지이다. 『주례』「춘관(春官)·사복(司服)」편에는 "享先王則袞冕."이라는 기록이 있다. 이에 대한 정현의 주에서는 "冕服九章, 登龍於山, 登火於宗彝, 尊其神明也. 九章, 初一曰龍, 次二曰山, 次三曰華蟲, 次四曰火, 次五曰宗彝, 皆畫以爲繢. 次六曰藻, 次七曰粉米, 次八曰黼, 次九曰黻, 皆希以爲繡. 則袞之衣五章, 裳四章, 凡九也."라고 풀이했다. 즉 '곤면'의 윗옷에는 용(龍), 산(山), 화충(華蟲), 화(火), 종이(宗彝) 등 5가지 무늬를 그려놓고, 아랫도리에는 조(藻), 분미(粉米), 보(黼), 불(黻) 등 4가지를 수놓았다.

◎ **공씨(孔氏)** : =공영달(孔穎達)

◎ **공안국(孔安國, ?~?)** : 전한(前漢) 때의 학자이다. 자(字)는 자국(子國)이다. 고문상서학(古文尙書學)의 개조(開祖)로 알려져 있다. 『십삼경주소(十三經注疏)』의 『상서정의(尙書正義)』에는 공안국의 전(傳)이 수록되어 있는데, 통상적으로 이 주석은 후대인들이 공안국의 이름에 가탁하여 붙인 문장으로 인식되고 있다.

◎ **공영달(孔穎達, A.D.574~A.D.648)** : =공씨(孔氏). 당대(唐代)의 경학자이다. 자(字)는 중달(仲達)이고, 시호(諡號)는 헌공(憲公)이다. 『오경정의(五經正義)』를 찬정(撰定)하는데 중심적인 역할을 했다.

◎ **곽경순(郭景純)** : =곽박(郭璞)

◎ **곽박(郭璞, A.D.276~A.D.324)** : =곽경순(郭景純). 진(晉)나라 때의 학자이다. 자(字)는 경순(景純)이다. 저서로는 『이아주(爾雅注)』, 『방언주(方言注)』, 『산해경주(山海經注)』 등이 있다.

◎ **광아(廣雅)** : 『광아(廣雅)』는 위(魏)나라 때 장읍(張揖)이 지은 자전(字典)이다. 『박아(博雅)』라고도 부른다. 『이아』의 체제를 계승하고, 새로운 내용을 보충하여, 경전(經典)에 기록된 글자들을 해석한 서적이다. 본래 상·중·하 3권으로 구성되어 있었지만, 수(隋)나라 조헌(曺憲)

이 재차 10권으로 편집하였다. 한편 '광(廣)'자가 수나라 양제(煬帝)의 시호였기 때문에, 피휘를 하여, 『박아』라고 부르게 되었다.

◎ **광운(廣韻)** : 『광운(廣韻)』은 수(隋)나라 때의 학자인 육법언(陸法言, ?~?)이 찬(撰)한 음운학 서적이다. 여러 학자들과 논의하여 『절운(切韻)』을 만들었는데, 당(唐)나라 때 그의 후손인 육눌언(陸訥言) 등이 주를 달았고, 손면(孫愐)이 증보(增補)를 하여 『광운(廣韻)』으로 제목을 고쳤다. 송(宋)나라 때에는 칙명으로 다시 증보를 하여, 『대송중수광운(大宋重修廣韻)』으로 제목을 고쳤다. 『대송중수광운』으로 개명되면서, 최초 육법언 및 손면이 편찬한 원본의 체제가 없어지게 되었다.

◎ **교감기(校勘記)** : 『교감기(校勘記)』는 완원(阮元)이 학자들을 모아서 편차했던 『십삼경주소교감기(十三經註疏校勘記)』를 뜻한다.

◎ **교기(校記)** : 『교기(校記)』는 손이양(孫詒讓)이 지은 『십삼경주소교기(十三經注疏校記)』를 뜻한다.

◎ **교제(郊祭)** : '교제'는 '교사(郊祀)'라고도 부른다. 교외(郊外)에서 천지(天地)에 제사를 지냈기 때문에 붙여진 명칭이다. 음양설(陰陽說)이 성행했던 한(漢)나라 때에는 하늘에 대한 제사는 양(陽)의 뜻을 따라 남교(南郊)에서 지냈고, 땅에 대한 제사는 음(陰)의 뜻을 따라 북교(北郊)에서 지냈다. 『한서』「교사지하(郊祀志下)」편에는 "帝王之事莫大乎承天之序, 承天之序莫重於郊祀. …… 祭天於南郊, 就陽之義也. 地於北郊, 卽陰之象也."라는 기록이 있다. 한편 '교사'는 후대에 제사를 범칭하는 용어로도 사용되었다. '교사' 중의 '교(郊)'자는 규모가 큰 제사를 뜻하며, '사(祀)'는 비교적 규모가 작은 제사들을 뜻한다.

◎ **교학(郊學)** : '교학'은 주(周)나라 때 원교(遠郊) 지역에 설치된 소학(小學)을 뜻한다. 참고적으로 향학(鄕學)은 근교(近郊) 안에 위치하였다. 또한 동쪽 교외에 있는 동학(東學)을 왕성의 동쪽에 설치한 대학(大學)으로 여기고, 서쪽 교외에 있는 서학(西學)을 왕성의 서쪽에 있는 소학(小學)으로 여겨서, '교학'을 대학과 소학을 모두 지칭하는 용어로도 사용했다.

◎ **구주(九疇)** : '구주'는 천하를 다스리는 아홉 가지의 큰 규범을 뜻한다. '주(疇)'자는 부류[類]를 뜻한다. 전설상으로는 천제가 우(禹)임금에게 「낙서(洛書)」를 내려주어 이러한 아홉 가지의 큰 규범을 실천하도록 했다고 전혀진다. 첫 번째는 오행(五行)이고, 두 번째는 공경을 실천

함에 오사((五事)를 실천하는 것이며, 세 번째는 농사에 팔정(八政)을 사용하는 것이고, 네 번째는 화합시킴에 오기(五紀)를 사용하는 것이며, 다섯 번째는 세움에 있어 황극(皇極)을 사용하는 것이고, 여섯 번째는 다스림에 삼덕(三德)을 사용하는 것이며, 일곱 번째는 밝힘에 계의(稽疑)를 사용하는 것이고, 여덟 번째는 상고를 할 때 서징(庶徵)을 사용하는 것이며, 아홉 번째는 향함에 오복(五福)을 사용하고, 위엄을 세움에 육극(六極)을 사용하는 것이다. 『서』「주서(周書)·홍범(洪範)」편에는 "初一曰五行, 次二曰敬用五事, 次三曰農用八政, 次四曰協用五紀, 次五曰建用皇極, 次六曰乂用三德, 次七曰明用稽疑, 次八曰念用庶徵, 次九曰嚮用五福威用六極."이라는 기록이 있고, 이에 대한 공안국(孔安國)의 전(傳)에서는 "天與禹, 洛出書, 神龜負文而出, 列於背, 有數至於九. 禹遂因而第之, 以成九類."라고 풀이했다.

◎ **국로(國老)** : '국로'는 노년으로 인해 관직에서 물러난 경(卿)·대부(大夫)·사(士)를 뜻한다. 또한 고위 관직자 중에서도 유덕한 자를 지칭하는 용어로도 사용되며, '국로' 안에서도 삼로(三老)와 오경(五更)으로 분류되는 자들은 더욱 존귀하게 여겨졌다. 후대에는 중신(重臣)들을 지칭하는 용어로도 사용되었다.

◎ **국자(國子)** : '국자'는 천자 및 공(公), 경(卿), 대부(大夫)의 자제들을 말한다. 때론 상황에 따라 천자의 태자(太子) 및 왕자(王子)를 포함시키지 않는 경우도 있다. 『주례』「지관(地官)·사씨(師氏)」편에는 "以三德教<u>國子</u>"라는 기록이 있고, 이에 대한 정현의 주에서 "國子, 公卿大夫之子弟."라고 풀이한 용례와 『한서(漢書)』「예악지(禮樂志)」편에서 "朝夕習業, 以教國子. <u>國子</u>者, 卿大夫之子弟也."라고 풀이한 용례가 바로 여기에 해당한다. 그러나 이것은 천자에 대한 언급을 가급적 회피했기 때문에, 생략하여 기술하지 않은 것이다. 청대(清代) 유서년(劉書年)의 『유귀양설경잔고(劉貴陽說經殘稿)』「국자증오(國子證誤)」편에서 "國子者, 王大子, 王子, 諸侯公卿大夫士之子弟, 皆是, 亦曰國子弟."라고 풀이하고 있는 것처럼, '국자'에는 천자의 태자와 왕자들까지도 포함된다.

◎ **군례(軍禮)** : '군례'는 오례(五禮) 중 하나로, 군대와 관련된 예제(禮制)를 뜻한다. 참고적으로 고대 중국에서는 각 계절마다 군대와 관련된 의식을 시행하였는데, 봄에 하는 것을 진려(振旅)라고 불렀고, 여름에

하는 것을 발사(拔舍)라고 불렀으며, 가을에 하는 것을 치병(治兵)이라고 불렀고, 겨울에 하는 것을 대열(大閱)이라고 불렀다. 이러한 의식들이 모두 '군례'에 포함된다.

◎ **금로(金路)** : '금로'는 금로(金輅)라고도 부른다. 천자가 사용하는 다섯 가지 수레 중 하나이다. 금(金)으로 수레를 치장했기 때문에, '금로'라고 부르게 되었다. 대기(大旂)라는 깃발을 세웠고, 빈객(賓客)을 접대하거나, 동성(同姓)인 자를 분봉할 때 사용하였다. 『주례』「춘관(春官)·건거(巾車)」편에는 "金路, 鉤樊纓九就, 鉤, 樊纓九就, 建大旂, 以賓, 同姓以封."라는 기록이 있고, 이에 대한 정현의 주에서는 "金路, 以金飾諸末."이라고 풀이했다.

◎ **금로(金輅)** : =금로(金路)

◎ **금화소씨(金華邵氏, ?~?)** : =소연(邵淵)·소만종(邵萬宗). 남송(南宋) 때의 유학자이다. 이름은 연(淵)이고, 자(字)는 만종(萬宗)이다. 『주자문집(朱子文集)』에는 장사박사(長沙博士)로 기록되어 있다. 『예기』의 「곡례(曲禮)」, 「왕제(王制)」, 「악기(樂記)」, 「대학(大學)」, 「중용(中庸)」에 대해 해설하였다.

◎ **금화응씨(金華應氏, ?~?)** : =응용(應鏞)·응씨(應氏)·응자화(應子和). 이름은 용(鏞)이다. 자(字)는 자화(子和)이다. 『예기찬의(禮記纂義)』를 지었다.

ㄴ

◎ **남송석경(南宋石經)** : 『남송석경(南宋石經)』은 송(宋)나라 고종(高宗) 때 돌에 새긴 『십삼경주소(十三經注疏)』의 판본이다. 그러나 『예기(禮記)』에 대해서는 「중용(中庸)」 1편만을 기록하고 있다.

◎ **노문초(盧文弨, A.D.1717~A.D.1784)** : 청(淸)나라 때의 학자이다. 자(字)는 소궁(召弓)이고, 호는 경재(檠齋)·기어(磯漁)·포경(抱經)이다. 포경선생(抱經先生)으로 일컬어지기도 하였다. 단옥재(段玉裁), 대진(戴震) 등과 교우하였다. 고증학(考證學)에 뛰어났다. 또한 각 서적들에 대해서 교감을 하였다. 저서로는 『의례주소상교(儀禮注疏詳校)』, 『광아주(廣雅注)』, 『포경당집(抱經堂集)』 등이 있다.

ㄷ

◎ **단(袒)** : '단'은 상중(喪中)에 남자들이 취하는 복장 방식이다. 상의 중 좌측 어깨 쪽을 드러내는 방법이다. 한편 일반적인 의례절차에서도 단(袒)의 복장 방식을 취하는 경우가 있다.

◎ **단면(端冕)** : '단면'은 검은색의 옷과 면류관을 뜻한다. 즉 현면(玄冕)을 의미한다. '단(端)'자는 검은색의 옷을 뜻하는데, 면복(冕服)에 대해서, '단'자로 지칭하는 것은 면복 자체가 정폭(正幅)으로 제작되기 때문에, '단'자를 붙여서 부르는 것이다. 『예기』「악기(樂記)」편에서는 "吾端冕而聽古樂, 則唯恐臥; 聽鄭衛之音, 則不知倦."이라는 기록이 있는데, 이에 대한 정현의 주에서는 "端, 玄衣也."라고 풀이했고, 공영달(孔穎達)의 소(疏)에서는 "云'端, 玄衣也'者, 謂玄冕也. 凡冕服, 皆其制正幅, 袂二尺二寸, 袪尺二寸, 故稱端也."라고 풀이했다.

◎ **단옥재(段玉裁, A.D.1735~A.D.1815)** : 청(淸)나라 때의 학자이다. 자(字)는 약응(若膺)이고, 호(號)는 무당(懋堂)이다. 저서로는 『설문해자주(說文解字注)』, 『육서음균표(六書音均表)』, 『고문상서찬이(古文尙書撰異)』 등이 있다.

◎ **당우(唐虞)** : '당우'는 당요(唐堯)와 우순(虞舜)을 병칭하는 용어이다. 요순(堯舜)시대를 가리키며, 의미상으로는 태평성세(太平盛世)를 뜻한다. 『논어』「태백(泰伯)」편에는 "唐虞之際, 於斯爲盛."이라는 용례가 있다.

◎ **대갱(大羹)** : '대갱'은 조미료를 첨가하지 않은 고깃국이다. 『예기』「악기(樂記)」편에는 大饗之禮, 尙玄酒而俎腥魚, 大羹不和, 有遺味者矣."라는 기록이 있고, 이에 대한 정현의 주에서는 "大羹, 肉湆, 不調以鹽菜."라고 풀이했다.

◎ **대무(大武)** : '대무'는 주(周)나라 때의 악무(樂舞) 중 하나로, 무왕(武王)에 대한 악무이다. 『주례』「춘관(春官)·대사악(大司樂)」편에는 '대무'에 대한 용례가 나오고, 이에 대한 정현의 주에서는 "大武, 武王樂也."라고 풀이하였다.

◎ **대무(大舞)** : '대무'는 악무(樂舞) 중에서도 성대한 것으로, 나이가 어린 자들이 익히는 소무(小舞)와 상대된다. '대무'는 정규 제사에서 사용되었으며, 대사악(大司樂)이 그 교육을 담당했다.

◎ **대사례(大射禮)** : '대사례'는 제사를 지낼 때, 제사를 돕는 자들을 채택하

기 위해 시행하는 활쏘기 대회이다. 천자의 경우에는 '교외 및 종묘[郊廟]'에서 제사를 지낼 때, 제후 및 군신(群臣)들과 미리 활쏘기를 하여, 적중함이 많은 자를 채택하고, 채택된 자로 하여금 천자가 주관하는 제사에 참여하도록 하는 의례(儀禮)이다. 『주례』「천관(天官)·사구(司裘)」편에는 "王大射, 則共虎侯, 熊侯, 豹侯, 設其鵠."이라는 기록이 있는데, 이에 대한 정현의 주에서는 "大射者, 爲祭祀射. 王將有郊廟之事, 以射擇諸侯及群臣與邦國所貢之士可以與祭者. …… 而中多者得與於祭."라고 풀이하였다. 한편 각 계급에 따라 '대사례'의 예법에는 차등이 있었는데, 예를 들어 천자가 시행하는 '대사례'에서는 표적으로 호후(虎侯), 웅후(熊侯), 표후(豹侯)가 사용되었고, 표적지에는 곡(鵠)을 설치했다. 그리고 제후가 시행하는 '대사례'에서는 웅후(熊侯), 표후(豹侯)가 사용되었고, 표적지에 곡(鵠)을 설치했다. 경(卿)과 대부(大夫)의 경우에는 미후(麋侯)를 사용하였고, 표적지에 곡(鵠)을 설치했다.

◎ **대종(岱宗)** : '대종'은 오악(五嶽) 중 동악(東嶽)에 해당하는 태산(泰山)을 가리킨다. 대(岱)자는 태산을 뜻하고, 종(宗)자는 존귀하다는 의미에서 붙여진 것으로 풀이하기도 한다.

◎ **대축(大祝)** : '대축'은 제사와 관련된 관직이다. 『예기』「곡례하(曲禮下)」편에는 "天子建天官, 先六大, 曰大宰, 大宗, 大史, 大祝, 大士, 大卜, 典司六典."이라고 하여, 대재(大宰)와 함께 천관(天官)에 소속된 관리로 기술되어 있다. 한편 『주례』「춘관종백(春官宗伯)」편에는 "大祝, 下大夫二人, 上士四人, 小祝, 中士八人, 下士十有六人, 府二人, 史四人, 胥四人, 徒四十人."이라고 하여, '대축'은 하대부(下大夫) 2명이 담당하고, 그 직속 휘하에는 상사(上士) 4명이 배속되어 있으며, '대축'을 돕는 소축(小祝) 관직에는 중사(中士) 4명이 담당하고, 그 휘하에는 하사(下士) 16명, 부(府) 2명, 사(史) 4명, 서(胥) 4명, 도(徒) 40명이 배속되어 있다고 기록되어 있다. 또 『주례』「춘관(春官)·대축(大祝)」편에는 "掌六祝之辭, 以事鬼神示, 祈福祥求永貞."이라고 하여, '대축'은 여섯 가지 축문에 관한 일을 담당하여, 이것으로써 귀신을 섬겨 복을 기원하는 일을 했다고 기록되어 있다.

◎ **대함(大咸)** : '대함'은 요(堯)임금 때의 악무(樂舞)이다. 주(周)나라의 육무(六舞) 중 하나로 정착하였다. 또한 함지(咸池)라고도 부른다.

◎ **대향(大饗)** : '대향'은 대향(大享)이라고도 부른다. '대향'은 본래 선왕

(先王)에게 협제(祫祭)를 지낸다는 뜻이다. 『예기』「예기(禮器)」편에는 "大饗, 其王事與."라는 기록이 있고, 이에 대한 정현의 주에서는 "謂祫祭先王."이라고 풀이하였고, 『순자』「예론(禮論)」편에는 "大饗尙玄尊, 俎生魚, 先大羹, 貴食飮之本也."라는 기록이 있는데, 이에 대한 양경(楊倞)의 주에서는 "大饗, 祫祭先王也."라고 풀이하였다. 또한 '대향'의 뜻 중에는 선왕뿐만 아니라, 천제(天帝)인 오제(五帝)에게 두루 제사 지낸다는 뜻도 있다. 『예기』「월령(月令)」편에는 "是月也, 大饗帝."라는 기록이 있고, 이에 대한 정현의 주에서는 "言大饗者, 遍祭五帝也. 曲禮曰大饗不問卜, 謂此也."라고 풀이하였다.

◎ **동학(東學)** : '동학'은 주나라 때 왕성의 동쪽에 설치된 대학(大學)을 뜻한다.

◎ **두예(杜預, A.D.222~A.D.284)** : =두원개(杜元凱). 서진(西晉) 때의 유학자이다. 경조(京兆) 두릉(杜陵) 출신이다. 자(字)는 원개(元凱)이다. 『춘추경전집해(春秋經典集解)』를 저술하였는데, 이 책은 현존하는 『춘추(春秋)』의 주석서 중 가장 오래된 것이며, 『십삼경주소(十三經注疏)』의 『춘추좌씨전정의(春秋左氏傳正義)』에도 채택되어 수록되었다.

ㅁ

◎ **마(禡)** : '마'는 군대를 출병할 때 지내는 제사이다. '마'제사와 관련된 예법은 망실되어, 자세한 내용을 알 수 없다. 다만 정벌한 지역에서 지내는 제사로, 병사들을 위해 기도하는 것이 주된 목적이었다. 『예기』「왕제(王制)」편에는 "天子將出征, 類乎上帝, 宜乎社, 造乎禰, 禡於所征之地, 受命於祖, 受成於學."이라는 기록이 있고, 이 문장에 대한 정현의 주에서는 "禡, 師祭也, 爲兵禱, 其禮亦亡."이라고 풀이했다.

◎ **마계장(馬季長)** : =마융(馬融)

◎ **마씨(馬氏)** : =마희맹(馬晞孟)

◎ **마언순(馬彥醇)** : =마희맹(馬晞孟)

◎ **마융(馬融, A.D.79~A.D.166)** : =마계장(馬季長). 후한대(後漢代)의 경학자(經學者)이다. 자(字)는 계장(季長)이며, 마속(馬續)의 동생이다. 고문경학(古文經學)을 연구하였으며, 『주역(周易)』, 『상서(尙書)』, 『모시(毛詩)』, 『논어(論語)』, 『효경(孝經)』 등을 두루 주석하고, 『노자(老子)』,

『회남자(淮南子)』 등도 주석하였지만 현재 전해지지 않는다.

◎ **마희맹(馬晞孟, ?~?)** : =마씨(馬氏)·마언순(馬彦醇). 자(字)는 언순(彦醇)이다. 『예기해(禮記解)』를 찬술했다.

◎ **만악(縵樂)** : '만악'은 잡악(雜樂)이라고도 부른다. 여러 음과 악기를 섞어서 사용하기 때문에 순일하지 않지만 음의 조화를 이루는 음악이다. 『주례』「춘관(春官)·경사(磬師)」편에는 "教縵樂·燕樂之鍾磬."이라는 기록이 있고, 이에 대한 정현의 주에서는 "縵, 謂雜聲之和樂者也."라고 풀이했다.

◎ **면복(冕服)** : '면복'은 대부(大夫) 이상의 계층이 착용하는 예관(禮冠)과 복식을 뜻한다. 무릇 길례(吉禮)를 시행할 때에는 모두 면류관[冕]을 착용하는데, 복장의 경우에는 시행하는 사안에 따라서 달라진다.

◎ **명당(明堂)** : '명당'은 일반적으로 고대 제왕이 정교(政敎)를 베풀던 장소를 지칭하는 용어로 사용되었다. 이곳에서는 조회(朝會), 제사(祭祀), 경상(慶賞), 선사(選士), 양로(養老), 교학(敎學) 등의 국가 주요 업무가 시행되었다. 『맹자』「양혜왕하(梁惠王下)」편에는 "夫明堂者, 王者之堂也."라는 용례가 있고, 『옥태신영(玉台新詠)』「목난사(木蘭辭)」편에도 "歸來見天子, 天子坐明堂."이라는 용례가 있다. '명당'의 규모나 제도는 시대마다 다르다. 또한 '명당'이라는 건물군 중에서 남쪽의 실(室)을 가리키는 용어로도 사용되었다.

◎ **모무(旄舞)** : '모무'는 주(周)나라 때 여섯 종류의 소무(小舞) 중 하나였다. 문무(文舞)에 해당하며, 무용수들이 소의 긴 꼬리털을 잡고 휘두르며 춤을 추었다.

◎ **모본(毛本)** : 『모본(毛本)』은 명(明)나라 말기 급고각(汲古閣)에서 간행된 『십삼경주소(十三經注疏)』의 판본이다. 급고각은 모진(毛晋)이 지은 장서각이었으므로, 이러한 명칭이 생겼다.

◎ **목로(木路)** : '목로'는 목로(木輅)라고도 부른다. 천자가 사용하는 다섯 가지 수레 중 하나이다. 단지 옻칠만 하고, 가죽으로 덮지 않았으며, 다른 치장을 하지 않았기 때문에, '목로'라고 부르게 되었다. 대휘(大麾)라는 깃발을 세웠고, 사냥을 하거나, 구주(九州) 지역 이외의 나라를 분봉해줄 때 사용하였다. 『주례』「춘관(春官)·건거(巾車)」편에는 "木路, 前樊鵠纓, 建大麾, 以田, 以封蕃國."이라는 기록이 있고, 이에 대한 정현의 주에서는 "木路, 不鞔以革, 漆之而已."라고 풀이했다.

◎ **목로(木輅)** : =목로(木路)

◎ **목록(目錄)** : 『목록(目錄)』은 정현이 찬술했다고 전해지는 『삼례목록(三禮目錄)』을 가리킨다. 『십삼경주소(十三經注疏)』에서 인용되고 있지만, 이 책은 『수서(隋書)』가 편찬될 당시에 이미 일실되어 존재하지 않았다. 『수서』「경적지(經籍志)」편에는 "三禮目錄一卷, 鄭玄撰, 梁有陶弘景注一卷, 亡."이라는 기록이 있다.

◎ **무무(武舞)** : '무무'는 문무(文舞)와 상대되는 용어이다. 주(周)나라 때에 생겨났다. 무용수들이 도끼와 방패 등의 병장기를 들고 추는 춤이다. 통치자의 무공(武功)을 기리는 뜻을 춤으로 표현한 것이다.

◎ **무사(舞師)** : '무사'는 주(周)나라 때의 관리이다. 의례를 시행할 때 필요로 하는 춤들을 가르치고, 관련 일들을 담당했다. '무사'라는 관직은 하사(下士) 2명이 담당을 했으며, 그 휘하에는 서(胥) 4명, 무도(舞徒) 40명이 배속되어 있었다. 『주례』「지관사도(地官司徒)」편에는 "舞師, 下士二人, 胥四人, 舞徒四十人."이라는 기록이 있다.

◎ **무산악(無算樂)** : '무산악'은 악곡의 수를 정해놓지 않고 연주를 하는 것으로, 분위기를 돋우기 위한 것이다.

◎ **문무(文舞)** : '문무'는 무무(武舞)와 상대되는 용어이다. 무용수들이 피리 및 깃털 등의 도구를 들고 추는 춤이다. 통치자의 치적(治積)을 기리는 뜻을 춤으로 표현한 것이다.

◎ **민본(閩本)** : 『민본(閩本)』은 명(明)나라 가정(嘉靖) 연간 때 이원양(李元陽)이 간행한 『십삼경주소(十三經注疏)』 판본이다. 한편 『칠경맹자고문보유(七經孟子考文補遺)』에서는 이 판본을 『가정본(嘉靖本)』으로 지칭하고 있다.

ㅂ

◎ **방각(方慤)** : =엄릉방씨(嚴陵方氏)

◎ **방성부(方性夫)** : =엄릉방씨(嚴陵方氏)

◎ **방씨(方氏)** : =엄릉방씨(嚴陵方氏)

◎ **방언(方言)** : 『방언(方言)』은 『유헌사자절대어석별국방언(輶軒使者絶代語釋別國方言)』·『별국방언(別國方言)』이라고도 부른다. 한(漢)나라 때의 학자인 양웅(揚雄)이 편찬했다고 전해지는 서적이다. 총 13권으

로 구성되어 있었으며, 각 지방에서 온 사신들의 방언을 모았다는 뜻에서, 『유헌사자절대어석별국방언』이라는 제목으로 출간되었고, 또 이 말을 줄여서 『별국방언』·『방언』이라고 부르게 되었다. 현존하는 『방언』은 곽박(郭璞)의 주(注)가 붙어 있는 판본이다. 그러나 『한서(漢書)』 등의 기록에는 양웅의 저술 목록에 『방언』이 포함되어 있지 않으므로, 편찬자에 대한 의혹이 끊임없이 제기되었다.

◎ **방포(方苞, A.D.1668~A.D.1749)** : 청대(淸代)의 학자이다. 자(字)는 영고(靈皐)이고, 호(號)는 망계(望溪)이다. 송대(宋代)의 학문과 고문(古文)을 추종하였다.

◎ **백곡(百穀)** : '백곡'은 곡식을 총칭하는 말이다. 『시』「빈풍(豳風)·칠월(七月)」편에는 "亟其乘屋, 其始播百穀."이라는 용례가 있으며, 『서』「우서(虞書)·순전(舜典)」편에도 "帝曰, 棄黎民阻飢, 汝后稷, 播時百穀."이라는 용례가 있다.

◎ **백호통(白虎通)** : 『백호통(白虎通)』은 후한(後漢) 때 편찬된 서적이다. 『백호통의(白虎通義)』라고도 부른다. 후한의 장제(章帝)가 학자들을 불러 모아서, 백호관(白虎觀)에서 토론을 시키고, 각 경전 해석의 차이점을 기록한 서적이다.

◎ **번국(蕃國)** : '번국'은 본래 주(周)나라 때의 구주(九州) 밖의 나라들을 지칭하는 말이다. 후대에는 오랑캐 나라들을 범칭하는 용어로도 사용되었다. 주나라 때에는 구복(九服)으로 천하의 땅을 구획하였는데, 구복 중 육복(六服)까지는 중원 지역으로 구분되며, 육복 이외의 세 개의 지역은 오랑캐 땅으로 분류하였다. 이 세 개의 지역은 이복(夷服)·진복(鎭服)·번복(藩服)이며, 이 지역에 세운 나라를 '번국'이라고 부른다. 『주례』「추관(秋官)·대행인(大行人)」편에는 "九州之外, 謂之蕃國."이라는 기록이 있는데, 이에 대한 손이양(孫詒讓)의 『정의(正義)』에서는 "職方氏九服, 蠻服以外, 有夷·鎭·藩三服. …… 是此蕃國卽職方外三服也."라고 풀이했다.

◎ **별록(別錄)** : 『별록(別錄)』은 후한(後漢) 때 유향(劉向)이 찬(撰)했다고 전해지는 책이다. 현재는 일실되어 존재하지 않으며, 『한서(漢書)』「예문지(藝文志)」편을 통해서 대략적인 내용만을 추측해볼 수 있다.

◎ **별면(鷩冕)** : '별면'은 별의(鷩衣)와 면류관을 뜻한다. 천자 및 제후가 입던 복장으로, 선공(先公)에 대한 제사 및 향사례(饗射禮)를 시행할

때 착용했다. '별의'에는 꿩의 무늬를 수놓게 되는데, 이 무늬를 화충(華蟲)이라고도 부른다. 상의에는 3종류의 무늬를 수놓고, 하의에는 4종류의 무늬를 수놓게 되어, 총 7가지의 무늬가 들어가게 된다. 『주례(周禮)』「춘관(春官) · 사복(司服)」편에는 "享先公, 饗射則鷩冕."이라는 기록이 있고, 이에 대한 정현의 주에서는 "鷩, 畫以雉, 謂華蟲也. 其衣三章, 裳四章, 凡七也."라고 풀이했다.

◎ **병무(兵舞)** : '병무'는 고대의 제사 때 사용되었던 춤 중 하나이다. 무용수들이 방패나 도끼와 같은 병장기를 들고 춤을 추었기 때문에, 그 춤을 '병무'라고 부르는 것이다. 『주례』「지관(地官) · 고인(鼓人)」편에는 "凡祭祀百物之神, 鼓兵舞帗舞者."라는 기록이 있는데, 이에 대한 정현의 주에서는 "兵, 謂干戚也. …… 皆舞者所執."이라고 풀이했다.

◎ **보광(輔廣)** : =경원보씨(慶源輔氏)

◎ **보한경(輔漢卿)** : =경원보씨(慶源輔氏)

◎ **복건(服虔, ?~?)** : 후한대(後漢代)의 유학자이다. 자(字)는 자신(子愼)이다. 초명은 중(重)이었으며, 기(祇)라고도 불렀다. 후에 이름을 건(虔)으로 고쳤다. 『춘추좌씨전(春秋左氏傳)』에 주석을 남겼지만, 산일되어 전해지지 않는다. 현재는 『좌전가복주집술(左傳賈服注輯述)』로 일집본이 편찬되었다.

◎ **비면(裨冕)** : '비면'은 비의(裨衣)를 입고 면류관[冕]을 착용하는 것이다. 제후 및 경(卿), 대부(大夫) 등이 조회를 하거나 제사를 지낼 때 착용하는 면복(冕服)을 통칭하는 말이다. 또한 곤면(衮冕)이나 가장 상등의 면복과 상대되는 용어로도 사용되었다. '비의'의 '비(裨)'자는 '비(埤)'자의 뜻으로 낮다는 의미이다. 예를 들어 천자의 육복(六服) 중에서 대구(大裘)가 가장 상등의 복장이 되는데, 나머지 5종류의 복장은 '비의'가 된다. 『의례』「근례(覲禮)」편에는 "侯氏裨冕, 釋幣于禰."라는 기록이 있고, 이에 대한 정현의 주에서는 "裨冕者, 衣裨衣而冠冕也. 裨之爲言埤也. 天子六服, 大裘爲上, 其餘爲裨, 以事尊卑服之, 而諸侯亦服焉."이라고 풀이했다.

ㅅ

◎ **사궁(射宮)** : '사궁'은 천자가 대사례(大射禮)를 시행하던 장소이며, 또

한 이곳에서 사(士)들을 시험하기도 했다. 『춘추곡량전』「소공(昭公) 8년」편에는 "以習射於射宮."이라는 기록이 있고, 『예기』「사의(射義)」편에는 "諸侯歲獻貢士於天子, 天子試之於射宮."이라는 기록이 있다.

◎ **사도(司徒)** : '사도'는 주(周)나라 때의 관리로, 국가의 토지 및 백성들에 대한 교화(敎化)를 담당했다. 전설상으로는 소호(少昊) 시대 때부터 설치되었다고 전해진다. 주나라의 육경(六卿) 중 하나였으며, 전한(前漢) 애제(哀帝) 원수(元壽) 2년(B.C. 1)에는 승상(丞相)의 관직명을 고쳐서, 대사도(大司徒)라고 불렀고, 대사마(大司馬), 대사공(大司空)과 함께 삼공(三公)의 반열에 있었다. 후한(後漢) 때에는 다시 '사도'로 명칭을 고쳤고, 그 이후로는 이 명칭을 계속 사용하다가 명(明)나라 때 폐지되었다. 명나라 이후로는 호부상서(戶部尙書)를 '대사도'라고 불렀다.

◎ **사례(食禮)** : '사례'는 연회의 한 종류이다. '사례'는 그 행사에 밥이 있고 반찬이 있는 것이니, 비록 술도 두었지만 마시지는 않았다. 그 예법에서는 밥을 위주로 한 것이기 때문에, '사례'라고 부른 것이다. 『예기』「왕제(王制)」편에는 "殷人以食禮."라는 기록이 있고, 이에 대한 진호(陳澔)의 주에서는 "食禮者, 有飯有殽, 雖設酒而不飮, 其禮以飯爲主, 故曰食也."라고 풀이했다. 또한 연회를 범칭하는 말로도 사용된다.

◎ **사위(四衛)** : '사위'는 사방의 위복(衛服)에 속한 제후국을 뜻한다. 위복은 채복(采服)과 요복(要服: =蠻服) 사이에 있는 땅을 뜻한다. 천자의 수도 밖으로 사방 2000리(里)와 2500리 사이에 있었던 땅을 가리킨다. '위복'의 '위(衛)'자는 수호한다는 뜻으로, 천자를 위해서 외부의 침입을 막는다는 의미이다. 따라서 이 지역에 속한 제후국들을 '사위'라고 부르는 것이다.

◎ **사유(四維)** : '사유'는 동남쪽, 서남쪽, 동북쪽, 서북쪽 등 네 모퉁이의 방위를 뜻한다.

◎ **사향(食饗)** : '사향'은 술과 음식을 준비하여, 빈객(賓客)들을 대접하거나, 종묘(宗廟)에서 제사를 지내는 등의 일을 뜻한다. 『예기』「악기(樂記)」편에는 "食饗之禮, 非致味也."라는 기록이 있는데, 이에 대한 공영달(孔穎達)의 소(疏)에서는 "食饗, 謂宗廟祫祭."라고 풀이했으며, 『공자가어(孔子家語)』「논례(論禮)」편에는 "食饗之禮, 所以仁賓客也."라는 기록이 있다.

◎ **산음육씨(山陰陸氏, A.D.1042~A.D.1102)** : =육농사(陸農師) · 육전(陸佃). 북송(北宋) 때의 유학자이다. 자(字)는 농사(農師)이며, 호(號)는 도산(陶山)이다. 어려서 집안이 매우 가난했다고 전해지며, 왕안석(王安石)에게 수학하였으나 왕안석의 신법에 대해서는 반대하였다. 저서로는 『비아(埤雅)』, 『춘추후전(春秋後傳)』, 『도산집(陶山集)』 등이 있다.

◎ **산천(山川)** : '산천'은 오악(五嶽)과 사독(四瀆)의 신들을 가리키기도 하며, 산과 하천의 신들을 두루 지칭하기도 한다. 오악은 대표적인 다섯 가지 산으로, 중앙의 숭산(嵩山), 동쪽의 태산(泰山), 남쪽의 형산(衡山), 서쪽의 화산(華山), 북쪽의 항산(恒山)을 가리킨다. 사독은 장강(長江), 황하(黃河), 회하(淮河), 제수(濟水)를 가리킨다.

◎ **삼각이대(三恪二代)** : '삼각이대'는 삼각(三恪)과 이대(二代)를 합친 말이며, 둘 모두 주(周)나라가 왕조를 건립하고 나서, 전대 왕조의 후손들을 분봉해준 나라들을 뜻한다. '삼각'은 황제(黃帝), 요(堯), 순(舜)의 후손들을 분봉해준 나라를 뜻하니, 계(薊), 축(祝), 진(陳)이 그 나라에 해당한다. '이대'는 하(夏)나라와 은(殷)나라의 후손들을 분봉해준 나라를 뜻하니, 기(杞), 송(宋)이 그 나라에 해당한다. 『예기』「악기(樂記)」편에는 "武王克殷反商, 未及下車而封黃帝之後於薊, 封帝堯之後於祝, 封帝舜之後於陳, 下車而封夏后氏之後於杞, 投殷之後於宋."이라는 기록이 있다.

◎ **삼공(三公)** : '삼공'은 중앙정부의 가장 높은 관직자 3명을 합쳐서 부르는 말이다. '삼공'에 속한 관직명에 대해서는 각 시대별로 차이가 있다. 『사기(史記)』「은본기(殷本紀)」편에는 "以西伯昌, 九侯, 鄂侯, 爲<u>三公</u>."이라는 기록이 있다. 즉 은나라 때에는 서백(西伯)인 창(昌), 구후(九侯), 악후(鄂侯)들을 '삼공'으로 삼았다. 또한 주(周)나라 때에는 태사(太師), 태부(太傅), 태보(太保)를 '삼공'으로 삼았다. 『서』「주서(周書) · 주관(周官)」편에는 "立太師 · 太傅 · 太保, 玆惟三公, 論道經邦, 燮理陰陽."이라는 기록이 있다. 한편 『한서(漢書)』「백관공경표서(百官公卿表序)」에 따르면 사마(司馬), 사도(司徒), 사공(司空)을 '삼공'으로 삼았다는 기록이 있다.

◎ **삼광(三光)** : '삼광'은 삼신(三辰)과 같은 뜻이다.

◎ **삼대(三代)** : '삼대'는 하(夏), 은(殷), 주(周)의 세 왕조를 말한다. 『논어』「위령공(衛靈公)」편에는 "斯民也, <u>三代</u> 之所以直道而行也."라는 기록

이 있고, 이에 대한 형병(邢昺)의 소(疏)에서는 "三代, 夏殷周也."로 풀이했다.

◎ **삼덕(三德)** : '삼덕'은 세 종류의 덕(德)을 가리키는데, 문헌에 따라 해당하는 덕성(德性)들에는 차이가 나타난다. 『서』「주서(周書)·홍범(洪範)」편에는 "三德, 一曰正直, 二曰剛克, 三曰柔克."이라는 기록이 있다. 즉 『서』에서는 '삼덕'을 정직(正直), 강극(剛克), 유극(柔克)으로 풀이하고 있다. 그리고 이 문장에 대한 공영달(孔穎達)의 소(疏)에서는 "此三德者, 人君之德, 張弛有三也. 一曰正直, 言能正人之曲使直, 二曰剛克, 言剛强而能立事, 三曰柔克, 言和柔而能治."라고 풀이한다. 즉 '정직'은 사람들의 바르지 못한 점을 바로잡아서, 정직하게 만드는 능력을 뜻한다. '강극'은 강건한 자세로 사업을 수립하고, 그런 일들을 추진할 수 있는 능력을 뜻한다. '유극'은 화락하고 유순한 태도로 다스릴 수 있는 능력을 뜻한다. 다음으로 『주례』「지관(地官)·사씨(師氏)」편에는 "以三德教國子, 一曰至德, 以爲道本, 二曰敏德, 以爲行本, 三曰孝德, 以知逆惡."이라는 기록이 있다. 즉 『주례』에서는 '삼덕'을 지덕(至德), 민덕(敏德), 효덕(孝德)으로 풀이하고 있다. '지덕'은 도(道)의 근본이 되는 것이며, '민덕'은 행실의 근본이 되는 것이고, '효덕'은 나쁘고 흉악한 것들을 알아내는 능력을 뜻한다. 다음으로 『국어(國語)』「진어사(晉語四)」편에는 "晉公子善人也, 而衛親也, 君不禮焉, 棄三德矣."라는 기록이 있다. 이에 대한 위소(韋昭)의 주에서는 "三德, 謂禮賓, 親親, 善善也."라고 풀이한다. 즉 위소가 말하는 '삼덕'은 예빈(禮賓), 친친(親親), 선선(善善)이다. '예빈'은 빈객들에게 예법(禮法)에 따라 대접하는 것이며, '친친'은 부모를 친애하는 것이고, '선선'은 착한 사람을 착하게 대하는 것이다.

◎ **삼로오경(三老五更)** : '삼로오경'은 삼로(三老)와 오경(五更)을 뜻한다. 이들은 국가의 요직에 있다가 나이가 들어 퇴직한 자들이다. 정현은 '삼로'와 '오경'은 3명과 5명이 아닌 각각 1명씩이라고 풀이했다. 그리고 1명씩인데도 '삼(三)'자와 '오(五)'자를 붙여서 부르는 이유에 대해서, '삼진(三辰)'과 '오성(五星)'에서 명칭을 빌려왔기 때문이라고 해석하였고, 또한 '삼덕(三德)'과 '오사(五事)'를 알고 있는 자들이기 때문에, 이러한 명칭이 붙었다고 풀이하기도 한다. 『예기』「문왕세자」편에는 "適東序, 釋奠於先老, 遂設三老, 五更, 群老之席位焉."이란 기록이

있는데, 이에 대한 정현의 주에서는 "三老五更各一人也, 皆年老更事致仕者也. 天子以父兄養之, 示天下之孝悌也. 名以三五者, 取象三辰五星, 天所因以照明天下者."라고 풀이했고, 또한 『예기』「악기(樂記)」편에는 "食三老五更於大學."이란 기록이 있는데, 이에 대한 정현의 주에서는 "三老五更, 互言之耳, 皆老人更知三德五事者也."라고 풀이했다. 그리고 참고적으로 공영달(孔穎達)의 소(疏)에서는 "三德謂正直, 剛, 柔. 五事謂貌, 言, 視, 聽, 思也."라고 해석하여, '삼덕'은 정직(正直), 강직함[剛], 부드러움[柔]이라고 풀이했고, 오사(五事)는 '올바른 용모[貌]', '올바른 말[言]', '올바르게 봄[視]', '올바르게 들음[聽]', '올바르게 생각함[思]'이라고 풀이했다.

◎ **삼송(三頌)** : '삼송'은 『시』에 수록된 「노송(魯頌)」·「주송(周頌)」·「상송(商頌)」을 뜻한다.

◎ **삼신(三辰)** : '삼신'은 해[日], 달[月], 별[星]을 가리킨다. 『춘추좌씨전』「환공(桓公) 2년」편에는 "三辰旂旗, 昭其明也."라는 기록이 있는데, 이에 대한 두예(杜預)의 주에서는 "三辰, 日·月·星也."라고 풀이했다.

◎ **삼왕(三王)** : '삼왕'은 하(夏), 은(殷), 주(周) 삼대(三代)의 왕을 뜻한다. 『춘추곡량전』「은공(隱公) 8年」편에는 "盟詛不及三王."이라는 기록이 있고, 이에 대한 범녕(範寧)의 주에서는 '삼왕'을 하나라의 우(禹), 은나라의 탕(湯), 주나라의 무왕(武王)을 지칭한다고 풀이했다. 그리고 『맹자』「고자하(告子下)」편에는 "五覇者, 三王之罪人也."이라는 기록이 있고, 이에 대한 조기(趙岐)의 주에서는 '삼왕'을 범녕의 주장과 달리, 주나라의 무왕 대신 문왕(文王)을 지칭한다고 풀이했다.

◎ **삼행(三行)** : '삼행'은 세 종류의 덕행(德行)을 뜻하며, 효행(孝行), 우행(友行), 순행(順行)을 가리킨다. '효행'은 부모를 섬기는 덕행이고, '우행'은 현명하고 어진 사람을 존귀하게 받드는 덕행이며, '순행'은 스승과 어른을 섬기는 덕행이다.

◎ **삼헌(三獻)** : '삼헌'은 세 차례 술을 따라서 바친다는 뜻이다. 사직(社稷) 및 오사(五祀)에 대한 제사를 지내게 되면, 해당 의례에서는 모두 세 차례 술을 따라서 바치게 되므로, 이러한 제사들을 '삼헌'이라고 부른다.

◎ **삼희(三犧)** : '삼희'는 제사에 사용된 희생물로, 기러기[鴈], 오리[鶩], 꿩[雉]을 가리킨다. 『춘추좌씨전』「소공(昭公) 25년」에는 "爲六畜·五牲·

三犧, 以奉五味."라는 기록이 있는데, 이에 대한 공영달(孔穎達)의 소(疏)에서는 복건(服虔)의 주장을 인용하여, "三犧, 鴈·鶩·雉."라고 풀이했다. 일설에는 소[牛], 양(羊), 돼지[豕]를 가리킨다고도 주장한다. 왕인지(王引之)는 『경의술문(經義述聞)』에서 "今案五牲, 牛羊豕犬雞也; 三犧, 牛羊豕也."라고 풀이했다.

◎ 상공(上公) : '상공'은 주(周)나라 제도에 있었던 관직 등급이다. 본래 신하의 관직 등급은 8명(命)까지이다. 주나라 때에는 태사(太師), 태부(太傅), 태보(太保)와 같은 삼공(三公)들이 8명의 등급에 해당했다. 그런데 여기에 1명을 더하게 되면 9명이 되어, 특별직인 '상공'이 된다. 『주례』「춘관(春官)·전명(典命)」편에는 "上公九命爲伯, 其國家宮室車旗衣服禮儀, 皆以九爲節."이라는 기록이 있고, 이에 대한 정현의 주에서는 "上公, 謂王之三公有德者, 加命爲二伯. 二王之後亦爲上公."이라고 풀이하였다. 즉 '상공'은 삼공 중에서도 유덕(有德)한 자에게 1명을 더해주어, 제후들을 통솔하는 '두 명의 백(伯)[二伯]'으로 삼았다.

◎ 상로(象路) : '상로'는 상로(象輅)라고도 부른다. 천자가 사용하는 다섯 가지 수레 중 하나이다. 상아로 수레를 치장했기 때문에, '상로'라고 부르게 되었다. 대적(大赤)이라는 깃발을 세웠으며, 조회를 보거나, 이성(異姓)인 자를 분봉할 때 사용하였다. 『주례』「춘관(春官)·건거(巾車)」편에는 "象路, 朱樊纓, 七就, 建大赤, 以朝, 異姓以封."이라는 기록이 있고, 이에 대한 정현의 주에서는 "象路, 以象飾諸末."이라고 풀이했다.

◎ 상로(象輅) : =상로(象路)

◎ 상축(商祝) : '상축'은 상(商)나라 즉 은(殷)나라 때의 예법을 익혀서, 제사를 돕는 자를 뜻한다. 『예기』「악기(樂記)」편에는 "商祝辨乎喪禮, 故後主人."이라는 기록이 있는데, 이에 대한 공영달(孔穎達)의 소(疏)에서는 "商祝, 謂習商禮而爲祝者."라고 풀이했다.

◎ 서광(徐廣, A.D.352~A.D.425) : 동진(東晋) 때의 학자이다. 자(字)는 야민(野民)이다. 서막(徐邈)의 동생이다. 『진기(晉紀)』 등을 편찬했다.

◎ 서산진씨(西山眞氏, A.D.1178~A.D.1235) : =건안진씨(建安眞氏)·진덕수(眞德秀). 남송(南宋) 때의 성리학자이다. 자(字)는 경원(景元)이고, 호(號)는 서산(西山)이다. 저서로는 『독서기(讀書記)』, 『사서집론(四書集論)』, 『경연강의(經筵講義)』 등이 있다.

◎ 서산채씨(西山蔡氏) : =채원정(蔡元定)

◎ 서응(瑞應) : '서응'은 상서로운 징후로 나타나는 징표를 뜻한다. 고대에 제왕이 태평성세를 이루게 되면, 상서(祥瑞)로운 징표를 내보내어 그의 노력에 호응[應]한다고 여겼기 때문에, 이러한 징표를 '서응'이라고 부른다.

◎ 서학(西學) : '서학'은 주나라 때 왕성의 서쪽에 설치된 소학(小學)을 뜻한다.

◎ 석(裼) : '석'은 고대에 의례를 시행할 때 하는 복장 방식 중 하나이다. 좌측 소매를 걷어 올려서, 안에 입고 있는 석의(裼衣)를 드러내는 것이다. 한편 '석'은 비교적 성대하지 않은 의식 때 시행하는 복장 방식으로도 사용되어, 좌측 소매를 걷어 올려서 공경의 뜻을 표하기도 했다.

◎ 석경(石經) : 『석경(石經)』은 당(唐)나라 개성(開成) 2년(A.D.714)에 돌에 새긴 『십삼경주소(十三經注疏)』의 판본이다. 당나라 국자학(國子學)의 비석에 새겨졌다는 판본이 바로 이것을 가리킨다.

◎ 석량왕씨(石梁王氏, ?~?) : 자세한 이력이 남아 있지 않다.

◎ 석림섭씨(石林葉氏, ?~A.D.1148) : =섭몽득(葉夢得)·섭소온(葉少蘊). 남송(南宋) 때의 유학자이다. 자(字)는 소온(少蘊)이고, 호(號)는 몽득(夢得)이다. 박학다식했다고 전해지며, 『춘추(春秋)』에 대한 조예가 깊었다.

◎ 석명(釋名) : 『석명(釋名)』은 후한(後漢) 때의 학자인 유희(劉熙)가 지은 서적이다. 오래된 훈고학 서적의 하나로 꼽힌다.

◎ 석의(裼衣) : '석의'는 고대에 의례를 시행할 때 입는 옷이다. 가죽옷이나 갈옷 위에 걸쳤던 외투 중 하나이다. '석의' 위에는 습의(襲衣)를 걸쳤기 때문에, 중간에 입는 옷이라는 뜻에서 '중의(中衣)'라고도 부른다.

◎ 설문(說文) : =설문해자(說文解字)

◎ 설문해자(說文解字) : 『설문해자(說文解字)』는 후한(後漢) 때의 학자인 허신(許愼, ?~?)이 찬(撰)했다고 전해지는 자서(字書)이다. 『설문(說文)』이라고도 칭해진다. A.D.100년경에 완성되었다고 전해진다. 글자의 형태, 뜻, 음운(音韻)을 수록하고 있다.

◎ 섭몽득(葉夢得) : =석림섭씨(石林葉氏)

◎ 섭소온(葉少蘊) : =석림섭씨(石林葉氏)

◎ 성동(成童) : '성동'은 아동들 중에서도 나이가 찬 자들을 뜻한다. 8세 이상이 된 아동을 뜻한다고 풀이하기도 하며, 15세 이상이 된 아동을

뜻한다고 풀이하기도 한다. 『춘추곡량전』「소공(召公) 19년」편의 "羈貫成童, 不就師傅, 父之罪也."라는 기록에 대해, 범녕(范甯)의 주에서는 "成童, 八歲以上."이라고 풀이했고, 『예기』「내칙(內則)」편의 "成童, 舞象, 學射御."라는 기록에 대해, 정현의 주에서는 "成童, 十五以上."이라고 풀이했다.

◎ **성증론(聖證論)** : 『성증론(聖證論)』은 후한(後漢) 때 학자인 왕숙(王肅)의 저작으로, 정현의 학설을 반박하는 내용으로 구성되어 있다. 저서는 이미 산일되어 없어졌으나, 남아 있던 일부 기록들은 수합되어 『옥함산방집일서(玉函山房輯佚書)』에 수록되어 있으며, 청(淸)나라 때 학자인 피석서(皮錫瑞)는 『성증론보평(聖證論補評)』을 저술하였다.

◎ **세본(世本)** : 『세본(世本)』은 『세(世)』·『세계(世系)』 등으로 일컬어지기도 한다. 선진시대(先秦時代) 때의 사관(史官)이 기록한 문헌이라고 전해지지만, 진위여부를 확인할 수 없다. 『세본』은 고대의 제왕(帝王), 제후(諸侯) 및 경대부(卿大夫)들의 세계도(世系圖)를 기록한 서적이다. 일실되어 현존하지 않지만, 후대 학자들이 다른 문헌 속에 남아 있는 기록들을 수집하여, 일집본(佚輯本)을 남겼다. 이러한 일집본에는 여덟 종류의 주요 판본이 있는데, 각 판본마다 내용상의 차이를 보이고 있다. 1959년에는 상무인서관(商務印書館)에서 이러한 여덟 종류의 판본을 모아서 『세본팔종(世本八種)』을 출판하였다.

◎ **소만종(邵萬宗)** : =금화소씨(金華邵氏)

◎ **소무(小舞)** : '소무'는 악무(樂舞) 중에서도 규모가 작은 것으로, 성인들이 추는 대무(大舞)와 상대된다. '소무'에 대한 교육은 악사(樂師)가 담당했다.

◎ **소연(邵淵)** : =금화소씨(金華邵氏)

◎ **소진함(邵晉涵, A.D.1743~A.D.1796)** : 청(淸)나라 때의 학자이다. 자(字)는 여동(與桐)이고, 호(號)는 이운(二雲)·남강(南江)이다. 사학(史學)과 경학 분야에 명성이 높았다.

◎ **송균(宋均, ?~?)** : 후한(後漢) 초기 때의 학자이다. 자(字)는 숙양(叔庠)이다. 부친은 송백(宋伯)이다. 『시(詩)』와 『예(禮)』에 조예가 깊었다고 전해진다.

◎ **순수(巡守)** : '순수'는 '순수(巡狩)'라고도 부른다. 천자가 수도를 벗어나 제후의 나라를 시찰하는 것을 뜻한다. '순수'의 '순(巡)'자는 그곳으로

행차를 한다는 뜻이고, '수(守)'자는 제후가 지키는 영토를 뜻한다. 제후는 천자가 하사해준 영토를 대신 맡아서 수호하는 것이기 때문에, 천자가 그곳에 방문하여, 자신의 영토를 어떻게 관리하고 있는지를 시찰하게 된다. 『서』「우서(虞書)·순전(舜典)」편에는 "歲二月, 東巡守, 至于岱宗, 柴."라는 기록이 있고, 이에 대한 공안국(孔安國)의 전(傳)에서는 "諸侯爲天子守土, 故稱守. 巡, 行之."라고 풀이했으며, 『맹자』「양혜왕하(梁惠王下)」편에서는 "天子適諸侯曰巡狩. 巡狩者, 巡所守也."라고 기록하였다. 한편 『예기』「왕제(王制)」편에는 "天子, 五年, 一巡守."라는 기록이 있고, 『주례』「추관(秋官)·대행인(大行人)」편에는 "十有二歲王巡守殷國."이라는 기록이 있다. 즉 「왕제」편에서는 천자가 5년에 1번 순수를 시행하고, 「대행인」편에서는 12년에 1번 순수를 시행한다고 기록하고 있는데, 이러한 차이점에 대해서 정현은 「왕제」편의 주에서 "五年者, 虞夏之制也. 周則十二歲一巡守."라고 풀이했다. 즉 5년에 1번 순수를 하는 제도는 우(虞)와 하(夏)나라 때의 제도이며, 주(周)나라에서는 12년에 1번 순수를 했다.

◎ **습(襲)** : '습'은 고대에 의례를 시행할 때 하는 복장 방식 중 하나이다. 겉옷으로 안에 입고 있던 옷들을 완전히 가리는 방식이다. 한편 '습'은 비교적 성대한 의식 때 시행하는 복장 방식으로도 사용되어, 안에 있고 있는 옷을 드러내지 않음으로써, 공경의 뜻을 표하기도 했다.

◎ **습(襲)** : '습'은 시신에 옷을 입히는 의식 절차이다. 한편 시신에 입히는 옷 자체도 '습'이라고 불렀다.

◎ **시망(柴望)** : '시망'은 시(柴)와 망(望)이라는 두 종류의 제사를 뜻한다. '시'는 땔나무를 태워서 하늘에 대한 제사를 뜻하며, '망'은 명산대첩에 제사를 지낸다는 뜻이다. 또한 '시망'은 제사를 범칭하는 용어로도 사용되었다.

◎ **신농씨(神農氏)** : '신농씨'는 신농(神農)이라고도 부른다. 전설시대에 존재했다고 전해지는 고대 제왕(帝王)의 이름이다. 처음으로 백성들에게 농사짓는 방법을 가르쳤다는 뜻에서, '신농'이라고 부르게 되었다. 또한 약초를 발견하고 재배하여 사람들의 병을 치료했었다고 전해진다. 또한 '신농'은 염제(炎帝)라고도 부르는데, 그 이유는 오행(五行) 중 하나인 화(火)의 덕(德)을 통해서 제왕이 되었다고 믿었기 때문이다. 『회남자(淮南子)』「주술훈(主述訓)」편에는 "昔者, 神農之治天下也, 神

不馳於胸中, 智不出於四域, 懷其仁誠之心, 甘雨時降, 五穀蕃植."이라는 기록이 있다. 한편 '신농'은 토신(土神)을 뜻하는 용어로도 사용되었다. 이것은 농사와 땅과의 관계가 밀접하기 때문이며, 이러한 뜻에서 농사를 주관했던 관리를 또한 '신농'으로 칭하기도 하였다.

◎ **신번(脤膰)** : '신번'은 고대에 사직(社稷) 및 종묘(宗廟)의 제사 때 사용했던 고기를 뜻한다. 제사가 끝난 뒤 이 고기를 동성(同姓)인 제후국에게 나눠주었기 때문에, 동성의 제후국을 '신번지국(脤膰之國)'이라고도 부른다. 또 구분해서 말을 한다면 신(脤)은 사직의 제사 때 사용된 고기를 뜻하며, 번(膰)은 종묘의 제사 때 사용된 고기를 뜻한다. 한편 도마에 올린 생고기를 신(脤)이라고 부르고, 도마에 올린 익힌 고기를 번(膰)이라고 부르기도 한다.

◎ **십이율(十二律)** : '십이율'은 여섯 개의 양률(陽律)과 여섯 개의 음률(陰律)을 합하여 부르는 말이다. 양성(陽聲: =陽律)은 황종(黃鐘), 대주(大簇), 고선(姑洗), 유빈(蕤賓), 이칙(夷則), 무역(無射)이며, 이것을 육률(六律)이라고도 부른다. 음성(陰聲: =陰律)은 대려(大呂), 응종(應鍾), 남려(南呂), 함종(函鍾), 소려(小呂), 협종(夾鍾)이며, 이것을 육동(六同)이라고도 부른다. '십이율'은 12개의 높낮이가 다른 표준음으로, 서양음악의 악조(樂調)에 해당한다. 고대에는 12개의 길이가 다른 죽관(竹管)으로 음의 높낮이를 보정했다. 관(管)의 높이에는 각각 일정한 길이가 있었다. 긴 관은 저음의 소리를 냈고, 짧은 관은 고음의 소리를 냈다. 관 중에는 대나무가 아닌 동으로 제작한 것도 있다. 그리고 '육동'은 또한 육려(六呂), 율려(律呂), 육간(六閒), 육종(六鍾)이라고도 부른다.

ㅇ

◎ **악무(樂舞)** : '악무'는 음악을 연주할 때 추는 육대(六代)의 춤을 뜻한다. 육대의 춤은 운문(雲門)·대권(大卷)·대함(大咸)·대소(大韶)·대하(大夏)·대호(大濩)·대무(大武)이다. '운문'과 '대권'은 황제(黃帝) 때의 악무이다. '대함'은 요(堯)임금 때의 악무이다. '대소'는 순(舜)임금 때의 악무이다. '대하'는 우(禹)임금 때의 악무이다. '대호'는 탕(湯)임금 때의 악무이다. '대무'는 무왕(武王)에 대한 악무이다. 『주례』「춘

관(春官)·대사악(大司樂)」편에는 "以樂舞教國子: 舞雲門·大卷·大咸·大韶·大夏·大濩·大武."라는 기록이 있다.

◎ **악본(岳本)** : 『악본(岳本)』은 송(頌)나라 악가(岳珂)가 간행한 『십삼경주소(十三經注疏)』의 판본이다.

◎ **악사(樂師)** : '악사'는 『주례』에 나온 관직명으로, 음악을 담당했던 관리 중 하나이다. 총 책임자인 대사악(大司樂)의 부관이었다. 『주례』「춘관(春官)·악사(樂師)」편에는 "樂師, 掌國學之政, 以教國子小舞."라는 기록이 있다. 즉 '악사'는 국학(國學)에 있는 국자(國子)들에게 소무(小舞) 등을 가르쳤다.

◎ **악어(樂語)** : '악어'는 음악의 가사를 익힐 때의 여섯 가지 이론을 뜻한다. 여섯 가지 이론은 흥(興)·도(道)·풍(諷)·송(誦)·언(言)·어(語)이다. '흥'은 선한 사물을 통해서 선한 사안을 비유하는 것이다. '도'는 인도한다는 뜻으로, 고대의 일을 언급하여 현재의 일에 알맞게 하는 것이다. '풍'은 가사를 암송하는 것이다. '송'은 소리에 맞춰서 읽는 것이다. '언'은 직접적으로 언급하는 것이다. '어'는 답변을 조술하는 것이다. 『주례』「춘관(春官)·대사악(大司樂)」편에는 "以樂語教國子: 興·道·諷·誦·言·語."라는 기록이 있고, 이에 대한 정현의 주에서는 "興者, 以善物喩善事; 道讀曰導, 導者, 言古以剴今也; 倍文曰諷; 以聲節之曰誦; 發端曰言; 答述曰語."라고 풀이했다.

◎ **안사고(顔師古, A.D.581~A.D.645)** : 당(唐)나라 때의 학자이다. 자(字)는 주(籀)이다. 안지추(顔之推)의 손자이다. 훈고학(訓詁學)에 뛰어났다. 오경(五經)의 문자를 교정하여, 『오경정본(五經定本)』을 찬술하기도 하였다.

◎ **엄릉방씨(嚴陵方氏, ?~?)** : =방각(方慤)·방씨(方氏)·방성부(方性夫). 송대(宋代)의 유학자이다. 이름은 각(慤)이다. 자(字)는 성부(性夫)이다. 『예기집해(禮記集解)』를 지었고, 『예기집설대전(禮記集說大全)』에는 그의 주장이 많이 인용되고 있다.

◎ **여릉호씨(廬陵胡氏)** : =호전(胡銓)

◎ **여수(旅酬)** : '여수'는 제사가 끝난 후에, 제사에 참가했던 친족 및 빈객(賓客)들이 술잔을 들어 술을 마시고, 서로 공경의 예(禮)를 표하며, 잔을 권하는 의례(儀禮)이다.

◎ **여씨춘추(呂氏春秋)** : 『여씨춘추(呂氏春秋)』는 여불위(呂不韋)가 편찬한

책이다. 『사기(史記)』「문언후열전(文言侯列傳)」편의 기록에 의하면, 여불위가 여러 학자들을 불러 모아서, 학문을 토론하게 하고, 그것을 모아서 『여씨춘추』를 편찬했다고 전해진다. 12개의 기(紀), 8개의 남(覽), 6개의 논(論)으로 구성되어 있다.

◎ **연악(燕樂)** : '연악'은 궁궐 안, 특히 부인들을 위해서 연주하는 음악을 뜻한다. 「관저(關雎)」·「주남(周南)」·「소남(召南)」 등의 시가를 연주하는 것이다. '연악'은 방중(房中)의 음악이라고도 부르니, 주로 부인들을 위해서 연주되기 때문이다. 『주례』「춘관(春官)·경사(磬師)」편에는 "教縵樂·燕樂之鍾磬."이라는 기록이 있고, 이에 대한 정현의 주에서는 "燕樂, 房中之樂."이라고 풀이했으며, 가공언(賈公彦)의 소(疏)에서는 "此卽關雎·二南也. 謂之房中者, 房中謂婦人后妃以風喩君子之詩, 故謂之房中之樂."이라고 풀이했다.

◎ **연평주씨(延平周氏, ?~?)** : =주서(周諝)·주희성(周希聖). 송(宋)나라 때의 유학자이다. 이름은 서(諝)이다. 자(字)는 희성(希聖)이다. 『예기설(禮記說)』 등의 저서가 있다.

◎ **연평황씨(延平黃氏)** : =황상(黃裳)

◎ **염(斂)** : '염'은 시신에 옷을 입혀서 관에 안치하는 것을 뜻한다.

◎ **염계선생(濂溪先生)** : =주돈이(周敦頤)

◎ **영관(泠官)** : '영관'은 영관(伶官)이라고도 부른다. 악관(樂官)을 뜻하는 용어이다. 영씨(伶氏) 가문에서는 대대로 음악에 대한 일을 주관하였는데, 그 일을 잘해냈기 때문에, 후세에서는 악관을 대부분 '영관'이라고 불렀다. 『시』「패풍(邶風)·간혜(簡兮)」편의 모서(毛序)에서는 "衛之賢者, 仕於伶官."이라는 기록이 있는데, 이에 대한 정현의 전문(箋文)에서는 "伶官, 樂官也. 伶氏世掌樂而善焉, 故後世多號樂官爲伶官."이라고 풀이했다.

◎ **오경이의(五經異義)** : 『오경이의(五經異義)』는 후한(後漢) 때의 학자인 허신(許愼)이 지은 책이다. 유실되었는데, 송대(宋代) 때 학자들이 다시 모아서 엮었다. 오경(五經)에 관한 고금(古今)의 유설(遺說)과 이의(異義)를 싣고, 그에 대한 시비(是非)를 판별한 내용들이다.

◎ **오곡(五穀)** : '오곡'은 곡식을 총칭하는 말로 사용되는데, 본래 다섯 가지 곡식을 뜻한다. 그러나 다섯 가지 곡식이 구체적으로 무엇을 가리키는지에 대해서는 이견이 많다. 『주례』「천관(天官)·질의(疾醫)」편에

는 "以五味 · 五穀 · 五藥養其病."이라는 기록이 있고, 이에 대한 정현의 주에서는 "五穀, 麻 · 黍 · 稷 · 麥 · 豆也."라고 풀이했다. 즉 이 문장에서는 '오곡'을 마(麻) · 메기장[黍] · 차기장[稷] · 보리[麥] · 콩[豆]으로 설명하고 있다. 그리고 『맹자』「등문공상(滕文公上)」편에는 "樹藝五穀, 五穀熟而民人育."이라는 기록이 있고, 이에 대한 조기(趙岐)의 주에서는 "五穀謂稻 · 黍 · 稷 · 麥 · 菽也."라고 풀이했다. 즉 이 문장에서는 '오곡'을 쌀[稻] · 메기장[黍] · 차기장[稷] · 보리[麥] · 대두[菽]로 설명하고 있다. 그리고 『초사(楚辭)』「대초(大招)」편에는 "五穀六仞." 이라는 기록이 있는데, 이에 대한 왕일(王逸)의 주에서는 "五穀, 稻 · 稷 · 麥 · 豆 · 麻也."라고 풀이했다. 즉 이 문장에서는 '오곡'을 쌀[稻] · 차기장[稷] · 보리[麥] · 콩[豆] · 마(麻)로 설명하고 있다. 이 외에도 각종 주석에 따라 해당 작물이 달라진다.

◎ **오례(五禮)** : '오례'에 대해서는 대체로 두 가지 뜻이 있다. 첫 번째 뜻은 공작[公] · 후작[侯] · 백작[伯] · 자작[子] · 남작[男] 등 다섯 등급에 속한 제후들이 천자를 조빙(朝聘)하는 예법(禮法)을 뜻한다. 『서』「우서(虞書) · 고요모(皐陶謨)」편에는 "天秩有禮, 自我五禮, 有庸哉."라는 기록이 있는데, 이에 대한 공안국(孔安國)의 전(傳)에서는 "天次秩有禮, 當用我公 · 侯 · 伯 · 子 · 男五等之禮以接之, 使有常."이라고 풀이하였다. 두 번째 뜻은 고대부터 전해져 온 다섯 종류의 예제(禮制)를 뜻한다. 즉 길례(吉禮), 흉례(凶禮), 군례(軍禮), 빈례(賓禮), 가례(嘉禮)를 가리킨다. 『주례』「춘관(春官) · 소종백(小宗伯)」편에는 "掌五禮之禁令與其用等."이라는 기록이 있는데, 이에 대한 정현의 주에서는 정사농(鄭司農)의 주장을 인용하여, "五禮, 吉 · 凶 · 軍 · 賓 · 嘉."라고 풀이했다.

◎ **오미(五味)** : '오미'는 다섯 가지 맛을 뜻한다. 맛의 종류를 총칭하는 용어로도 사용된다. '오미'는 구체적으로 산(酸: 신맛), 고(苦: 쓴맛), 신(辛: 매운맛), 함(鹹: 짠맛), 감(甘: 단맛)을 가리킨다. 『예기』「예운(禮運)」편에는 "五味, 六和, 十二食, 還相爲質也."라는 기록이 있는데, 이에 대한 정현의 주에서는 "五味, 酸, 苦, 辛, 鹹, 甘也."라고 풀이하였다.

◎ **오사(五祀)** : '오사'는 본래 주택 내외에 있는 대문[門], 방문[戶], 방 가운데[中霤], 부뚜막[竈], 도로[行]를 주관하는 다섯 신(神)들을 가리키기도 하며, 이들에게 지내는 제사를 지칭하기도 한다. 한편 계층별로 봤을 때, 통치자 계급은 통치 범위를 자신의 집으로 생각하여, 각각

다섯 대상에 대해서 대표적인 장소에서 제사를 지내기도 한다. 『예기』「월령(月令)」편에는 "天子乃祈來年于天宗, 大割祠于公社及門閭, 臘先祖五祀. 勞農以休息之."라는 기록이 있고, 이에 대한 정현의 주에서는 "五祀, 門, 戶, 中霤, 竈, 行也."라고 풀이했다. 한편 '오사' 중 행(行) 대신 우물[井]를 포함시키기도 한다. 『회남자(淮南子)』「시칙훈(時則訓)」편에는 "其位北方, 其日壬癸, 盛德在水, 其蟲介, 其音羽, 律中應鐘, 其數六, 其味鹹, 其臭腐. 其祀井, 祭先腎."이라는 기록이 있다. 그리고 이들에 대해 제사를 지내는 이유에 대해서, 『논형(論衡)』「제의(祭意)」편에서는 "五祀報門·戶·井·竈·室中霤之功. 門·戶, 人所出入, 井·竈, 人所欲食, 中霤, 人所託處, 五者功鈞, 故俱祀之."라고 설명한다. 즉 '오사'에 대한 제사는 그들에 대한 공덕에 보답을 하는 것으로, 문(門)과 호(戶)는 사람들이 출입을 하는데 편리함을 제공해주었고, 정(井)과 조(竈)는 사람들이 음식을 먹을 수 있도록 해주었으며, 중류(中霤)는 사람이 거처할 수 있도록 해주었기 때문에, 이들에 대해서 제사를 지내는 것이다.

◎ 오사(五事) : '오사'는 본래 모(貌), 언(言), 시(視), 청(聽), 사(思)를 뜻한다. 즉 언행, 보고 듣는 것, 사려함을 가리킨다. 또 단순히 이러한 행위만을 뜻하는 것이 아니라 수신(修身)이라는 측면에서 각각의 항목에 규범이 첨가된다. 즉 '오사'가 실질적으로 가리키는 것은 행동을 공손하게 하고, 말은 순리에 따라 하며, 보는 것은 밝게 하고, 듣는 것은 밝게 하며, 생각은 깊게 하는 것이다. 『서』「주서(周書)·홍범(洪範)」편에는 "五事, 一曰貌, 二曰言, 三曰視, 四曰聽, 五曰思. 貌曰恭, 言曰從, 視曰明, 聽曰聰, 思曰睿."라는 기록이 있다.

◎ 오색(五色) : '오색'은 청색[靑], 적색[赤], 백색[白], 흑색[黑], 황색[黃]을 뜻한다. 고대에는 이 다섯 가지 색깔을 순일한 색깔로 여겨서, 정색(正色)으로 규정하였고, 그 이외의 색깔들은 간색(間色)으로 분류하였다.

◎ 오생(五牲) : '오생'은 고대 제사 때 사용되었던 다섯 가지 동물들을 뜻한다. 소[牛], 양(羊), 돼지[豕], 개[犬], 닭[鷄]을 가리킨다. 『춘추좌씨전』「소공(昭公) 11년」편에는 "五牲不相爲用."이라는 기록이 있는데, 이에 대한 두예(杜預)의 주에는 "五牲, 牛, 羊, 豕, 犬, 雞."라고 풀이하였다.

◎ 오성(五星) : '오성'은 목성(木星), 화성(火星), 토성(土星), 금성(金星), 수성(水星)의 다섯 행성(行星)을 가리킨다. 『사기(史記)』「천관서론(天

官書論)」편에는 "水火金木塡星, 此五星者, 天之五佐."라는 기록이 있다. 방위와 이명(異名)으로 설명하자면, '오성'은 동쪽의 세성(歲星: =木星), 남쪽의 형혹(熒惑: =火星), 중앙의 진성(鎭星: =塡星 · 土星), 서쪽의 태백(太白: =金星), 북쪽의 진성(辰星: =水星)을 가리킨다.

◎ **오성(五聲)** : '오성'은 오음(五音)이라고도 하며, 일반적으로 궁(宮), 상(商), 각(角), 치(徵), 우(羽) 다섯 가지 음을 뜻한다. 당(唐)나라 이후에는 또한 합(合), 사(四), 을(乙), 척(尺), 공(工)으로 부르기도 했다. 『맹자』「이루상(離婁上)」편에는 "不以六律, 不能正五音."이라는 기록이 있는데, 이에 대한 조기(趙岐)의 주에서는 "五音, 宮商角徵羽"라고 풀이하였다.

◎ **오유청(吳幼淸)** : =오징(吳澄)

◎ **오제(五齊)** : '오제'는 술의 맑고 탁한 정도에 따라서 다섯 가지 등급으로 분류한 술을 뜻한다. 또한 술을 범칭하는 용어로도 사용된다. 다섯 가지 술은 범제(泛齊), 례제(醴齊), 앙제(盎齊), 제제(緹齊), 침제(沈齊)를 가리킨다. 『주례』「천관(天官) · 주정(酒正)」편에는 "辨五齊之名, 一曰泛齊, 二曰醴齊, 三曰盎齊, 四曰緹齊, 五曰沈齊."라는 기록이 있다. 각 술들에 대해 설명하자면, 위의 기록에 대한 정현의 주에서는 "泛者, 成而滓浮泛泛然, 如今宜成醪矣. 醴猶體也, 成而汁滓相將, 如今恬酒矣. 盎猶翁也, 成而翁翁然, 蔥白色, 如今酇白矣. 緹者, 成而紅赤, 如今下酒矣. 沈者, 成而滓沈, 如今造淸矣. 自醴以上尤濁, 縮酌者. 盎以下差淸. 其象類則然, 古之法式未可盡聞. 杜子春讀齊皆爲粢. 又禮器曰, '緹酒之用, 玄酒之尙.' 玄謂齊者, 每有祭祀, 以度量節作之."라고 풀이했다. 즉 '범제'는 술이 익고 나서 앙금이 둥둥 떠 있는 것으로 정현 시대의 의성료(宜成醪)와 같은 술이고, '례주'는 술이 익고 나서 앙금을 한 차례 걸러낸 것으로 염주(恬酒)와 같은 것이며, '앙제'는 술이 익고 나서 새파란 빛깔을 보이는 것으로 찬백(酇白)과 같은 술이고, '제제'는 술이 익고 나서 붉은 빛깔을 보이는 것으로 하주(下酒)와 같은 술이며, '침제'는 술이 익고 나서 앙금이 모두 가라앉아 있는 것으로 조청(造淸)과 같은 술이다. '범주'는 가장 탁한 술이며, '례주'는 그 다음으로 탁한 술이고, '앙제'부터는 뒤로 갈수록 맑은 술에 해당한다.

◎ **오제(五帝)** : '오제'는 전설시대에 존재했다고 전해지는 다섯 명의 제왕(帝王)을 뜻한다. 그러나 다섯 명이 누구였는지에 대해서는 이설(異

說)이 많다. 첫 번째 주장은 황제(黃帝: =軒轅), 전욱(顓頊: =高陽), 제곡(帝嚳: =高辛), 당요(唐堯), 우순(虞舜)으로 보는 견해이다. 『사기정의(史記正義)』「오제본기(五帝本紀)」편에는 "太史公依世本·大戴禮, 以黃帝·顓頊·帝嚳·唐堯·虞舜爲五帝. 譙周·應劭·宋均皆同."이라는 기록이 있고, 『백호통(白虎通)』「호(號)」편에도 "五帝者, 何謂也? 禮曰, 黃帝·顓頊·帝嚳·帝堯·帝舜也."라는 기록이 있다. 두 번째 주장은 태호(太昊: =伏羲), 염제(炎帝: =神農), 황제(黃帝), 소호(少昊: =摯), 전욱(顓頊)으로 보는 견해이다. 이 주장은 『예기』「월령(月令)」편에 나타난 각 계절별 수호신들의 내용을 종합한 것이다. 세 번째 주장은 소호(少昊), 전욱(顓頊), 고신(高辛), 당요(唐堯), 우순(虞舜)으로 보는 견해이다. 『서서(書序)』에는 "少昊·顓頊·高辛·唐·虞之書, 謂之五典, 言常道也."라는 기록이 있다. 또 『제왕세기(帝王世紀)』에는 "伏羲·神農·黃帝爲三皇, 少昊·高陽·高辛·唐·虞爲五帝."라는 기록이 있다. 네 번째 주장은 복희(伏羲), 신농(神農), 황제(黃帝), 당요(唐堯), 우순(虞舜)으로 보는 견해이다. 이 주장은 『역』「계사하(繫辭下)」편의 내용에 근거한 주장이다.

◎ 오징(吳澄, A.D.1249~A.D.1333) : =임천오씨(臨川吳氏)·오유청(吳幼淸). 송원대(宋元代)의 유학자이다. 이름은 징(澄)이다. 자(字)는 유청(幼淸)이다. 저서로 『예기해(禮記解)』가 있다.

◎ 오형(五刑) : '오형'은 다섯 가지 형벌을 뜻한다. '오형'의 구체적 항목에 대해서는 각 시대별 차이가 있지만, 『주례』의 기록에 근거하면, 묵형(墨刑), 의형(劓刑), 궁형(宮刑), 비형(剕刑: =刖刑), 대벽(大辟: =殺刑)이 된다. 『주례』「추관(秋官)·사형(司刑)」편에는 "掌五刑之灋, 以麗萬民之罪, 墨罪五百, 劓罪五百, 宮罪五百, 刖罪五百, 殺罪五百."이라는 기록이 있다.

◎ 옹희(饔餼) : '옹희'는 빈객(賓客)과 상견례(相見禮)를 하고 나서 성대하게 음식을 마련해 접대하는 것을 뜻한다. 『주례』「추관(秋官)·사의(司儀)」편에는 "致飧如致積之禮."라는 기록이 있는데, 이에 대한 정현의 주에서는 "小禮曰飧, 大禮曰饔餼."라고 풀이하였다. 즉 '옹희'와 '손'은 모두 빈객 등을 접대하는 예법들인데, '옹희'는 성대한 예법에 해당하여, '손'보다도 융숭하게 대접하는 것이다.

◎ 왕념손(王念孫, A.D.1744~A.D.1832) : 청(淸)나라 때의 학자이다. 자(字)

는 회조(懷租)이고, 호(號)는 석구(石臞)이다. 부친은 왕안국(王安國)이고, 아들은 왕인지(王引之)이다. 대진(戴震)에게 학문을 배웠다. 저서로는 『독서잡지(讀書雜志)』 등이 있다.

◎ **왕무횡(王懋竑, A.D.1668~A.D.1741)** : 청(淸) 나라 때의 경학자이다. 자(字)는 여중(予中) · 여중(與中)이며, 호(號)는 백전(白田)이다.

◎ **왕숙(王肅, A.D.195~A.D.256)** : 위진남북조(魏晉南北朝) 때의 위(魏)나라 경학자이다. 자(字)는 자옹(子雍)이다. 출신지는 동해(東海)이다. 부친 왕랑(王朗)으로부터 금문학(今文學)을 공부했으나, 고문학(古文學)의 고증적인 해석을 따랐다. 『상서(尚書)』, 『시경(詩經)』, 『좌전(左傳)』, 『논어(論語)』 및 삼례(三禮)에 대한 주석을 남겼다.

◎ **왕인지(王引之, A.D.1766~A.D.1834)** : 청(淸)나라 때의 훈고학자이다. 자(字)는 백신(伯申)이고, 호(號)는 만경(曼卿)이며, 시호(諡號)는 문간(文簡)이다. 왕념손(王念孫)의 아들이다. 대진(戴震), 단옥재(段玉裁), 부친과 함께 대단이왕(戴段二王)이라고 일컬어졌다. 『경전석사(經傳釋詞)』, 『경의술문(經義述聞)』 등의 저술이 있다.

◎ **왕자옹(王子雍)** : =왕숙(王肅)

◎ **외신(外神)** : '외신'은 내신(內神)과 상대되는 말이다. 교(郊)나 사(社) 등에서 지내는 제사 대상을 '외신'이라고 부른다. 『예기』「곡례하(曲禮下)」편에 대한 손희단(孫希旦)의 『집해(集解)』에서는 오징(吳澄)의 주장을 인용하여, "宗廟所祭者, 一家之神, 內神也, 故曰內事. 郊 · 社 · 山川之屬, 天下一國之神, 皆外神也, 故曰外事."라고 설명하였다. 즉 종묘(宗廟)에서 제사를 지내는 대상은 한 집안의 신(神)으로 '내신'이라고 부르며, 그 제사들을 내사(內事)라고 부른다. 또 교, 사 및 산천(山川) 등에 지내는 제사는 그 대상이 천하 및 한 국가의 신들이기 때문에, 그들을 '외신'이라고 부르며, 그 제사를 외사(外事)라고 부른다.

◎ **우무(羽舞)** : '우무'는 소무(小舞)에 해당하며, 문무(文舞)의 일종으로, 무용수들이 깃털을 잡고 추는 춤이다. 흰색 깃털로 장식을 했으며, 그 모양이 '오색의 기[帗]'와 흡사하였다. 국자(國子)들이 교육을 받았던 춤인데, '우무' 외에도 불무(帗舞), 황무(皇舞), 모무(旄舞), 간무(干舞), 인무(人舞) 등을 교육 받았다. 『주례』「춘관(春官) · 악사(樂師)」편에는 "掌國子之政, 以教國子小舞. 凡舞, 有帗舞, 有<u>羽舞</u>, 有皇舞, 有旄舞, 有干舞, 有人舞."라는 기록이 있다.

◎ 웅씨(熊氏) : =웅안생(熊安生)

◎ 웅안생(熊安生, ?~A.D.578) : =웅씨(熊氏). 북조(北朝) 때의 경학자이다. 자(字)는 식지(植之)이다. 『주례(周禮)』, 『예기(禮記)』, 『효경(孝經)』 등 많은 전적에 의소(義疏)를 남겼지만, 모두 산일되어 남아 있지 않다. 현재 마국한(馬國翰)의 『옥함산방집일서(玉函山房輯佚書)』에 『예기웅씨의소(禮記熊氏義疏)』 4권이 남아 있다.

◎ 위소(韋昭, A.D.204~A.D.273) : 삼국시대(三國時代) 때 오(吳)나라의 학자이다. 자(字)는 홍사(弘嗣)이다. 사마소(司馬昭)의 이름을 피휘하여, 요(曜)로 고쳤다. 저서로는 『국어주(國語注)』 등이 있다.

◎ 유(類) : '유'는 천신(天神)에게 지내는 제사의 일종이다. 『서』「우서(虞書)·순전(舜典)」편에는 "肆類于上帝."라는 기록이 있다. '유'제사와 관련된 예법들은 망실되어 전해지지 않지만, 군대를 출병하게 될 때 상제(上帝)에게 '유'제사를 지냈다는 기록이 있다. 『예기』「왕제(王制)」편에는 "天子將出, 類乎上帝, 宜乎社, 造乎禰."라는 기록이 있고, 이 문장에 대한 정현의 주에서는 "類·宜·造, 皆祭名, 其禮亡."이라고 풀이했다.

◎ 유맹야(劉孟冶) : =유씨(劉氏)

◎ 유사(有司) : '유사'는 관리를 뜻하는 용어이다. '사(司)'자는 담당한다는 뜻이다. 관리들은 각자 담당하고 있는 업무가 있었으므로, 관리를 '유사'라고 불렀던 것이다. 일반적으로 하위관료들을 지칭하여, 실무자를 뜻하는 용어로 많이 사용된다. 그러나 때로는 고위관료까지도 지칭하는 용어로 사용되기도 한다.

◎ 유씨(庾氏) : =유울(庾蔚)

◎ 유씨(劉氏, ?~?) : =유맹야(劉孟冶). 자세한 이력이 남아 있지 않다.

◎ 유울(庾蔚, ?~?) : =유씨(庾氏). 남조(南朝) 때 송(宋)나라 학자이다. 저서로는 『예기약해(禮記略解)』, 『예론초(禮論鈔)』, 『상복(喪服)』, 『상복세요(喪服世要)』, 『상복요기주(喪服要記注)』 등을 남겼다.

◎ 유집중(劉執中) : =장락유씨(長樂劉氏)

◎ 유태공(劉台拱, A.D.1751~A.D.1805) : 청(淸)나라 때의 경학자이다. 천문학(天文學), 율려학(律呂學), 문자학(文字學) 등에 조예가 깊었다.

◎ 유향(劉向, B.C77~A.D.6) : 전한(前漢) 때의 학자이다. 자(字)는 자정(子政)이다. 유흠(劉歆)의 부친이다. 비서성(秘書省)에서 고서들을 정리하였다. 저서로는 『설원(說苑)』·『신서(新序)』·『열녀전(列女傳)』·『별

록(別錄)』 등이 있다.

◎ **육농사(陸農師)** : =산음육씨(山陰陸氏)

◎ **육대(六代)** : '육대'는 황제(黃帝)·당(唐)·우(虞)·하(夏)·은(殷)·주(周) 등의 여섯 왕조를 가리킨다. 『진서(晉書)』「악지상(樂志上)」편에는 "周始二南, 風兼六代. 昔黃帝作雲門, 堯作咸池, 舜作大韶, 禹作大夏, 殷作大濩, 周作大武, 所謂因前王之禮, 設俯仰之容, 和順積中, 英華發外."라는 기록이 있다.

◎ **육덕(六德)** : '육덕'은 여섯 가지 도리를 뜻한다. 여섯 가지 도리는 지(知), 인(仁), 성(聖), 의(義), 중(忠), 화(和)이다.

◎ **육덕명(陸德明, A.D.550~A.D.630)** : =육원랑(陸元朗). 당대(唐代)의 경학자이다. 이름은 원랑(元朗)이고, 자(字)는 덕명(德明)이다. 훈고학에 뛰어났으며, 『경전석문(經典釋文)』 등을 남겼다.

◎ **육려(六呂)** : '육려'는 12율(律) 중 음률(陰律)에 해당하는 임종(林鍾), 중려(仲呂), 협종(夾鍾), 대려(大呂), 응종(應鍾), 남려(南呂)를 가리키는 용어이다. 육동(六同)이라고도 부른다.

◎ **육률(六律)** : '육률'은 12율(律) 중 양률(陽律)에 해당하는 황종(黃鐘), 태주(大簇), 고선(姑洗), 유빈(蕤賓), 이칙(夷則), 무역(無射)을 가리키는 용어이다. 한편 12율과 같은 의미로도 사용되었다.

◎ **육복(六服)** : '육복'은 천자나 제후의 여섯 종류 복장을 가리키니, 대구(大裘), 곤의(袞衣), 별의(驚衣), 취의(毳衣), 희의(希衣), 현의(玄衣)이다. 『주례(周禮)』「춘관(春官)·사복(司服)」편에는 "祀昊天上帝, 則服大裘而冕, 祀五帝亦如之. 享先王則袞冕. 享先公, 饗射則驚冕. 祀四望山川則毳冕. 祭社稷五祀則希冕. 祭群小祀則玄冕."이라는 기록이 있다. 즉 호천상제(昊天上帝) 및 오제(五帝)에게 제사지낼 때에는 대구를 입고 면(冕)을 쓰며, 선왕(先王)에게 제사지낼 때에는 곤면(袞冕)을 착용하고, 선공(先公)에 대한 제사 및 향사례(饗射禮)를 시행할 때에는 별면(驚冕)을 착용하며, 산천(山川) 등에 제사지낼 때에는 취면(毳冕)을 착용하고, 사직(社稷) 등에 제사지낼 때에는 희면(希冕)을 착용하며, 기타 여러 제사에는 현면(玄冕)을 착용한다.

◎ **육복(六服)** : '육복'은 천자의 수도를 제외하고, 그 이외의 땅을 9개의 지역으로 구분한 구복(九服) 중에서 6개 지역을 뜻하는데, 천자의 수도로부터 6개 복(服)까지는 주로 중국의 제후들에게 분봉해주는 지역

이었고, 나머지 3개의 지역은 주로 오랑캐들에게 분봉해주는 지역이었다. 따라서 중국(中國)이라는 개념을 거론할 때 주로 '육복'이라고 말한다. 천하의 정중앙에는 천자의 수도인 왕기(王畿)가 있고, 그 외에는 순차적으로 6개의 '복'이 있는데, 후복(侯服), 전복(甸服), 남복(男服), 채복(采服), 위복(衛服), 만복(蠻服)이 여기에 해당한다. '후복'은 천자의 수도 밖으로 사방 500리(里)의 크기이며, 이 지역에 속한 제후들은 1년에 1번 천자를 알현하며, 제사 때 사용하는 물건을 바친다. '전복'은 '후복' 밖으로 사방 500리의 크기이며, 이 지역에 속한 제후들은 2년에 1번 천자를 알현하고, 빈객(賓客)을 접대할 때 사용하는 물건을 바친다. '남복'은 '전복' 밖으로 사방 500리의 크기이며, 이 지역에 속한 제후들은 3년에 1번 천자를 알현하고, 각종 기물(器物)들을 바친다. '채복'은 '남복' 밖으로 사방 500리의 크기이며, 이 지역에 속한 제후들은 4년에 1번 천자를 알현하고, 의복류를 바친다. '위복'은 '채복' 밖으로 사방 500리의 크기이며, 이 지역에 속한 제후들은 5년에 1번 천자를 알현하고, 각종 재목들을 바친다. '만복'은 '요복(要服)'이라고도 부르는데, '만복'이라는 용어는 변경 지역의 오랑캐들과 접해 있으므로, 붙여진 용어이다. '만복'은 '위복' 밖으로 사방 500리의 크기이며, 이 지역에 속한 제후들은 6년에 1번 천자를 알현하고, 각종 재화들을 바친다. 『주례』「추관(秋官)·대행인(大行人)」편에는 "邦畿方千里, 其外方五百里謂之侯服, 歲壹見, 其貢祀物, 又其外方五百里謂之甸服, 二歲壹見, 其貢嬪物, 又其外方五百里謂之男服, 三歲壹見, 其貢器物, 又其外方五百里謂之采服, 四歲壹見, 其貢服物, 又其外方五百里謂之衛服, 五歲壹見, 其貢材物, 又其外方五百里謂之要服, 六歲壹見, 其貢貨物."이라는 기록이 있다.

◎ **육예(六藝)** : '육예'는 기본적으로 갖춰야 하는 여섯 가지 과목을 뜻한다. 여섯 가지 과목은 예(禮), 음악[樂], 활쏘기[射], 수레몰기[御], 글쓰기[書], 셈하기[數]이며, 구체적으로 말하자면 오례(五禮), 육악(六樂), 오사(五射), 오어(五馭: =五御), 육서(六書), 구수(九數)를 가리킨다.

◎ **육원랑(陸元朗)** : =육덕명(陸德明)

◎ **육전(陸佃)** : =산음육씨(山陰陸氏)

◎ **육축(六畜)** : '육축'은 여섯 종류의 가축을 뜻한다. 말[馬], 소[牛], 양(羊), 닭[雞], 개[犬], 돼지[豕]를 가리킨다. 『춘추좌씨전』「소공(昭公) 25

년」편에는 "爲六畜 · 五牲 · 三犧, 以奉五味."라는 기록이 있고, 이에 대한 두예(杜預)의 주에서는 "馬 · 牛 · 羊 · 雞 · 犬 · 豕."라고 풀이했다.

◎ **육합(六合)** : '육합'은 천지(天地)와 사방(四方)을 뜻하는 용어이다. 우주처럼 거대한 공간을 비유하는 용어로 사용된다.

◎ **육행(六行)** : '육행'은 여섯 가지 선행을 뜻한다. 여섯 가지 선행은 효(孝), 우(友), 구족(九族)에 대한 친근함[睦], 외친(外親)에 대한 친근함[婣], 벗에 대한 믿음[任], 구휼[恤]이다.

◎ **응씨(應氏)** : =금화응씨(金華應氏)

◎ **응용(應鏞)** : =금화응씨(金華應氏)

◎ **응자화(應子和)** : =금화응씨(金華應氏)

◎ **일체경음의(一切經音義)** : 『일체경음의(一切經音義)』는 당(唐)나라 때의 승려인 혜림(慧琳)이 찬술한 음운학 서적이다. 불경(佛經)에 나타난 난해한 글자들을 선별하여, 음과 뜻을 설명한 책이다. 한편 당나라 때의 승려인 현응(玄應)이 찬술한 음운학 서적을 뜻하기도 한다. 『현응음의(玄應音義)』라고도 부른다. 한(漢)나라 때의 고운(古韻)을 인용하고 있기 때문에, 고대 음운학 연구에 있어서는 중요한 서적이 된다.

◎ **일헌(一獻)** : '일헌'은 한 차례 술을 따라서 바친다는 뜻이다. 뭇 소사(小祀)에 해당하는 신들에게 제사를 지내게 되면, 제사 대상들의 서열이 비교적 낮으므로, 술에 있어서도 오직 한 번만 바친다. 그렇기 때문에 이러한 제사들을 '일헌'이라고 부른다.

◎ **임천오씨(臨川吳氏)** : =오징(吳澄)

ㅈ

◎ **자림(字林)** : 『자림(字林)』은 고대의 자서(字書)이다. 진(晉)나라 때 학자인 여침(呂忱)이 지었다. 원본은 일실되어 전해지지 않고, 다른 문헌들 속에 일부 기록들만 남아 있다.

◎ **자성(粢盛)** : '자성'의 자(粢)자는 곡식의 한 종류인 기장을 뜻하고, 성(盛)자는 그릇에 기장을 풍성하게 채워놓은 모양을 뜻한다. 따라서 '자성'은 제기(祭器)에 곡물을 가득 채워놓은 것을 뜻하며, 제물(祭物)로 사용되었다. 『춘추공양전』「환공(桓公) 14년」편에는 "御廩者何, 粢盛委之所藏也."라는 기록이 있는데, 이에 대한 하휴(何休)의 주에서는

"黍稷曰粢, 在器曰盛."이라고 풀이하였다.

◎ **장락유씨(長樂劉氏, A.D.1017~A.D.1086)** : =유이(劉彝)·유집중(劉執中). 북송(北宋) 때의 성리학자이다. 자(字)는 집중(執中)이다. 복주(福州) 출신이며, 어려서 호원(胡瑗)에게서 학문을 배웠다. 『정속방(正俗方)』, 『주역주(周易注)』를 지었으나 현존하지 않는다. 『칠경중의(七經中議)』, 『명선집(明善集)』, 『거이집(居易集)』 등이 남아 있다.

◎ **장락진씨(長樂陳氏)** : =진상도(陳祥道)

◎ **장수절(張守節, ?~?)** : 당(唐)나라 때의 학자이다. 측천무후(則天武后) 때 활동했지만, 사적(事迹)에 대해서는 상세히 알려져 있지 않다. 『사기(史記)』에 대한 조예가 깊었으며, 『사기정의(史記正義)』를 저술하여, 『사기』의 대표적 세 주석 중 하나로 꼽힌다.

◎ **장자(張子)** : =장재(張載)

◎ **장재(張載, A.D.1020~A.D.1077)** : =장자(張子)·장횡거(張橫渠). 북송(北宋) 때의 유학자이다. 북송오자(北宋五子) 중 한 사람으로 칭해진다. 자(字)는 자후(子厚)이다. 횡거진(橫渠鎭) 출신으로, 이곳에서 장기간 강학을 했기 때문에 횡거선생(橫渠先生)으로 일컬어지기도 한다.

◎ **장횡거(張橫渠)** : =장재(張載)

◎ **저선생(褚先生)** : =저소손(褚少孫)

◎ **저소손(褚少孫, ?~?)** : =저선생(褚先生). 전한(前漢) 때의 학자이다. 사마천(司馬遷)의 사후, 『사기(史記)』 중 누락된 부분을 보충하였다.

◎ **적전(藉田)** : '적전'은 적전(籍田)이라고도 부른다. 천자와 제후가 백성들을 동원해서 경작하는 땅이다. 처음 농사일을 시작할 때, 천자와 제후는 이곳에서 직접 경작에 참여함으로써, 농업을 중시한다는 뜻을 보이게 된다.

◎ **적전(籍田)** : =자전(藉田)

◎ **전욱(顓頊)** : '전욱'은 고양씨(高陽氏)라고도 부른다. '전욱'은 고대 오제(五帝) 중 하나이다. 『산해경(山海經)』「해내경(海內經)」편에는 "黃帝妻雷祖, 生昌意, 昌意降處若水, 生韓流. 韓流, …… 取淖子曰阿女, 生帝<u>顓頊</u>."이라는 기록이 있다. 즉 황제(黃帝)의 처인 뇌조(雷祖)가 창의(昌意)를 낳았는데, 창의가 약수(若水)에 강림하여 거처하다가, 한류(韓流)를 낳았다. 다시 한류는 아녀(阿女)를 부인으로 맞이하여 '전욱'을 낳았다. 또한 『회남자(淮南子)』「천문훈(天文訓)」편에는 "北方, 水

也, 其帝顓頊, 其佐玄冥, 執權而治冬."이라는 기록이 있다. 즉 북방(北方)은 오행(五行)으로 배열하면 수(水)에 속하는데, 이곳의 상제(上帝)는 '전욱'이고, 상제를 보좌하는 신(神)은 현명(玄冥)이다. 이들은 겨울을 다스린다. 또한 '전욱'과 관련하여 『수경주(水經注)』「호자하(瓠子河)」편에는 "河水舊東決, 逕濮陽城東北, 故衛也, 帝顓頊之墟. 昔顓頊自窮桑徙此, 號曰商丘, 或謂之帝丘."라는 기록이 있다. 즉 황하의 물길은 옛날에 동쪽으로 흘러서, 복양성(濮陽城)의 동북쪽을 경유하였는데, 이곳은 옛 위(衛) 지역으로, '전욱'이 거처하던 터이며, 예전에 '전욱'이 궁상(窮桑) 땅으로부터 이곳으로 옮겨왔기 때문에, 이곳을 상구(商丘) 또는 제구(帝丘)라고도 부른다.

◎ **전제(奠祭)** : '전제'는 죽은 자 및 귀신들에게 음식을 헌상하는 제사이다. 상례(喪禮)를 치를 때, 빈소를 차리고 나면, 매일 아침과 저녁에 음식을 바치며 제사를 지내게 되는데, '전제'는 주로 이러한 제사를 뜻한다.

◎ **정강성(鄭康成)** : =정현(鄭玄)

◎ **정사농(鄭司農)** : =정중(鄭衆)

◎ **정씨(鄭氏)** : =정현(鄭玄)

◎ **정의(正義)** : 『정의(正義)』는 『예기정의(禮記正義)』 또는 『예기주소(禮記注疏)』를 뜻한다. 당(唐)나라 때에는 태종(太宗)이 공영달(孔穎達) 등을 시켜서 『오경정의(五經正義)』를 편찬하였는데, 이때 『예기정의』에는 정현(鄭玄)의 주(注)와 공영달의 소(疏)가 수록되었다. 송대(宋代)에는 『오경정의』와 다른 경전(經典)에 대한 주석서를 포함한 『십삼경주소(十三經注疏)』가 편찬되어, 『예기주소』라는 명칭이 되었다.

◎ **정중(鄭衆, ?~A.D.83)** : =정사농(鄭司農). 후한(後漢) 때의 경학자이다. 자(字)는 중사(仲師)이다. 부친은 정흥(鄭興)이다. 부친에게 『춘추좌씨전(春秋左氏傳)』의 학문을 전수받았다. 또한 그는 대사농(大司農) 등의 관직을 역임하였기 때문에, '정사농'이라고도 불렸다. 한편 정흥과 그의 학문은 정현(鄭玄)에게 많은 영향을 주었기 때문에, 후대에서는 정현을 후정(後鄭)이라고 불렀고, 정흥과 그를 선정(先鄭)이라고도 불렀다. 저서로는 『춘추조례(春秋條例)』, 『주례해고(周禮解詁)』 등을 지었다고 하지만, 현재는 전해지지 않았다.

◎ **정현(鄭玄, A.D.127~A.D.200)** : =정강성(鄭康成)·정씨(鄭氏). 한대(漢代)의 유학자이다. 자(字)는 강성(康成)이다. 『주역(周易)』, 『상서(尙

書)』, 『모시(毛詩)』, 『주례(周禮)』, 『의례(儀禮)』, 『예기(禮記)』, 『논어(論語)』, 『효경(孝經)』 등에 주석을 하였다.

◎ **제곡(帝嚳)** : '제곡'은 고신씨(高辛氏)라고도 부른다. '제곡'은 고대 오제(五帝) 중 하나이다. 황제(黃帝)의 아들 중에는 현효(玄囂)가 있었는데, '제곡'은 현효의 손자가 된다. 운(殷)나라의 복사(卜辭) 기록 속에서는 은나라 사람들이 '제곡'을 고조(高祖)로 여겼다는 기록도 나온다. 한편 '제곡'은 최초 신(辛)이라는 땅을 분봉 받았다가, 이후에 제(帝)가 되었으므로, '제곡'을 고신씨(高辛氏)라고도 부르는 것이다.

◎ **제씨(制氏, ?~?)** : 전한(前漢) 때의 사람이다. 이름은 자세히 알려져 있지 않다. 노(魯)나라 지역 출신으로 알려져 있다. 『한서(漢書)』「예악지(禮樂志)」에 따르면, 악가(樂家)로 분류되며, 대대로 악관(樂官)을 맡은 집안 출신이다. 악기 연주 및 춤에 대해서는 능통하였지만, 그 의미에 대해서는 설명을 잘 못했다고 한다.

◎ **조근(朝覲)** : '조근'은 군주가 신하를 만나보는 예법(禮法)을 뜻한다. 군주가 신하를 만나보는 예법에는 조(朝), 근(覲), 종(宗), 우(遇), 회(會), 동(同) 등이 있었는데, 이것을 총칭하여 '조근'으로 부르기도 한다. 한편 '조근'은 신하가 군주를 찾아뵙는 예법을 뜻하기도 한다. 고대에는 제후가 천자를 찾아뵐 때, 각 계절별로 그 명칭을 다르게 불렀다. 봄에 찾아뵙는 것을 조(朝)라고 부르며, 여름에 찾아뵙는 것을 종(宗)이라고 부르고, 가을에 찾아뵙는 것을 근(覲)이라고 부르며, 겨울에 찾아뵙는 것을 우(遇)라고 부른다. '조근'은 이러한 예법들을 총칭하는 말이다.

◎ **조례(朝禮)** : '조례'는 조근(朝覲) 및 회동(會同) 등의 예법을 뜻한다.

◎ **조천(朝踐)** : '조천'은 제례(祭禮) 의식 중 하나이다. 희생물의 피와 기름 등을 바치고, 단술을 따르게 되면, 비로소 제사를 본격적으로 시행하게 된다. 제주(祭主)의 부인이 되는 주부(主婦)는 이때 제사 때 진설해두는 제기(祭器)인 두변(豆籩) 등을 바치게 된다. '조천'은 바로 이러한 의식 절차를 가리킨다. 『주례』「춘관(春官) · 사존이(司尊彝)」에는 "其朝踐用兩獻尊."이라는 기록이 있고, 이 기록에 대한 정현의 주에서는 "朝踐, 謂薦血腥, 酌醴, 始行祭事, 后於是薦朝事之豆籩."이라고 풀이하였다.

◎ **종인(宗人)** : '종인'은 고대 관직명이다. 소종백(小宗伯)으로 여기기도 하며, 일반적으로 제사 및 종묘(宗廟)에서 시행되는 예법을 담당하는

자로 여기기도 한다. 『서』「주서(周書)·고명(顧命)」편에는 "上宗曰饗, 太保受同, 降, 盥以異同, 秉璋以酢, 授宗人同, 拜, 王荅拜."라는 기록이 있고, 이에 대한 공안국(孔安國)의 전문(傳文)에서는 "宗人, 小宗伯." 이라고 풀이했다. 또한 『의례』「사관례(士冠禮)」편에는 "徹筮席, 宗人告事畢, 主人戒賓, 賓禮辭許."라는 기록이 있고, 이에 대한 정현의 주에서는 "宗人, 有司主禮者."라고 풀이했다.

◎ **종축(宗祝)** : '종축'은 종백(宗伯)과 태축(太祝)을 뜻한다. 둘 모두 제사를 주관하는 관리들인데, '종백'은 예법과 관련된 부서의 수장이며, '태축'은 제사를 시행할 때 일을 주도하는 관리이다. 『국어(國語)』「주어중(周語中)」편에는 "門尹除門, 宗祝執祀, 司里授館."이라는 기록이 있고, 이에 대한 위소(韋昭)의 주에서는 "宗, 宗伯, 祝, 太祝也."라고 풀이하였다.

◎ **주돈이(周敦頤**, A.D.1017~A.D.1073) : =염계선생(濂溪先生)·주자(周子)·주렴계(周濂溪)·주무숙(周茂叔). 북송(北宋) 때의 학자이다. 북송오자(北宋五子) 및 송조육현(宋朝六賢) 중 한 사람으로 손꼽힌다. 초명(初名)은 돈실(惇實)이었지만, 영종(英宗)에 대한 피휘 때문에, 돈이(敦頤)로 개명하였다. 자(字)는 무숙(茂叔)이다. 염계서당(濂溪書堂)에서 강학을 하였기 때문에, '염계선생(濂溪先生)'이라고도 부른다. 저서로는 『태극도설(太極圖說)』·『통서(通書)』 등이 있다.

◎ **주렴계(周濂溪)** : =주돈이(周敦頤)

◎ **주무숙(周茂叔)** : =주돈이(周敦頤)

◎ **주서(周諝)** : =연평주씨(延平周氏)

◎ **주자(周子)** : =주돈이(周敦頤)

◎ **주희성(周希聖)** : =연평주씨(延平周氏)

◎ **진가대(陳可大)** : =진호(陳澔)

◎ **진덕수(眞德秀)** : =서산진씨(西山眞氏)

◎ **진상도(陳祥道**, A.D.1159~A.D.1223) : =장락진씨(長樂陳氏)·진씨(陳氏)·진용지(陳用之). 북송대(北宋代)의 유학자이다. 자(字)는 용지(用之)이다. 장락(長樂) 지역 출신으로, 1067년에 과거에 급제하여 태상박사(太常博士) 등을 지냈다. 왕안석(王安石)의 제자로, 그의 학문을 전파하는데 공헌하였다. 저서에는 『예서(禮書)』, 『논어전해(論語全解)』 등이 있다.

◎ 진씨(陳氏) : =진상도(陳祥道)

◎ 진양(陳暘, ?~?) : =진진지(陳晉之). 북송(北宋) 말기 때의 학자이다. 저서로는 『악서(樂書)』 등이 있다.

◎ 진용지(陳用之) : =진상도(陳祥道)

◎ 진진지(陳晉之) : =진양(陳暘)

◎ 진호(陳澔, A.D.1260~A.D.1341) : =진가대(陳可大). 남송(南宋) 말기 원(元)나라 초기 때의 학자이다. 자(字)는 가대(可大)이다. 사람들에게 경귀선생(經歸先生)으로 칭송을 받았다. 저서로는 『예기집설(禮記集說)』 등이 있다.

ㅊ

◎ 채원정(蔡元定, A.D.1135~A.D.1198) : =서산채씨(西山蔡氏). 송(宋)나라 때의 성리학자이다. 자(字)는 계통(季通)이고, 호(號)는 서산(西山)이며, 시호(謚號)는 문절(文節)이다. 채발(蔡發)의 아들이자, 채침(蔡沈)의 아버지이다. 그의 학문은 의리학과 상수학을 겸비하여, 『역(易)』을 이용해서 『황극경세서(皇極經世書)』를 주해하였다.

◎ 책양(磔禳) : '책양'은 또한 책양(磔攘)이라고도 한다. 희생물을 부위별로 갈라서 신에게 제사를 지내고, 이를 통해서 상서롭지 못한 기운을 제거하는 것이다.

◎ 책양(磔攘) : =책양(磔禳)

◎ 체제(禘祭) : '체제'는 천신(天神) 및 조상신(祖上神)에게 지내는 '큰 제사[大祭]'를 뜻한다. 『이아』「석천(釋天)」편에는 "禘, 大祭也."라는 기록이 있고, 이에 대한 곽박(郭璞)의 주에서는 "五年一大祭."라고 풀이하여, 대제(大祭)로써의 체제사는 5년마다 1번씩 지낸다고 설명한다. 그러나 『예기』「왕제(王制)」에 수록된 각종 제사들에 대한 기록을 살펴보면, 체제사는 큰 제사임에는 분명하나, 반드시 5년마다 1번씩 지내는 제사는 아니었다.

◎ 체천(體薦) : '체천'은 제사나 연회 때, 희생물의 몸체를 반으로 갈라서 큰 도마에 올리고, 이것을 통해 제수를 바치는 것을 뜻한다.

◎ 체협(禘祫) : '체협'은 고대에 제왕(帝王)이 시조(始祖)에게 지냈던 제사를 뜻하니, 일종의 성대한 제사의례를 가리킨다. 간혹 '체협'을 구분

하여 각각에 의미를 부여하기도 하며, 혹은 '체협'을 합쳐서 같은 의미로 사용하기도 한다. 이 문제에 대해서 장병린(章炳麟)은 『국고논형(國故論衡)』「명해고하(明解故下)」에서 "禘祫之言, 詾詾爭論旣二千年. 若以禘祫同爲殷祭, 祫名大事, 禘名有事, 是爲禘小於祫, 何大祭之云? 故知周之廟祭有大嘗·大烝, 有秋嘗·冬烝. 禘祫者大嘗·大烝之異語."라고 주장한다. 즉 '체협'이라는 말에 대해서 의견들이 분분한데, 만약 '체협'을 모두 은(殷)나라 때의 제사라고 말하며, '협(祫)'은 '중대한 사안[大事]'이 발생했을 때 지내는 제사를 뜻하고, '체(禘)'는 유사시에 지내게 되는 제사를 뜻한다고 한다면, '체'는 '협'보다 규모가 작은 것인데, 어떻게 대제(大祭)라고 말할 수 있겠는가? 그렇기 때문에 '체협'은 주(周)나라 때의 제사이다. 주나라 때 종묘(宗廟)에서 지내는 제사에는 대상(大嘗), 대증(大烝)이라는 용어가 있었고, 또 추상(秋嘗: 가을에 지내는 상(嘗)제사), 동증(冬烝: 겨울에 지내는 증(烝)제사라는 용어가 있었으니, '체협'은 대제(大祭)를 뜻하는 용어로, 대상이나 대증을 다르게 부른 명칭이다. 또한 『후한서(後漢書)』「장제기(章帝紀)」편에는 "其四時禘祫於光武之堂."이라는 기록이 있는데, 이에 대한 이현(李賢)의 주에서는 『속한서(續漢書)』를 인용하여, "五年再殷祭. 三年一祫, 五年一禘."라고 풀이한다. 즉 5년마다 2번의 성대한 제사를 지내게 되는데, 3년에 1번 '협'제사를 지내고, 5년에 1번 '체'제사를 지낸다.

◎ **초주(譙周**, A.D.201?~A.D.270) : 삼국시대(三國時代) 때의 학자이다. 자(字)는 윤남(允南)이다. 『논어주(論語注)』, 『삼파기(三巴記)』, 『초자법훈(譙子法訓)』, 『고사고(古史考)』, 『오경연부론(五更然否論)』 등의 저술을 남겼다.

◎ **최씨(崔氏)** : =최영은(崔靈恩)

◎ **최영은(崔靈恩**, ?~?) : =최씨(崔氏). 남북조(南北朝) 때의 학자이다. 오경(五經)에 능통하였고, 다른 경전에도 두루 해박하였다고 전해진다. 『모시(毛詩)』, 『주례(周禮)』 등에 주석을 달았고, 『삼례의종(三禮義宗)』, 『좌씨경전의(左氏經傳義)』 등을 지었다.

◎ **추왕(追王)** : '추왕'은 천자의 조상 중 천자의 신분이 아니었지만, 죽은 뒤 그에게 천자의 칭호를 부여한다는 뜻이다.

◎ **축융(祝融)** : '축융'은 전설시대에 존재했다고 전해지는 고대 제왕 중 한 명이다. 삼황(三皇) 중 한 명이다. '삼황'에 속한 인물들에 대해서

대부분 복희(伏羲)와 신농(神農)이 포함된다고 주장한다. 그러나 나머지 1명에 대해서는 이견(異見)이 많은데, 어떤 자들은 수인(燧人)을 포함시키기도 하고, 또 어떤 자들은 여왜(女媧)를 포함시키기도 하며, 또 어떤 자들은 '축융'을 포함시키기도 한다. 『잠부론(潛夫論)』「오덕지(五德志)」편에는 "世傳三皇五帝, 多以爲伏羲·神農爲二皇, 其一者或曰燧人, 或曰祝融, 或曰女媧, 其是與非未可知也."라는 기록이 있다. 한편 '축융'은 신(神)을 뜻하기도 한다. 고대인들은 '축융'을 전욱씨(顓頊氏)의 후손이며, 노동(老童)의 아들인 오회(吳回)로 여겼다. 또한 생전에는 고신씨(高辛氏)의 화정(火正)이 되었으며, 죽어서는 화관(火官)의 신이 되었다고 생각했다. 즉 고대에는 오행설(五行說)이 유행하여, 오행마다 주관하는 신들이 있었다고 여겨졌다. 그중 신농(神農)은 화(火)를 주관한다고 여겨졌고, '축융'은 신농의 휘하에서 '화'의 운행을 돕는 신으로 여겨졌다. 『예기』「월령(月令)」편에는 "其日丙丁, 其帝炎帝, 其神祝融."이라는 기록이 있고, 『여씨춘추(呂氏春秋)』「맹하기(孟夏紀)」편에는 "其神祝融."이라는 기록이 있는데, 이에 대한 고유(高誘)의 주에서는 "祝融, 顓頊氏後, 老童之子吳回也, 爲高辛氏火正, 死爲火官之神."이라고 풀이했다. 또한 '축융'은 오방(五方) 중 남쪽을 다스리는 신으로 여겨졌다. 이러한 사유 또한 오행설에 근거한 것으로, 고대인들은 '오방'마다 각각의 방위를 주관하는 신들이 있었다고 여겼다. 그러나 해당하는 신들에 대해서는 이견(異見)이 존재한다. 이러한 기록들 중 『관자(管子)』「오행(五行)」편에는 "得奢龍而辯於東方, 得祝融而辯於南方."이라는 기록이 있고, 『한서(漢書)』「양웅전상(揚雄傳上)」편에는 "麗鉤芒與驂蓐收兮, 服玄冥及祝融."이라는 기록이 있는데, 이에 대한 안사고(顏師古)의 주에서는 "祝融, 南方神."이라고 풀이했다.

◎ **칠사(七祀)** : '칠사'는 주(周)나라 때 제정된 일곱 종류의 제사이다. 천자가 지내는 제사를 뜻하며, 제사 대상은 사명(司命), 중류(中霤), 국문(國門), 국행(國行), 태려(泰厲), 호(戶), 조(竈)이다. 『예기』「제법(祭法)」편에는 "王爲群姓立七祀. 曰司命, 曰中霤, 曰國門, 曰國行, 曰泰厲, 曰戶, 曰竈."라는 기록이 있다. 참고로 제후가 지내는 제사를 오사(五祀)라고 했으며, 그 대상은 사명(司命), 중류(中霤), 국문(國門), 국행(國行), 공려(公厲)이고, 대부(大夫)가 지내는 제사를 삼사(三祀)라고 했으며, 그 대상은 족려(族厲), 문(門), 행(行)이고, 적사(適士)가 지내

는 제사를 이사(二祀)라고 했으며, 그 대상은 문(門), 행(行)이고, 서사(庶士)나 서인(庶人)들이 지내는 제사를 일사(一祀)라고 했으며, 그 대상은 호(戶)이기도 했고, 또는 조(竈)이기도 했다.

ㅍ

◎ **팔음(八音)** : '팔음'은 여덟 가지의 악기들을 뜻한다. 여덟 종류의 악기에는 8종류의 서로 다른 재질이 사용되기 때문에, 붙여진 이름이다. 여기에서 여덟 가지 재질이란 통상적으로 쇠[金], 돌[石], 실[絲], 대나무[竹], 박[匏], 흙[土], 가죽[革], 나무[木]를 가리킨다. 『서』「우서(虞書)·순전(舜典)」편에는 "三載, 四海遏密八音."이란 기록이 있는데, 이에 대한 공안국(孔安國)의 전(傳)에서는 "八音, 金石絲竹匏土革木."이라고 풀이하였다. 또한 여덟 가지 재질에 따른 악기에 대해서 설명하자면, 금(金)에는 종(鐘)과 박(鎛)이 있고, 석(石)에는 경(磬)이 있으며, 토(土)에는 훈(塤)이 있고, 혁(革)에는 고(鼓)와 도(鼗)가 있으며, 사(絲)에는 금(琴)과 슬(瑟)이 있고, 목(木)에는 축(柷)과 어(敔)가 있으며, 포(匏)에는 생(笙)이 있고, 죽(竹)에는 관(管과 소(簫)가 있다. 『주례』「춘관(春官)·대사(大師)」편에는 "皆播之以八音, 金石土革絲木匏竹."이라는 기록이 있는데, 이에 대한 정현의 주에서는 "金, 鐘鎛也. 石, 磬也. 土, 塤也. 革, 鼓鼗也. 絲, 琴瑟也. 木, 柷敔也. 匏, 笙也. 竹, 管簫也."라고 풀이하였다.

◎ **팔풍(八風)** : '팔풍'은 팔방(八方)에서 풀어오는 바람으로, 각 문헌에 따라서 명칭이 조금씩 다르다. 『여씨춘추(呂氏春秋)』에 따르면, 동북풍(東北風)은 염풍(炎風), 동풍(東風)은 도풍(滔風), 동남풍(東南風)은 훈풍(熏風), 남풍(南風)은 거풍(巨風), 서남풍(西南風)은 처풍(凄風), 서풍(西風)은 료풍(飂風), 서북풍(西北風)은 려풍(厲風), 북풍(北風)은 한풍(寒風)이다. 『회남자(淮南子)』에 따르면, 동북풍(東北風)은 염풍(炎風), 동풍(東風)은 조풍(條風), 동남풍(東南風)은 경풍(景風), 남풍(南風)은 거풍(巨風), 서남풍(西南風)은 량풍(涼風), 서풍(西風)은 료풍(飂風), 서북풍(西北風)은 려풍(麗風), 북풍(北風)은 한풍(寒風)이다. 『설문해자(說文解字)』에 따르면, 동풍(東風)은 명서풍(明庶風), 동남풍(東南風)은 청명풍(淸明風), 남풍(南風)은 경풍(景風), 서남풍(西南風)은

량풍(涼風), 서풍(西風)은 창합풍(閶闔風), 서북풍(西北風)은 부주풍(不周風), 북풍(北風)은 광막풍(廣莫風), 동북풍(東北風)은 융풍(融風)이다. 『경전석문(經典釋文)』에 따르면, 동풍(東風)은 곡풍(谷風), 동남풍(東南風)은 청명풍(淸明風), 남풍(南風)은 개풍(凱風), 서남풍(西南風)은 량풍(涼風), 서풍(西風)은 창합풍(閶闔風), 서북풍(西北風)은 부주풍(不周風), 북풍(北風)은 광막풍(廣莫風), 동북풍(東北風)은 융풍(融風)이다. 『여씨춘추(呂氏春秋)』「유시(有始)」편에서는 "何謂八風. 東北曰炎風, 東方曰滔風, 東南曰熏風, 南方曰巨風, 西南曰淒風, 西方曰飂風, 西北曰厲風, 北方曰寒風."이라고 하였고, 『회남자(淮南子)』「추형훈(墜形訓)」편에서는 "東北曰炎風, 東方曰條風, 東南曰景風, 南方曰巨風, 西南曰涼風, 西方曰飂風, 西北曰麗風, 北方曰寒風."이라고 하였으며, 『설문(說文)』「풍부(風部)」편에서는 "風, 八風也. 東方曰明庶風, 東南曰淸明風, 南方曰景風, 西南曰涼風, 西方曰閶闔風, 西北曰不周風, 北方曰廣莫風, 東北曰融風."이라고 하였고, 『춘추좌씨전』「은공(隱公) 5년」편에는 "夫舞所以節八音, 而行八風."이라는 기록이 있는데, 이에 대한 육덕명(陸德明)의 『경전석문(經典釋文)』에서는 "八方之風, 謂東方谷風, 東南淸明風, 南方凱風, 西南涼風, 西方閶闔風, 西北不周風, 北方廣莫風, 東北方融風."이라고 풀이하였다.

ㅎ

◎ **하간헌왕(河間獻王, ?~B.C. 130)** : =유덕(劉德). 전한(前漢) 때의 인물이다. 성(姓)은 유(劉)이고, 이름은 덕(德)이다. 경제(景帝)의 아들이다. B.C.155년에 하간(河間) 지역의 왕으로 분봉을 받았기 때문에, '하간헌왕'이라고 부르는 것이다. 학문을 좋아하였고, 유학(儒學) 뿐만 아니라, 다른 학문에 대해서도 박학하였다. 민간으로부터 많은 서적들을 수집하였고, 학자들을 불러 모아서 많은 서적들을 편찬하였다.

◎ **하순(賀循, A.D.260~A.D.319)** : 위진시대(魏晉時代) 때의 학자이다. 자(字)는 언선(彦先)이다.

◎ **하창(賀瑒, A.D.452~A.D.510)** : 남조(南朝) 때의 학자이다. 남조의 제(齊)나라와 양(梁)나라에서 각각 활동하였다. 자(字)는 덕연(德璉)이다. 『예기신의소(禮記新義疏)』 등을 찬술하였다.

◎ **하축(夏祝)** : '하축'은 하(夏)나라 때의 예법을 익혀서, 제사 등을 돕는 자이다. 하나라 때에는 충(忠)을 중심으로 가르쳤으므로, 그 예법은 봉양을 하는 것에 적합하다. 그렇기 때문에 음식과 관련된 일을 담당한다. 『의례』「사상례(士喪禮)」편에는 "夏祝鬻餘飯, 用二鬲, 于西牆下."라는 기록이 있고, 이에 대한 정현의 주에서는 "夏祝, 祝習夏禮者也. 夏人教以忠, 其於養宜."라고 풀이했다.

◎ **하휴(何休, A.D.129~A.D.182)** : 전한(前漢) 때의 금문경학자(今文經學者)이다. 자(字)는 소공(邵公)이다. 『춘추공양전해고(春秋公羊傳解詁)』를 지었으며, 『효경(孝經)』, 『논어(論語)』 등에 대해서도 주를 달았고, 『춘추한의(春秋漢議)』를 짓기도 하였다.

◎ **학경(郝敬, A.D.1558~A.D.1639)** : =학중여(郝仲輿). 명(明)나라 때의 학자이다. 자(字)는 중여(仲輿)이고, 호(號)는 초망(楚望)이다. 경학에 능통하여, 수많은 저서를 남겼다.

◎ **학중여(郝仲輿)** : =학경(郝敬)

◎ **한시외전(韓詩外傳)** : 『한시외전(韓詩外傳)』은 한(漢)나라 때 한영(韓嬰)이 지은 책이다. 이 책은 본래 내전(內傳) 4권과 외전(外傳) 6권으로 구성되어 있었는데, 내전은 산일되어 없어졌고, 외전만이 남아 있다. 남아 있는 부분을 『한시외전(韓詩外傳)』이라고 부른다.

◎ **함매(銜枚)** : '함매'는 본래 병사들에 입에 물리던 나무판이다. 이것을 입에 물림으로써 큰 소리를 내거나 잡담을 하지 못하도록 하였다. 『주례』「하관(夏官)·대사마(大司馬)」편에는 "群司馬振鐸, 車徒皆作, 遂鼓行, 徒銜枚而進."이라는 기록이 있다.

◎ **함지(咸池)** : =대함(大咸)

◎ **합어(合語)** : '합어'는 어떠한 의례를 치를 때, 일정 시기가 되면 연장자 및 빈객의 수장 등이 나와서 그 의례를 제정했던 의미와 이치를 종합적으로 설명하는 것을 뜻한다.

◎ **향례(饗禮)** : '향례'는 연회의 한 종류이다. 또한 연회를 범칭하는 용어로도 사용된다. 본래 '향례'를 시행할 때에는 희생물을 통째로 바치지만, 그것을 먹지는 않는다. 또 술잔을 가득 채우지만, 마시지는 않으며, 자리에 서 있기만 하고, 앉지는 않는다. 또한 신분의 존비(尊卑)에 의거해서 술잔을 바치게 되는데, 정해진 술잔 바치는 회수가 끝나면, 의식을 끝낸다. 다만 숙위(宿衛)들과 기로(耆老) 및 고아들에게 향례

를 할 때에는 술을 취할 때까지 마시게 하는 것을 법도로 삼았다.

◎ 향사례(鄕射禮) : '향사례'는 활쏘기를 하며 음주를 했던 의례(儀禮)이다. 크게 두 가지로 나뉘는데, 하나는 지방의 수령이 지방학교인 서(序)에서 사람들을 모아서 활쏘기를 익히며 음주를 했던 의례이고, 다른 하나는 향대부(鄕大夫)가 3년마다 치르는 대비(大比)라는 시험을 끝내고 공사(貢士)를 한 연후에, 향대부가 향로(鄕老) 및 향인(鄕人)들과 향학(鄕學)인 상(庠)에서 활쏘기를 익히고 음주를 했던 의례이다. 『주례』「지관(地官)·향대부(鄕大夫)」편에는 "退而以鄕射之禮五物詢衆庶."라는 기록이 있는데, 이에 대한 손이양(孫詒讓)의 『정의(正義)』에서는 "退, 謂王受賢能之書事畢, 鄕大夫與鄕老, 則退各就其鄕學之庠而與鄕人習射, 是爲鄕射之禮."라고 풀이하였다.

◎ 향음례(鄕飮禮) : '향음례'는 '향음주례(鄕飮酒禮)'라고도 부른다. 주(周)나라 때에는 향학(鄕學)에서 3년마다 대비(大比)라는 시험을 치러서, 선발된 자들을 천거하였다. 이러한 행사를 실시할 때 향대부(鄕大夫)는 음주 연회의 자리를 만들어서, 선발된 자들에게 빈례(賓禮)에 따라 대접을 하며, 그들에게 술을 따라주었는데, 이 의식을 '향음례' 또는 '향음주례'라고 불렀다. 『의례』「향음주례(鄕飮酒禮)」편에 대한 가공언(賈公彦)의 소(疏)에서는 정현의 『삼례목록(三禮目錄)』을 인용하여, "諸侯之鄕大夫三年大比, 獻賢者能於其君, 以賓禮待之, 與之飮酒. 於五禮屬嘉禮."라고 풀이했다. 또한 일반적으로 음주를 즐기며 연회를 하는 것을 뜻하기도 한다.

◎ 허숙중(許叔重) : =허신(許愼)

◎ 허신(許愼, A.D.30~A.D.124) : =허숙중(許叔重). 후한(後漢) 때의 학자이다. 자(字)는 숙중(叔重)이다. 『설문해자(說文解字)』의 저자로 널리 알려져 있으며, 다른 저서로는 『오경이의(五經異義)』가 있으나 산일되었다. 『오경이의』는 송대(宋代) 때 다시 편찬되었으나 진위를 따지기 힘들다.

◎ 혁로(革路) : '혁로'는 혁로(革輅)라고도 부른다. 천자가 사용하는 다섯 가지 수레 중 하나이다. 전쟁용으로 사용했던 수레인데, 간혹 제후의 나라에 순수(巡守)를 갈 때 사용하기도 하였다. 가죽으로 겉을 단단하게 동여매서 고정시키고, 옻칠만 하고, 다른 장식을 하지 않았기 때문에, '혁로'라고 부르는 것이다. 『주례』「춘관(春官)·건거(巾車)」편에는

"革路, 龍勒, 條纓五就, 建大白, 以卽戎, 以封四衛."라는 기록이 있고, 이에 대한 정현의 주에서는 "革路, 輓之以革而漆之, 無他飾."이라고 풀이했다.

◎ **혁로(革輅)** : =혁로(革路)

◎ **현면(玄冕)** : '현면'은 현의(玄衣)와 면류관을 뜻한다. 천자 및 제후의 제사복장으로, 비교적 중요성이 덜한 제사 때 입는다. '현의' 중 상의에는 무늬가 들어가지 않고, 하의에만 불(黻)을 수놓는다. 『주례』「춘관(春官)·사복(司服)」편에는 "祭群小祀則玄冕."이라는 기록이 있고, 이에 대한 정현의 주에서는 "玄者, 衣無文, 裳刺黻而已, 是以謂玄焉."이라고 풀이했다.

◎ **현의(玄衣)** : '현의'는 고대의 제사 때 착용했던 적백색의 예복을 뜻하며, 천자는 소소한 제사를 지낼 때 이 복장을 착용했다. 또 경(卿)이나 대부(大夫)들이 착용했던 명복(命服)을 뜻하기도 한다.

◎ **현주(玄酒)** : '현주'는 고대의 제례(祭禮)에서 술 대신 사용한 물[水]을 뜻한다. '현주'의 '현(玄)'자는 물은 흑색을 상징하므로, 붙여진 글자이다. '현주'의 '주(酒)'자의 경우, 태고시대 때에는 아직 술이 없었기 때문에, 물을 술 대신 사용했다. 따라서 후대에는 이 물을 가리키며 '주'자를 붙이게 된 것이다. '현주'를 사용하는 것은 가장 오래된 예법 중 하나이므로, 후대에도 이러한 예법을 존숭하여, 제사 때 '현주' 또한 사용했던 것이며, '현주'를 술 중에서도 가장 귀한 것으로 여겼다. 『예기』「예운(禮運)」편에는 "故玄酒在室, 醴醆在戶."라는 기록이 있는데, 이에 대한 공영달(孔穎達)의 소(疏)에서는 "玄酒, 謂水也. 以其色黑, 謂之玄. 而太古無酒, 此水當酒所用, 故謂之玄酒."라고 풀이했다.

◎ **협제(祫祭)** : '협제'는 협(祫)이라고도 부른다. 신주(神主)들을 태조(太祖)의 묘(廟)에 모두 모셔놓고 지내는 제사이다. 『춘추공양전』「문공(文公) 2년」에 "八月, 丁卯, 大事于大廟, 躋僖公, 大事者何. 大祫也. 大祫者何. 合祭也, 其合祭奈何. 毁廟之主, 陳于大祖."라는 기록이 있다.

◎ **형갱(鉶羹)** : '형갱'은 형(鉶)이라는 그릇에 담는 국으로, 조미료나 야채 등을 가미하여 맛을 풍부하게 낸 국이다. 소고기 국에는 콩잎을 가미하였고, 양고기 국에는 씀바귀를 가미하였으며, 돼지고기 국에는 고비를 가미하기도 하였다. 『주례』「천관(天官)·형인(亨人)」편에는 "祭祀, 共大羹·鉶羹. 賓客亦如之."라는 기록이 있고, 이에 대한 가공언(賈公

彦)의 소(疏)에서는 "云鉶羹者, 皆是陪鼎膷臐膮, 牛用藿, 羊用苦, 豕用薇, 調以五味, 盛之於鉶器, 卽謂之鉶羹."이라고 풀이했다.

◎ **혜동(惠棟**, A.D.1697~A.D.1758) : 청(淸)나라 때의 학자이다. 자(字)는 송애(松崖)·정우(定宇)이다. 조부는 혜주척(惠周惕)이고, 부친은 혜사기(惠士奇)이다. 가학(家學)을 전승하여, 한대(漢代) 경학(經學)을 부흥시키는 데 주력하였다. 역학(易學)에도 조예가 깊었다. 『구경고의(九經古義)』 등의 저서가 있다.

◎ **호방형(胡邦衡)** : =호전(胡銓)

◎ **호전(胡銓**, A.D.1102~A.D.1180) : =여릉호씨(廬陵胡氏)·호방형(胡邦衡). 남송(南宋) 때의 정치가이자 문학가이다. 자(字)는 방형(邦衡)이고, 호(號)는 담암(澹庵)이다. 충신으로 명성이 높았다.

◎ **황간(皇侃**, A.D.488~A.D.545) : =황씨(皇氏). 남조(南朝) 때 양(梁)나라의 경학자이다. 『주례(周禮)』, 『의례(儀禮)』, 『예기(禮記)』 등에 해박하여, 『상복문구의소(喪服文句義疏)』, 『예기의소(禮記義疏)』, 『예기강소(禮記講疏)』 등을 지었지만, 현재는 전해지지 않는다. 그 일부가 마국한(馬國翰)의 『옥함산방집일서(玉函山房輯佚書)』에 수록되어 있다.

◎ **황면중(黃冕仲)** : =황상(黃裳)

◎ **황상(黃裳**, A.D.1044~A.D.1130) : =연평황씨(延平黃氏)·황면중(黃冕仲). 북송(北宋) 때의 학자이다. 자(字)는 도부(道夫)·면중(冕仲)이다. 저서로는 『연산선생문집(演山先生文集)』 등이 있다.

◎ **황시(皇尸)** : '황시'는 본래 군주의 시동에게 붙이는 경칭이다. 또한 일반적으로 시동을 높여 부르는 용어로도 사용되었다.

◎ **황씨(皇氏)** : =황간(皇侃)

◎ **황제(黃帝)** : '황제'는 헌원씨(軒轅氏), 유웅씨(有熊氏)이라고도 부른다. 전설시대에 존재했다고 전해지는 고대 제왕(帝王)이다. 소전(少典)의 아들이고, 성(姓)은 공손(公孫)이다. 헌원(軒轅)이라는 땅의 구릉 지역에 거주하였기 때문에, 그를 '헌원씨'라고도 부르는 것이다. 또한 '황제'는 희수(姬水) 지역에도 거주를 하였기 때문에, 이 지역의 이름을 따서 성(姓)을 희(姬)로 고치기도 하였다. 그리고 수도를 유웅(有熊) 땅에 마련하였기 때문에, 그를 '유웅씨'라고도 부르는 것이다. 한편 오행(五行) 관념에 따라서, 그는 토덕(土德)을 바탕으로 제왕이 되었다고 여겼는데, 흙[土]이 상징하는 색깔은 황(黃)이므로, 그를 '황제'라고

부르는 것이다. 『역』「계사하(繫辭下)」편에는 “神農氏沒, 黃帝 · 堯 · 舜氏作, 通其變, 使民不倦.”이라는 기록이 있는데, 이에 대한 공영달(孔穎達)의 소(疏)에서는 “黃帝, 有熊氏少典之子, 姬姓也.”라고 풀이했다. 한편 ‘황제’는 오제(五帝) 중 하나를 뜻한다. 오행(五行)으로 구분했을 때 토(土)를 주관하며, 계절로 따지면 중앙 계절을 주관하고, 방위로 따지면 중앙을 주관하는 신(神)이다. 『여씨춘추(呂氏春秋)』「계하기(季夏紀)」편에는 “其帝黃帝, 其神后土.”라는 기록이 있고, 이에 대한 고유(高誘)의 주에서는 “黃帝, 少典之子, 以土德王天下, 號軒轅氏, 死託祀爲中央之帝.”라고 풀이했다.

◎ **후직(后稷)** : ‘후직’은 전설상의 인물이다. 주(周)나라의 선조(先祖) 중 한 사람이다. 강원(姜嫄)이 천제(天帝)의 발자국을 밟고 회임을 하여 ‘후직’을 낳았는데, 불길하다고 생각하여 버렸기 때문에, 이름을 기(棄)로 지어졌다 한다. 이후 순(舜)이 ‘기’를 등용하여 농사를 담당하는 신하로 임명해서, 백성들에게 농사짓는 법을 가르쳤기 때문에, ‘후직’으로 일컬어지게 되었다. 『시』「대아(大雅) · 생민(生民)」편에는 “厥初生民, 時維姜嫄. …… 載生載育, 時維后稷.”이라는 기록이 있다. 한편 농사를 주관하는 관리를 ‘후직’으로 부르기도 한다.

번역 참고문헌

- 『禮記』, 서울 : 保景文化社, 초판 1984 (5판 1995) / 저본으로 삼은 책이다.
- 『禮記正義』 1~4(전4권, 『十三經注疏 整理本』 12~15), 北京 : 北京大學出版社, 초판 2000 / 저본으로 삼은 책이다.
- 朱彬 撰, 『禮記訓纂』 上·下(전2권), 北京 : 中華書局, 초판 1996 (2쇄 1998) / 저본으로 삼은 책이다.
- 孫希旦 撰, 『禮記集解』 上·中·下(전3권), 北京 : 中華書局, 초판 1989 (4쇄 2007) / 저본으로 삼은 책이다.
- 服部宇之吉 評點, 『禮記』, 東京 : 富山房, 초판 1913 (증보판 1984) / 鄭玄 注 번역에 대해 참고했던 서적이다.
- 竹內照夫 著, 『禮記』 上·中·下(전3권), 東京 : 明治書院, 초판 1975 (3판 1979) / 經文에 대한 이해에 참고했던 서적이다.
- 市原亨吉 외 2명 著, 『禮記』 上·中·下(전3권), 東京 : 集英社, 초판 1976 (3쇄 1982) / 經文에 대한 이해에 참고했던 서적이다.
- 陳澔 注, 『禮記集說』, 北京 : 中國書店, 초판 1994 / 『集說』에 대한 번역에 참고했던 서적이다.
- 王文錦 譯解, 『禮記譯解』 上·下(전2권), 北京 : 中華書局, 초판 2001 (4쇄 2007) / 經文 및 주석 번역에 참고했던 서적이다.
- 錢玄·錢興奇 編著, 『三禮辭典』, 南京 : 江蘇古籍出版社, 초판 1998 / 용어 및 器物 등에 대해 참고했던 서적이다.
- 張撝之 外 主編, 『中國歷代人名大辭典』 上·下권(전2권), 上海 : 上海古籍出版社, 초판 1999 / 인명에 대해 참고했던 서적이다.
- 呂宗力 主編, 『中國歷代官制大辭典』, 北京 : 北京出版社, 초판 1994 (2쇄 1995) / 관직명에 대해 참고했던 서적이다.
- 中國歷史大辭典編纂委員會 編纂, 『中國歷史大辭典』 上·下(전2권), 上海 : 上海辭書出版社, 초판 2000 / 용어 및 인명에 대해 참고했던 서적이다.
- 羅竹風 主編, 『漢語大詞典』 1~12(전12권), 上海 : 漢語大詞典出版

社, 초판 1988 (4쇄 1995) / 용어에 대해 참고했던 서적이다.

- 王思義 編集, 『三才圖會』 上 · 中 · 下(전3권), 上海 : 上海古籍出版社, 초판 1988 (4쇄 2005) / 器物 등에 대해 참고했던 서적이다.
- 聶崇義 撰, 『三禮圖集注』 (四庫全書 129책) / 器物 등에 대해 참고했던 서적이다.
- 劉績 撰, 『三禮圖』 (四庫全書 129책) / 器物 등에 대해 참고했던 서적이다.

역자 **정병섭(鄭秉燮)**

- 1979년 출생
- 2002년 성균관대학교 유교철학과 졸업
- 2004년 성균관대학교 대학원 유학과 석사
- 2013년 성균관대학교 대학원 유학과 철학박사
- 역서『譯註 禮記集說大全 – 王制, 附 鄭玄注』(학고방, 2009)
  『譯註 禮記集說大全 – 月令, 附 鄭玄注』(학고방, 2010)
  『譯註 禮記集說大全 – 曾子問, 附 正義·訓纂·集解』(학고방, 2011)
  『譯註 禮記集說大全 – 文王世子, 附 正義·訓纂·集解』(학고방, 2012)
  『譯註 禮記集說大全 – 曲禮上, 附 正義·訓纂·集解』1~2(전2권, 학고방, 2012)
  『譯註 禮記集說大全 – 曲禮下, 附 正義·訓纂·集解』(학고방, 2012)
  『譯註 禮記集說大全 – 禮運, 附 正義·訓纂·集解』(학고방, 2012)
  『譯註 禮記集說大全 – 禮器, 附 正義·訓纂·集解』(학고방, 2012)
  『譯註 禮記集說大全 – 檀弓上, 附 正義·訓纂·集解』1~2(전2권, 학고방, 2013)
  『譯註 禮記集說大全 – 檀弓下, 附 正義·訓纂·集解』1~2(전2권, 학고방, 2013)
  『譯註 禮記集說大全 – 郊特牲, 附 正義·訓纂·集解』1~2(전2권, 학고방, 2013)
  『譯註 禮記集說大全 – 內則, 附 正義·訓纂·集解』(학고방, 2013)
  『譯註 禮記集說大全 – 玉藻, 附 正義·訓纂·集解』1~2(전2권, 학고방, 2013)
  『譯註 禮記集說大全 – 明堂位, 附 正義·訓纂·集解』(학고방, 2013)
  『譯註 禮記集說大全 – 喪服小記, 附 正義·訓纂·集解』(학고방, 2014)
  『譯註 禮記集說大全 – 大傳, 附 正義·訓纂·集解』(학고방, 2014)
  『譯註 禮記集說大全 – 少儀, 附 正義·訓纂·集解』(학고방, 2014)
  『譯註 禮記集說大全 – 學記, 附 正義·訓纂·集解』(학고방, 2014)
  (공역)『효경주소』(문사철, 2011)

예기집설대전 목록

譯註

禮記集說大全 樂記❷

編 陳澔(元)

附 正義・訓纂・集解

초판 인쇄 2014년 12월 15일
초판 발행 2014년 12월 30일

역 자 | 정병섭
펴 낸 이 | 하운근
펴 낸 곳 | 學古房

주 소 | 서울시 은평구 대조동 213-5 우편번호 122-843
전 화 | (02)353-9907 편집부(02)353-9908
팩 스 | (02)386-8308
홈페이지 | http://hakgobang.co.kr/
전자우편 | hakgobang@naver.com, hakgobang@chol.com
등록번호 | 제311-1994-000001호

ISBN 978-89-6071-464-9 94670
978-89-6071-267-6 (세트)

값: 30,000원

이 도서의 국립중앙도서관 출판시도서목록(CIP)은 서지정보유통지원시스템 홈페이지(http://seoji.nl.go.kr)와 국가자료공동목록시스템(http://www.nl.go.kr/kolisnet)에서 이용하실 수 있습니다. (CIP제어번호: CIP2014037367)